职业技能培训教材

ZHIYE JINENG PEIXUN JIAOCAI

装卸机械电器修理工

山东港口青岛港集团有限公司　组织编写

中国劳动社会保障出版社

图书在版编目（CIP）数据

装卸机械电器修理工 / 山东港口青岛港集团有限公司组织编写. -- 北京：中国劳动社会保障出版社，2024. --（职业技能培训教材）. -- ISBN 978-7-5167-6742-9

I. U653.92

中国国家版本馆 CIP 数据核字第 2024Q47P02 号

中国劳动社会保障出版社出版发行

（北京市惠新东街 1 号　邮政编码：100029）

*

河北宝昌佳彩印刷有限公司印刷装订　　新华书店经销

787 毫米 ×1092 毫米　16 开本　18.5 印张　341 千字
2024 年 12 月第 1 版　2025 年 3 月第 2 次印刷

定价：56.00 元

营销中心电话：400-606-6496

出版社网址：https://www.class.com.cn

版权专有　　侵权必究

如有印装差错，请与本社联系调换：(010) 81211666
我社将与版权执法机关配合，大力打击盗印、销售和使用盗版图书活动，敬请广大读者协助举报，经查实将给予举报者奖励。

举报电话：(010) 64954652

编审委员会

主 任：苏建光　李武成
副主任：张保华
委 员：吴宇震　崔　亮　王芙玲　袁　青
　　　　赵　波　邢东亮　姚如秀　王　晋
　　　　李　涛

编写人员

主　编：胡房建　徐再旺
副主编：李旭生　陈　硕
编　者：王　力　曲立杰　庄辛喆

前　言

　　工人伟大，劳动光荣。党的二十大报告明确提出，要深入实施人才强国战略，并把大国工匠和高技能人才作为国家战略人才力量的重要组成部分。党的二十届三中全会审议通过的《中共中央关于进一步全面深化改革、推进中国式现代化的决定》指出，要"着力培养造就卓越工程师、大国工匠、高技能人才，提高各类人才素质"，进一步彰显加强技能人才队伍建设的重要意义。近年来，中共中央、国务院制定出台了《新时期产业工人队伍建设改革方案》《关于提高技术工人待遇的意见》《关于加强新时代高技能人才队伍建设的意见》等一系列指导意见，为加强技能人才队伍建设顶层设计、深化技能人才发展体制机制改革提供了有力保障。

　　企业技能等级认定是技能人才工作的重要组成部分，是企业技能人才开发的"牛鼻子"和"指挥棒"。为进一步贯彻落实中共中央关于技能人才队伍建设系列工作要求，山东港口青岛港结合港口新材料、新工艺、新技术、新设备的应用，以及港口机械设备大型化、自动化、智能化的普及，特成立教材编写小组，编写了6册港口职业技能等级认定教材，期待为港口行业各职业工种高技能人才借鉴提供有益参考。

　　本系列教材适应了当前港口的发展变化以及港口装卸（电动、内燃、流体）机械司机和维修工新颁布的国家职业标准要求，坚持以培养从业人员职业能力和满足岗位需求为目的，内容难易适度，理论知识以"够用"为度，确保从业人员能看得懂、学得会。同时，注重理论联系实际，重点帮助从业人员了解港口装卸机械的基本组成、结构和工作原理，掌握港口装卸机械的基础知识和基本技能，着重提高从业人员的职

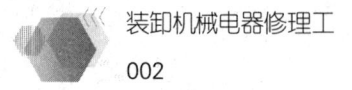

业素养和实际操作技能。教材具有较高的针对性、通用性和实用性，可满足技术工人自学需求及港口行业职业技能等级认定学习需要。

山东港口青岛港集团有限公司组织编写的本系列教材，得到了山东省人力资源和社会保障厅相关处室、山东省公共就业和人才服务中心、青岛市人力资源和社会保障局、青岛市人力资源发展研究与促进中心、山东省港口集团有限公司党委组织部（人力资源部）的指导帮助，得到了中国港口协会、青岛港湾职业技术学院的大力支持，在此深表谢意。由于编者能力和时间所限，教材中难免存在部分问题和缺陷，敬请各位专家、读者批评指正。

山东港口青岛港集团有限公司教材编写组

2024 年 9 月

目 录
Contents

第一章 低压电器及电子电路 / 001
 第一节 常见低压电器 / 001
 第二节 电路的保护 / 028
 第三节 电子电路中电子元件的检测 / 031
 第四节 电子电路的安装与调试 / 042

第二章 电机的控制及应用 / 052
 第一节 电动机及其控制 / 052
 第二节 发电机 / 062
 第三节 三相交流异步电动机旋转磁场原理 / 065
 第四节 交流电动机绕组的计算 / 068
 第五节 电动机的控制方法 / 070
 第六节 三相交流异步电动机的故障检修 / 081
 第七节 控制电机 / 089

第三章 电气控制图 / 100
 第一节 电气控制图的分类 / 100
 第二节 电气原理图的查线看图法 / 101
 第三节 互锁控制电路——接触器按钮正反转
     控制电路分析 / 106

第四章 装卸机械电气控制系统 / 112
 第一节 带式输送机电气设备 / 112

第二节　电动轮胎式起重机电气系统 / 122
第三节　门座式起重机电气系统 / 129
第四节　斗轮堆取料机电气设备 / 139
第五节　抓斗卸船机电气控制 / 152
第六节　岸边集装箱起重机电气控制 / 165

第五章　可编程逻辑控制器（PLC）及工业通信技术 / 196
第一节　PLC 的构成与软件 / 196
第二节　PLC 的工作原理 / 203
第三节　PLC 控制系统设计的基本原则和步骤 / 212
第四节　PLC 控制系统抗干扰 / 224
第五节　串行通信技术 / 225
第六节　网络通信技术 / 230

第六章　变频调速系统 / 247
第一节　变频器简介 / 247
第二节　通用变频器的基本结构 / 254
第三节　变频器的主电路 / 256
第四节　通用变频器的控制电路原理 / 258
第五节　变频器参数的设定和功能选择 / 263
第六节　变频调速技术的应用 / 270
第七节　变频器常见故障的排除 / 276

第一章
低压电器及电子电路

第一节 常见低压电器

电器是一种能根据外界信号（机械力、电动力和其他物理量）和要求，手动或自动接通、分断电路，以实现对电路或非电对象的切换、控制、保护、检测、变换和调节的元件或设备。低压电器通常是指在交流电压小于等于 1 000 V、直流电压小于等于 1 500 V 的电路中工作，起通断、保护、控制或调节作用的各种电器。常用的低压电器有低压开关、熔断器、断路器、接触器、继电器、按钮、行程开关等，学习识别与使用这些电器是掌握电气控制技术的基础。低压电器的分类见表 1-1-1。

表 1-1-1　低压电器的分类

分类方式	类型	说明
按用途和对象分类	低压配电电器	主要用于低压配电系统，具有输送电能、分配及保护电路和用电设备的功能，包括刀开关、组合开关、熔断器、自动开关等
	低压控制电器	主要用于电气控制系统，可实现发布指令、控制系统状态及执行动作等功能，包括接触器、继电器、主令开关、电磁离合器等
按工作原理分类	电磁式电器	根据电磁感应原理动作的电器，如交流接触器、直流接触器、各种电磁式继电器、电磁铁等
	非电量控制电器	依靠外力或非电量信号（如速度、压力、温度等）的变化而动作的电器，如转换开关、行程开关、速度继电器、压力继电器、温度继电器等

续表

分类方式	类型	说明
按动作方式分类	自动电器	依靠自身的参数变化或外来信号（如电、磁、光等）而自动完成动作切换或状态变化的电器，如接触器、继电器等
	手动电器	依靠人工完成动作切换的电器，如按钮、刀开关等

一、低压开关

1. 漏电保护开关

漏电保护开关又称漏电保护器，是一种新型的电气安全装置，如图1-1-1所示。

（1）漏电保护开关的主要用途

1）防止由于电气设备和电气线路漏电引起的触电事故。

2）防止用电过程中的单相触电事故。

3）发生单相接地故障时，及时切断电气设备，防止因漏电引起的电气火灾事故。

（2）漏电保护开关的种类

1）漏电保护开关按检测故障可分为电流动作型和电压动作型。与电压动作型的漏电保护开关相比，电流动作型的漏电保护开关具有管理方便、工作可靠、实际应用效果好等优点，因此，得到了广泛应用。

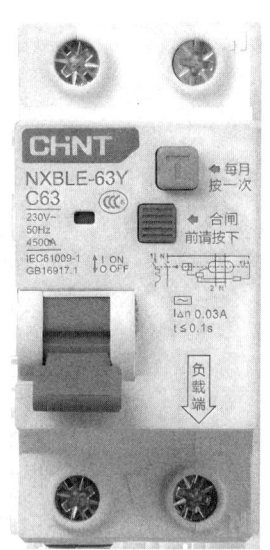

图1-1-1 漏电保护开关

2）漏电保护开关按用途可分为漏电继电器、漏电开关、漏电保护插座。

3）漏电保护开关按脱扣器的形式可分为电磁式漏电保护开关和电子式漏电保护开关。

电磁式漏电保护开关是当零序电流互感器检测到漏电信号，直接推动高灵敏度的释放式漏电脱扣器，使开关脱开，如图1-1-2所示。电子式漏电保护开关是在电磁式漏电保护开关的基础上，加装具有放大、比较、整流等功能的电子电路，使零序电流互感器的二次输出电压通过电子放大电路后触发晶闸管，或直接触发晶体管的开关电路，接通漏电脱扣器线圈的供电回路，使漏电保护开关动作。

（3）漏电保护开关的结构

漏电保护开关必须同时具备检测漏电电流、将漏电电流与基准值比较、断开被保护电路3个功能。漏电保护开关一般由以下三部分组成。

1）零序电流互感器：用于检测漏电电流。

2）脱扣机构：将检测到的漏电电流与一个预定基准值比较，从而判断是否动作。

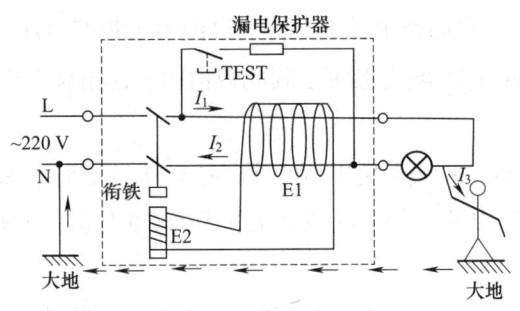

图 1-1-2　电磁式漏电保护开关

3）主开关：用于控制被保护电路。

（4）漏电保护开关的工作原理

以电磁式单相漏电保护开关为例说明其工作原理。在正常情况下，漏电保护开关所保护的线路在没有发生人身触电、漏电、接地等故障时，相线和零线流过的电流大小相等，方向相反，所以合成电流为零，零序电流互感器的铁芯就没有磁通量，它的二次线圈也就没有感应电压输出，漏电保护开关的主开关保持在闭合状态，线路正常供电。

当发生人身触电（或设备漏电）等接地故障时，相线中所流过的电流就有一部分接地成为漏电电流，此电流不经零线返回而是直接流向大地，此时相线电流大于零线电流，合成电流不为零。此电流在零序电流互感器的二次线圈中产生电动势，加在与其相连接的漏电保护开关的脱扣线圈上。当此漏电电流达到某一规定值时，脱扣器便会推动主开关迅速切断电源，从而达到漏电保护的目的。

（5）漏电保护开关的铭牌数据和技术参数

漏电保护开关铭牌如图 1-1-3 所示。

1）额定电压（V）：漏电保护开关的使用电压。

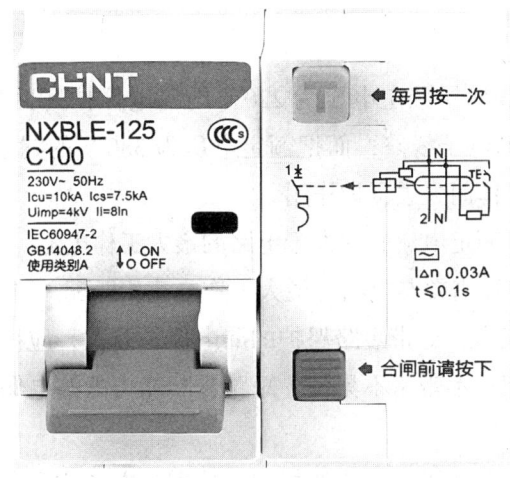

图 1-1-3　漏电保护开关铭牌

2）额定电流（A）：主回路中长期允许通过的最大负载电流。

3）动作电流（mA）：当漏电电流达到此数值时，漏电保护开关将动作，但这个数值往往是一个范围。

4）不动作电流（mA）：当漏电电流小于等于这个数值时，保护器将不动作。

5）动作时间（s）：从发生漏电到保护开关动作的时间，一般应小于等于 0.1 s（有延时要求者除外）。

6）消耗功率（W）：漏电保护开关内部元件在正常工作情况下所消耗的功率。

（6）漏电保护开关的选择

漏电保护开关应根据所保护的线路设备或电动工具的电压等级、工作电流及其正常漏电电流的大小来选择。

1）对于以防止触电为目的的漏电保护开关，宜选用动作时间在 0.1 s 以内、动作电流在 30 mA 以下的漏电保护开关，如临时插座板、电钻、潜水泵、振动棒、吸尘机、吹风机、电砂轮、电锯等。

2）对于 220 V 以上的 I 类手持电动工具，若接地有困难，或者发生人身触电的同时会发生二次性伤害，如高空作业或在河岸边工作，则应在供电回路中安装动作电流小于 15 mA、动作时间在 0.1 s 以内的漏电保护开关。

3）选择漏电保护开关时应考虑灵敏度与动作可靠性的匹配。漏电保护开关的动作电流选得低，可以提高系统安全保护的灵敏度，但绝不应盲目追求低的动作电流，因为任何供电回路设备都有一定的漏电电流，当所选择的漏电保护开关的动作电流值小于正常漏电电流时，漏电保护装置就不能投入运行，即使投入运行也会经常动作而破坏供电的可靠性。因此，为保证供电的可靠性，不应盲目追求高灵敏度。

（7）安装与接线

1）安装前的检查。

①核对额定电压。如果额定电压为 220 V 的漏电保护开关装在 380 V 的线路上，则可能烧毁保护开关的电子线路；而把额定电压为 380 V 的漏电保护开关装在 220 V 的线路上，又可能不动作而失去保护作用。

②检查额定电流。额定电流必须大于电路的最大工作电流。若电路有过电流保护，则过电流脱扣器整定电流需要与电路的最大工作电流相匹配。

③检验极限断流能力。对带短路保护的漏电保护开关，应检验其极限断流能力是否大于线路的短路电流；不带（不具备）短路分断能力的漏电保护开关应装配短路保护装置（如熔断器）。

④检验接线端。需分清进、出线的标记，特别是电子式漏电保护装置，进线与出

线、相线与零线不能互换。

⑤明确手柄分合位置和试验按钮标志。

⑥核对动作电流和动作时间是否与要求相符。

此外，安装时必须遵守生产厂家的使用说明规定。

2）安装注意事项。

绝缘水平正常的低压配电网除具备合格的漏电保护开关及绝缘良好的用电设备外，还必须合理架设、正确安装才能保证低压配电网的正常运行。有漏电保护开关的线路维修及低压配电网的整改维修还应注意以下几个问题（见图1-1-4）。

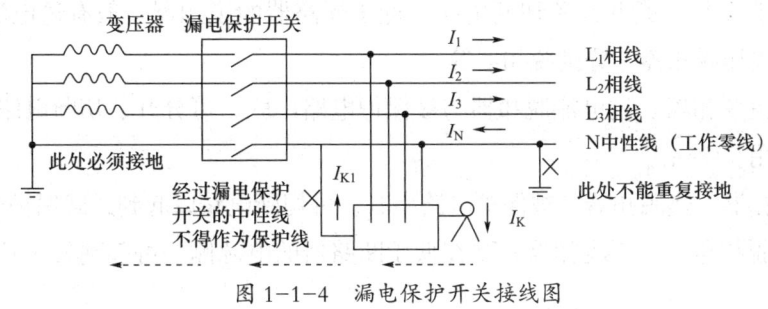

图1-1-4　漏电保护开关接线图

①零线不得重复接地（指漏电保护开关出线端）。

②保护支路应有各自的专用零线。

③用电设备的接线应正确无误。

2. 低压断路器

（1）低压断路器的作用

低压断路器又称空气开关，是低压配电网中的主要电器开关，可以接通或分断正常负载电流、电动机工作电流、过载电流、短路电流，应用于不频繁操作的低压配电线路或开关柜，并对线路、电气设备及电动机进行保护（当发生过电流、过载、短路、断相、漏电等故障时，起保护作用）。

（2）低压断路器的分类

1）低压断路器按结构型式分为万能框架式、塑料外壳式、智能模块式。

2）低压断路器按级数分为单级、二级、三级、四级。

3）低压断路器按限流性能分为一般不限流型、快速限流型。

4）低压断路器按操作方式分为直接手柄操作式、杠杆操作式、电磁铁操作式、电动操作式。

5）低压断路器根据保护对象的不同，又分为以下4个类型。

①配电保护型：用于保护电源、电气线路（电线、电缆）和设备。

②电动机保护型：专用于电动机的不频繁启动、运行中断，以及在电动机发生过

载、短路和欠电压时的保护。

③家用和类似家用场所保护型：用于保护照明线路、家用电器等。

④剩余电流（漏电）保护型：用于保护人身免受电击及防止电气火灾的发生。

（3）低压断路器的基本结构

低压断路器由脱扣器、触头系统、灭弧装置、传动机构、操作机构、基架、外壳等部分组成，下面详细介绍脱扣器、触头系统和灭弧装置的基本结构。

1）脱扣器。脱扣器是低压断路器中用来接收信号的元件（感测元件）。若线路中出现不正常情况，或操作人员、继电保护装置发出信号，则脱扣器会根据信号通过传递元件使触头动作，断开开关切断电路。低压断路器的脱扣器一般有过电流脱扣器、热脱扣器、失压脱扣器、分励脱扣器等。

①过电流脱扣器。过电流脱扣器与被保护电路串联，可分开、切断电路以起到短路保护的作用。

②热脱扣器。热脱扣器与被保护电路串联，可切断电路以起到过载保护的作用。

③失压脱扣器。失压脱扣器并联在低压断路器的电源侧，可起到欠压及零压保护的作用。

④分励脱扣器。分励脱扣器用于远距离操作低压断路器的分闸控制。

⑤半导体脱扣器。半导体脱扣器又称电子脱扣器，通常由信号检测、过电流保护、欠电压延时、触发、执行等元件和电源组成。

⑥复式脱扣器。复式脱扣器具有过电流脱扣器和热脱扣器的功能，可同时进行短路和过载的双重保护。

2）触头系统。

①低压断路器的主触头在正常情况下可以接通和分断负载电流，在故障情况下还必须可靠地分断故障电流。主触头有单断口指式触头、双断口桥式触头、插入式触头等几种形式。主触头的动、静触头接触处焊有银基合金触点，其接触电阻小，可以长时间通过较大的负载电流。在容量较大的低压断路器中，还常将单断口指式触头做成两挡或三挡，形成主触头、副触头和弧触头并联的形式。

②两触头低压断路器结构如图1-1-5所示，它分为弧触头和主触头，其中弧触头用耐弧金属材料制成。主触头和弧触头在低压断路器开关分、合闸时有不同的作用和操作次序。开关合闸时，弧触头承担合闸的电磨损；开关分闸时，弧触头承担电路分断时的强电弧，起保护主触头的作用。主触头承担长期通过负载电流的任务，所以在合闸时弧触头先闭合，主触头后闭合，分闸时主触头先断开，弧触头后断开。

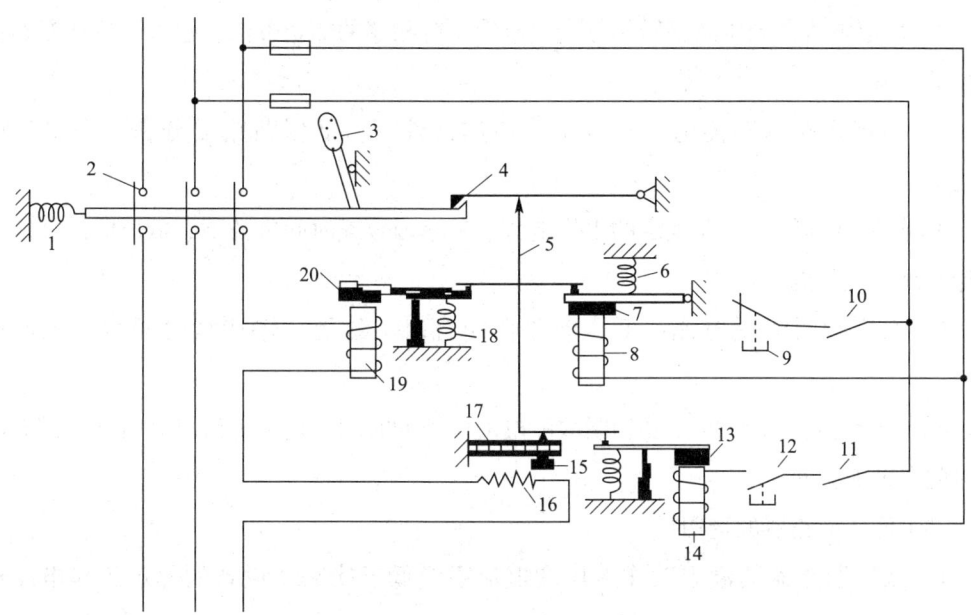

图 1-1-5 两触头低压断路器结构

1—分闸弹簧 2—主触头、弧触头 3—操作手柄 4—自由脱扣电磁铁 5—传递元件 6—反作用力弹簧
7—失压脱扣器衔铁 8—失压脱扣电磁铁 9,12—分闸按钮 10,11—辅助触头
13—分励脱扣器衔铁 14—分励脱扣电磁铁 15—热脱扣器电流整定螺钉
16—加热元件 17—热脱扣器双金属片 18—反作用力弹簧
19—过流脱扣电磁铁 20—过流脱扣器衔铁

③为了更好地保护主触头,大容量断路器中又增设了副触头,即二接触头。合闸时的动作顺序为弧触头先闭合,然后副触头闭合,最后主触头闭合;分闸时的动作顺序为主触头先断开,然后副触头断开,最后弧触头断开。

④对触头的基本要求:能安全可靠地接通和分断极限短路电流及以下的电路电流;能安全可靠地接通和分断长期工作制的工作电流;在规定的寿命次数内,接通和分断后不会产生严重磨损。

3)灭弧装置。灭弧装置用于熄灭断开电路时触头间产生的电弧。灭弧装置包括两部分:一部分为强力弹簧机构,使低压断路器触头快速分开;另一部分为设置在触头上方的灭弧室。低压断路器中的灭弧装置一般为栅片式灭弧罩,灭弧室的绝缘壁一般用钢板纸压制或用陶土烧制而成。

(4)低压断路器的主要技术参数

1)额定电压:与通断能力、使用类别相关的电压值,包括额定工作电压、额定绝缘电压、额定脉冲电压。同一低压断路器可以在几种额定电压下工作,相应的通断能力不同。我国标准规定的额定电压如下:交流 220 V、380 V、660 V、1 140 V,直流 220 V、440 V。

2)额定电流:低压断路器的额定电流等于脱扣器的额定电流,也等于低压断路器的持续电流。

3)额定短路分断能力:在规定的使用条件下,低压断路器分断短路电流的能力。

4)短路接通能力:在规定的工作电压、功率因数或时间常数下,低压断路器能够接通短路电流的能力。

5)额定短时耐受电流:低压断路器闭合时,耐受一定持续时间短路电流的能力。

6)分断时间:低压断路器切断故障电流所需的时间,包括电流增大时间、固有断开时间和燃弧时间。

(5)低压断路器的选用

1)低压断路器的额定工作电压和电流不应低于线路及设备的额定工作电压和电流。

2)长延时脱扣器的电流,应大于等于线路计算负载电流的1.0~1.1倍,且不大于线路导体长期允许电流的0.8~1.0倍。

3)瞬时或短时脱扣器的电流应大于线路尖峰电流的1.35倍。

4)低压断路器的额定短路通断能力和额定短时耐受电流应经过校验。

5)低压断路器的灵敏度按额定短时耐受电流进行校验。

二、主令开关

1. 按钮

按钮是一种手动且可以自动复位的主令开关,其结构简单,控制方便,在低压控制电路中得到了广泛应用。图1-1-6所示为LA19系列按钮。

图1-1-6 LA19系列按钮

（1）按钮的结构和用途

按钮由按钮帽、复位弹簧、桥式触点、外壳等组成，其内部结构如图 1-1-7 所示。

触点采用桥式触点，其额定电流在 5 A 以下，可分为常开触点和常闭触点两种。断开时，在外力作用下，常闭触点先断开，然后常开触点再闭合；复位时，常开触点先断开，然后常闭触点再闭合。

按用途和结构的不同，按钮分为启动按钮、停止按钮、复位按钮等。

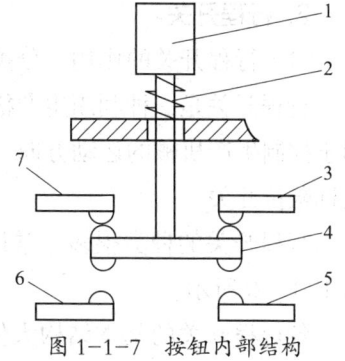

图 1-1-7 按钮内部结构

1—顶杆 2—复位弹簧 3,7—常闭触点
4—桥式触点 5,6—常开触点

通常情况下，按钮帽会做成红、绿、黑、黄、蓝、白、灰等颜色。国家标准《人机界面标志标识的基本和安全规则指示器和操作器件的编码规则》（GB/T 4025—2010）对按钮帽颜色作了如下规定。

1）停止按钮和急停按钮必须是红色。

2）启动按钮必须是绿色。

3）启动与停止交替动作的按钮必须是黑色、白色或灰色。

4）点动按钮必须是黑色。

5）复位按钮必须是蓝色（如保护继电器的复位按钮）。

在机床电气设备中，常用的按钮有 LA18、LA19、LA20、LA25、LAY3 等系列。其中 LA25 系列按钮为通用型按钮的更新换代产品，采用组合式结构，可根据需要任意组合其触点数目，最多可组成 6 个单元。

（2）按钮的表示方式

1）型号。按钮型号组成及其含义如图 1-1-8 所示。

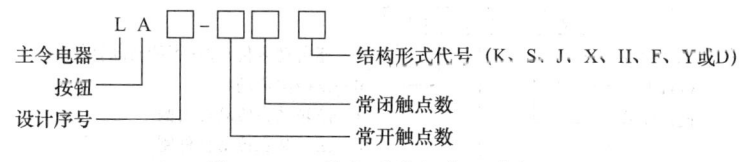

图 1-1-8 按钮型号组成及其含义

其中，结构型式代号的含义：K 为开启式，S 为防水式，J 为紧急式，X 为旋钮式，H 为保护式，F 为防腐式，Y 为钥匙式，D 为带灯按钮。

2）电气符号。按钮电气符号如图 1-1-9 所示。

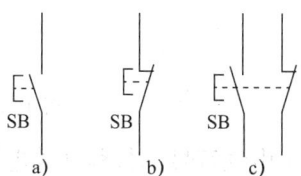

图 1-1-9 按钮电气符号

a）常开按钮 b）常闭按钮 c）复合按钮

2. 行程开关

（1）行程开关的作用、分类和结构

行程开关是一种利用生产机械的某些运动部件的碰撞来发出控制指令的主令开关，用于控制生产机械的运动方向、行程大小和位置保护等。当行程开关用于位置保护时，又称限位开关。

行程开关的种类很多，常用的行程开关有按钮式、单轮旋转式、双轮旋转式，如图 1-1-10 所示。

各行程开关的基本结构大体相同，都是由操作头、触点系统和外壳组成，其内部结构如图 1-1-11 所示。其中，操作头接收机械设备发出的动作指令或信号，并将其传递到触点系统；触点将操作头传递来的动作指令或信号通过本身的结构功能变成电信号，输出到有关控制回路。

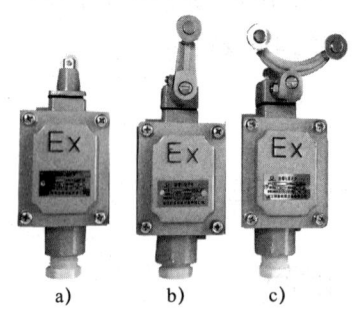

图 1-1-10 行程开关

a）按钮式 b）单轮旋转式 c）双轮旋转式

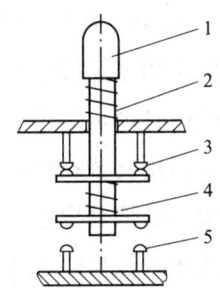

图 1-1-11 行程开关内部结构

1—顶杆 2—弹簧 3—常闭触点
4—触点弹簧 5—常开触点

（2）行程开关的表示方式

1）型号。行程开关型号组成及其含义如图 1-1-12 所示。

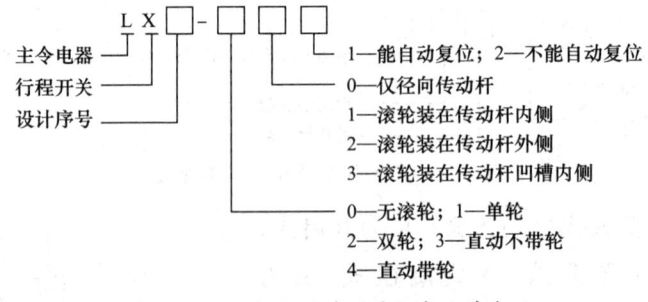

图 1-1-12 行程开关型号组成及其含义

2）电气符号。行程开关电气符号如图 1-1-13 所示。

（3）行程开关的主要技术参数

行程开关的主要技术参数有额定电压、额定电流、触点数量、动作行程、触点转换时间、动作力等。

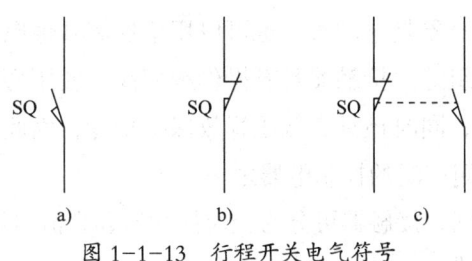

图 1-1-13　行程开关电气符号

a）常开触点　b）常闭触点　c）复合触点

（4）行程开关的选择

行程开关在选用时，应根据不同的使用场合，满足额定电压、额定电流、复位方式、触点数量等方面的要求。目前，国内生产的行程开关品种规格有很多，较为常用的有 LXW5、LX19、LXK3、LX32、LX33 等系列。新型 3SE3 系列行程开关的额定电压为 500 V，额定电流为 10 A，其机械、电气寿命比常见行程开关更长。

3. 主令控制器

主令控制器（见图 1-1-14）也是主令开关的一种，主要用于电气传动装置，它按一定顺序分合触头，以达到发布命令或控制线路联锁、转换的目的。主令控制器适用于需要频繁对电路进行接通和分断的场合，常配合磁力启动器对绕线转子异步电动机的启动、制动、调速及换向实行远距离控制，广泛应用于各类起重机械拖动电动机的控制系统。

图 1-1-14　主令控制器

（1）分类

主令控制器按结构型式可分为两类：一类是凸轮可调式主令控制器，另一类是凸轮固定式主令控制器。前者的凸轮片上开有小孔和槽，使其能根据规定的触头闭合图进行调整；后者的凸轮只能根据规定的触头闭合图进行适当的排列与组合。

（2）结构和工作原理

主令控制器一般由触头系统、操作机构、转轴、齿轮减速机构、凸轮、外壳等部分组成，并通过凸轮来控制触头系统的闭合。不同形状凸轮的组合可使触头按一定顺序动作，而凸轮的转角由控制器的结构决定，凸轮的数量取决于控制线路的要求。由于主令控制器的控制对象是二次电路，因此，其触头工作电流不大。主令控制器还可组合成联动控制台，以实现多点多位控制。

配备万向轴承的主令控制器可使操纵手柄在纵、横倾斜任意方位上转动，以控制工作机械（如电动行车和起重工作机械）做上下、前后、左右等方向的运动，操作控制灵活方便。

三、接触器

1. 接触器的用途、分类和结构

接触器是用于远距离频繁接通和分断交、直流主电路及大容量控制电路的自动控制电器。它的主要控制对象是电动机，也可以用于控制其他电力负载，如电热器、电照明、电焊机与电容器组等。接触器具有操作频率高、使用寿命长、工作可靠、性能稳定、维护方便等优点，同时还具有低压释放保护功能，因此，在电力拖动和自动控制系统中，接触器是应用广泛的控制电器之一。

按控制电流性质不同，接触器可分为交流接触器和直流接触器两大类。图 1-1-15 所示为几种常用的接触器。

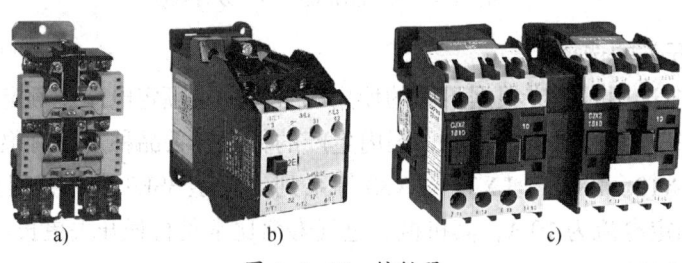

图 1-1-15　接触器

a）CZ0 系列直流接触器　b）CJX1 系列交流接触器　c）CJX2-N 系列机械互锁交流接触器

交流接触器常用于远距离、频繁地接通和分断额定电压至 1 140 V、额定电流至 630 A 的交流电路。图 1-1-16 所示为交流接触器结构，它由电磁系统、触点系统、灭弧装置和其他部件组成。

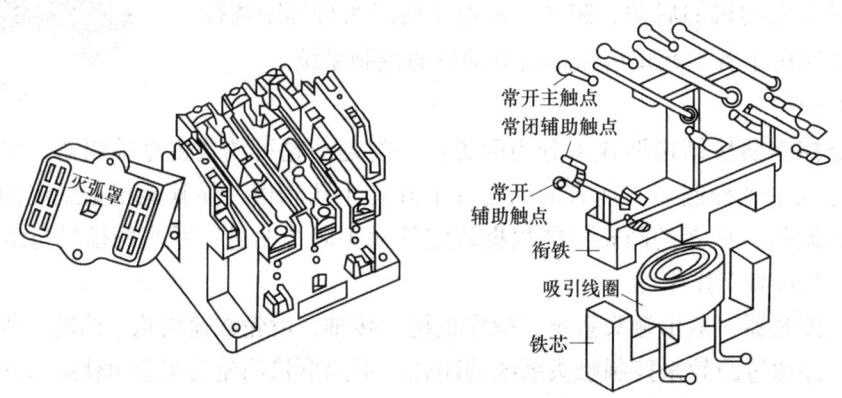

图 1-1-16　交流接触器结构

交流接触器工作时，一般当施加在线圈上的交流电压大于线圈额定电压值的 85% 时，铁芯中产生的磁通量对衔铁产生电磁吸力克服复位弹簧拉力，使衔铁带动触点动作。触点动作时，常闭触点先断开，常开触点后闭合，主触点和辅助触点同时动作。当线圈中的电压值降到某一数值，铁芯中的磁通量下降，电磁吸力减小到不足以克服复位弹簧的拉力时，衔铁复位，主触点和辅助触点复位。这个功能就是接触器的失压保护功能。

2. 接触器的表示方式

（1）型号

接触器型号组成及其含义如图 1-1-17 所示。

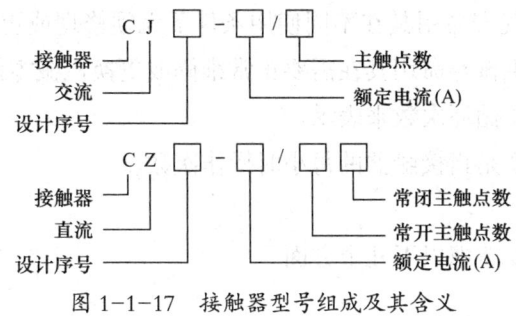

图 1-1-17 接触器型号组成及其含义

（2）电气符号

交、直流接触器电气符号如图 1-1-18 所示。

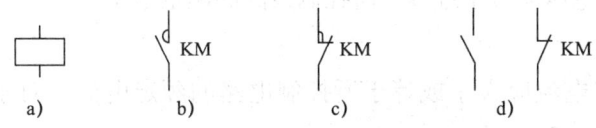

图 1-1-18 交、直流接触器电气符号
a）线圈　b）常开主触点　c）常闭主触点　d）常开、常闭辅助触点

3. 接触器的主要技术参数

接触器的主要技术参数有额定电压、额定电流、吸引线圈的额定电压、电气寿命、机械寿命和额定操作频率。CJ20 系列交流接触器的技术参数见表 1-1-2。

表 1-1-2　CJ20 系列交流接触器的技术参数

型号	额定电压 /V	额定电流 /A		可控制的三相交流异步电动机的最大功率 /kW			额定操作频率 / (次·h^{-1})	线圈消耗功率/(V·A)		机械寿命 / 万次	电气寿命 / 万次
		380 V	660 V	220 V	380 V	660 V		吸合	保持		
CJ20-10	220　380　660	10	5.2	2.2	4	4	1 200	65	8.3	1 200	100　100　120
CJ20-16		16	13	4.5	7.5	11		62	8.5		
CJ20-25		25	14.5	5.5	11	13		93	13		
CJ20-40		40	25	11	22	22		178	19		
CJ20-63		63	40	18	30	35		480	57		

（1）接触器铭牌上的额定电压是指主触点的额定电压，交流接触器有 110 V、127 V、220 V、380 V、415 V 等，直流接触器有 110 V、220 V、440 V 等。

（2）接触器铭牌上的额定电流是指主触点的额定电流，有 10 A、16 A、25 A、40 A、63 A、100 A、160 A、250 A、400 A、630 A 等。

（3）接触器吸引线圈的额定电压，交流接触器有 36 V、48 V、110 V、127 V、220 V、380 V 等，直流接触器有 24 V、48 V、110 V、220 V 等。

（4）接触器的电气寿命用其在不同使用条件下无须修理或更换零件的负载操作次数来表示。接触器的机械寿命用其在需要正常维修或更换机械零件前（包括更换触点）所能承受的无负载操作循环次数来表示。

（5）额定操作频率是指接触器的每小时操作次数。

4．接触器的选择

接触器的选择主要考虑以下几个方面。

（1）接触器的类型

根据接触器所控制的负载性质，选择直流接触器或交流接触器。

（2）额定电压

接触器的额定电压应大于或等于所控制线路的额定电压。

（3）额定电流

接触器的额定电流应大于或等于所控制电路的额定电流。对于电动机负载可按式（1-1-1）计算，即

$$I_C = \frac{P_N}{KU_N} \qquad (1-1-1)$$

式中　I_C——接触器主触点额定电流，A；

　　　P_N——电动机额定功率，kW；

　　　U_N——电动机额定电压，V；

　　　K——经验系数，一般取 1.0~1.4。

5．接触器常见故障及其处理方法

接触器常见故障及其处理方法见表 1-1-3。

表 1-1-3　接触器常见故障及其处理方法

故障现象	产生原因	处理方法
接触器不吸合或吸不牢	1. 电源电压过低 2. 线圈断路 3. 线圈技术参数与使用条件不符 4. 铁芯机械卡阻	1. 检查线路并调高电源电压 2. 调换线圈 3. 调换线圈 4. 排除卡阻物
线圈断电，接触器不释放或释放缓慢	1. 触点熔焊 2. 铁芯极面有油污 3. 触点弹簧压力过小或复位弹簧损坏 4. 铁芯机械卡阻	1. 排除熔焊故障，修理或更换触点 2. 清理铁芯极面 3. 调整触点弹簧压力或更换复位弹簧 4. 排除卡阻物
触点熔焊	1. 操作频率过高或过载使用 2. 负载侧短路 3. 触点弹簧压力过小 4. 触点表面有电弧灼伤 5. 机械卡阻	1. 调换合适的接触器或减小负载 2. 排除短路故障，更换触点 3. 调整触点弹簧压力 4. 清理触点表面 5. 排除卡阻物

续表

故障现象	产生原因	处理方法
铁芯噪声过大	1. 电源电压过低 2. 短路环断裂 3. 铁芯机械卡阻 4. 铁芯极面有油垢或磨损不平 5. 触点弹簧压力过大	1. 检查线路并调高电源电压 2. 调换短路环 3. 排除卡阻物 4. 用汽油清洗铁芯极面或更换铁芯 5. 调整触点弹簧压力
线圈过热或烧毁	1. 线圈匝间断路 2. 操作频率过高 3. 线圈参数与实际使用条件不符 4. 铁芯机械卡阻	1. 更换线圈并找出故障原因 2. 调换合适的接触器 3. 调换线圈或接触器 4. 排除卡阻物

6. 交流接触器的拆装和检修步骤

（1）交流接触器的拆装步骤

1）拆。松开固定螺钉，取下底盖→取出静铁芯、静铁芯架和缓冲弹簧→拔出线圈接线头，取出线圈→取出反作用弹簧→卸下灭弧罩→取出在动触桥上主触点的动触点片与压力弹簧片→托起动触桥上辅助动合触点的静触点片，同时取出动触桥→取出动触桥上辅助触点的动触点片→松开螺钉，取下主触点的静触点片或辅助触点的静触点片。

2）装。紧固主触点的静触点片或辅助动断触点的静触点片→装好动触点桥上辅助触点的动触点片→将动触点桥装入接触器壳内并顶紧，再将辅助动合触点的静触点片插入并紧固，松开动触点桥，使动触点桥上的辅助动合触点的动触点片与动合触点的静触点片接触良好→装上主触点的动触点片和压力弹簧片→放入反作用弹簧→放入线圈，并插好线圈接线插头→放入缓冲弹簧和静铁芯架，放上静态铁芯→放入底盖，紧固螺钉→压放动触桥，观察动触桥动作的灵活性及动断触点接触是否良好。

（2）交流接触器的检修步骤

1）触头系统。检查主触头是否平滑，是否有氧化层或凹凸不平，线圈通电后主触头接触面积是否足够；检查弹簧压力、辅助常开与常闭触点接触是否良好。

2）电磁系统。检查线圈是否断路；检查动、静铁芯之间有无锈蚀、污垢造成间隙过大，或者衔铁歪斜，使线圈通电后产生振动、噪声、发热，以致烧毁，如 E 型铁芯的中柱与铁芯间隙正常值是 $0.1\sim0.2$ mm。

3）短路环。短路环安装在静铁芯两端，若其开路或脱落，则会产生振动和噪声。

四、控制继电器

控制继电器是一种自动电器，适用于远距离接通和分断交、直流小容量控制电路，并在电力驱动系统中用于控制、保护及信号转换。控制继电器的输入量通常是电流、电压等电量，也可以是温度、压力、速度等非电量，输出量则是触点动作时发出的电信号或输出电路的参数变化。常见的控制继电器有电磁式继电器、时间继电器、热继电器和速度继电器。

1. 电磁式继电器

电磁式继电器是根据某种输入信号的变化，接通或分断控制电路，实现自动控制和保护电力装置的自动电器。

（1）电磁式继电器的结构和用途

在低压控制系统中采用的继电器大部分是电磁式继电器。电磁式继电器的结构及工作原理与接触器基本相同，主要区别在于：电磁式继电器用于切换小电流电路的控制电路和保护电路，而接触器则用来控制大电流电路；电磁式继电器没有灭弧装置，也无主触点和辅助触点之分。图 1-1-19 所示为两种常用的电磁式继电器。

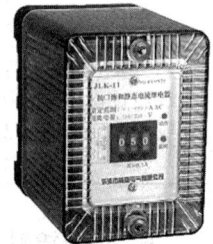

图 1-1-19　电磁式继电器

电磁式继电器结构如图 1-1-20 所示。

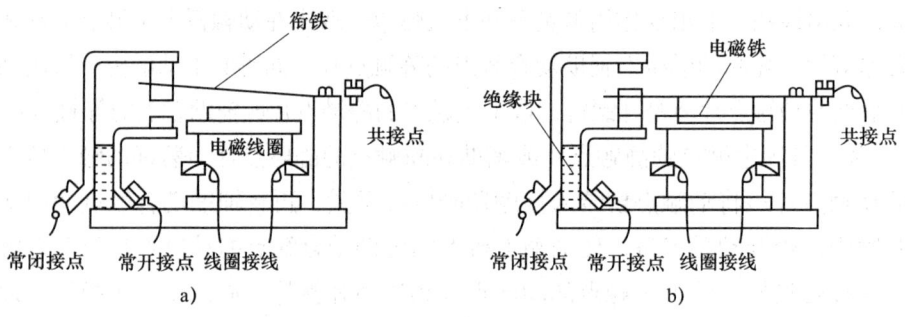

图 1-1-20　电磁式继电器结构
a）线圈未通电　b）线圈通电

电磁式继电器按吸引线圈电流的类型，可分为直流电磁式继电器和交流电磁式继电器；按其在电路中的连接方式，可分为电流继电器、电压继电器和中间继电器。

1）电流继电器。电流继电器是根据电路电流变化而动作的继电器，用于电动机和其他负载的过载与短路保护，以及直流电动机的磁场控制或失磁保护等。线圈与被测电路串联，以反映电路电流的变化，其线圈匝数少，导线粗，阻抗小。电流继电器除用于电流型保护的场合外，还经常用于按电流原则控制的场合。电流继电器分为欠电流继电器和过电流继电器。

2）电压继电器。电压继电器是根据电路电压变化而动作的继电器，如用于电动机失压、欠压保护的交、直流电压继电器，用于绕线式电动机制动和反转控制的交流电压继电器，用于直流电动机反转及反接制动的直流电压继电器等。电压继电器反映的是电压信号，使用时线圈并联在被测电路中，线圈的匝数多，导线细，阻抗大。根据所接线路电压值的变化，电压继电器处于吸合或释放状态。根据动作电压值不同，电压继电器可分为欠电压继电器和过电压继电器。

3）中间继电器。中间继电器实质上是电压继电器，只是触点对数多，触点容量较大（额定电流为 5~10 A）。它的主要用途是当其他继电器的触点对数或触点容量不够时，可以借助中间继电器来扩展触点数或触点容量，起到信号中继作用。

中间继电器体积小，动作灵敏度高，在 10 A 以下电路中可代替接触器起控制作用。

（2）电磁式继电器的表示方式

1）型号。电磁式继电器型号组成及其含义如图 1-1-21 所示。

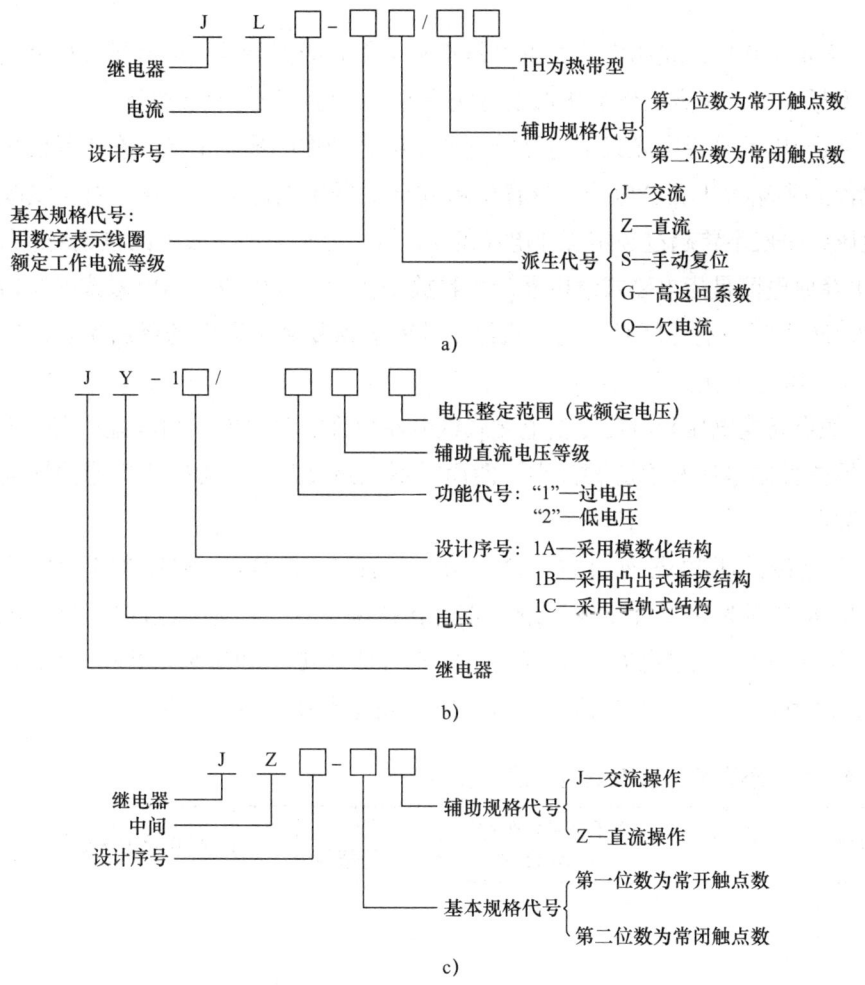

图 1-1-21　电磁式继电器型号组成及其含义
a）电流继电器　b）电压继电器　c）中间继电器

2）电气符号。电磁式继电器电气符号如图 1-1-22 所示。电流继电器的文字符号为 KI，电压继电器的文字符号为 KV，中间继电器的文字符号为 KA。

（3）电磁式继电器的主要技术参数

电磁式继电器的主要技术参数有额定工作电压、吸合电流、释放电流、触点切换电压和电流。

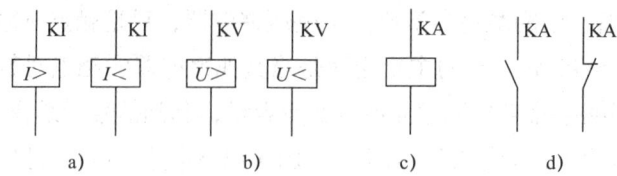

图 1-1-22 电磁式继电器电气符号
a）电流继电器线圈 b）电压继电器线圈 c）中间继电器线圈
d）中间继电器常开、常闭触点

1）额定工作电压是指电磁式继电器正常工作时线圈所需要的电压。根据电磁式继电器的型号不同，额定工作电压可以是交流电压，也可以是直流电压。

2）吸合电流是指电磁式继电器能够产生吸合动作的最小电流。在正常使用时，给定的电流必须略大于吸合电流，这样电磁式继电器才能稳定地工作。对于线圈所加的工作电压，一般不要超过额定工作电压的1.5倍，否则会产生较大的电流烧毁线圈。

3）释放电流是指电磁式继电器产生释放动作的最大电流。当电磁式继电器吸合状态的电流减小到一定程度时，电磁式继电器就会恢复到未通电的释放状态，这时的电流远远小于吸合电流。

4）触点切换电压和电流是指电磁式继电器允许加载的电压和电流，它决定了电磁式继电器能控制电压和电流的大小，使用时不能超过此值，否则很容易损坏电磁式继电器的触点。

常用电磁式继电器有 JL14、JZ7、JL18、JZ15、3TH80、3TH82 及 JZC2 等系列。其中，JL14 系列为交、直流电流继电器，JL18 系列为交、直流过电流继电器，JZ15 系列、JZ7 系列为中间继电器，3TH80 系列、3TH82 系列与 JZC2 系列类似，为接触器式继电器。JL14 系列交、直流继电器、JZ7 系列中间继电器技术参数见表 1-1-4、表 1-1-5。

表 1-1-4 JL14 系列交、直流继电器技术参数

电流种类	型号	吸引线圈额定电流/A	吸合电流调整范围	触点组合形式	用途
直流	JL14-□□Z JL14-□□ZS	1, 1.5, 2.5, 5, 10, 15, 25, 40, 60, 300, 600, 1 200, 1 500	（70%～300%）I_N[①]	3常开，3常闭	在控制电路中起过电流或欠电流保护作用
	JL14-□□ZQ		（30%～65%）I_N 或释放电流在（10%～20%）I_N 范围	2常开，1常闭 1常开，2常闭 1常开，1常闭	
交流	JL14-□□J JL14-□□JS		（110%～400%）I_N	2常开，2常闭 1常开，1常闭	
	JL14-□□JG			1常开，1常闭	

注：I_N 为额定电流。

表 1-1-5　JZ7 系列中间继电器技术参数

型号	触点额定电压 /V		触点额定电流 /A	触点数量		额定操作频率/(次·h^{-1})	吸引线圈电压 /V		吸引线圈消耗功率 /(V·A)	
	直流	交流		常开	常闭		50 Hz	60 Hz	启动	吸持
JZ7-44	440	500	5	4	4	1 200	12, 24, 36, 48, 110, 127, 220, 380, 420, 440, 500	12, 36, 110, 127, 220, 380, 440	75	12
JZ7-62	440	500	5	6	2				75	12
JZ7-80	440	500	6	8	0				75	12

（4）电磁式继电器的选择

电磁式继电器是组成各种控制系统的基础元件，选用时应综合考虑其适用性、功能特点、使用环境、工作制、额定工作电压、额定工作电流等因素，做到合理选择。

（5）电磁式继电器常见故障及其处理方法

电磁式继电器常见故障及其处理方法与接触器类似。

2. 时间继电器

时间继电器是指从接到信号到执行元件动作有一定时间间隔的控制继电器，如启动电动机时用于延时切换启动电阻器、电动机能耗制动，以及在生产过程中用于程序控制等的继电器。在自动控制系统中，需要有瞬时动作的继电器，也需要有延时动作的继电器，而时间继电器就是实现触点延时动作的自动电器，经常用于按时间控制原则进行控制的场合，其种类主要有空气阻尼式时间继电器、电磁阻尼式时间继电器、电子式时间继电器和电动式时间继电器。

时间继电器的延时方式有以下两种。

通电延时：接到输入信号后，延迟一定的时间，输出信号才发生变化；当输入信号消失后，输出信号瞬时复原。

断电延时：在接到输入信号的瞬时产生相应的输出信号；当输入信号消失后，延迟一定的时间，输出信号才复原。

（1）空气阻尼式时间继电器的结构和用途

空气阻尼式时间继电器利用空气阻尼原理获得延时，它由电磁系统、延时机构和触点三部分组成，其中电磁系统为双正直动式，延时机构采用气囊式阻尼器，触点采用 LX5 型微动开关。图 1-1-23 所示为 JS7 空气阻尼式时间继电器。

图 1-1-23 JS7 空气阻尼式时间继电器

空气阻尼式时间继电器的电磁系统可以是直流的，也可以是交流的；既有通电延时型，也有断电延时型。只要改变电磁系统的安装方向，便可实现不同的延时方式。当衔铁位于铁芯和延时机构之间时为通电延时，如图 1-1-24a 所示；当铁芯位于衔铁和延时机构之间时为断电延时，如图 1-1-24b 所示。

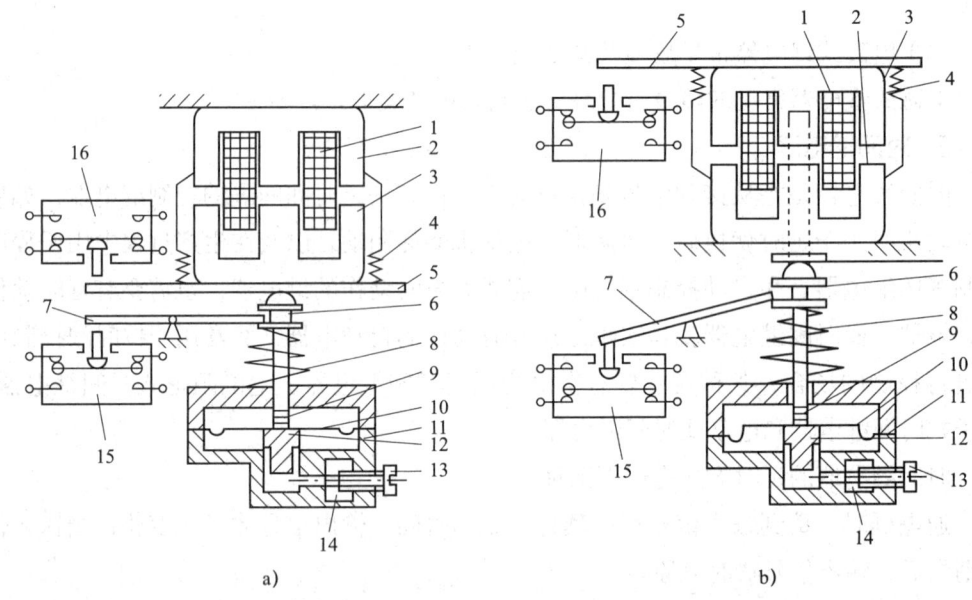

图 1-1-24 空气阻尼式时间继电器结构
a）通电延时 b）断电延时

1—线圈 2—铁芯 3—衔铁 4—反力弹簧 5—推板 6—活塞杆 7—杠杆 8—塔形弹簧 9—弱弹簧
10—橡胶膜 11—空气室壁 12—活塞 13—调节螺钉 14—进气口 15，16—微动开关

空气阻尼式时间继电器的特点是延时范围较大（0.4～180 s）、结构简单、寿命长、价格低，但其延时误差较大，无调节刻度指示，难以确定整定延时值。在对延时精度要求较高的场合，不宜使用这种时间继电器。

（2）时间继电器的表示方式

1）型号。时间继电器型号组成及其含义如图1-1-25所示。

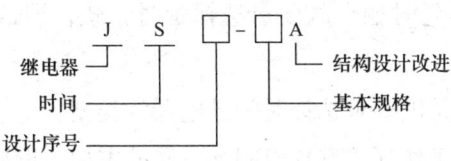

图1-1-25 时间继电器型号组成及其含义

2）电气符号。时间继电器电气符号如图1-1-26所示。

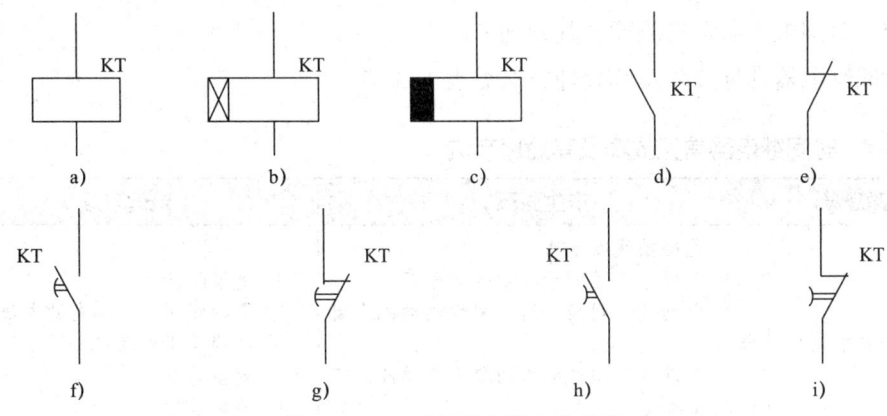

图1-1-26 时间继电器电气符号

a）继电器线圈一般符号 b）通电延时线圈 c）断电延时线圈 d）瞬时闭合常开触点
e）瞬时断开常闭触点 f）延时闭合常开触点 g）延时断开常闭触点
h）延时断开常开触点 i）延时闭合常闭触点

（3）时间继电器的主要技术参数

时间继电器的主要技术参数有额定工作电压、额定发热电流、额定控制容量、吸引线圈电压、延时范围、环境温度、延时误差和操作频率。常用的JS7-A系列空气阻尼式时间继电器技术参数见表1-1-6。

表1-1-6 JS7-A系列空气阻尼式时间继电器技术参数

型号	吸引线圈电压/V	触点额定电压/V	触点额定电流/A	延时范围/s	延时触点				瞬动触点	
					通电延时		断电延时		常开	常闭
					常开	常闭	常开	常闭		
JS7-1A	24，36，110，127，220，380，420	380	5	0.4～60 及 0.4～180	1	1	—	—	—	—
JS7-2A					1	1	—	—	1	1
JS7-3A					—	—	1	1	—	—
JS7-4A					—	—	1	1	1	1

（4）时间继电器的选择

时间继电器的形式多样，各具特点，选择时应从以下几方面考虑。

1）根据控制电路对延时触点的要求选择延时方式，即选择通电延时型或断电延时型。

2）根据延时范围和精度要求选择时间继电器的类型。

3）根据使用场合、工作环境选择时间继电器的类型。例如，电源电压波动大的场合可选空气阻尼式或电动式时间继电器，电源频率不稳定的场合不宜选用电动式时间继电器，环境温度变化大的场合不宜选用空气阻尼式和电子式时间继电器。

（5）时间继电器常见故障及其处理方法

时间继电器常见故障及其处理方法见表1-1-7。

表1-1-7　时间继电器常见故障及其处理方法

故障现象	产生原因	处理方法
延时触点不动作	1. 电磁铁线圈断线 2. 电源电压远低于线圈额定电压 3. 电动式时间继电器的同步电动机线圈断线 4. 电动式时间继电器的棘爪无弹性，不能制住棘齿 5. 电动式时间继电器游丝断裂	1. 更换线圈 2. 更换线圈或调高电源电压 3. 更换同步电动机 4. 更换棘爪 5. 更换游丝
延时时间缩短	1. 空气阻尼式时间继电器的气室装配不严，产生漏气 2. 空气阻尼式时间继电器的气室内橡胶薄膜损坏	1. 修理或调换气室 2. 更换橡胶薄膜
延时时间延长	1. 空气阻尼式时间继电器的气室内有灰尘，使气道阻塞 2. 电动式时间继电器的传动机构缺润滑油	1. 清除气室内灰尘，使气道畅通 2. 加入适量的润滑油

3. 热继电器

热继电器是用于交流电动机过载及断相保护的控制继电器。

（1）热继电器的结构和用途

在电动机运行过程中，若过载时间长、过载电流大，则电动机绕组的温升就会超过允许值，使电动机绕组绝缘老化，缩短电动机的使用寿命，严重时甚至会使电动机绕组烧毁。因此，电动机在长期运行中，需要对其进行过载保护。而热继电器可利用电流的热效应原理实现电动机的过载保护。图1-1-27所示为几种常用的热继电器。

热继电器具有反时限保护特性，即过载电流大，动作时间短；过载电流小，动作时间长。当电动机的工作电流为额定电流时，热继电器应长期不动作，其保护特性见表1-1-8。

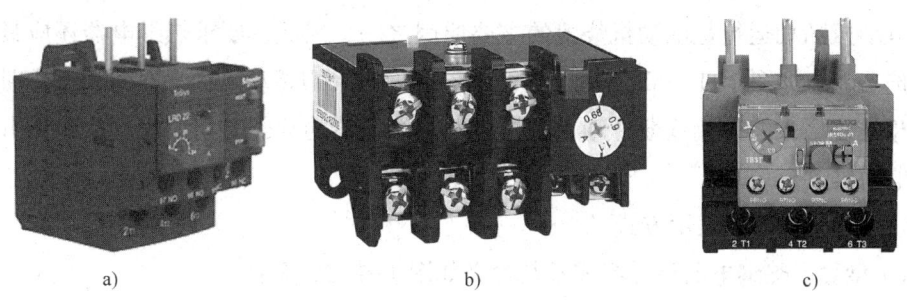

图 1-1-27 热继电器

a) JR16 系列热继电器　b) JRS5 系列热继电器　c) JRS1 系列热继电器

表 1-1-8　热继电器的保护特性

序号	整定电流倍数	动作时间	实验条件
1	1.05	>2 h	冷态
2	1.20	<20 min	热态
3	1.60	<2 min	热态
4	6.00	>5 s	冷态

热继电器主要由热元件、双金属片和触点三部分组成。其中，双金属片是热继电器的感测元件，由两种线膨胀系数不同的金属片经机械碾压而成，线膨胀系数大的称为主动层，小的称为被动层。图 1-1-28a 所示为热继电器的结构。热元件串联在电动机定子绕组中，电动机正常工作时，热元件产生的热量虽然能使双金属片弯曲，但还不能使热继电器动作；当电动机过载时，流过热元件的电流增大，经过一定时间，双金属片推动导板使热继电器触点动作，切断电动机的控制线路。

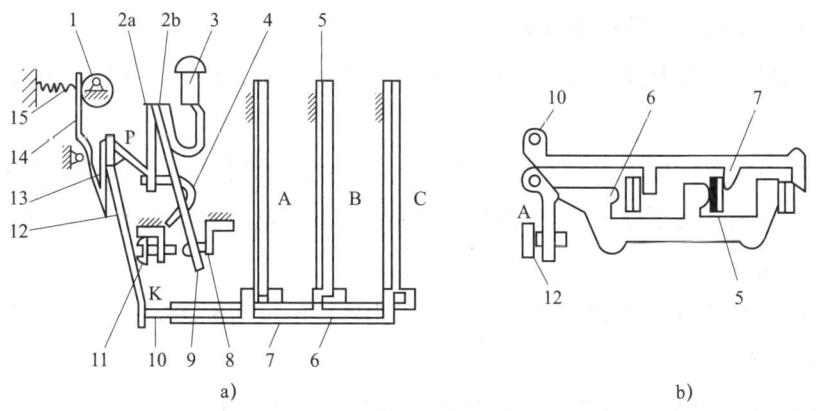

图 1-1-28　热继电器的结构及差动式断相保护

a) 结构示意图　b) 差动式断相保护示意图

1—电流调节凸轮　2a，2b—簧片　3—手动复位按钮　4—弓簧　5—双金属片　6—外导板
7—内导板　8—常闭静触点　9—动触点　10—杠杆　11—复位调节螺钉
12—补偿双金属片　13—推杆　14—连杆　15—压簧

电动机断相运行是电动机烧毁的主要原因之一，因此，要求热继电器还应具备断相保护功能。如图1-1-28b所示，热继电器的导板采用差动机构，在断相工作时，其中两相电流增大，一相逐渐冷却，这样可使热继电器的动作时间缩短，从而更有效地保护电动机。

（2）热继电器的表示方式

1）型号。热继电器型号组成及其含义如图1-1-29所示。

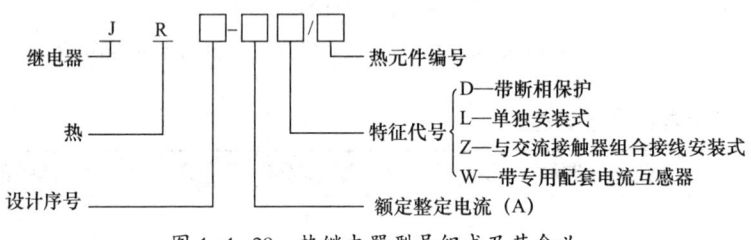

图1-1-29　热继电器型号组成及其含义

2）电气符号。热继电器电气符号如图1-1-30所示。

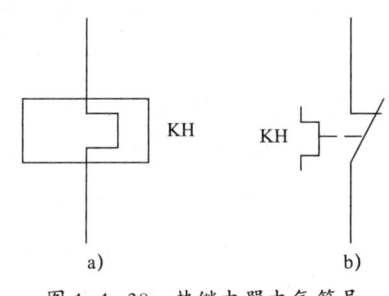

图1-1-30　热继电器电气符号

a）热继电器的驱动器件　b）常闭触点

（3）热继电器的主要技术参数

热继电器的主要技术参数包括额定电压、额定电流、相数、热元件编号及整定电流调节范围等。

热继电器的整定电流是指热继电器的热元件允许长期通过又不致引起热继电器动作的最大电流值。对于某一个热元件，可通过调节其电流调节旋钮，在一定范围内调节其整定电流。

常用的热继电器有JRS1、JR20、JR16、JR15、JR14等系列，引进产品有T、3UP、LR1-D等系列。

JRS1系列、JR20系列热继电器具有断相保护、温度补偿、整定电流值可调、手动脱扣、手动复位、动作后的信号指示功能。安装方式除采用分立式结构外，还增设了组合式结构，通过导电杆与挂钩直接插接，可直接电气连接在CJ20接触器上。

JR16系列热继电器主要技术参数见表1-1-9。

表 1-1-9　JR16 系列热继电器主要技术参数

型号	额定电流 /A	热元件规格	
		额定电流 /A	电流调节范围 /A
JR16-20/3 JR16-20/3D	20	0.35	0.25～0.35
		0.5	0.32～0.5
		0.72	0.45～0.72
		1.1	0.68～1.1
		1.6	1.0～1.6
		2.4	1.5～2.4
		3.5	2.2～3.5
		5	3.5～5.0
		7.2	5.0～7.2
		11	6.8～11.0
		16	10.0～16.0
		22	14～22
JR16-60/3 JR16-60/3D	60	22	14～22
		32	20～32
		45	28～45
		63	45～63
JR16-150/3 JR16-150/3D	150	63	40～63
		85	53～85
		120	75～120
		160	100～160

（4）热继电器的选择

热继电器主要用于电动机的过载保护，使用中应考虑电动机的工作环境、启动方式、负载性质等因素，具体应按以下几个方面来选择。

1）热继电器结构型式的选择。星形接法的电动机可选用两相或三相结构热继电器，三角形接法的电动机应选用带断相保护装置的三相结构热继电器。

2）根据被保护电动机的实际启动时间，选取 6 倍额定电流下具有相应可返回时间的热继电器。一般热继电器的可返回时间为 6 倍额定电流下动作时间的 50%～70%。

3）热元件额定电流一般可按式（1-1-2）确定，即

$$I_N = （0.95～1.05）I_{MN} \qquad (1-1-2)$$

式中　I_N——热元件额定电流；

I_{MN}——电动机的额定电流。

对于工作环境恶劣、启动频繁的电动机，则按式（1-1-3）确定，即

$$I_N = （1.15～1.50）I_{MN} \qquad (1-1-3)$$

热元件选好后，还需用电动机的额定电流来调整其整定值。

4）对于重复短时工作的电动机（如起重机电动机），由于电动机不断重复升温，

热继电器双金属片的温升跟不上电动机绕组的温升，电动机得不到可靠的过载保护，因此，不宜选用双金属片热继电器，而应选用过电流继电器或能反映绕组实际温度的温度继电器来进行保护。

（5）热继电器的常见故障及其处理方法

热继电器的常见故障及其处理方法见表1-1-10。

表1-1-10 热继电器的常见故障及其处理方法

故障现象	产生原因	处理方法
热继电器误动作或动作太快	1. 整定电流偏小 2. 操作频率过高 3. 连接导线太细	1. 调大整定电流 2. 调换热继电器或限定操作频率 3. 选用标准导线
热继电器不动作	1. 整定电流偏大 2. 热元件烧断或脱焊 3. 导板脱出	1. 调小整定电流 2. 更换热元件或热继电器 3. 重新放置导板并试验动作灵活性
热元件烧毁	1. 负载侧电流过大 2. 变形反复 3. 短时工作 4. 操作频率过高	1. 排除故障，更换热继电器 2. 限定操作频率或更换合适的热继电器
主电路不通	1. 热元件烧毁 2. 接线螺钉未旋紧	1. 更换热元件或热继电器 2. 旋紧接线螺钉
控制电路不通	1. 热继电器常闭触点接触不良或弹性消失 2. 手动复位的热继电器动作后，未手动复位	1. 检修常闭触点 2. 手动复位

4. 速度继电器

（1）速度继电器的结构和用途

速度继电器是用来反映转速与转向变化的继电器，它可以根据被控电动机转速的大小使控制电路接通或分断。速度继电器通常与接触器配合，实现对电动机的反接制动。图1-1-31所示为速度继电器结构。

速度继电器的转轴和电动机轴通过联轴器相连。当电动机转动时，速度继电器的转子随之转动，定子内的绕组便切割磁力线，产生感应电动势，而后产生感应电流。此电流与转子磁场作用产生转矩，使定子开始转动。电动机转速达到某一数值时，产生的转矩

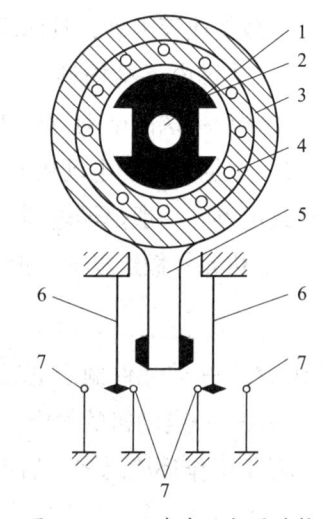

图1-1-31 速度继电器结构
1—转轴 2—转子 3—定子 4—绕组
5—摆锤 6—簧片 7—触点

能使定子转到一定角度，摆锤也偏转一定角度，推动簧片使触点动作；当电动机转速低于某一数值或停转时，定子产生的转矩会减小或消失，触点在弹簧的作用下复位。

速度继电器有两组触点（每组各有一对常开触点和一对常闭触点），可分别控制电动机正、反转的反接制动。常用的速度继电器有JY1型和JFZ0型。一般速度继电器的动作速度为120 r/min，触点的复位速度为100 r/min。在连续工作制中，速度继电器应能可靠地工作在1 000～3 600 r/min 工况，操作频率每小时不允许超过30次。

（2）速度继电器的表示方式

1）型号。速度继电器型号组成及其含义如图1-1-32所示。

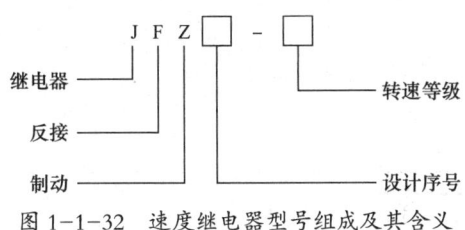

图1-1-32　速度继电器型号组成及其含义

2）电气符号。速度继电器电气符号如图1-1-33所示。

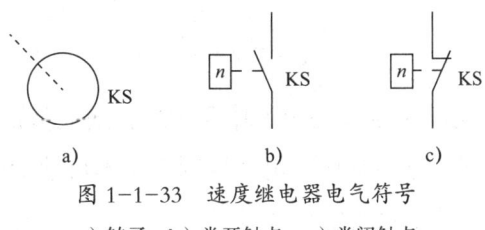

图1-1-33　速度继电器电气符号

a）转子　b）常开触点　c）常闭触点

（3）速度继电器的主要技术参数

JY1系列、JFZ0系列速度继电器主要技术参数见表1-1-11。

表1-1-11　JY1系列、JFZ0系列速度继电器主要技术参数

型号	触点额定电压/V	触点额定电流/A	触点数量		额定工作转速/($r \cdot min^{-1}$)	允许操作频率/($次 \cdot h^{-1}$)
			正转时动作	反转时动作		
JY1 JFZ0	380	2	1常开 1常闭	1常开 1常闭	100～3 600 300～3 600	<30

（4）速度继电器的选择

速度继电器主要根据电动机的额定转速来选择。使用时，速度继电器的转轴应与

电动机同轴连接；安装接线时，正向、反向的触点不能接错，否则反接制动时不能起到接通和分断反向电源的作用。

（5）速度继电器常见故障及其处理方法

速度继电器常见故障及其处理方法见表 1-1-12。

表 1-1-12　速度继电器常见故障及其处理方法

故障现象	产生原因	处理方法
制动时速度继电器失效，电动机不能制动	1. 速度继电器胶木摆杆断裂 2. 速度继电器常开触点接触不良 3. 弹性动触片断裂或失去弹性	1. 更换胶木摆杆 2. 清洁常开触点表面油污 3. 更换弹性动触片

第二节　电路的保护

电气控制系统除了能满足生产机械工作要求外，还应保证设备长期安全、可靠、无故障地运行。因此，保护环节是所有电气控制系统不可缺少的组成部分，它可保护电动机、电网、电气控制设备及人身安全等。

电气控制系统中，常对电动机实施一定的保护，以保证设备的正常运行。保护环节的形式主要有短路保护、过载保护、零压（失压）保护、欠电压保护及过电压保护等。

一、短路保护

电气控制线路中的电器或配线绝缘遭到损坏，或出现负载短路、接线错误时，都将产生短路故障。短路时产生的瞬时故障电流是额定电流的十几倍到几十倍。短路电流产生的强大电动力可能导致电气设备或配电线路损坏、产生电弧，甚至引起火灾。

短路保护要求在短路故障产生后的极短时间内切断电源，常用方法是在线路中串接熔断器或低压断路器。其中，低压断路器的动作电流应整定为电动机启动电流的 1.2 倍。

二、过载保护

过载是指电动机运行电流超过其额定电流,但小于1.5倍额定电流的运行状态,此运行状态在过电流运行状态范围内。若电动机长期过载运行,则其绕组温升将超过允许值而导致绝缘老化或损坏。过载保护要求电动机不受短时过载冲击电流或短路电流的影响而瞬时动作,通常采用热继电器作为过载保护元件。

当6倍以上额定电流通过热继电器时,需经5 s后才动作,可能在热继电器动作前,热继电器的加热元件已烧坏,所以在使用热继电器作为过载保护时,必须同时装有熔断器或低压断路器等短路保护装置。

三、零压(失压)保护

零压保护又称失压保护,当发生停电时,具有该功能的电路会自动跳闸,在下次送电时用电设备不会自行启动。这种功能的目的在于防止停电时操作人员忘记切断电源,在下次来电时用电设备自行启动而造成意外事故。

采用接触器和按钮控制的启动、停止控制线路具有失压保护作用,因为当电源电压突然消失时,接触器线圈就会断电自动释放,从而切断电动机电源。当电源电压恢复时,由于接触器自锁触头已断开,因此,不会自行启动。

在具有不能自动复位的手动开关、行程开关控制接触器的线路中,需采用专门的零电压继电器。一旦断电,零电压继电器释放,其自锁电路断开,来电时电路就不会自行启动。

任何较完善的电力拖动电路都必须具有零压保护功能。用按钮控制的接触器自锁电路本身具有零压保护功能,其他电力拖动电路(如用主令控制器控制的电路)要专设零压保护环节。担任零压保护的零压继电器必须能够实行自锁。

一般的电压继电器都可以作为零压继电器使用,而有些大型电路往往采用接触器。

四、欠电压保护

当电源电压降至额定电压的60%~80%时,将电动机电源切断而停止工作的环节称为欠电压保护环节。一般电路直接采用接触器本身的欠电压保护作用,还可以用欠电压继电器进行欠电压保护。

将欠电压继电器的吸合电压整定为$(0.80 \sim 0.85)U_N$,释放电压整定为$(0.5 \sim 0.7)U_N$。将欠电压继电器并联在电源上,其常开触头串接在接触器线圈电路中,当电源电压低于释放值时,欠电压继电器即会动作使接触器释放,接触器主触头断开,电动机电源实现欠电压保护。

五、过电压保护

电磁铁、电磁吸盘等大电感负载及直流电磁机构、直流继电器等,在通、断时会产生较高的感应电动势,导致电磁线圈被击穿而损坏。过电压保护通常是在电磁线圈两端并联一个电阻器、电阻器串电容器或二极管串电阻器,以形成一个放电回路,实现过电压保护。

六、实例分析

图 1-2-1 所示为电动机的常用保护线路,其中各种元件在电路中所起保护作用概括如下。

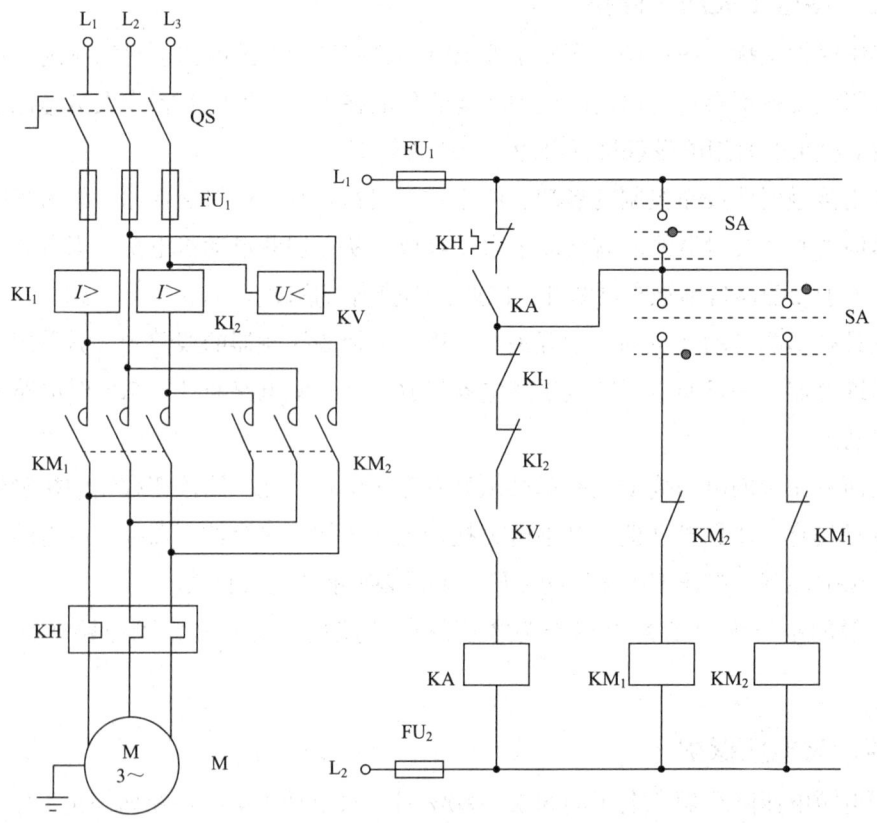

图 1-2-1　电动机的常用保护线路

1. **熔断器 FU_1、FU_2**:短路保护。

2. **热继电器 KH**:过载保护。

3. **电流继电器 KI_1、KI_2**:过电流保护。

4. **中间继电器 KA,接触器 KM_1、KM_2**:零压保护。

5. **欠电压继电器 KV,接触器 KM_1、KM_2**:欠电压保护。

6. **KM_1、KM_2 互锁触头**:互锁保护。

第三节 电子电路中电子元件的检测

一、三极管的检测

1. 三极管的工作原理

三极管全称半导体三极管，又称双极型晶体管、晶体三极管，是一种控制电流的半导体器件，其作用是把微弱信号放大成幅度值较大的电信号，也可作为无触点开关使用。三极管是半导体基本元器件之一，具有电流放大作用，是电子电路的核心元件。

三极管是在一块半导体基片上制作两个相距很近的 PN 结，两个 PN 结把整块半导体分成三部分，中间部分是基区，两侧部分是发射区和集电区，排列方式有 PNP 型和 NPN 型两种，如图 1-3-1 所示。

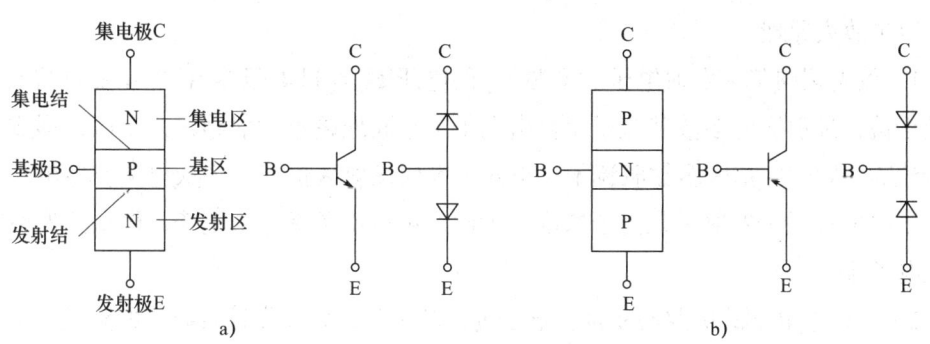

图 1-3-1 三极管结构示意和图形符号
a）NPN 型管结构示意和图形符号　b）PNP 型管结构示意和图形符号

三极管按材料的不同可分为锗三极管和硅三极管，每种又有 NPN 型和 PNP 型两种结构型式，但使用最多的是硅 NPN 型和锗 PNP 型两种三极管（其中，N 区是在高纯度硅中加入磷，取代一些硅原子，在电压刺激下产生自由电子导电；而 P 区是加入硼取代硅，产生大量空穴，以利于导电）。两者除电源极性不同外，工作原理都是相同的。下面介绍硅 NPN 型三极管的电流放大原理。

NPN 型管由两块 N 型半导体中间夹一块 P 型半导体组成，发射区与基区之间形成的 PN 结称为发射结，而集电区与基区形成的 PN 结称为集电结，三条引线分别称为发射极 E、基极 B 和集电极 C。

如图 1-3-2 所示，当 B 点电位高于 E 点电位零点几伏时，发射结处于正偏状态；

而当 C 点电位高于 B 点电位几伏时，集电结处于反偏状态，集电极电源电压 E_C 要高于基极电源电压 E_B。

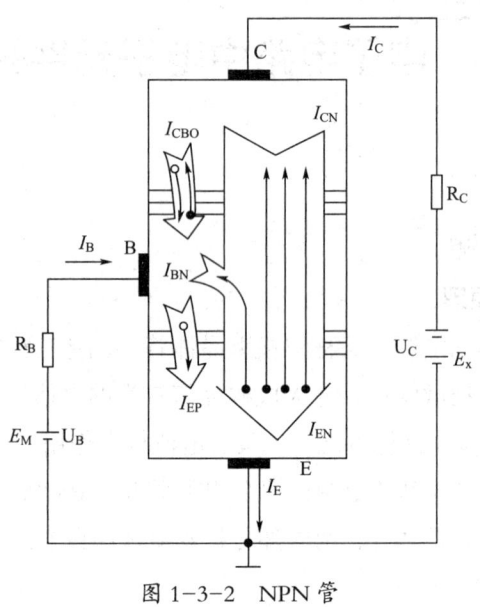

图 1-3-2　NPN 管

（1）放大原理

1）发射区向基区发射电子。电源 U_B 的电压 E_M 经过电阻器 R_B 加在发射结上，发射结正偏，发射区的多数载流子（自由电子）不断地越过发射结进入基区，形成发射极电流 I_E。同时，基区多数载流子（空穴）也向发射区扩散而形成电流，但由于基区载流子浓度远低于发射区载流子浓度，因此，可以不考虑这个电流，即认为发射结主要是电子流。

2）基区中电子的扩散与复合。电子进入基区后，先在靠近发射结的附近密集，渐渐形成电子浓度差，在浓度差的作用下，促使电子流在基区中向集电结扩散，并被集电结电场拉入集电区形成集电极电流 I_C。同时，也有很小一部分电子（因为基区很薄）与基区的空穴复合，扩散电子流与复合电子流之比决定了三极管的放大能力。

3）集电区收集电子。由于集电结外加反向电压很大，因此，这个反向电压产生的电场力将阻止集电区电子向基区扩散，同时将扩散到集电结附近的电子拉入集电区，从而形成集电极主电流 I_{CN}。另外，集电区的少数载流子（空穴）也会产生漂移运动，流向基区形成反向饱和电流，用 I_{CBO} 来表示，其数值很小，但对温度却异常敏感。

（2）工作状态

1）截止状态。当加在三极管发射结的电压小于 PN 结的导通电压时，基极电流、集电极电流和发射极电流都为零，这时三极管失去了电流放大作用，集电极和发射极之间相当于开关的断开状态，三极管处于截止状态。

2）放大状态。当加在三极管发射结的电压大于 PN 结的导通电压，并处于某一恰当的值时，三极管的发射结正向偏置，集电结反向偏置，这时基极电流对集电极电流起着控制作用，使三极管具有电流放大作用，其电流放大倍数 $\beta=I_C/I_B$，这时三极管处于放大状态。

3）饱和导通状态。当加在三极管发射结的电压大于 PN 结的导通电压，且基极电流增大到一定程度时，集电极电流不再随着基极电流的增大而增大，而是处于某一定值附近，这时三极管失去电流放大作用，集电极与发射极之间的电压很小，相当于开关的导通状态。三极管的这种状态称为饱和导通状态。

根据三极管工作时各电极的电位高低，就能判别三极管的工作状态。因此，电子维修人员在维修过程中，经常要用万用表测量三极管各引脚的电压，从而判别三极管的工作情况。

2. 三极管的判别

（1）判别前的准备工作

三极管引脚有两种封装排列顺序，如图 1-3-3 所示。

三极管是一种结型电阻器件，其 3 个引脚都有明显的电阻值，测试时（以数字式万用表为例，红表笔为正，黑表笔为负）将测试挡位切换至二极管挡（蜂鸣挡），其标志符号如图 1-3-4 所示。

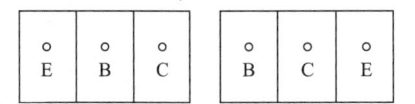

图 1-3-3　三极管引脚的两种封装排列顺序　　图 1-3-4　数字万用表二极管挡
（蜂鸣挡）标志符号

（2）三极管基极的判别

三极管的基极是三极管中两个 PN 结的公共极，因此，在判别三极管的基极时，只要找出两个 PN 结的公共极，即为三极管的基极。具体方法是将万用表调至电阻挡的 $R\times 1\,k\Omega$ 挡，先把红表笔放在三极管的一个引脚上，用黑表笔去碰触三极管的另外两个引脚，如果两次全通，则说明红表笔所接触的脚就是三极管的基极；如果一次没找到，则将红表笔换到三极管的另一个引脚，再测两次；如果还没找到，则将红表笔换到最后一个引脚再测两次。如果还没找到，则改用黑表笔放在三极管的一个引脚上，用红表笔测两次看是否全通，若都没成功，则再换。

（3）三极管类型的判别

三极管只有两种类型，即 PNP 型和 NPN 型。判别时只要知道基极是 P 型材料还是 N 型材料即可。当使用万用表电阻挡的 $R\times 1\,k\Omega$ 挡时，黑表笔代表电源正极，如果黑表笔接基极时导通，则说明三极管的基极为 P 型材料，该三极管为 NPN 型；如果红表笔接基极时导通,则说明三极管的基极为 N 型材料,该三极管为 PNP 型。

(4) 具体操作

先假设三极管的某极为基极,将黑表笔接在假设基极上,再将红表笔依次接到其余两个电极上,若两次测得的电阻值都大(几千欧到几十千欧),或者都小(几百欧到几千欧),则对换表笔重复上述测量;若测得两个电阻值相反(都很小或都很大),则可确定假设的基极是正确的;否则应另假设一极为基极,重复上述测试,以确定基极。当基极确定后,将黑表笔接基极,红表笔接另外两极,若测得电阻值都很小,则该三极管为 PNP 管;反之,则为 NPN 管。

(5) 判断集电极 C 和发射极 E

以 NPN 管为例,把黑表笔接到假设的集电极 C,红表笔接到假设的发射极 E,并用手捏住基极 B 和集电极 C,读出万用表所示 C、E 电阻值,然后将红、黑表笔反接重测,若第一次电阻值比第二次小,则说明原假设成立。

二、晶闸管的检测

1. 晶闸管的工作原理

晶闸管是晶体闸流管的简称,又称可控硅。晶闸管是一种开关元件,能在高电压、大电流条件下工作,并且其工作过程可以控制,广泛应用于可控整流、交流调压、无触点电子开关、逆变及变频等电子电路中,是典型的小电流控制大电流的设备。常见晶闸管如图 1-3-5 所示。

(1) 结构

晶闸管由一个 P-N-P-N 四层半导体构成,按照导通性能可分为单向和双向两种类型。单向晶闸管有三个极,即阳极 A、阴极 K 和控制极 G,其图形符号如图 1-3-6a 所示;双向晶闸管有第一阳极 A_1、第二阳极 A_2 和控制极 G,其图形符号如图 1-3-6b 所示。

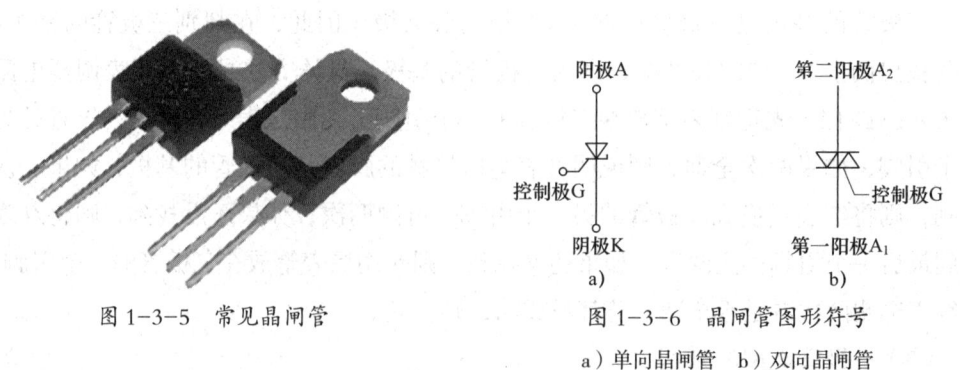

图 1-3-5 常见晶闸管　　图 1-3-6 晶闸管图形符号
　　　　　　　　　　　　a) 单向晶闸管　b) 双向晶闸管

(2) 导通条件

1) 单向晶闸管。只有当阳极 A 与阴极 K 之间加有正向电压,同时控制极 G 与阴极 K 之间加上所需的正向触发电压时,单向晶闸管方可被触发导通。此时阳极 A、阴极 K 之间呈低阻导通状态，两者压降约为 1 V。单向晶闸管导通后，即使控制极 G 失去触发电压，只要阳极 A 和阴极 K 之间仍保持正向电压，单向晶闸管继续处于低阻导通状态；只有撤除阳极 A 的电压，或阳极 A、阴极 K 之间电压极性发生改变（交流过零）时，单向晶闸管才由低阻导通状态转换为高阻截止状态。单向晶闸管一旦截止，即使阳极 A 和阴极 K 之间又重新加上正向电压，仍需在控制极 G 和阴极 K 之间重新加上正向触发电压才可导通。单向晶闸管的导通与截止状态相当于开关的闭合与断开状态，可用它制成无触点开关。

2）双向晶闸管。在双向晶闸管第一阳极 A_1 与第二阳极 A_2 之间，无论所加电压极性是正向还是反向，只要控制极 G 和第一阳极 A_1 之间加有正负极性不同的触发电压，就可触发低阻导通状态，此时第一阳极 A_1、第二阳极 A_2 之间压降也约为 1 V。双向晶闸管一旦导通，即使失去触发电压，也能继续保持导通状态；只有当第一阳极 A_1、第二阳极 A_2 电流减小（小于维持电流），或第一阳极 A_1、第二阳极 A_2 之间电压极性改变且没有触发电压时，双向晶闸管才会截止，此时只有重新加上触发电压才可导通。

2. 晶闸管的检测方法

（1）单向晶闸管的检测

选万用表电阻挡的 $R×1\Omega$ 挡，用红、黑两表笔分别测量任意两引脚之间正向、反向电阻值，直至找出读数为数十欧的一对引脚，此时黑表笔的引脚为控制极 G，红表笔的引脚为阴极 K，另一空引脚为阳极 A。使黑表笔接已确定的阳极 A，红表笔仍接阴极 K，此时万用表指针应不动。用短接线瞬间短接阳极 A 和控制极 G，此时万用表电阻挡指针应向右偏转，读数应为 10 Ω 左右。如阳极 A 接黑表笔，阴极 K 接红表笔，万用表指针发生偏转，则说明该单向晶闸管已击穿损坏。

（2）双向晶闸管的检测

选万用表电阻 $R×1\Omega$ 挡，用红、黑两表笔分别测量任意两引脚间正、反向电阻值，结果其中两组读数为无穷大；若一组为数十欧，则该组红、黑表笔所接的两引脚分别为第一阳极 A_1 和控制极 G，另一空引脚为第二阳极 A_2。确定第一阳极 A_1、控制极 G 后再仔细测量两者间正、反向电阻值，读数相对较小的那次测量，其黑表笔所接的引脚为第一阳极 A_1，红表笔所接的引脚为控制极 G。将黑表笔接已确定的第二阳极 A_2，红表笔接第一阳极 A_1，此时万用表指针不应发生偏转，且电阻值为无穷大。再用短接线将第二阳极 A_2、控制极 G 瞬间短接，并给控制极 G 加上正向触发电压，第二阳极 A_2、第一阳极 A_1 之间的电阻值应为 10 Ω 左右。随后断开短接线，万用表读数应保持在 10 Ω 左右。互换红、黑表笔接线，红表笔接第二阳极 A_2，黑表笔接第一阳极 A_1，同样万用表指针不应发生偏转，且电阻值为无穷大。用短接线将第二阳极 A_2、控制极 G 再次瞬间短接，并给控制极 G 加上负向触发电压，第一阳极 A_1、第二阳极 A_2

之间的电阻值也应为10Ω左右。随后断开短接线,万用表读数应不变,保持在10Ω左右。若符合以上规律,则说明被测双向晶闸管未损坏且三个引脚极性判断正确。

三、单结晶体管的检测

1. 单结晶体管的工作原理

单结晶体管又称双基极二极管,是一种包含一个PN结和两个电阻器接触电极的半导体器件。它的基片为条状高阻值N型硅片,两端分别用电阻器接触引出两个基极B_1和B_2,在硅片中间略偏基极B_2一侧用合金法制作一个P区作为发射极E。单结晶体管结构、图形符号和等效电路如图1-3-7所示。

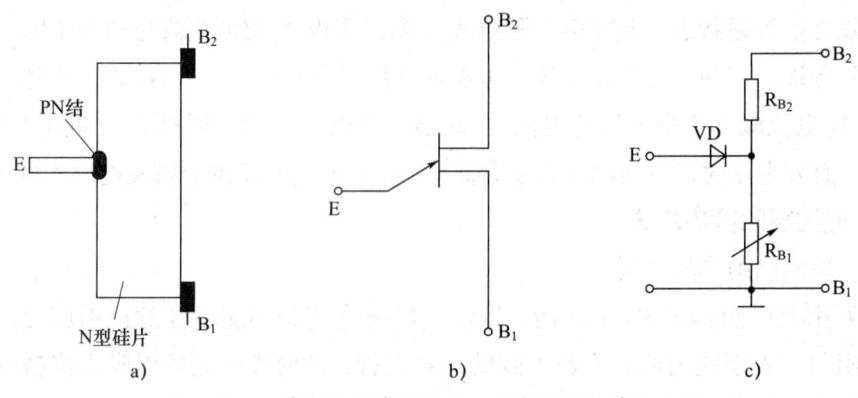

图1-3-7 单结晶体管的结构、图形符号和等效电路
a)结构 b)图形符号 c)等效电路

(1)单结晶体管的等效电路分析

如图1-3-8所示,发射极所接P区与N型硅片形成的PN结等效为二极管VD。N型硅片因掺杂浓度很低故呈现高电阻值,二极管阴极与基极B_2之间的等效电阻器为R_{B_2},与基极B_1之间的等效电阻器为R_{B_1}。R_{B_1}的电阻值受发射极E与基极B_1之间电压的控制,所以可等效为可变电阻器。

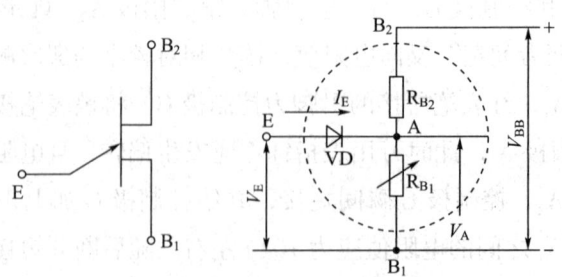

图1-3-8 单结晶体管的等效电路分析

从图1-3-8可以看出,两基极B_1与B_2之间的电阻(称为基极电阻)为

$$R_{BB}=R_{B_1}+R_{B_2}$$

(1-3-1)

式中 R_{B_1}——第一基极与发射结之间的电阻,其数值随发射极电流而变化;

R_{B_2}——第二基极与发射结之间的电阻,其数值与发射极电流无关(发射结是PN结,与二极管等效)。

若在两个基极 B_2、B_1 之间加上正向电压 V_{BB},则 A 点电压为

$$V_A = \left(\frac{R_{B_1}}{R_{B_1}+R_{B_2}}\right)V_{BB} = \left(\frac{R_{B_1}}{R_{BB}}\right)V_{BB} = \eta V_{BB} \quad (1-3-2)$$

式中 η——分压比,其值一般为 0.5~0.9。

如果发射极电压 V_E 由零逐渐增加,则可测得单结晶体管的伏安特性。

(2)单结晶体管的伏安特性

1)当 $V_E < \eta V_{BB}$ 时,发射结处于反向偏置,单结晶体管截止,发射极只有很小的漏电流。

2)当 $V_E \geq \eta V_{BB} + V_D$($V_D$ 为二极管正向压降,约为 0.7 V),PN 结正向导通,I_E 显著增加,R_{B_1} 迅速减小,V_E 相应下降,这种电压随电流增加反而下降的特性称为负阻特性。单结晶体管由截止区进入负阻区的临界点 P 称为峰点,与其对应的发射极电压和电流分别称为峰点电压 V_P 和峰点电流 I_P。I_P 是正向漏电流,它是使单结晶体管导通所需的最小电流。显然,$V_P = \eta V_{BB}$。

3)随着发射极电流 I_E 不断上升,V_E 不断下降,降到 V 点(谷点)电压后,V_E 不再下降,与其对应的单结晶体管发射极电压和电流分别称为谷点电压 V_V 和谷点电流 I_V。

4)过了 V 点后,发射极与第一基极间半导体内的载流子达到饱和状态,所以 I_E 继续增加时,V_E 便缓慢上升。显然,V_V 是维持单结晶体管导通的最小发射极电压,如果 $V_E < V_V$,则单结晶体管重新截止。

2. 单结晶体管的判别

单结晶体管的判别如图 1-3-9 所示。

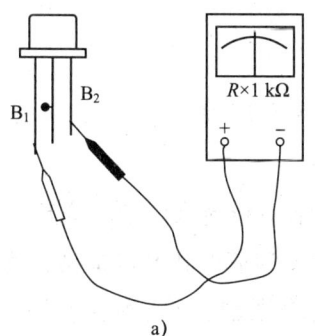 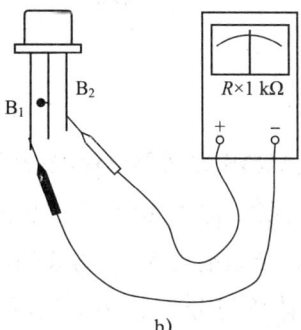

图 1-3-9 单结晶体管的判别

a)第一次测量 b)第二次测量

（1）判别发射极

单结晶体管的发射极 E 对第一基极 B_1、第二基极 B_2 都相当于一个二极管，基极 B_1 和基极 B_2 相当于一个固定电阻器。用万用表电阻挡的 $R\times 100\,\Omega$ 挡或 $R\times 1\,k\Omega$ 挡，将红、黑表笔分别接单结晶体管任意两个引脚，测量其电阻值；然后对调红、黑表笔，再次测量其电阻值。若第一次测得电阻值小，第二次测得电阻值大，则第一次测试时黑表笔所接引脚为发射极 E，红表笔所接引脚为基极 B，另一个引脚也为基极 B。发射极 E 对于另一个基极 B 的测试方法相同。若两次测得的电阻值都一样，为 $2\sim 10\,k\Omega$，则这两个引脚都为基极 B，另一个引脚为发射极 E。

（2）确定基极 B_1 和 B_2

由于在结构上单结晶体管发射极 E 靠近基极 B_2，因此，发射极 E 对基极 B_1 的正向电阻值比其对基极 B_2 的正向电阻值要稍大一些。测量发射极 E 与基极 B_1、发射极 E 与基极 B_2 的正向电阻值，即可区别第一基极 B_1 和第二基极 B_2。

四、电力 MOS 场效晶体管

电力 MOS 场效晶体管（见图 1-3-10）是一种单极型电压控制器件，不但有自关断能力，而且有驱动功率小、开关速度高、无二次击穿、安全工作区宽等特点。由于其易于驱动且开关频率高达 500 kHz，因此，特别适用于高频化电力电子装置，如应用于 AC/DC 变换、开关电源、便携式电子设备及航空、航天、汽车等电子电气设备。

图 1-3-10　电力 MOS 场效晶体管

1. 电力 MOS 场效晶体管的分类

按结构分类，电力 MOS 场效晶体管可分为结型和绝缘栅型。按基片的半导体材料不同分类，结型电力 MOS 场效晶体管可分为 N 沟道型和 P 沟道型，绝缘栅型电力 MOS 场效晶体管可分为 N 沟道耗尽型、N 沟道增强型、P 沟道耗尽型、P 沟道增强型四种。耗尽型指当栅极电压为零时，漏极、源极之间就存在导电沟道。增强型指对于 N（P）沟道器件，极电压大于（小于）零时才存在导电沟道。

电力 MOS 场效晶体管主要是 N 沟道增强型。

2. 电力 MOS 场效晶体管的结构与原理

如图 1-3-11 所示，电力 MOS 场效晶体管有 3 个端子，即漏极 D、源极 S 和栅极 G。当漏极接电源正极，源极接电源负极时，栅极和源极之间电压为零，沟道不导电，晶体管截止。如果在栅极和源极之间加一个正向电压 U_{GS}，使 U_{GS} 大于等于晶体管的开启电压 U_T，则晶体管开通，在漏极、源极间流过电流 I_D。U_{GS} 超过 U_T 越多，导电能力就越强，漏极电流就越大。

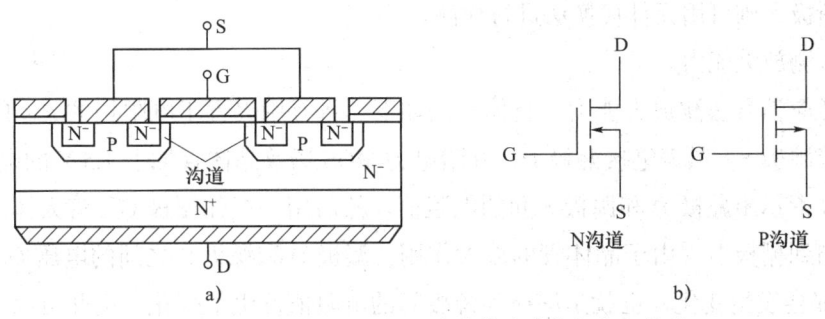

图 1-3-11 电力 MOS 场效晶体管的结构与电气符号
a）结构 b）电气符号

3. 电力 MOS 场效晶体管的检测

（1）电阻法测电极

根据电力 MOS 场效晶体管的 PN 结正、反向电阻值不一样的现象，可以判别出其三个电极，具体方法如下。将万用表拨到电阻挡的 $R\times 1\,\text{k}\Omega$ 挡上，任选两个电极，分别测出其正、反向电阻值；当某两个电极的正、反向电阻值相等，且为几千欧时，说明这两个电极分别是漏极 D 和源极 S。因为对结型场效晶体管而言，漏极和源极可互换，剩下的电极肯定是栅极 G。也可以将万用表的黑表笔（或红表笔）任意接触一个电极，另一个表笔依次去接触其余两个电极，测量其电阻值。当两次测得的电阻值近似相等时，说明黑表笔所接触的电极为栅极 G，其余两电极分别为漏极 D 和源极 S；若两次测得的电阻值均很大，则说明 PN 结为反向状态，即为反向电阻，可以判定其为 P 沟道电力 MOS 场效晶体管，且黑表笔接的是栅极 G；若两次测出的电阻值均很小，则说明是正向 PN 结，即为正向电阻，可以判定其为 N 沟道电力 MOS 场效晶体管，黑表笔接的也是栅极 G。若不出现上述情况，则可以调换黑、红表笔按上述方法再次进行检测，直到判别出栅极 G 为止。

（2）电阻法测好坏

电阻法测好坏是指用万用表测量电力 MOS 场效晶体管的源极与漏极、栅极与源极、栅极与漏极、栅极 G_1 与栅极 G_2 之间的电阻值，看其与手册标明的电阻值是否相符来判别其好坏。具体方法如下。首先，将万用表置于电阻挡的 $R\times 10\,\Omega$ 挡或

$R\times 100\,\Omega$ 挡，测量源极 S 与漏极 D 之间的电阻值，通常在几十欧到几千欧范围内（由手册可知，不同型号晶体管电阻值各不相同）。如果测得的电阻值大于正常值，则可能是由于内部接触不良所致；如果测得的电阻值无穷大，则可能是由于内部断极所致。然后，把万用表置于电阻挡的 $R\times 10\,\mathrm{k}\Omega$ 挡，再测量栅极 G_1 与栅极 G_2、栅极与源极、栅极与漏极之间的电阻值。若测得其各项电阻值均为无穷大，则说明晶体管是正常的；若测得上述各电阻值太小或为通路，则说明晶体管是坏的。注意，若两个栅极在管内断极，则可用元件代换法进行检测。

（3）测放大能力

用感应信号法测放大能力，具体方法如下。将万用表置于电阻挡的 $R\times 100\,\Omega$ 挡，红表笔接源极 S，黑表笔接漏极 D，并给电力 MOS 场效晶体管加上 1.5 V 的电源电压，此时表针指示出漏极 D 和源极 S 间的电阻值。然后用手捏住栅极 G，将人体的感应电压信号加到栅极上，由于晶体管的放大作用，漏极 D 和源极 S 之间的电压 U_{DS} 与漏极电流 I_D 都会发生变化，也就是漏极和源极间的电阻值发生了变化，由此可以观察到表针有较大幅度的摆动。若手捏栅极 G 表针摆动较小，则说明晶体管的放大能力较差；若表针摆动较大，则说明晶体管的放大能力强；若表针不动，则说明晶体管是坏的。

五、绝缘栅双极型晶体管

绝缘栅双极型晶体管（IGBT）集电力 MOS 场效晶体管和电力晶体管的优点于一身，具有输入阻抗高、开关速度快、驱动电路简单、通态电压低、能承受高电压大电流等优点，已广泛应用于变频器和其他调速电路中。IGBT 如图 1-3-12 所示。

图 1-3-12　IGBT

1. IGBT 的结构

图 1-3-13a 所示为 N 沟道增强型 IGBT 的结构。其中 N^+ 区称为源区，附于其上的电极称为源极（发射极 E），P^+ 区称为漏区，器件的控制区称为栅区，附于其上的电极称为栅极（门极 G）。沟道在紧靠栅区边界形成。在集电极 C、发射极 E 之间的 P 区（包括 P^+ 区和 P^- 区，沟道在该区域形成）称为亚沟道区。在漏区另一侧的特定 P^+ 区称为漏注入区，它是 IGBT 特有的功能区，与漏区和亚沟道区一起形成 PNP 双极型晶体管，起发射极的作用，向漏极注入空穴，进行导电调制，以降低器件的通态电压。附于漏注入区上的电极称为漏极（集电极 C）。IGBT 的开关作用是通过加正向栅极电压形成沟道，给 PNP（原来为 NPN）晶体管提供基极电流，使 IGBT 导通；反之，加反向门极电压消除沟道，切断基极电流，可以使 IGBT 关断。IGBT 的驱动方法和电力 MOS 场效晶体管基本相同，只需控制

输入极的 N⁻ 沟道电力 MOS 场效晶体管即可,所以其具有高输入阻抗特性。当电力 MOS 场效晶体管的沟道形成后,从 P⁺ 基极注入 N⁻ 层的空穴(少子)对 N⁻ 层进行电导调制,减小 N⁻ 层的电阻,使 IGBT 在高电压时也具有低通态电压。

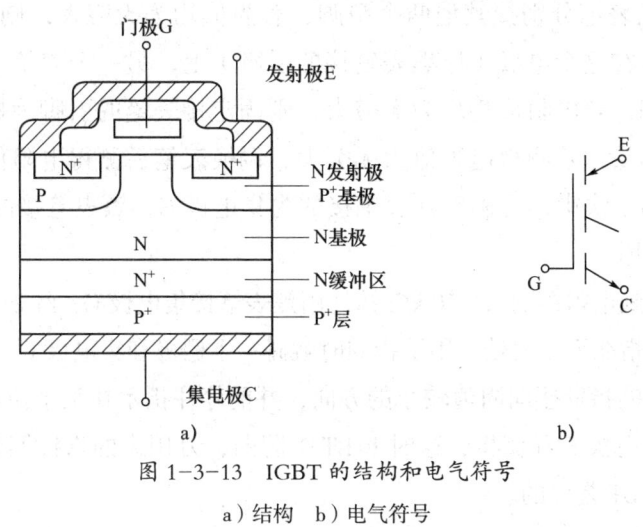

图 1-3-13 IGBT 的结构和电气符号
a)结构 b)电气符号

2. IGBT 的工作原理

IGBT 的导电原理如下。利用 U_{GS} 可产生感应电荷,并用感应电荷的数量来改变导电沟道的宽窄,从而控制漏极电流 I_D。当 $U_{GS}=0$ V 时,源极和漏极之间不存在导电沟道的为增强型 MOS 绝缘栅场效晶体管,源极和漏极之间存在导电沟道的为耗尽型 MOS 绝缘栅场效晶体管。

中衬底为 P 型半导体,在它的上面是一层二氧化硅薄膜,在二氧化硅薄膜上又盖有一层金属铝。如果在金属铝层和半导体之间加电压 U_{GS},则金属铝与半导体之间会产生一个垂直于半导体表面的电场,在该电场的作用下,P 型半导体硅表面层的多数载流子——空穴受到排斥,使硅表面产生一层缺乏载流子的薄层;同时,该电场还会使 P 型半导体中的少数载流子——电子被吸引到半导体的表面,并被空穴所俘获形成负离子,组成不可移动的空间电荷层(称为耗尽层,又称受主离子层)。U_{GS} 越大,电场排斥硅表面层中的空穴就越多,耗尽层就越宽,且 U_{GS} 越大,电场就越强;当 U_{GS} 增大到某个栅源电压值 V_T(称为临界电压或开启电压)时,电场在排斥硅表面层的多数载流子——空穴形成耗尽层后,会吸引少数载流子——电子,继而在硅表面层内形成电子的积累,从而使原来空穴占多数的 P 型半导体表面形成 N 型薄层。由于 N 型薄层与 P 型衬底的导电类型相反,因此,又称反型层。在反型层下才是负离子组成的耗尽层。这个 N 型电子层把原来被 PN 结高阻层隔开的源区和漏区连接起来,即形成导电沟道。

3. IGBT 的检测

（1）判别极性

将万用表拨到电阻挡的 $R \times 1 \text{ k}\Omega$ 挡。用万用表测量时，将黑表笔固定接在某一个电极上，红表笔分别接其他两个引脚，若阻值均为无穷大，则将两表笔对调，用红表笔固定接在这个电极（原黑表笔接的引脚）上，另一个表笔（黑表笔）分别接其他两个引脚，若电阻值仍均为无穷大，则固定接表笔的引脚为栅极。其余两极再次用万用表测量，若测得电阻值为无穷大，调换表笔后测得电阻值较小，则在测量电阻值较小的一次中，可确定红表笔接的为集电极 C，黑表笔接的为发射极 E。

（2）判断好坏

将万用表拨到电阻挡的 $R \times 10 \text{ k}\Omega$ 挡，用黑表笔接集电极 C，红表笔接源极，此时万用表的指针应指在无穷大处。用手指同时触碰一下栅极和集电极 C，这时 IGBT 被触发导通，万用表的指针摆向阻值较小的方向，并能停住指示在某个位置。然后用手指同时触碰一下发射极 E 和栅极，这时 IGBT 被阻断，万用表的指针回到无穷大处，此时即可判断该 IGBT 是好的。

注意：若进行第二次测量，则应先短接一下发射极 E 和栅极。

任何指针式万用表皆可用于检测 IGBT。需要注意的是，在判断 IGBT 好坏时，一定要将万用表拨到电阻挡的 $R \times 10 \text{ k}\Omega$ 挡，因为 $R \times 1 \text{ k}\Omega$ 挡及以下各挡万用表内部电池电压太低，不能使 IGBT 导通，所以无法判断其好坏。此方法同样可以用于检测电力 MOS 场效晶体管的好坏。

第四节 电子电路的安装与调试

一、串联型稳压电源电路的工作原理、安装与调试

交流电经过整流可以变成直流电，但是它的电压不稳定，供电电压的变化或用电电流的变化都能引起电源电压的波动。要获得稳定不变的直流电源，还必须增加稳压电路。

1. 串联型稳压电路工作原理分析

串联型稳压电路如图 1-4-1 所示。

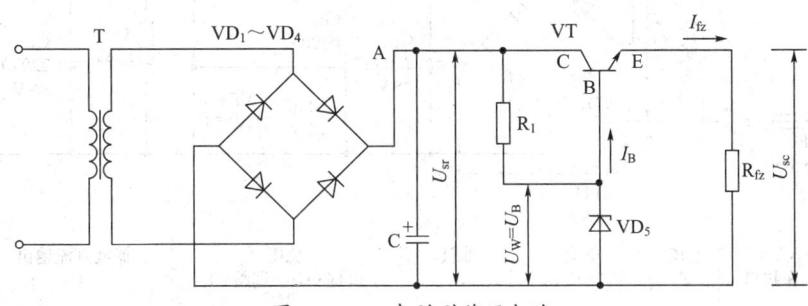

图 1-4-1 串联型稳压电路

三极管 VT 在该电路中是调整元件，每当由于供电或用电发生变化，电路输出电压发生波动时，它都能及时加以调节，使输出电压保持基本稳定，因此，三极管 VT 称为调整管。因为在电路中作为调整元件的三极管是与负载相串联的，所以这种电路称为串联型稳压电路。稳压管 VD_5 为调整管提供基准电压，使调整管基极电位不变。R_1 是 VD_5 的保护电阻器，限制通过 VD_5 的电流，起保护稳压管的作用。R_{fz} 是负载电阻器，是 VT 的直流通路。

电路稳压过程如下。当输入电压 U_{sr} 增大，使输出电压 U_{sc} 增大时，由于 $U_B=U_W$（稳压管 VD_5 两端电压）固定不变，因此，调整管基极和发射极间电压 $U_{BE}=U_B-U_{sc}$ 将减小，基极电流 I_B 随之减小，而管压降 U_{CE} 则随之增大，从而抵消了 U_{sc} 增大的部分，使 U_{sc} 基本保持稳定。当负载电流 I_{fz} 增大，使输出电压 U_{sc} 减小时，由于 U_B 固定，因此，U_{BE} 将增大，使 I_B 增大，U_{CE} 减小，从而使 U_{sc} 基本保持稳定。

从以上分析可以看出，调整管相当于一个自动的可变电阻器：当输出电压增大时，它的"电阻值"就增大，分担了电压的增量；当输出电压减小时，它的"电阻值"就减小，弥补了电压的减小量。无论是哪种情况，都使电路保持输出稳定的电压。"指挥"调整管变化的是输出电压的变化量 ΔU_{sc}。正是 ΔU_{sc} 控制调整管的基极电流 I_B，才使调整管随着 ΔU_{sc} 变化。换句话说，是不稳定的输出电压驱动调整管去稳定输出电压。

2. 串联型稳压电源电路的安装与调试

（1）电路分析

如图 1-4-2 所示，220 V 交流电源经过熔断器 FU_1、开关 S 加到变压器 T 的一次绕组上，经 T 降压为 12 V 交流电。FU_2 为二次绕组保护熔断器。$VD_1 \sim VD_4$ 组成桥式整流电路，将 12 V 的交流电转换为脉动的直流电，并经电容器 C_1 进行滤波得到较平滑的直流电。R_1、C_2、VD_5 组成取样电路，在 VD_5 两端得到一个稳定的直流电压，为调整管 VT 提供基准电压。R_2、R_3、VT 组成电压调整电路，保证输出电压相对稳定，滤波电容器 C_3 使直流输出电压更平滑。

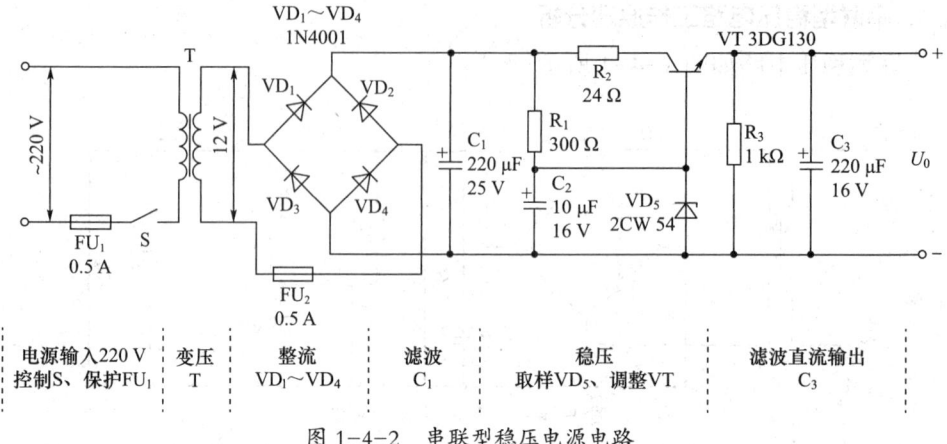

图 1-4-2 串联型稳压电源电路

(2) 串联型稳压电源电路元件明细 (见表 1-4-1)

表 1-4-1 串联型稳压电源电路元件明细

元件名称	型号		数量
变压器	220 V/12 V		1
整流二极管	$VD_1 \sim VD_4$	2CZ11K 或 1N4001	4
三极管	VT	3DG130	1
稳压二极管	VD_5	2CW54（5.5~6.5 V）	1
熔断器	FU_1、FU_2	0.5 A	1
电解电容器	C_1	220 μF/25 V	1
电解电容器	C_2	10 μF/16 V	1
电解电容器	C_3	220 μF/16 V	1
电阻器	R_1	300 Ω 1/4 W	1
电阻器	R_2	24 Ω 1 W	1
电阻器	R_3	1 kΩ 1/4 W	1

(3) 元件选择

串联型稳压电源电路部分元件如图 1-4-3 所示。

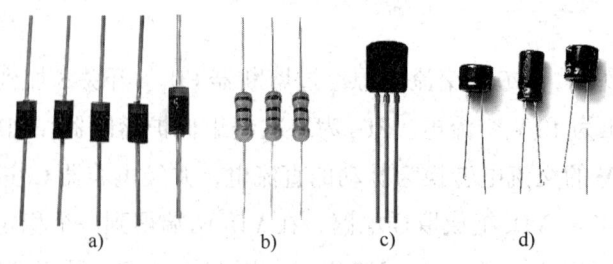

图 1-4-3 串联型稳压电源电路部分元件
a) $VD_1 \sim VD_4$, VD_5　b) $R_1 \sim R_3$　c) VT　d) $C_1 \sim C_3$

（4）安装操作步骤与调试要求

1）读懂电路原理图，分析电路组成特点。

2）清点、核对元件，用万用表电阻挡检查所有元件的好坏。

3）为保证元件安装不错漏，建议按图1-4-2从左至右有序装接，即先安装整流部分（$VD_1 \sim VD_4$），再安装滤波部分（C_1）、稳压部分（R_1、R_2、C_2、VT、VD_5、R_3）等。

4）在印制电路板上按图1-4-2安装好各元件，经检查核对确认无误后，接上变压器通电检查。通电前要特别注意检查整流二极管、稳压二极管、电容器、三极管的极性，如果接反，则会造成短路或元件损坏。

5）用万用表直流电压挡测量输出电压 U_0，用示波器观察各关键点波形，并记录上述实际检测结果。

6）通电检测过程中，要注意用电安全并做好安全防护，以免触电及损坏仪表、设备。

7）通电检测过程中若发现元件发热、冒烟等异常情况，则应马上切断电源，并查找故障原因。

二、单结晶体管触发电路的工作原理、安装与调试

1. 单结晶体管触发电路工作原理分析

图1-4-4a所示为由单结晶体管组成的张弛振荡电路，可从电阻器 R_1 上获得脉冲电压 u_g。

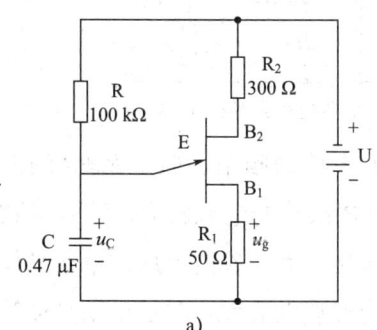
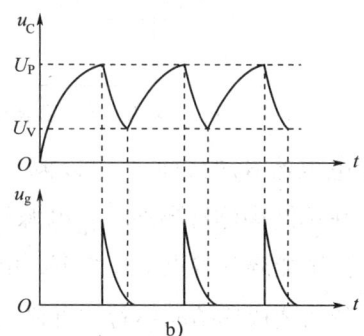

图1-4-4 单结晶体管张弛振荡电路

a）电路 b）电压波形

假设在接通电源前，电容器C上的电压 u_C 为零。接通电源U后，它就经电阻器R向电容器充电，使其端电压按指数曲线升高。电容器上的电压加在单结晶体管的发射极C和第一基极 B_1 之间，当 u_C 等于单结晶体管的峰点电压 U_P 时，单结晶体管导通，内部电阻器 R_{B_1} 电阻值急剧减小（约20Ω），电容器向电阻器 R_1 放电。由于电阻器 R_1 的取值较小，因此，放电很快，放电电流在 R_1 上形成一个脉冲电压 u_g，如

图 1-4-4b 所示。由于电阻器 R 的取值较大，因此，当电容器电压下降到单结晶体管的谷点电压时，电源经过电阻器 R 供给的电流小于单结晶体管的谷点电流，于是单结晶体管截止。电源再次经 R 向电容器 C 充电，重复上述过程，在电阻器 R_1 上就得到一个脉冲电压 u_g。但由于图 1-4-4a 所示电路起不到"同步"作用，因此，该脉冲电压不能用来触发晶闸管。

2. 单结晶体管单相半控桥式整流电路

由单结晶体管触发的单相半控桥式整流电路如图 1-4-5 所示，其中，输出脉冲可以直接从电阻器 R_1 上引出，也可以通过脉冲变压器输出。因为晶闸管控制极与阴极间允许的反向电压很小，所以为了防止反向击穿，在脉冲变压器二次侧串联二极管 VD_1 可将反向电压隔开，而并联 VD_2 可将反向电压短路。

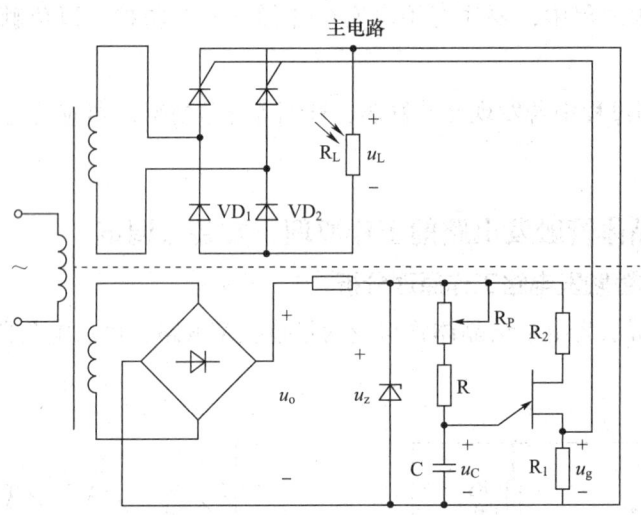

图 1-4-5 单结晶体管触发的单相半控桥式整流电路

改变电位器 R_P 的数值，可以调节输出脉冲电压的频率。但是 R_P+R 的值不能太小，否则在单结晶体管导通后，电源经过 R_P 和 R 供给的电流较大，这就导致单结晶体管的电流不能降到谷点电流之下，电容器电压始终大于谷点电压，单结晶体管就不能截止，从而造成单结晶体管的直通现象。选用谷点电流大一些的单结晶体管可以减少这种现象。当然，R_P+R 的值也不能太大，否则充电太慢，会限制晶闸管的最大导通角，从而减小移相范围。一般 R_P+R 的值是几千欧到几十千欧。

单结晶体管触发电路输出脉冲电压的宽度主要取决于电容器放大电路的时间常数 $\tau=R_1C$。若 R_1 或 C 的值太小，则放电快，触发脉冲的宽度小，不能使晶闸管触发。因为晶闸管从阻断状态到完全导通需要一定时间，一般在 10 μs 以下，所以触发脉冲的宽度必须在 10 μs 以上。如选用 $C=0.1\sim 1$ μF，$R_1=100\sim 250$ Ω，则可得到数十微秒的脉冲宽度。由于时间常数的最小值取决于最小控制角，因此，若 C 值太大，则 R_P+R 的值就必须很小，如上所述，这将引起单结晶体管的直通现象。如果 R_1 的值太大，则当单结晶体管尚未导通时，其漏电流就可能在电阻器 R_1 上产生较大的电压，这个电压加在晶闸管的控制极上会导致误触发。一般规定，晶闸管的不触发电压为 0.15～0.30 V，所以上述电压不得大于这个数值。

脉冲电压的幅度取决于直流电源电压和单结晶体管的分压比。如电源电压为 20 V，单结晶体管的分压比为 0.5，则在单结晶体管导通时，电容器上的电压约为 10 V，除去晶体管压降外，可以获得幅度为 7～8 V 的输出脉冲电压。根据上述数据，输出脉冲的宽度和幅度都能满足触发晶闸管的要求。

图 1-4-5 中的电阻器 R_2 用于温度补偿。因为在公式 $U_P=\eta U_{BB}+U_D$ 中，分压比 η 几乎不随温度而变化，而 U_D 随温度上升而略有下降，所以，U_P 就要随温度而变化，这不是所希望的结果。当接入 R_2（以及 R_1）后，U_{BB} 由稳压电源的电压 u_z 经 R_2、R_{BB}、R_1 分压而获得，而 R_{BB} 的值随温度上升而增大，因此，在温度上升后，R_{BB} 的值增大，电流 $I_B=u_z/(R_2+R_{BB}+R_1)$ 减小，R_1 和 R_2 上的压降也相应减小，U_{BB} 的值就增大一些，这就补偿了 U_D 因温度上升而下降的值，从而使峰点电压 U_P 保持不变。

稳压管的作用是将整流电压 u_o 变换成梯形波（削去顶上一块，即削波），稳定为一个电压值 U_z，使单结晶体管输出的脉冲幅度和每半周产生第一个脉冲（第一个脉冲使晶闸管触发导通后，后面的脉冲都是无用的）的时间不受交流电源电压波动的影响。图 1-4-6 所示为单结晶体管触发电路中各处电压的波形。

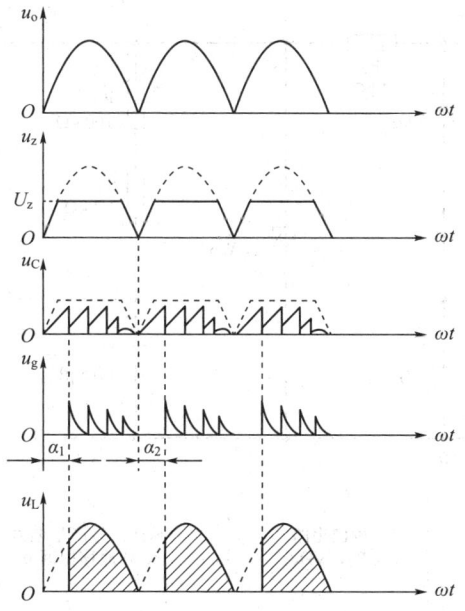

图 1-4-6 单结晶体管触发电路中各处电压的波形

通过变压器将触发电路与主电路接在同一个电源上,所以每当主电路的交流电源电压过零值时,单结晶体管上的电压 u_z 也过零值,两者同步。而当 u_z 为零值时,单结晶体管基极间的电压 U_{BB} 也为零。如果这时电容器上还有残余电压,则必然要向 R_1 放电且速度很快,以保证电容器在每个半波之初从零开始充电,这样才能使每半周产生第一个脉冲的时间保持不变,即 $\alpha_1=\alpha_2$,从而使晶闸管的导通角和输出电压平均值保持不变。因此,变压器不仅是一个整流变压器,还起到同步作用,故又称同步变压器。

如果改变电位器 R_P 的电阻值,如增大电阻值,电容器 C 的充电就会变慢,则每半波出现第一个脉冲的时间将后移(即 α 角增大),从而使晶闸管的导通角变小,输出电压的平均值也相应变小。因此,改变 R_P 的电阻值可以起移相的作用,以达到调压的目的。

3. 单结晶体管触发电路的安装与调试

(1)电路分析

如图 1-4-7 所示,交流电压 u_i(40 V)经过桥式整流电路($VD_1 \sim VD_4$)整流后输出全波整流电压,经由 R_4、VD_5 组成的削波电路后得到梯形波电压,作为单结晶体管的电源电压。R_2 为单结晶体管的供电偏置电阻器,当电容器 C 的电压达到单结晶体管 E 极、B_1 极峰点电压时,E 极、B_1 极会突然导通向 R_3 放电,从而使放电电流在 R_3 上产生一个脉冲电压。R_P 可以改变电容器 C 充电的快慢,使输出的脉冲波形前移或后移,从而达到移相控制的目的。

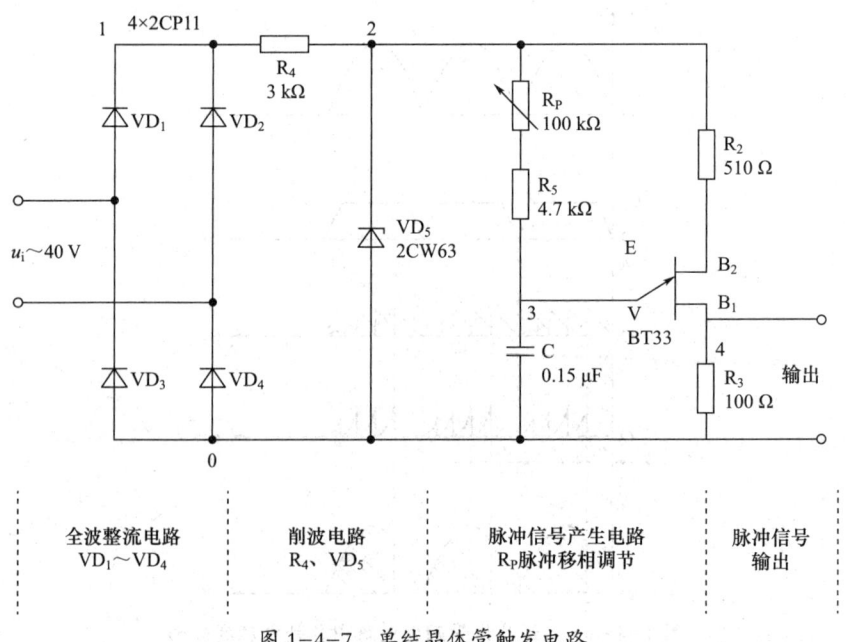

图 1-4-7 单结晶体管触发电路

（2）单结晶体管触发电路元件明细（见表1-4-2）

表1-4-2　单结晶体管触发电路元件明细

元件名称	型号		数量
整流二极管	$VD_1 \sim VD_4$	2CP11 或 1N4001	4
稳压二极管	VD_5	2CW63（18 V）	1
单结晶体管	V	BT33	1
电容器	C	0.15 μF	1
电位器	R_P	100 kΩ 1/2 W	1
电阻器	R_2	510 Ω 1/4 W	1
电阻器	R_3	100 Ω 1/2 W	1
电阻器	R_4	3 kΩ 1/2 W	1
电阻器	R_5	4.7 kΩ 1/2 W	1

（3）元件选择

单结晶体管触发电路部分元件如图1-4-8所示。

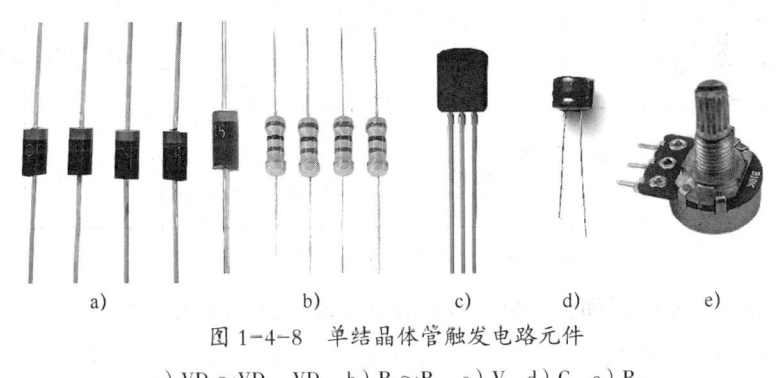

图1-4-8　单结晶体管触发电路元件

a）$VD_1 \sim VD_4$，VD_5　b）$R_2 \sim R_5$　c）V　d）C　e）R_P

（4）安装操作步骤与调试要求

1）读懂电路原理图，分析电路各组成部分的作用。

2）清点、核对元件，用万用表电阻挡检查所有元件的好坏。

3）为保证元件安装不错漏，建议按图1-4-7从左至右有序装接，即先安装整流部分（$VD_1 \sim VD_4$），再安装削波部分（R_4、VD_5），最后安装脉冲信号产生部分（R_P、R_5、C、V、R_2、R_3）。

4）在印制电路板上按图1-4-7安装好各元件，经检查核对确认无误后通电检查。

通电前要特别注意检查整流二极管、稳压二极管、单结晶体管的极性，如果接反，则会造成短路或元件损坏。

5）用万用表直流电压挡和示波器分别测量图 1-4-7 中 1，2，3，4 点处的电压并观察波形，进行记录。

三、晶闸管调压电路的工作原理、安装与调试

1. 晶闸管调压电路的工作原理

如图 1-4-9 所示，其中 $VD_1 \sim VD_4$ 组成桥式整流电路；VD_5 是稳压二极管，起限幅削波作用；电位器 R_P 调节 V 的导通角；V 是单结晶体管，可输出振荡脉冲电压；JRX-13-700 是继电器 KA 的线圈；VT 是晶闸管。接通电源后，电容器 C_2 充电，当电容器 C_2 充电电压达到 V 的峰点电压时，V 导通，在 R_3 上形成振荡电压，此电压触发晶闸管 VT 的门极，使其导通，KA 线圈得电，KA 常开触点闭合，指示灯亮；另一对 KA 常开触点闭合，使电容器充分放电，当电容器 C_2 放电电压降到 V 的谷点电压时，V 截止，形成张弛振荡器。

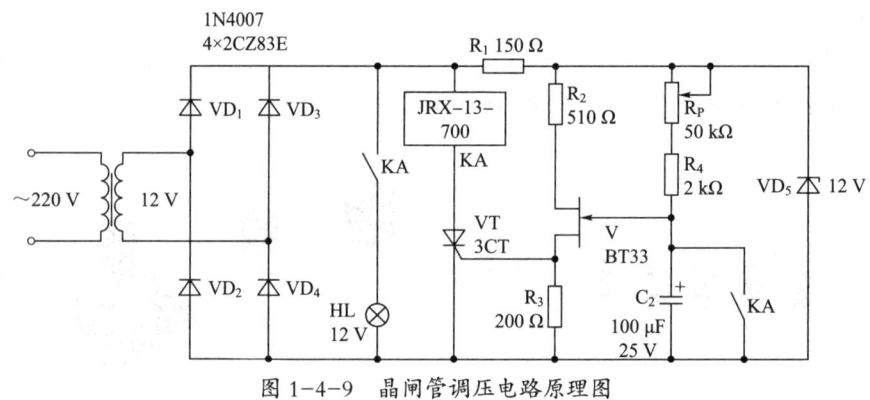

图 1-4-9 晶闸管调压电路原理图

在交流电压过零的瞬间，晶闸管 VT 被迫关断，继电器 KA 线圈失电，KA 常开触点恢复断开状态，张弛振荡器得电，又开始给电容器 C_2 充电，并重复以上过程。这样，每次交流电压过零后，张弛振荡器发出第一个触发脉冲的时刻都相同，这个时刻取决于 R_P 的电阻值和 C_2 的电容量。调节 R_P 的电阻值，就可以改变电容器 C_2 的充电时间，即可控制 V 的导通，也相应地改变晶闸管 VT 的控制角，使负载灯泡 HL 上输出电压的平均值发生变化，以达到调压的目的。

2. 晶闸管调压电路的安装与调试

（1）电路的安装

1）晶闸管调压电路元件明细见表 1-4-3。用万用表电阻挡检查所有元件的好坏和极性。

表1-4-3　晶闸管调压电路元件明细

元件名称	型号		数量
变压器	220 V/12 V		1
整流二极管	$VD_1 \sim VD_4$	1N4007	4
稳压二极管	VD_5	12 V	1
电阻器	R_1	150 Ω	1
电阻器	R_2	510 Ω	1
电阻器	R_3	200 Ω	1
电阻器	R_4	2 kΩ	1
电位器	R_P	50 kΩ	1
电容器	C_2	100 μF/25 V	1
单向晶闸管	VT	3CT	1
单结晶体管	V	BT33	1
继电器	KA	JRX-13-700	1
灯泡	HL	12 V	1

2）清除元件引脚、空心铆钉、连接导线等的氧化层和搪锡。

3）在铆钉板上完成电路的安装，要做到走线合理。

（2）工艺要求

1）焊接要求牢固，焊点表面圆滑、光洁。

2）元件排列合理、整齐，不要交叉、重叠。

3）连接线要求平直、合理。

4）每个铆钉孔只能插入一个元件引脚。

（3）电路的调试

按图1-4-9连接好各元件后，调节电位器 R_P 的电阻值，观察负载灯泡的亮度变化。同时可使用示波器观察波形，观察负载灯泡的最大电压和最小电压。

第二章 电机的控制及应用

第一节 电动机及其控制

电动机在工业、生活中应用都比较广泛。不同的需求会涉及不同的电动机，故电动机的种类非常多。电动机的分类如下：按功能可分为驱动电动机和控制电动机；按电能种类可分为直流电动机和交流电动机；按电动机的转速与电网电源频率之间的关系，可分为同步电动机和异步电动机；按电源相数可分为单相电动机和三相电动机；按防护形式可分为开启式电动机、防护式电动机、封闭式电动机、隔爆式电动机、防水式电动机、潜水式电动机等；按安装结构型式可分为卧式电动机、立式电动机、带底脚式电动机、带凸缘式电动机等。

一、直流电动机的基础知识

直流电动机是将直流电能转换为机械能的电动机，因其具有良好的调速性能，故在电力拖动中得到了广泛应用，如流动轮胎式起重机、电动车、电瓶车等，如图2-1-1所示。

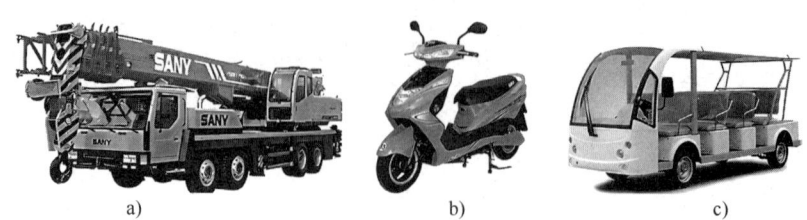

图 2-1-1 直流电动机的应用

a) 流动轮胎式起重机　b) 电动车　c) 电瓶车

1. 直流电动机的结构

直流电动机的结构主要包括定子和电枢,如图 2-1-2 所示。定子的主要部件有主磁极、换向磁极、电刷装置、机座、端盖等,电枢的主要部件有电枢铁芯、电枢绕组、换向器、转轴和风扇等。

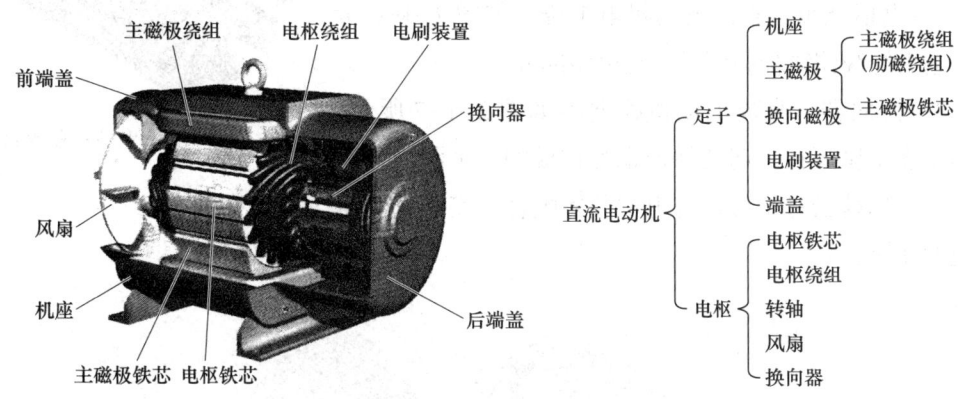

图 2-1-2 直流电动机的结构

(1) 定子主要部件的作用

1) 主磁极。直流电动机主磁极如图 2-1-3 所示,其作用是通入直流励磁电流,产生恒定的主磁场。它由主磁极铁芯和主磁极绕组(励磁绕组)组成。主磁极铁芯的作用是使气隙磁阻减小,改善主磁极磁场分布,并使主磁极绕组容易固定。主磁极绕组是由绝缘铜线在专用设备上绕好后经绝缘处理,借助主磁极框架套装在主磁极铁芯上,而主磁极铁芯则用螺钉固定在机座上。

2) 换向磁极。直流电动机换向磁极的作用是改善换向。

3) 电刷装置。直流电动机电刷装置如图 2-1-4 所示,其作用是把转动的电枢与外电路相连,使电流经电刷输入电枢或从电枢输出。

4) 机座和端盖。直流电动机机床和端盖起支承和固定作用。

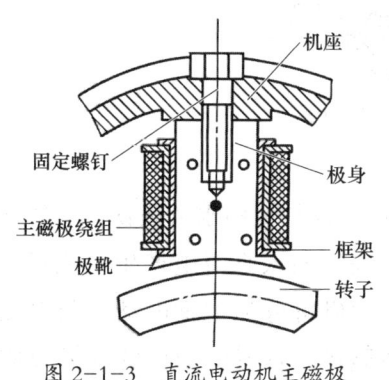

图 2-1-3 直流电动机主磁极

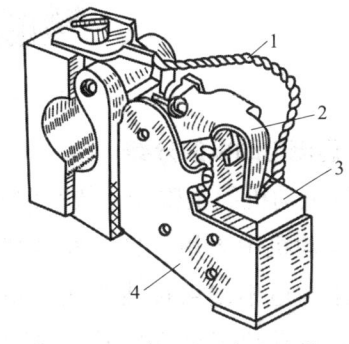

图 2-1-4 直流电动机电刷装置
1—铜丝辫 2—压紧弹簧 3—电刷 4—刷握

（2）电枢主要部件及作用

1）电枢铁芯。直流电动机电枢铁芯如图 2-1-5 所示，它是主磁路的一部分，外圆开槽，用来放置电枢绕组。

2）电枢绕组。直流电动机电枢绕组如图 2-1-6 所示，它由绝缘铜线绕制而成，是电路部分。

3）换向器。直流电动机换向器如图 2-1-7 所示，它是由多个紧压在一起的梯形铜片构成的一个圆筒，片与片之间用薄云母绝缘，与电刷装置配合，完成直流与交流的互换。

图 2-1-5　直流电动机电枢铁芯

图 2-1-6　直流电动机电枢绕组

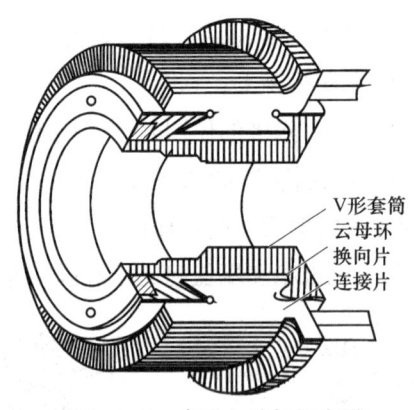

图 2-1-7　直流电动机换向器

2. 直流电动机的分类

直流电动机的主磁场一般有两种产生方法：一种是利用永久磁铁，一般在功率很小的电动机中采用；另一种是利用给主磁极绕组通入直流电产生主磁场。按主磁极绕组与电枢绕组接线方式的不同，直流电动机可分为他励电动机与自励电动机，自励电动机又分为串励、并励和复励三种形式。直流电动机的分类及应用见表 2-1-1。

表 2-1-1　直流电动机的分类及应用

直流电动机分类 （按励磁方式分类）		定义	对应电路图	特点及应用
他励电动机		励磁绕组由独立的励磁电源供电	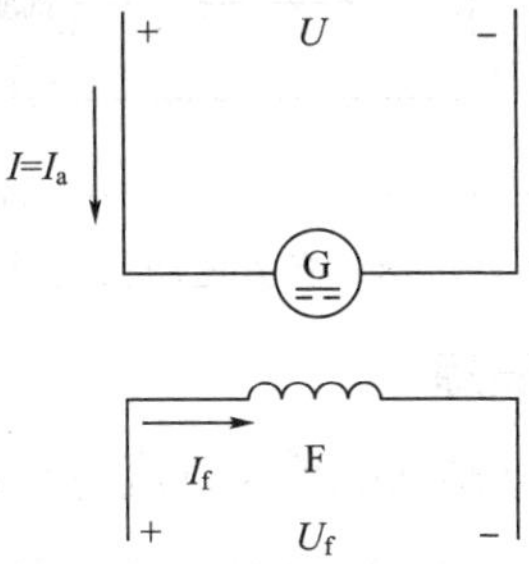	虽结构复杂、价格高，但调速均匀平滑，多用于主机拖动
自励电动机	串励	励磁绕组与电枢绕组串联	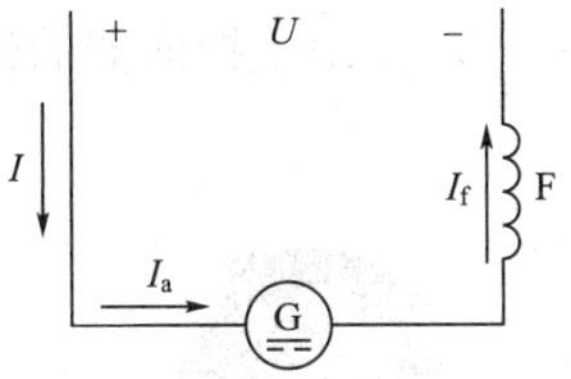	转速高、体积小、启动转矩大、转速可调，多用于电动工具、厨房用品等
	并励	励磁绕组与电枢绕组并联	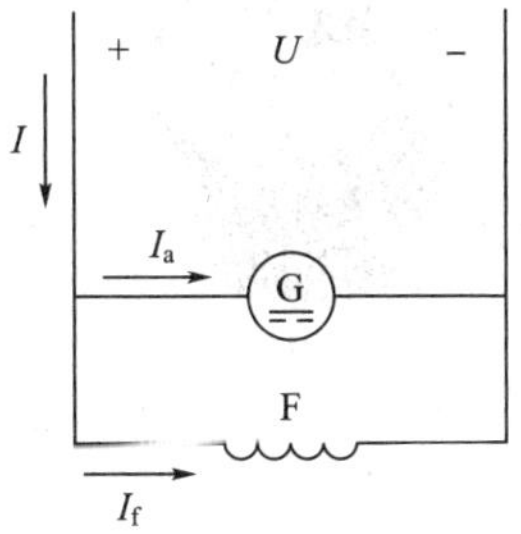	有较好的牵引特性，多用于机车类负载的牵引动力
	复励	有两组励磁绕组，一组与电枢绕组并联，另一组与电枢绕组串联	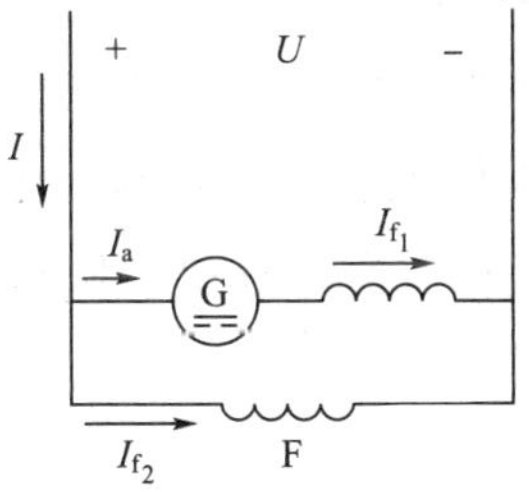	流动轮胎式起重机等采用复励直流电动机

3. 直流电动机的型号

国产电动机型号一般采用大写的汉语拼音和阿拉伯数字表示，其格式如下：第一部分用大写的汉语拼音表示产品类型，如 Z 表示一般用途直流电动机，ZY 表示永磁直流电动机，ZJ 表示精密机床用直流电动机，ZT 表示调速直流电动机，ZQ 表示直流牵引电动机等；第二部分用阿拉伯数字表示设计序号；第三部分用阿拉伯数字表示机座序号；第四部分用阿拉伯数字表示电枢铁芯长度。直流电动机型号组成及其含义如图 2-1-8 所示（以 Z2-92 为例）。

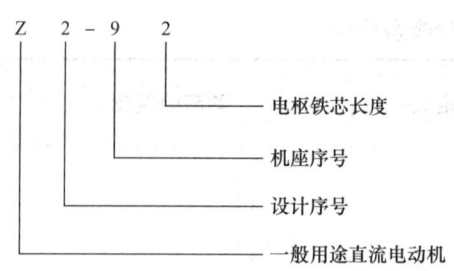

图 2-1-8 直流电动机型号组成及其含义

4. 直流电动机的工作原理

如图 2-1-9 所示,给电刷 AB 通入直流电,电流流经直流电动机的电枢绕组后在磁场中产生电磁力(见图 2-1-9a),形成电磁转矩带动电枢逆时针旋转(见图 2-1-9b);电枢绕组换向时(见图 2-1-9c),由于换向器的作用,电枢绕组仍然按照逆时针方向旋转(见图 2-1-9d)。

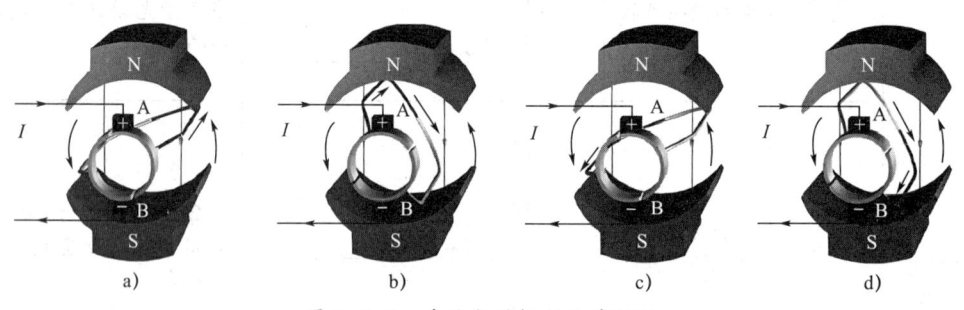

图 2-1-9 直流电动机的工作原理

二、交流电动机的基础知识

交流电动机在工业方面用于拖动港口装卸电气设备、中小型轧钢设备、金属切削机械、起重运输机械、轻工机械、矿山机械及通风设备等。交流电动机按电源不同,可分为单相交流电动机和三相交流电动机;按转子结构不同,可分为笼型电动机和绕线式电动机。

1. 单相交流电动机

单相交流异步电动机是单相交流电动机的一种。除了单相交流异步电动机外,常见的 220 V 单相交流电动机还有单相串激整流子电动机。由单相交流电源供电的异步电动机称为单相交流异步电动机,如图 2-1-10 所示。单相交流异步电动机因结构简单、成本低廉、运行可靠、只需单相交流电源等优点,广泛应用于家用电器、电动工具、医疗器械,如电风扇、空调、吸尘器等。与同容量三相交流异步电动机相比,单相交流异步电动机体积较大,效率和功率因数较低,因此,其容量一般不大,通常在几瓦到几百瓦之间。

图 2-1-10 单相交流异步电动机

(1) 单相交流异步电动机的结构

如图 2-1-11 所示,单相交流异步电动机的结构和三相交流异步电动机相似,主要由定子和转子组成,包括机座、铁芯、电容器、绕组和启动开关等。部分部件作用如下。

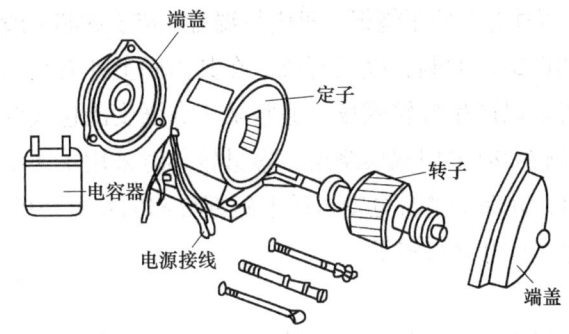

图 2-1-11 单相交流异步电动机的结构

1) 机座。机座采用铸铁制作,起固定和支承作用。

2) 铁芯。铁芯包括定子铁芯和转子铁芯,用于构成电动机的磁路。它采用 0.35~0.50 mm 厚的硅钢片叠制而成。

3) 绕组。绕组包括主绕组(工作)和副绕组(启动)两相绕组,两相绕组在空间相差 90° 电角度。定子绕组采用高强度聚酯漆包线绕制;转子绕组采用笼型绕组,用铝压铸而成。

4) 启动开关。当转子转速达到同步转速的 80% 左右时,常借助启动开关切除起动绕组或启动电容器。

(2) 单相交流异步电动机的工作原理

单相交流异步电动机的定子绕组通入单相电流后,会产生磁场,其强度按正弦规律变化,但是不能让转子转动。因此,应在电动机中增加一相起动绕组用来产生旋转磁场。单相交流异步电动机的脉动磁场可以认为是由两个转速相等、转向相反的旋转磁场合成的。当电动机的转子静止时,两个旋转磁场分别在转子上产生两个大小相等、方向相反的正向转矩和逆向转矩,即合成转矩 $T=0$,因此,转子不能自行启动。

2. 三相交流笼型异步电动机

三相交流笼型异步电动机主要由定子和转子两部分组成，静止部分称为定子，旋转部分称为转子，其主要部件如图 2-1-12 所示。

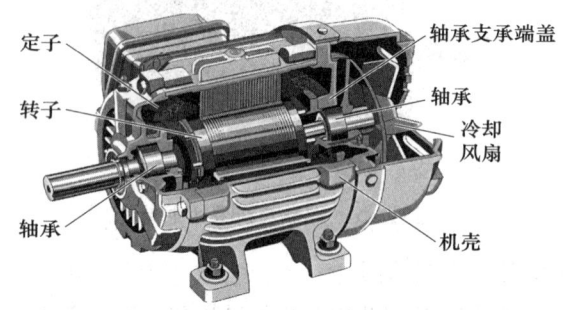

图 2-1-12　三相交流笼型异步电动机的主要部件

（1）定子

定子主要包括定子铁芯、定子绕组、机座与端盖。定子铁芯一般采用 0.35~0.50 mm 厚、表面有绝缘层的硅钢片冲制、叠压而成，在其内圆上冲有均匀分布的槽。定子绕组用于引入三相交流电以产生旋转磁场，通常采用高强度漆包线绕制而成，绕制时分为单层和双层，容量较大时采用双层绕组，容量较小时采用单层绕组。机座用于固定定子铁芯和定子绕组，并保护整台电动机的电磁部分和散发电动机运行中产生的热量。端盖用于放置轴承并支承电动机转子。

（2）转子

转子主要包括转子铁芯、转子绕组和转轴。转子铁芯是电动机磁路的一部分，采用 0.5 mm 厚的硅钢片冲制、叠压而成，在其外圆上冲有均匀分布的槽，用于放置转子绕组。转子绕组用于切割定子磁场，以产生感应电动势和电流。三相交流笼型异步电动机转子如图 2-1-13 所示。

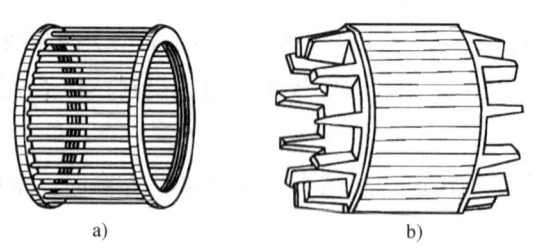

图 2-1-13　三相交流笼型异步电动机转子
a）笼型绕组　b）转子

转子铁芯与定子铁芯之间有一个很小的气隙，中小型电动机的气隙一般为 0.2~2.0 mm。气隙的大小与电动机的性能关系极大，气隙越大，磁阻也越大。

3. 三相交流绕线式转子异步电动机

三相交流绕线式转子异步电动机的转子绕组和定子绕组相似，在转子铁芯槽内嵌放对称的三相绕组,如图 2-1-14 所示。三相绕组一般接成星形,其首端分别接到安装在轴上的 3 个彼此绝缘的铜制滑环上,通过电刷与外电路的可变电阻器连接,用于改善启动性能和调速。

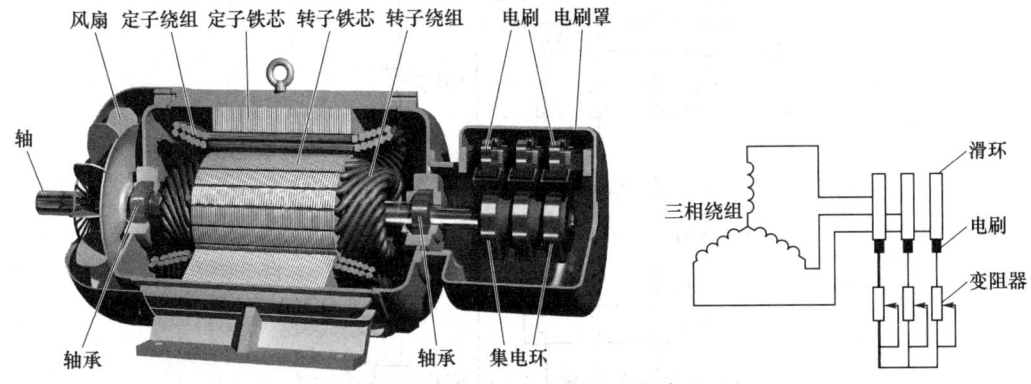

图 2-1-14 三相交流绕线式转子异步电动机

三相交流绕线式转子异步电动机能获得较好的启动与调速性能,故起重机械往往采用该形式电动机。

三、交流电动机常见的控制电路

1. 单向连续正转控制电路

单向连续正转控制电路如图 2-1-15 所示。合上电源开关 QS,按下启动按钮 SB_1,电动机 M 得电连续运转;按下停止按钮 SB_2,电动机 M 失电停转;最后关断电源开关 QS。

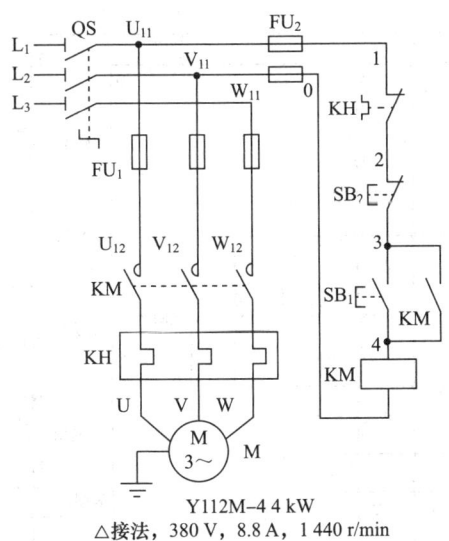

图 2-1-15 单向连续正转控制电路

2. 单向连续与点动混合正转控制电路

单向连续与点动混合正转控制电路如图 2-1-16 所示。合上电源开关 QS,按下启

动按钮 SB_1，电动机 M 得电连续运转；按下停止按钮 SB_2，电动机 M 失电停转；按下点动按钮 SB_3，电动机 M 实现点动控制；最后，关断电源开关 QS。

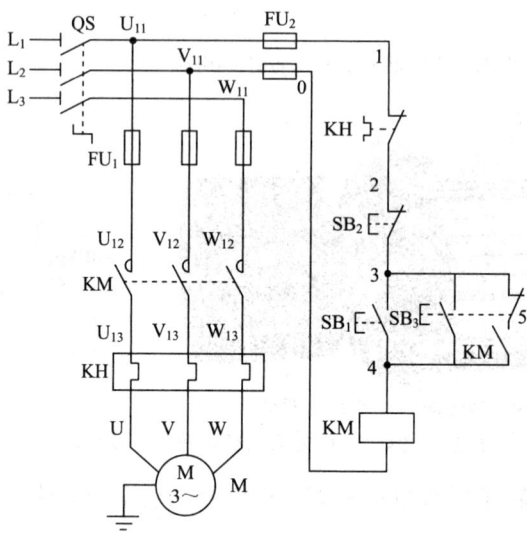

图 2-1-16 单向连续与点动混合正转控制电路

3. 接触器正反转控制电路

接触器正反转控制电路如图 2-1-17 所示。合上电源开关 QS，按下正转按钮 SB_1，电动机 M 连续正转；按下停止按钮 SB_3，电动机 M 停止运转；按下反转按钮 SB_2，电动机连续反转；最后，关断电源开关 QS。

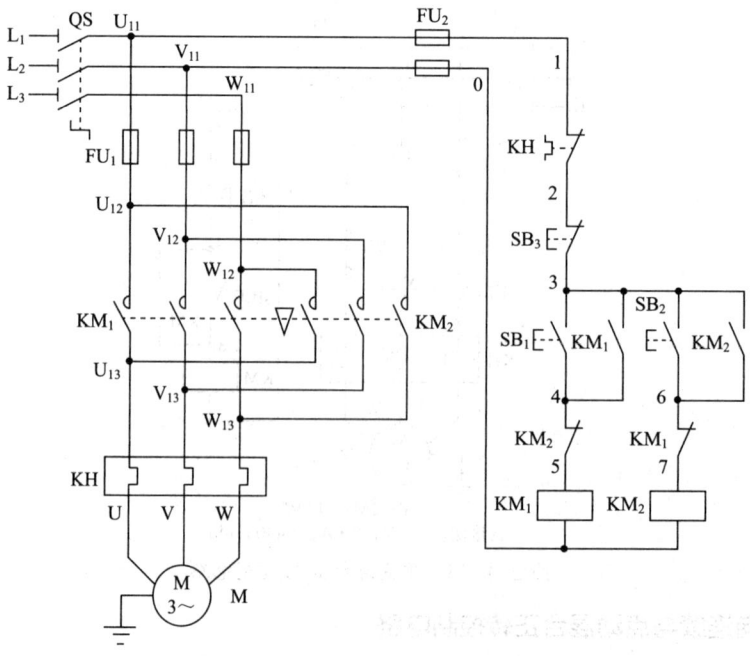

图 2-1-17 接触器正反转控制电路

4. 星–三角（Y-△）降压启动控制电路

在流动轮胎式起重机的起升机构中，电动机采用 Y-△ 降压启动方式。Y-△ 降压启动控制电路如图 2-1-18 所示。该电路采用了 3 个接触器、1 个热继电器、1 个时间继电器和 2 个按钮。接触器 KM 用于引入电源，接触器 KM_Y 和 $KM_\triangle$ 分别作 Y 形启动和 △ 形运行，SB_1 是启动按钮，SB_2 是停止按钮，FU_1 作为主电路的短路保护，FU_2 作为控制电路的短路保护，KH 作为过载保护。其动作过程如下：合上电源开关 QS，按下启动按钮 SB_1，电动机 M Y 形启动；设定时间 30 s 后，电动机 M △ 形全压运行；按下停止按钮 SB_2，电动机 M 停止运转。

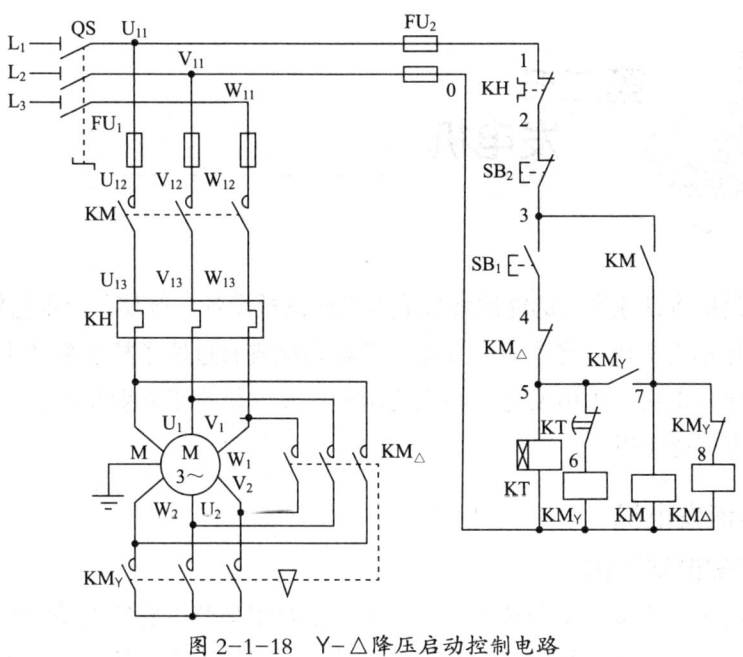

图 2-1-18　Y-△降压启动控制电路

四、三相交流电动机的拆装与检查

1. 拆卸顺序

三相交流电动机的拆卸顺序：切断电源→卸下带轮或联轴器→卸下端盖螺母和垫圈→卸下前端盖→拆风扇叶罩→卸下风扇叶→卸下后轴承圈→卸下后端盖→抽出或吊出转子→拆下前后轴承及前后轴承的内盖。

2. 装配顺序

先用压缩空气吹净电动机内部灰尘，检查各零部件的完整性，并清洗油污等。装配三相交流电动机的顺序与拆卸顺序相反：安装轴承→安装后端盖→安装转子→安装前端盖→安装带轮或联轴器。

3. 拆装注意事项

拆卸时要均匀用力，不要碰坏转子，防止手滑碰到定、转子绕组。拆卸轴承时，要用专用工具。轴承要清洗干净再装配，如发现损坏，则应及时更换。

4. 交流电动机的检查

（1）检测绝缘电阻。

（2）通电检测。通电观察电动机的运转情况；用转速表测量转速是否均匀且符合规定要求；检查机壳是否过热，轴承有无异常声音等。

第二节 发电机

发电机是指将其他形式的能源转换成电能的机械设备。例如，由水轮机、汽轮机、柴油机或其他动力机械，将水流、气流、燃料燃烧或通过原子核裂变产生的能量转化为机械能传给发电机，再由发电机转换为电能。发电机在工农业生产、国防、科技及日常生活中有广泛应用。

一、直流发电机

1. 直流发电机的结构

直流发电机主要由定子和转子组成。定子主要用来产生感应电动势和电流，由机座、定子铁芯、定子绕组及固定这些部分的其他结构件组成；转子主要用来产生旋转磁场，由转子铁芯、转子磁极、滑环、冷却系统及转轴等部件组成。轴承、机座及端盖将发电机的定子和转子连接组装起来，使转子能在定子中旋转，并通过滑环通入励磁电流，使转子成为一个旋转磁场。定子线圈切割磁力线，从而产生感应电动势，并通过接线端子引出，接在回路中，便产生了电流。

2. 直流发电机的工作原理

直流发电机的工作原理如图 2-2-1 所示。原动机拖动电枢按逆时针转动，电枢切割磁力线产生感应电动势和电流。

3. 直流发电机定子绕组的绕制

（1）材料：绕线模、漆包线、绝缘材料。

1）绕线模的简易制作。根据测量数据制作绕线模，既不能太大，也不能太小。

2）线圈绕制。在绕线机上利用绕线模绕制线圈。

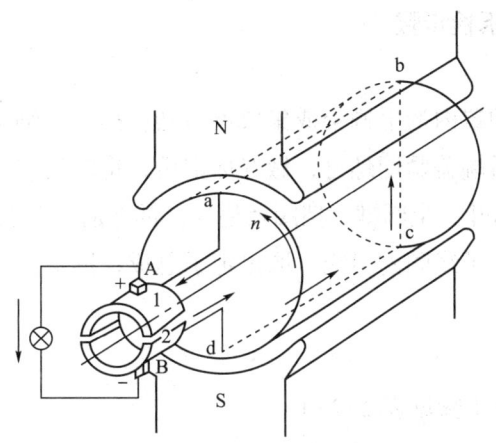

图 2-2-1 直流发电机的工作原理

1，2—换向器 A，B—电刷 N—定子磁极（北极） S—定子磁极（南极）

a，b，c，d—线圈 *n*—转速

（2）绕制线圈时应注意，绕线时导线应排列整齐，避免交叉混乱；匝数必须准确；导线直径应符合要求；导线绝缘应完好；绕制好的线圈两端应扎好并放散；线圈绕制完成后应用电桥测量每相绕组的直流电阻值，并检查线圈匝数。

二、交流发电机

1. 交流发电机的结构

交流发电机主要由定子、转子、带轮、硅二极管、电刷、端盖等组成。定子主要用于产生交流电，由定子铁芯和定子绕组组成；转子主要用于产生磁场，由转子铁芯、励磁绕组、爪极和滑环组成；交流发电机的整流器由6个硅二极管组成。

2. 交流发电机的工作原理

交流发电机的工作原理如图 2-2-2 所示。其中定子有三相绕组，三相绕组彼此相隔 120° 嵌入槽中，内部有一个转子。当励磁绕组有电流通过时便产生磁场，转子旋转时产生的旋转磁场使固定的定子绕组切割磁力线，最后产生感应电动势。

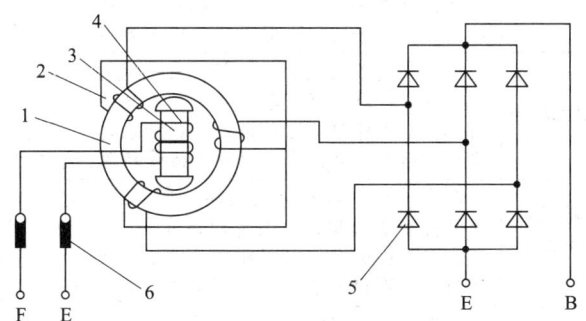

图 2-2-2 交流发电机的工作原理

1—定子铁芯 2—定子绕组 3—转子 4—励磁绕组 5—整流二极管 6—电刷

3. 交流发电机的拆检步骤

（1）拆卸步骤

拆下交流发电机护罩内的电刷架或集成调节器；拆下后轴承盖及油封，旋下转子轴紧固螺母；拆下前后端盖紧固螺钉，做好标记后，将前后端盖分离；拆下带轮紧固螺母，取下带轮、风扇叶、半圆键、挡圈及垫片；拆下前端盖上的轴承盖，取出轴承；拆下或熔开元件板与定子线圈的引线，取出定子总成；拆下后端盖上紧固元件板总成的螺栓，取下元件板。

（2）检查步骤

交流发电机的检查步骤见表 2-2-1。

表 2-2-1 交流发电机的检查步骤

检查项目	检查内容	检查方法
转子	转子绕组短路与断路的检查	用数字式万用表的低电阻挡检测两滑环之间的电阻值，应符合技术标准。若电阻值为"∞"，则说明断路；若电阻值过小，则说明短路。一般电阻值为 3.5～6.0 Ω
转子	转子绕组搭铁的检查	检查转子绕组与铁芯（或转子轴）之间的绝缘情况。用数字式万用表导通挡检测两滑环与铁芯（或转子轴）之间的导通情况，若为零且万用表发出响声，则说明有搭铁故障，正常应为"∞"
转子	滑环的检查	滑环表面应平整光滑，无明显烧损，否则应用 200～400 号砂纸打磨。两滑环间隙处应无积物。滑环圆度误差不应超过 0.025 mm，厚度不应小于 1.5 mm
转子	转子轴的检查	用数字式百分表检查轴的径向圆跳动不应超过 0.1 mm，否则应予以校正。爪形磁极在转子轴上应固定牢靠，间距相等
定子	定子绕组短路与断路的检查	用数字式万用表的低电阻挡检测定子绕组的 3 个接线端，两两相测。正常时电阻值应小于 1 Ω 且相等。电阻值为"∞"时，说明断路；电阻值为零时，说明短路
定子	定子绕组搭铁检查	检查定子绕组与定子铁芯之间的绝缘情况。用数字式万用表导通挡检测定子绕组接线端与铁芯间的电阻值。若电阻值过小（万用表内发出响声），则说明有绝缘不良故障。正常应指示"∞"
整流器（主要是整流二极管）	检查二极管	用数字式万用表的导通挡，黑表笔接整流器的端子 B，红表笔分别接整流器各接线柱，数字式万用表均应显示导通，否则说明该二极管断路，应更换整流器总成；调换两表笔进行测试，此时数字式万用表均应显示不导通，否则说明二极管短路，也应更换整流器总成
整流器（主要是整流二极管）	检查负极二极管	用数字式万用表的电阻挡，红表笔接整流器的端子 E，黑表笔分别接整流器各接线柱，数字式万用表均应显示导通，否则说明该二极管断路，应更换整流器总成；调换两表笔进行测试，此时数字式万用表均应显示不导通，否则说明二极管短路，也应更换整流器总成
整流器（主要是整流二极管）	在不分解发电机的情况下检查二极管	用数字式万用表的电阻挡，黑表笔接发电机电枢的 B 接线柱，红表笔接发电机端盖。若电阻值在 40～50 Ω，则说明无故障；若电阻值在 10 Ω 左右，则说明有失效的二极管，须拆装与检查；若电阻值为零，则说明有不同极性的二极管击穿
电刷	电刷组件的检查	电刷表面不得有油污，且应在电刷架中活动自如，电刷磨损不得超过原高度的 1/2（标准长度为 10.5 mm）；当电刷从电刷架中露出 2 mm 时，电刷弹簧力一般应为 2～3 N；电刷架应无烧损、破裂或变形

第三节
三相交流异步电动机旋转磁场原理

三相交流异步电动机由定子和转子两大部分组成，其中定子部分主要由定子铁芯、定子绕组和机座组成，转子部分主要由转子铁芯和转子绕组组成。三相交流异步电动机根据电磁感应原理工作，当定子绕组通过三相对称交流电时，定子与转子间产生旋转磁场，该旋转磁场切割转子绕组，在转子回路中产生感应电动势和电流，而转子导体电流在旋转磁场的作用下，受到力的作用而使转子旋转。

一、旋转磁场的产生

三相交流异步电动机的定子铁芯中放置三相结构完全相同的绕组 U、V、W，各相绕组在空间上互差 120° 电角度，如图 2-3-1a 所示。下面以二极三相交流异步电动机为例，说明电流在不同时刻时，磁场在空间的位置。

如图 2-3-1b 所示，向这三相绕组通入对称的三相交流电，假设电流的瞬时值为正时，三相交流电从各绕组的首端流入（用"⊗"表示）、末端流出（用"⊙"表示），当电流为负值时与此相反。

如图 2-3-1c 所示，在 $\omega t=0$ 的瞬间，$i_U=0$ A，i_V 为负值，i_W 为正值，则 V 相电流从 V_2 流入、V_1 流出，而 W 相电流从 W_1 流入、W_2 流出。利用安培定则可以确定 $\omega t=0$ 时瞬间由三相电流所产生的合成磁场方向，如图 2-3-1d①所示。可见这时的合成磁场是一对磁极，磁场方向与纵轴线方向一致，上方是 N 极，下方是 S 极。

在 $\omega t=\pi/2$ 时，经过 1/4 周期，i_U 由零变为最大值，电流由首端 U_1 流入、末端 U_2 流出；i_V 仍为负值，V 相电流方向与图 2-3-1d①时一样；i_W 也变为负值，W 相电流由 W_2 流入、W_1 流出。其合成磁场方向如图 2-3-1d②所示，可见此时磁场方向已经较 $\omega t=0$ 时按顺时针方向转过 90°。

应用同样的分析方法可画出 $\omega t=\pi$、$\omega t=3\pi/2$、$\omega t=2\pi$ 时的合成磁场，分别如图 2-3-1d 中的③、④、⑤所示。可明显地看出，磁场的方向逐步按顺时针方向旋转，共计转过 360°，即旋转了一周。

由此可以得出如下结论：若在三相交流电动机定子上布置有结构完全相同，在空间位置各相差 120° 电角度的三相绕组，分别接入三相对称交流电，则在定子与转子间所产生的合成磁场沿定子内圆旋转，称为旋转磁场。

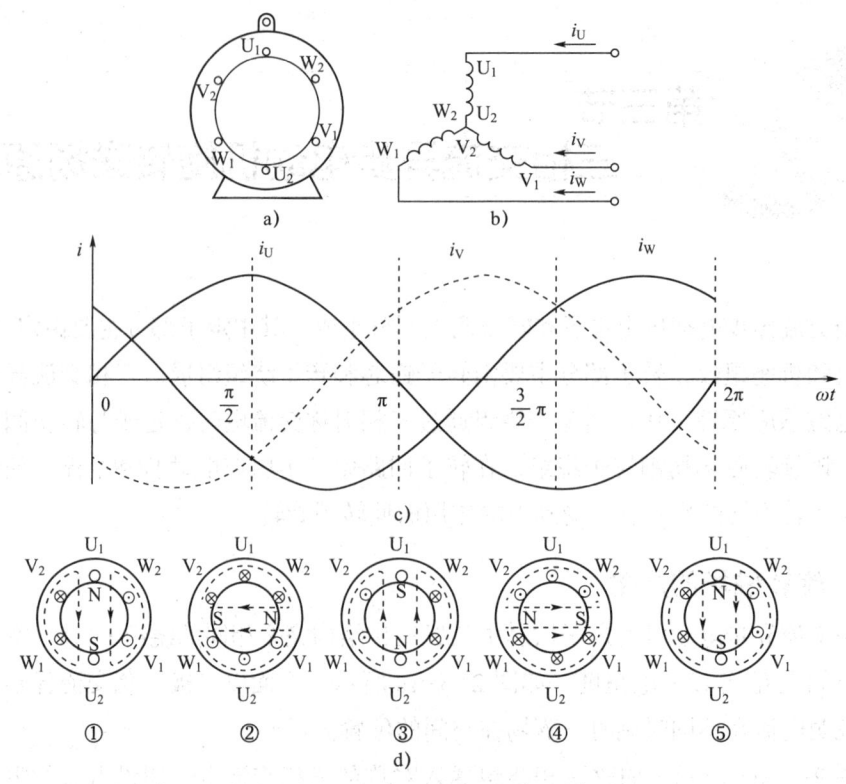

图 2-3-1 三相交流异步电动机工作原理
a）简化的三相绕组分布　b）按星形连接的三相绕组接通三相电源
c）三相合成电流波形　d）二极绕组的旋转磁场

二、旋转磁场的方向

由图 2-3-1 可以看出，三相交流电按 U-V-W 相序变化，产生的旋转磁场在空间中以顺时针方向旋转。

由理论分析和实践证明，若任意对调电动机两相绕组的电流相序，如 U-W-V 相序，则产生的旋转磁场以逆时针方向旋转。由此可知，旋转磁场的旋转方向取决于通入绕组中的三相交流电源的相序，只要任意对调三相交流电的相序，就可改变旋转磁场的方向。

三、旋转磁场的转速

以上分析是以二极旋转磁场为例，如果想要获得四极旋转磁场，则应把线圈的数目增加 1 倍，其布置如图 2-3-2a、图 2-3-2b 所示。按上述方法分析得出四极旋转磁场在空间的示意图如图 2-3-2c 所示。

由以上分析可得出：旋转磁场的转速不仅与电流的频率有关，还与磁极对数有关。当三相交流电变化一周（即每相经过360°电角度）时，其所产生的旋转磁场也正好旋转一周。故在二极三相交流异步电动机中，旋转磁场的转速等于三相交流电的变化速度，即 $n_1=60f_1=3\,000$ r/min；在四极三相交流异步电动机中，旋转磁场的转速等于三相交流电变化速度的1/2，即 $n_1=60f_{1/2}=1\,500$ r/min。

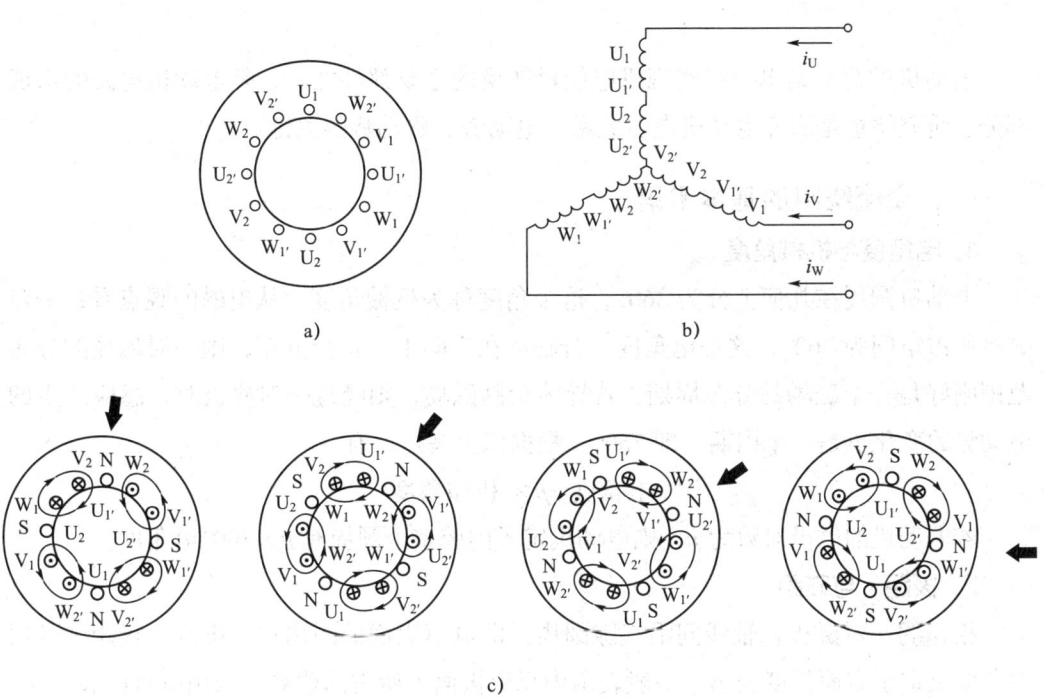

图 2-3-2 四极旋转磁场

a）三相绕组分布　b）按星形连接的三相绕组接通三相电源　c）四极绕组的旋转磁场

当磁极对数增加1倍时，旋转磁场的转速为之前的1/2。同理，通过理论分析可得出旋转磁场的转速为

$$n_1=\frac{60f_1}{p} \qquad (2-3-1)$$

式中　n_1——旋转磁场的转速，r/min；

　　　f_1——三相交流电源的频率，Hz；

　　　p——磁极对数。

旋转磁场的转速 n_1 又称同步转速。我国三相交流电频率规定为50 Hz，因此，二极旋转磁场转速为3 000 r/min，四极为1 500 r/min，六极为1 000 r/min 等。

第四节 交流电动机绕组的计算

电动机的绕组是电动机实现机电能量转换的主要部件之一，是电动机电路的组成部分。研究绕组是研究电动机电磁关系、电动势、磁动势的关键。

一、交流绕组的基本术语

1. 电角度与机械角度

电动机圆周在几何上分为360°，这个角度称为机械角度。从电磁的观点看，一对磁极所占空间为360°，这是电角度。若磁场在空间上为正弦分布，则一对磁极的分布范围刚好是一个磁场的分布周期。若导体切割磁场，则经过一对磁极时，感应产生的电动势的变化也是一个周期，即360°。根据以上观点，有

$$电角度 = p \times 机械角度$$

若电动机的磁极对数为 p，则电动机定子内腔整个圆周有 $p \times 360°$ 电角度。

2. 极距 τ 与节距

相邻的一对磁极，轴线间沿气隙圆周，即电枢表面的距离称为极距。极距 τ 可用电角度及定子表面长度表示，一般表示为每个极面下所占的槽数。当用电角度表示时，极距 $\tau = 180°$ 电角度。例如，定子槽数为 z，极对数为 p（极数为2），则极距用槽数表示为

$$\tau = \frac{z}{2p} \qquad (2-4-1)$$

同一线圈两个有效边之间的距离称为第一节距，用 y_1 表示；第一个线圈的下层边与第二个线圈的上层边之间的距离称为第二节距，用 y_2 表示；第一个线圈与第二个线圈对应边之间的距离称为合成节距，用 y 表示。可见 $y = y_1 - y_2$，如图2-4-1所示。$y = \tau$ 时，称为整距绕组；$y < \tau$ 时，称为短距绕组；$y > \tau$ 时，称为长距绕组。长距绕组与短距绕组均能削弱高次谐波电动势或磁动势，但长距绕组的端部较长，故很少采用，短距绕组端部较短，故采用较多。

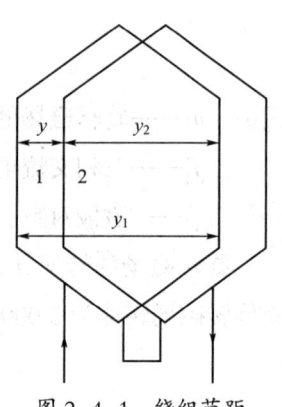

图2-4-1 绕组节距

3. 槽距角 α

槽距角是指相邻槽间的电角度。电动机定子的内圆周是 $p\times360°$ 电角度被其槽数 z 所除，可得槽距角为

$$\alpha=\frac{p\times360°}{z} \quad (2\text{-}4\text{-}2)$$

4. 每极每相槽数 q 与极相组

每相绕组在每个磁极下平均占有的槽数称为每极每相槽数 q。将同一相带的 q 个线圈按一定规律连接起来即构成一个极相组；将属于同一相的所有极相组并联或串联起来，即构成一个相绕组。

5. 相带

相带是每个极面下每相连续占有的电角度。交流电动机一般采用 $60°$ 相带。

6. 绕组的分类

同步电动机和异步电动机的电枢绕组都是交流绕组。

交流绕组的种类很多，根据相数，可分为单相绕组、二相绕组和三相绕组；根据槽内层数，可分为单层绕组、双层绕组和单双层绕组；根据绕法，可分为叠绕组和波绕组；根据节距是否等于极距，可分为整距绕组和短距绕组；根据每极每相槽数是整数还是分数，可分为整数槽绕组和分数槽绕组。无论是哪一种类，构成绕组的原则是一致的。

二、交流绕组的构成原则

在制造线圈、构成绕组时，对交流绕组提出如下原则。

1. 在一定导体数下，绕组应能获得较大的电动势和磁动势。
2. 对于三相绕组，各相电动势和磁动势要对称，各相阻抗要平衡。
3. 绕组的合成电动势和磁动势在波形上力求接近正弦波。
4. 用铜量要少，绝缘性能和机械强度要高，散热要好，制造检修方便。

一个电动机的绕组首先由绝缘漆包线经绕线机绕制成单匝或多匝线圈，再由若干个线圈组成线圈组。各线圈组电动势的大小和相位应相同，并根据需要并联或串联，从而构成一相绕组。二相绕组之间可接成星形或三角形。在此构成过程中，需要遵循上述交流绕组的构成原则。

线圈是组成绕组的元件，每个嵌放好的绕组元件都有两条切割磁力线的边。该边称为有效边，嵌放在定子铁芯的槽内。在双层绕组中，一条有效边在上层，另一条在下层，分别称为上元件边、下元件边，也称上圈边、下圈边。在槽外用于连接上下圈边的部分称为端接。双层叠绕组元件构成及绕组元件示意图如图 2-4-2、图 2-4-3 所示。

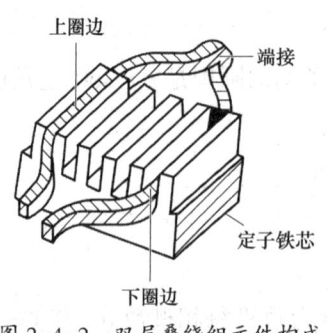
图 2-4-2 双层叠绕组元件构成

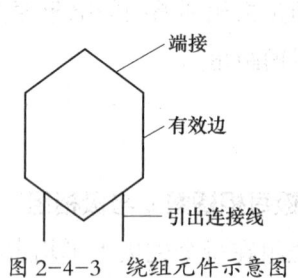
图 2-4-3 绕组元件示意图

第五节 电动机的控制方法

一、电动机的启动控制

电动机的启动是指电动机从接入电源开始转动起,到达到额定转速为止的过程。

根据理论分析和实践证明,异步电动机启动瞬间,定子绕组的启动电流很大,可达额定值的4~7倍。这是因为在异步电动机启动瞬间,转子并不能马上转动,此时转子电磁感应的反电动势尚未建立起来,所以外电压全部加在没有反电动势的定子绕组上,其电路电流就是外电压除以绕组的阻抗(用符号 Z 表示,是一种对电流起阻碍作用的能力,单位为 Ω,公式为 $Z=U/I$)。大的启动电流带来的不良后果是电网电压产生大波动(特别是容量较大的电动机启动时),会影响接在电网上其他设备的正常运行;电动机绕组发热,绝缘老化,缩短电动机的使用寿命,特别是对经常需要启动的电动机影响较大;启动瞬间,由于电动机转子电路功率因数较低,启动转矩并不大,因此,如果启动转矩小于负载转矩,则电动机将无法启动。

综上所述,异步电动机启动时的主要缺点是启动电流较大。为了减小启动电流,必须采用适当的启动方法。

1. 全压启动

三相交流笼型异步电动机的启动方式有两类,即在额定电压下的直接启动和降低启动电压的降压启动,它们各有优缺点,应按具体情况正确选用。

直接启动是指将电动机定子绕组直接连接到额定电压的电网上启动电动机,换句话说，就是启动时加在电动机定子绕组上的电压为额定电压，因此，直接启动又称全压启动。异步电动机能否采用全压启动，应该根据电网的容量（变压器的容量）、启动次数、电网允许干扰的程度及电动机的类型等因素决定。

按照国家有关规定，对于由专用变压器供电的电动机，启动时电动机的端子电压对经常启动者应不低于额定电压的90%，对不经常启动者应不低于额定电压的85%。对于由公用变压器供电的低压电动机，单台功率若小于14 kW，则可以采用全压启动。

2. 降压启动

降压启动是指电动机在启动时降低加在定子绕组上的电压，启动结束后再加额定电压运行的启动方式。

降压启动虽然能起到降低电动机启动电流的作用，但由于电动机的转矩与电压的平方成正比，因此，在降压启动时电动机的转矩较小，有较多弊端，所以这种方法一般只适用于电动机空载或轻载的启动。降压启动方法主要包括自耦变压器降压启动、星－三角（Y-△）降压启动、延边三角形降压启动、串电阻器（或电抗器）降压启动。

（1）自耦变压器降压启动

自耦变压器降压启动是利用自耦变压器来降低加在三相交流笼型异步电动机定子三相绕组上的电压，从而限制定子绕组上过大的启动电流，其原理如图 2-5-1 所示。

启动时，首先闭合总电源开关 QS_1，再将转换开关（手柄 QS_2）转向"启动"位置，这时经过自耦变压器（图 2-5-1 中下方带有波浪线部位）降压后的交流电压加到电动机三相定子绕组上，电动机 M 开始降压启动；等到电动机达到一定转速后，再把手柄 QS_2 转向"运行"位置，使电源直接和电动机相连，从而使其在全压下正常运行，此时自耦变压器会从电网上切除。

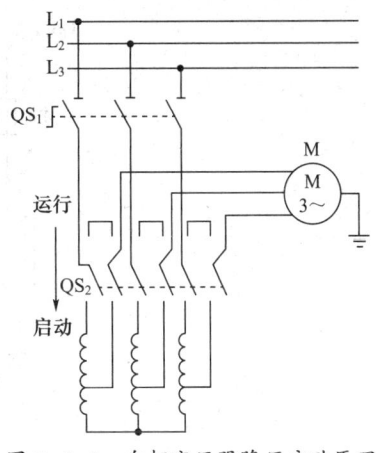

图 2-5-1 自耦变压器降压启动原理

设自耦变压器的变压比为 K，一次侧电压为 U_1，则二次侧电压为 $U_2=U_1/K$，二次侧电流（通过电动机定子绕组的线电流）也按正比减小。又因为变压器一次、二次侧的电流关系是 $I_1=I_2/K$，可见一次侧的电流（电源供给电动机的启动电流）比直接流过电动机定子绕组的电流还要小，即此时电源供给电动机的启动电流为直接启动时的 $1/K$，所以自耦变压器降压启动对限制电源供给电动机的启动电流很有效。由于电压降低为之前的 $1/K$，因此，电动机的转矩也降低为之前的 $1/K$。

自耦变压器二次侧有 2～3 组抽头，其电压可以分别为一次侧电压 U_1 的80%、65%，或80%、60%、40%。

在实际使用中，可将自耦变压器、开关触头、操作手柄等组合在一起，构成自耦减压启动器（又称启动补偿器）。常用的有 QJ3 系列手动自耦减压启动器和 QJ10 系列空气式手动自耦减压启动器。自耦减压启动器还具有过载脱扣和欠压脱扣等保护装置。

三相交流异步电动机采用这种降压启动方法，其优点是可以按容许的启动电流和所需的启动转矩来选择自耦变压器二次侧的不同抽头，以实现降压启动，而且不论电动机定子绕组采用星形接法还是三角形接法都可以使用；其缺点是设备的体积较大，因而成本较高。

（2）星－三角（Y-△）降压启动

相对于自耦变压器降压启动，星－三角降压启动具有低成本的优势。星－三角降压启动是指启动时先把三相交流笼型异步电动机定子三相绕组采用星形接法，等电动机转速升高到一定值后再改成三角形接法，因此，这种降压启动方法只能用于正常运行时为三角形接法的电动机上。其原理如图 2-5-2 所示。

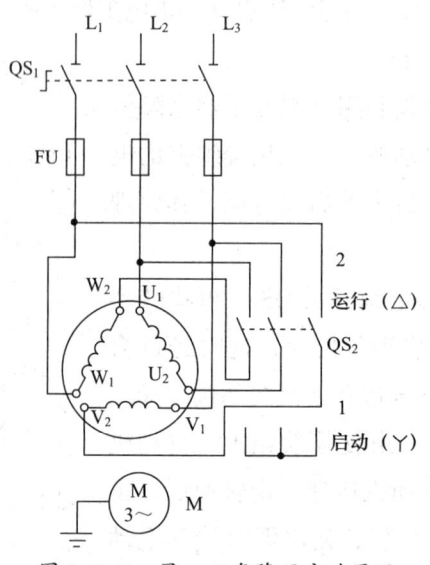

图 2-5-2　星－三角降压启动原理

启动时，将星－三角（Y-△）转换开关的手柄 QS_2 置于"启动"位置，电动机定子三相绕组的末端 U_2、V_2、W_2 连成一个公共点，三相电源 L_1、L_2、L_3 经电源开关 QS_1 向电动机定子三相绕组的首端 U_1、V_1、W_1 供电，电动机以星形接法启动。由于加在每相定子绕组上的电压为电源线电压 U_1 的 $1/\sqrt{3}$，因此，启动电流较小。

等电动机启动即将结束时，再把手柄 QS_2 转到"运行"位置，电动机定子呈三角形接法，这时加在电动机定子每组绕组上的电压即为线电压 U_1，电动机全压正常运行。

采用星－三角降压启动时，星形接法启动电流为直接采用三角形接法时启动电流的 1/3，但启动转矩降低很多，所以只能用于轻载或空载启动的电动机。

星-三角降压启动的优点是所需设备简单、成本低,因而获得了广泛应用。此方法只能用于正常运行时为三角形接法的电动机中。国外生产的JO2系列及Y系列三相交流笼型异步电动机,凡是功率在4kW及以上的,正常运行时都采用三角形接法。

(3)延边三角形降压启动

延边三角形降压启动和星-三角降压启动原理上非常相似,即在启动时将三相交流笼型异步电动机的一部分定子绕组采用星形接法,另外一部分则采用三角形接法。

采用延边三角形降压启动的电动机启动线路如图2-5-3a所示,从该图形上看就好像将一个三角形的3条边延长,因此称为延边三角形。当电动机启动结束后再将三相定子绕组改为三角形接法,如图2-5-3b所示。

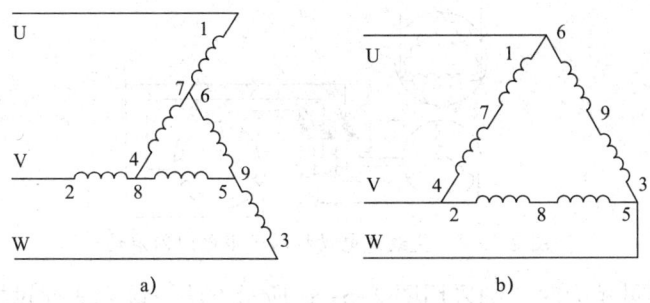

图2-5-3 延边三角形降压启动的定子绕组接法
a)延边三角形降压启动 b)三角形运行

采用延边三角形启动的电动机,定子绕组共有9个抽头(图2-5-3中的1~9),启动时使4与8、5与9、6与7分别连接成图2-5-3a所示形式,正常运行时则使1与6、2与4、3与5分别连接成图2-5-3b所示形式。这种启动方法介于星-三角降压启动方法与自耦变压器降压启动方法之间,即启动时,电动机定子每相绕组所承受的电压,比接成全星形接法时大,所以启动转矩也较大,同时又可以通过改变每相两段绕组(如1与7、4与7)的匝数比来得到不同的启动电流和启动转矩。

由于采用延边三角形启动的三相交流笼型异步电动机,其三相定子绕组比一般绕组多3个中间抽头,因此,该绕组结构较为复杂,电动机必须专门生产,从而限制了本方法的实际应用范围。

(4)串电阻器(或电抗器)降压启动

串电阻器(或电抗器)降压启动的三相对称绕组均采用星形接法。由于电阻器上有热能的损耗,且电抗器体积较大、成本较高,因此,目前很少采用这种方法。

容量不是很大的三相交流笼型异步电动机也可以采用启动时给定子电路串联降压电阻器(或电抗器)的办法来启动电动机,待电动机启动结束时再使电阻器(或电抗器)短接。

绕线式电动机的转子采用三相对称绕组,启动时通常采用转子串电阻器启动,也有部分绕线式电动机采用频敏变阻器启动。

1）转子串电阻器启动。如图 2-5-4 所示，在绕线式电动机的转子电路中，每相串联可以均匀调节的变阻器，该变阻器称为启动变阻器。启动开始时，手柄位于启动电阻器所指的位置，此时全部电阻器串联在转子电路中。随着电动机转速的升高，逐渐将手柄按顺时针方向转动，串联到转子电路中的电阻值将逐渐减小，当电阻器全部切除（电阻值为零）时，电动机启动结束。此方法一般适用于小容量的绕线式电动机。

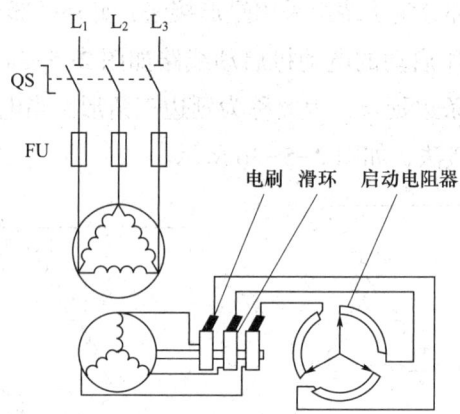

图 2-5-4　绕线式电动机转子串电阻器启动

当电动机容量稍大时，则采用图 2-5-5a 所示方法。该方法通过接触器触头或凸轮控制器触头的开闭一级一级地切除电阻器。

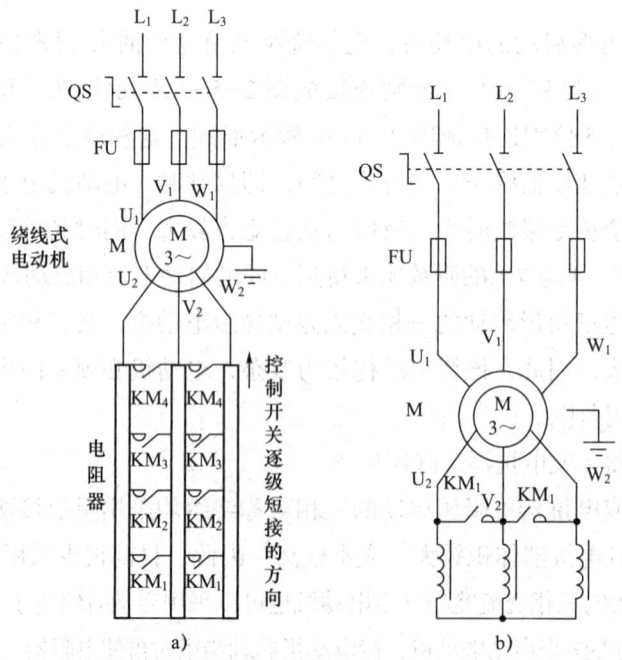

图 2-5-5　绕线式电动机降压启动方法
a）转子串电阻器分级启动　b）频敏变阻器启动

这种启动方法的优点是不仅能减小电动机的启动电流,而且能使启动转矩保持在较大的范围内,所以该方法广泛应用于需要重载启动的设备,如桥式起重机、卷扬机、龙门吊车等。

转子串电阻器启动方法的缺点是所需启动设备较多,启动时有一部分能量消耗在启动电阻器上,而且启动级数较少,因而出现了频敏变阻器启动法。

2）频敏变阻器启动。频敏变阻器是一种有独特结构的新型无触点元件,其外部结构与三相电抗器相似,即由3个铁芯柱和3个绕组组成,3个绕组呈星形接法,并通过滑环和电刷与绕线式电动机三相转子绕组相连,如图2-5-5b所示。由于它的阻抗随着转子电流频率的变化而变化,因此,称为频敏变阻器。

采用该方法,刚开始启动时,电动机转速很低,转子电流的频率很高。随着电动机转速上升,频敏变阻器的阻抗随着转子电流频率的降低而自动减小,所以启动平稳性能好。启动结束后,再将频敏变阻器从电路中切除。

这种启动方法的优点是结构简单、成本较低、使用寿命长、维护方便、电动机平滑启动。主要不足之处是功率因数很低、启动转矩不大,通常适用于轻载电动机的启动。

二、电动机的调速控制

为了适应实际应用的需要,异步电动机需要进行调速,即用人为的方法来改变异步电动机的转速。

电动机转子转速的计算公式为

$$n = n_1(1-s) = \frac{60 f_1}{p}(1-s) \qquad (2\text{-}5\text{-}1)$$

式中　n——转子实际转速,r/min;

　　　n_1——电动机旋转磁场的转速,r/min;

　　　s——转差率;

　　　p——定子绕组的磁极对数;

　　　f_1——交流电的频率,Hz(我国是50 Hz)。

所以电动机的调速有以下方法,即改变定子绕组的磁极对数p(变极)调速,改变供电电网的频率f_1(变频)调速,改变电动机的转差率s调速。

1. 改变定子绕组的磁极对数(变极调速)

由电动机旋转磁场公式(2-3-1)可知,当定子绕组磁极对数p增加1倍时,同步转速n_1就减小为之前的1/2,因而转子的转速n也同样减小为之前的1/2,这种改变磁极获得变速的方法称为变极调速。用变极调速法调节转速时,磁极对数只能成对地改变,相应地,这种调速也只能一级一级地进行。改变定子绕组的连接方式,就能改变磁极对数。如图2-5-6a所示，将每相定子绕组中两组线圈串联，就产生四极旋转磁场（共两对，所以p=2），此时，电动机的旋转磁场转速$n_1=60f_1/p=60×50/2=1\,500$ r/min；若改为并联形式（见图2-5-6b），则产生两极旋转磁场（p=1），此时电动机的转速为3 000 r/min，增加了1倍。

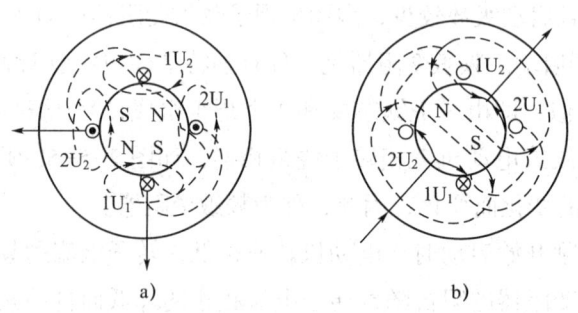

图2-5-6 改变定子绕组的磁极对数

a）定子绕组两组线圈串联　b）定子绕组两组线圈并联

这种可以改变定子绕组磁极对数的电动机，称为多速电动机。最常见的是双速电动机，其同步转速为750/1 500 r/min或1 500/3 000 r/min。

双速电动机最常用的接线方式有两种。

方式一：定子绕组从单星形改为双星形，如图2-5-7a所示。当用这种接线方式时，电动机每相的定子绕组均由串联改为并联，这样可使磁极对数减少为之前的1/2。利用这种换接法，电动机在变极调速后，其额定转矩基本保持不变，所以适合拖动恒转矩性质的负载，如起重机、带式输送机等。

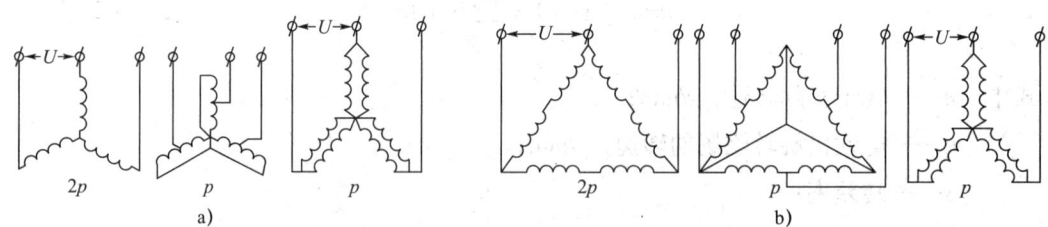

图2-5-7 双速电动机最常用的接线方式

a）单星形改为双星形　b）三角形改为双星形

方式二：定子绕组从三角形改为双星形，如图2-5-7b所示。这种接线方式也会使磁极对数减少为之前的1/2，从而得到调速效果。这种变极调速后，电动机的额定功率基本不变，但是额定转矩几乎要减小为之前的1/2，所以这种接法适用于拖动恒功率性质的负载，如各种金属切削机床。

当利用磁极对数的变换对三相交流异步电动机进行调速时，由于改接后定子绕组旋转磁场的旋转方向不会改变，因此，在改变极数时，应把接到电动机进线端子上电源的相序也改变一下。

如果定子上装有两套独立的三相绕组，且其中一套绕组可以用以上换接法产生两种磁极对数，则可得到三种同步转速，如 750/1 000/1 500 r/min，或 1 000/1 500/3 000 r/min，这种电动机称为三速电动机。同理，也可以通过不同的定子绕组换接获得多种速度，这种电动机称为多速电动机。

2. 改变供电电网的频率（变频调速）

由电动机转子转速的计算公式（2-5-1）可知，改变电源频率，转速也随之改变。根据理论分析和实践证明，变频调速的主要优点是电动机转速能平滑地调节，调节范围大，效率高。目前存在的主要问题是调速系统较复杂，成本较高。

变频调速按控制方式不同，可分为 U/f 控制、转差频率控制、矢量控制和直接转矩控制等。

（1） U/f 控制

U/f 控制的目的是得到理想的转矩-速度特性，它是基于在改变电源频率进行调速的同时，又要保证电动机的磁通量不变的思想而提出的。通用变频器基本上都采用这种控制方式。U/f 控制变频器结构非常简单，其缺点是变频器采用开环控制方式，不能达到较高的控制性能，而且在低频时必须进行转矩补偿，才能改善低频转矩特性。

（2）转差频率控制

转差频率控制是一种直接控制转矩的控制方式，它是在 U/f 控制的基础上，按照异步电动机实际转速对应的电源频率，并根据希望得到的转矩来调节变频器的输出频率，从而使电动机具有对应的输出转矩。这种控制方式需要在控制系统中安装速度传感器，有时还加有电流反馈，以对频率和电流进行控制，因此，它是一种闭环控制方式。该控制方式可以使变频器具有良好的稳定性，并对急速的加减速和负载变动有良好的响应特性。

（3）矢量控制

矢量控制是通过矢量坐标电路控制电动机定子电流的大小和相位，从而对电动机在坐标轴系中的励磁电流和转矩电流分别进行控制，进而达到控制电动机转矩的目的。通过控制各矢量的作用顺序、时间及零矢量的作用时间，又可以形成各种脉冲宽度调制（PWM）波，以达到各种不同的控制目的。例如，形成开关次数最少的 PWM 波以减少开关损耗。

（4）直接转矩控制

直接转矩控制是利用空间矢量坐标的概念，在定子坐标系下分析交流电动机的数学模型，以控制电动机的磁链和转矩。该控制方式通过检测定子电阻来达到观测定子磁链的目的，因此，省去了矢量控制等复杂的变换计算，系统直观、简洁，计算速度和精度比矢量控制方式均有所提高。即使在开环的状态下,直接转矩控制也能输出100%额定转矩,使变频器在向多台电动机供电以实现多拖动时,具有负载平衡功能。

变频调速用于风机和泵类机械时,节能效果明显。以上各类控制方式均适用于变频调速专用电动机。

3. 改变电动机的转差率

异步电动机改变转差率调速,包括定子调压调速、转子回路串电阻器调速及串级调速。

(1)定子调压调速

若改变加在异步电动机定子绕组上的电压,则其最大转矩会随电压的平方下降而下降,但产生最大转矩的临界转差率不变。对于恒转矩负载,采用调压调速,若要获得较宽的调速范围,则可采用转子电阻较大、机械特性较软的高转差率笼型异步电动机,否则调速范围小,实用价值不大。这种调速范围较宽,但在电压低时其机械特性太软,负载波动引起转速的变化较大,其静差率和运行稳定性往往不能满足生产工艺的要求。通风机负载只要求调速范围较宽,所以采用调压调速方式较多。

目前,随着晶闸管技术的发展,晶闸管交流调压调速已得到广泛应用。其优点是可以获得较大的调速范围,调速平滑性较好。其缺点是当电动机在低转速运行时,转差率较大,转子铜耗较大,导致电动机效率低,发热严重,故这种调速方式一般不宜在低转速下长时间使用。为了弥补调压调速在低速运行时稳定性差的缺点,现代调压调速系统通常采用速度反馈闭环控制。

(2)转子回路串电阻器调速

转子回路串电阻器调速即在转子回路串联一个变阻器调速,该方式只适用于绕线转子异步电动机。调速时的接线方法和启动时一样,所不同的是,一般启动变阻器都是短时工作,而调速变阻器则为长期工作。同样,在转子电路中接入了一个调速电阻器,电阻增大导致电流减小,从而使绕线转子异步电动机转子转矩减小,功率因数随之下降,这样可得到平滑调速的效果。该方式广泛用于机电设备中。

转子回路串电阻器调速的物理过程和直流电动机在电枢回路中串电阻器调速一样。在变阻器电阻增加的最初瞬间,电动机的转速还来不及改变,因此,转子电流减小,电磁转矩也相应减小;当电动机的转速开始下降时,转子的电动势开始增大,转子电流也随之增大。这个过程一直进行到转子电流增大到与其对应的电磁转矩和总负载转矩互相平衡为止,这时电动机在较低转速下稳定运行。

当转子回路串入调速电阻器时,若电动机总负载转矩保持不变,电动机从运行点到另一个运行点,相应的转差率从 s_1 增加到 s_2,转速则从 $n_1(1-s_1)$ 降到 $n_1(1-s_2)$,即增加调速电阻,转速下降。

从转子回路串电阻器调速曲线可知：在一定的调速电阻变化范围内，调速范围的大小随负载大小而变化；在空载下调速时，调速范围非常小，实际上达不到调速的目的。

此外，在恒转矩调速时，转差率 s 与转子回路总电阻成正比，总电阻增加 1 倍，转差率也增加 1 倍。根据等效电路可知：恒转矩调速时，定转子电流、输入功率、气隙磁场和电磁功率都不变，与转子回路串入电阻器的电阻值大小无关。因此，转速调得越低，即转差率越大，就需要在转子回路串入电阻值越大的电阻器，而转子铜耗也随之增大，从而导致电动机效率就越低。可见这种调速方法很不经济，降低转速所减少的输出功率全部消耗在调速电阻器的铜耗上。另外，转子加电阻器后电动机的机械特性变软，即负载变化时转速将发生显著变化。

由此可见，转子回路串电阻器调速存在很多缺点，但由于比较简单，又可平滑调速，因此，仍多用于中小容量的绕线式电动机，如交流电源的桥式起重机等。

（3）串级调速

转子回路串电阻器调速时，转速调得越低，转差率就越大，转子铜损耗就越大，从而导致输出功率就越小，效率就越低，故转子回路串电阻器调速很不经济。

如果在转子回路中不串电阻器，而是串一个与转子电动势同频率的附加电动势，则可通过改变附加电动势的幅值大小和相位来实现调速。这种在绕线转子异步电动机转子回路串附加电动势的调速方法，称为串级调速。串级调速完全弥补了转子回路串电阻器调速的缺点，具有高效率、无级平滑调速、较硬的低速机械特性等优点。

串入反相位的附加电动势后，转子电流减小，电动机产生的电磁转矩也随之减小，电动机开始减速，转差率 s 增大。随着 s 的增大，转子电流开始回升，电磁转矩也相应回升。直到电动机转速降至某一个值时，转子电流回升到使电磁转矩复原到与负载转矩平衡，减速过程结束，电动机便在此低速下稳定运行。这就是向低于同步转速方向调速的原理。

串入反相位附加电动势的幅值越大，电动机的稳定转速就越低。同理，当转子串入的附加电动势与转子电动势同相位时，电动机的转速将向高速调节。

串级调速的调速性能比较好，但获得附加电动势的装置比较复杂，成本较高，且在低速时电动机的过载能力较低。因此，串级调速最适用于调速范围不太大的场合，如通风机和提升机等。

三、电动机的制动控制

电动机制动是指电动机迅速降低转速到停止转动的过程。在一般情况下，如拖动系统没有特殊要求，则只要把电动机的供电电源切断，由系统各部分的摩擦来消耗其能量，整个系统就会逐渐停止，这种停车方式称为自由停车，它的停车时间相对较长。在生产过程中，有些生产机械要求频繁地启动与停车，某些工作机械（如起重机的吊钩）需要准确定位，这些都要求电动机能迅速停车，以提高生产效率和保证安全生产。此时，必须采用制动手段，才能使快速旋转的电动机迅速停下来。制动的方式一般有机械制动和电力制动两种，本节主要介绍电力制动。

电力制动是利用电动机本身来实现制动的一种方式，其方法主要是使电动机在停车过程中，产生一个与电动机实际旋转方向相反的制动转矩，以迅速降低转速，使电动机很快停下来。常用的电力制动方法有能耗制动和反接制动两种。

1. 能耗制动

电动机的能耗制动是把电动机的定子交流电源切断，接入直流电源，使电动机制动，其原理如图 2-5-8a 所示。在需要停车时，先将电动机的电源切断，同时将直流电源与定子绕组接通，从而在电动机内产生一个固定磁场。同时，由于系统的惯性，电动机的转子仍然按照原方向继续旋转，因此，它就会切割该固定磁场产生感应电动势（其方向可由右手定则决定），使转子出现感应电流，转子电流与定子磁场相互作用所产生的转矩与转子旋转方向相反（根据左手定则），即产生一个制动转矩，如图 2-5-8b 所示。在制动转矩的作用下，电动机将很快停车。因为这种方法是把转子的动能转换成电能来进行制动，所以称为能耗制动。

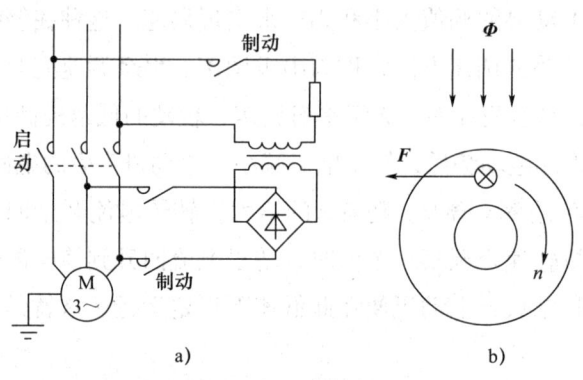

图 2-5-8 能耗制动

a）能耗制动原理 b）能耗制动转矩方向

能耗制动的能量消耗小，制动平稳，但是需要直流电源，有些机床会采用这种制动方法。

2. 反接制动

在电动机停车时，可将所接电源 3 根导线中的任意 2 根的一端对调位置，使旋转磁场反向旋转，而转子由于惯性仍然在按原方向转动，这时转矩方向与电动机的转动方向相反，因而起到制动作用，如图 2-5-9 所示。

由于在反接制动时旋转磁场与转子的相对转速很大，

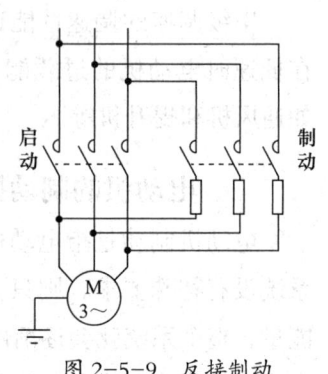

图 2-5-9 反接制动

因此，电流很大。为了限制电流，在对功率较大的电动机进行反接制动时，必须在定子电路（笼型电动机）或转子电路（绕线式电动机）中接入电阻器。

反接制动的优点是停车迅速，电路简单，不需要直流电源；缺点是能量损耗较大，在制动过程中有较大的冲击力，用于精密机床时影响较大，而且这种冲击力对电动机本身结构也是不利的。因此，较大容量的电动机一般很少采用这种制动方法。反接制动通常用于不经常启动与制动的场合，如中小型车床、铣床及轧钢机的辅助电力拖动。

第六节 三相交流异步电动机的故障检修

一、三相交流异步电动机的运行与维护

1. 电动机运行中的检查

（1）检查电动机各部位的发热情况。

（2）检查电动机和轴承运转的声音。

（3）检查各主要连接处的情况，以及变阻器、控制设备等的工作情况。

（4）检查电动机的换向器、集电环和电刷的工作情况。

2. 电动机运行中的监测

（1）监测电动机有无过热情况。

（2）监测电动机的工作电流是否超过额定电流。

（3）监测电源电压有无异常变化。

（4）监测三相电源电压和电流是否平衡。

（5）监测电动机故障后停止转动时的情况。

（6）监测电动机的通风和环境情况。

（7）监测电动机的振动情况。

（8）监测电动机的噪声有无异常情况。

（9）监测电动机是否发出异常气味。

（10）监测电动机轴承的工作和发热情况。

（11）监测电动机运行时电刷的工作情况。

3. 电动机过热的原因分析

三相交流异步电动机过热的原因分析程序如图 2-6-1 所示。

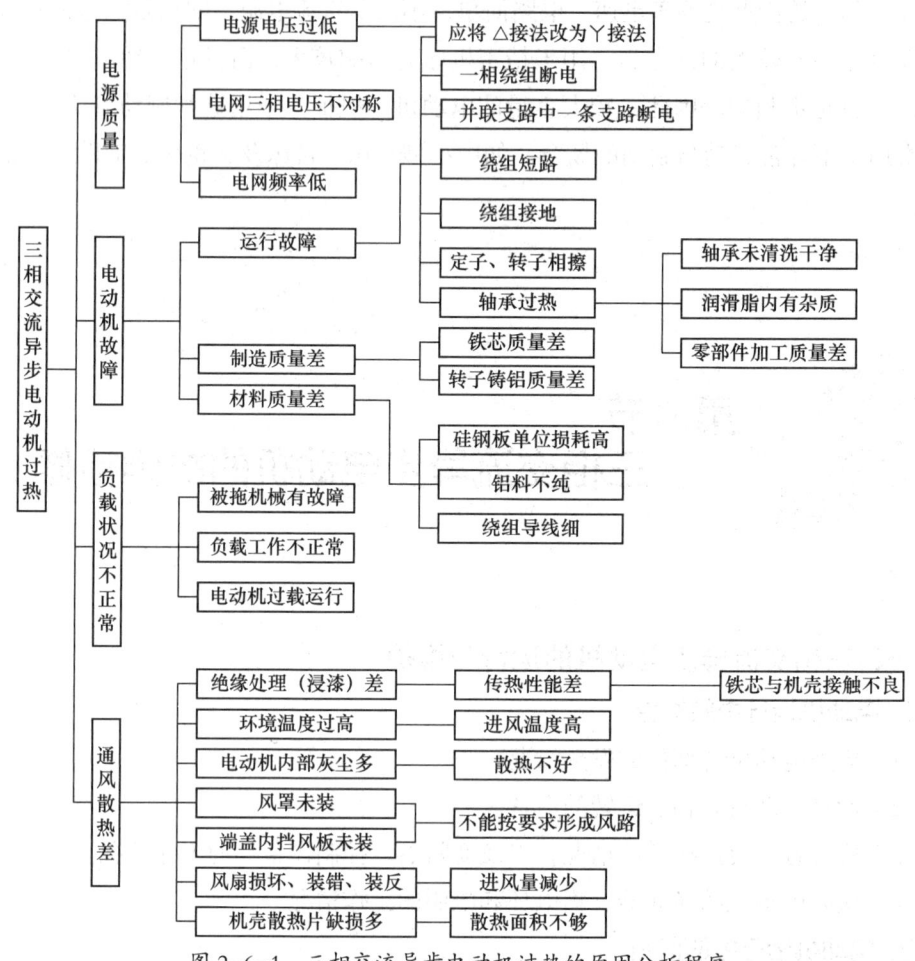

图 2-6-1 三相交流异步电动机过热的原因分析程序

二、三相交流异步电动机的定期维修

三相交流异步电动机的定期维修是消除故障隐患、防止故障发生的重要措施。电动机维修分月维修和年维修，俗称小修和大修。前者不拆开电动机，后者需把电动机全部拆开进行维修。

1. 定期小修主要内容

定期小修是对电动机的一般清理和检查，应经常进行，内容如下。

（1）擦净电动机外壳，除掉运行中积累的污垢。

（2）测量电动机绝缘电阻，测后注意重新接好线路，并拧紧接线头螺栓。

（3）检查电动机端盖、地脚螺栓是否紧固。

（4）检查电动机接地线是否可靠。

（5）检查电动机与负载机械间的传动装置是否良好。

（6）拆下轴承盖，检查润滑油是否变脏、干涸，及时加油或换油。处理完毕后，注意上好端盖及紧固螺栓。

（7）检查电动机附属启动和保护设备是否完好。

2. 定期大修主要内容

三相交流异步电动机的定期大修应结合负载机械的大修进行。大修时，应拆开电动机并进行以下项目的检查修理。

（1）检查电动机各部件有无机械损伤，若有机械损伤，则应做好相应修复。

（2）对拆开的电动机和启动设备进行清理，清除所有油泥、污垢。清理时应注意观察绕组的绝缘状况。若绝缘呈现暗褐色，说明绝缘已老化，对这种绝缘要特别注意，不要碰撞使它脱落。若发现有脱落，则应进行局部绝缘修复和刷漆。

（3）拆下轴承，浸在柴油或汽油中彻底清洗。把轴承架与钢珠间残留的油脂及脏物洗掉后，用干净柴（汽）油清洗一遍。清洗后的轴承应转动灵活，不松动。若轴承表面粗糙，则说明油脂不合格；若轴承表面变色（发蓝），则说明它已经退火。根据检查结果，对油脂或轴承进行更换，并消除故障（如清除油脂中砂、铁屑等杂物，正确安装电机等）。

轴承新安装时，应从一侧加油。油脂占轴承内容积的 1/3～2/3 即可，油加得太满会因发热流出。润滑剂可采用钙基润滑脂或钠基润滑脂。

（4）检查定子绕组是否有故障。使用兆欧表测量绕组电阻值可判断绕组绝缘是否受潮或短路。若绕组绝缘受潮或短路，则应进行相应处理。

（5）检查定子、转子铁芯有无磨损和变形。若观察到有磨损处或发亮点，则说明可能存在定子、转子铁芯相擦，应使用锉刀或刮刀把亮点刮低。若有变形，则应做好相应修复。

（6）在进行以上各项修理、检查后，对电动机进行装配、安装。

（7）安装完毕的电动机，应进行修理后检查，符合要求后，方可负载运行。

三、三相交流异步电动机的常见故障及排除方法

三相交流异步电动机的故障可分为机械故障和电气故障两类。机械故障，如轴承、铁芯、风叶、机座转轴等的故障，一般比较容易观察与发现。电气故障主要是定子绕组、转子绕组、电刷等导电部分出现的故障。不论出现机械故障还是电气故障，都将对电动机的正常运行产生影响。故障处理的关键是通过电动机在运行中出现的种种不正常现象来进行分析，从而找到故障部位与故障点。由于电动机的结构、型号、质量、

使用和维护情况的不同,因此,要正确判断故障,必须先进行认真细致的研究、观察和分析,然后进行检查与测量,找出故障所在,并采取相应措施予以排除。

1. 电动机不能启动

(1)电动机不转且没有声音

电动机不转且没有声音的原因是电动机电源或绕组的两相、两相以上断路。首先检查电源是否有电压,如三相均无电压,则说明故障在电路上;若三相电压平衡,则故障在电动机本身。这时,可测量电动机三相绕组的电阻,寻找出断路的绕组。

(2)电动机不转但有"嗡嗡"声

测量电动机接线柱,如三相电压平衡且为额定电压值,则可判定是严重过载,检查步骤如下。首先去掉负载(如去掉传动带或打开离合器),若这时电动机的转速与声音正常,则可判定过载或负载的机械部分有故障。若电动机仍然不转,则可用手转动一下电动机轴。如果电动机轴很紧或转不动,则测量三相电流。如三相电流平衡,但比额定值大,则说明电动机的机械部分被卡住,可能是电动机缺油,轴承锈死或损坏严重,端盖或油盖装得太斜,转子和内腔相碰(扫膛)。当用手转动电动机轴到某个角度时,感到比较吃力或听到周期性的"嚓嚓"声,可判断为扫膛。扫膛的原因如下。

1)轴承内、外钢圈之间松动,间隙太大,需更换轴承。

2)轴承室(轴承孔)过大。轴承室长期磨损会造成内孔直径过大。其修理方法是电镀一层金属或加套,或者在轴承室内壁上冲些小点,但这只是一种应急措施。

3)轴弯、端盖的止口磨损等。

(3)电动机转速慢且伴有"嗡嗡"声

电动机转速慢且伴有"嗡嗡"声常表现为轴振动。如测得一相电流等于零,而另两相电流大大超过额定电流,则说明是两相运转。其原因是电路或电源一相断路,或电动机一相断路。

小型电动机一相断路时,可用兆欧表和校验灯来检查。检查星形接法的电动机时,需将每相分别测试,如图2-6-2所示。检查三角形接法的电动机时,必须把三相绕组的接线头拆开后,再将每相分别测试,如图2-6-3所示。

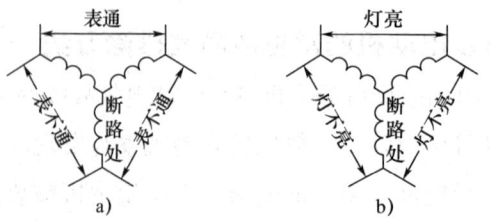

图2-6-2 用兆欧表或校验灯检查星形接法绕组断路
a)兆欧表检查 b)校验灯检查

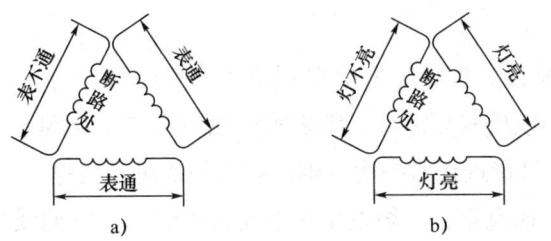

图 2-6-3 用兆欧表或校验灯检查三角形接法绕组断路
a）兆欧表检查　b）校验灯检查

中等容量的电动机，绕组大多采用多根导线并绕多支路并联，若其中断掉若干根或断开一条并联支路，则检查起来就比较复杂。通常采取以下两种方法。

1）三相电流平衡法。对于星形接法的电动机，三相绕组并联后，通入低电压大电流（一般可用单相交流弧焊机作为电源），如果三相电流值相差 5% 以上，则电流小的一相为断路相，如图 2-6-4a 所示。

对于三角形接法的电动机，先把任意一角的线头拆开，再把电流表接在每相绕组的两端，其中电流小的一相为断路相，如图 2-6-4b 所示。

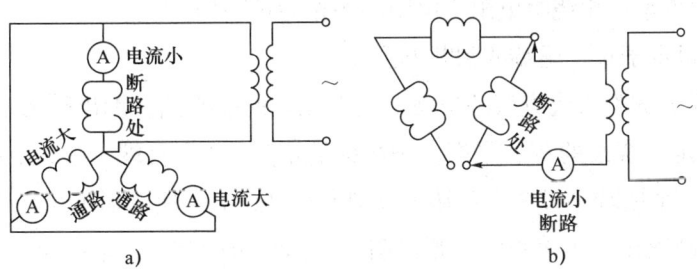

图 2-6-4 用三相电流平衡法检查多支路关联绕组断路
a）星形接法的电动机　b）三角形接法的电动机

2）电阻法。用电桥测量三相绕组的电阻，如三相绕组电阻相差 5% 以上，则电阻较大的一相为断路相。

经验证明，电动机的断路故障多数发生在绕组的端部、接头处或引出线等地方。

2. 电动机启动时熔断器熔断或热继电器断开

（1）故障检查步骤

1）检查熔体容量是否合适，如果熔体容量太小，则可按规定装好再试；如果熔体继续熔断，则可检查传动带是否太紧。

2）检查电路中有无短路处。

3）检查电动机是否短路或接地。

（2）接地故障的检查方法

1）用兆欧表测量电动机绕组对地的绝缘电阻，当电阻值低于 0.2 MΩ 时，说明绕组严重受潮。

2）用万用表电阻挡、校验灯（40 W 以下）逐步检查。

如果电阻值较小或校验灯暗红，则表示该相绕组严重受潮，可进行烘干处理。如果电阻值为零或校验灯接近正常亮度，则证明该相绕组已接地。

电动机绕组的接地现象，一般发生在电动机出线孔、电源线进线孔或绕组伸出槽口处。对于后一种情况，如发现接地并不严重，则可将竹片或绝缘纸片插入定子铁芯与绕组之间；如经检查已不接地，则可将其包扎并涂绝缘漆后继续使用。

（3）绕组短路故障的检查方法

绕组短路的情况有匝间短路、相间短路。

1）利用兆欧表或万用表检查任意两个相同的绝缘电阻，如发现电阻值在 0.2 MΩ 以下，甚至接近零，则说明是相间短路（检查时应将电动机引线的所有连线拆开）。

2）分别测量三相绕组的电流，电流大的相为短路相。

3）用短路探测器检查绕组匝间短路。

4）用电桥测量三相绕组电阻，电阻小的相为短路相。

（4）电动机定子首、尾端的判断方法

1）变换线头试验法或直接验证法。用万用表的欧姆挡，测出哪两个线头是一相，然后任意标明定子绕组的首、尾端。按所标的记号，3 个首端（或 3 个尾端）接在一起，把剩下的 3 个尾端（或 3 个首端）分别接在电路上，使电动机在空载状态下启动。如果电动机启动很慢且噪声很大，则说明有一相绕组的首、尾端接反，此时应迅速切断电源，把其中一相绕组接头位置对调，再接通电源。如仍然和上次一样，则说明倒换的这相原来没接反，把这一相的首、尾端重新倒过来，按同样方法依次对调其他两相，直到电动机迅速启动，声音正常为止。这种方法较简单，但只宜在允许直接启动、容量较小的电动机上使用。对于容量较大、不允许直接启动的电动机，不能采用这种方法。

2）切割剩磁检查法。如图 2-6-5 所示，转动电动机转子，如万用表（毫安挡）指针不动，则说明绕组首、尾端连接正确；如万用表指针摆动，则说明绕组首、尾端连接错误，应对调后重试。这一方法是利用转子中的剩磁，在定子三相绕组内感应出电动势，使万用表指示出电流（mA）读数来检查的。

3）感应检查法。当接通开关的瞬间，如万用表（毫安挡）指针摆向大于零的一边，则电池正极的接线头与万用表负端接头同为首、尾端；如指针反向摆动，则电池正极的接线头与万用表正端的接头同为首、尾端，再将电池接到另一相的两个接头试验，即可确定各相首、尾端。

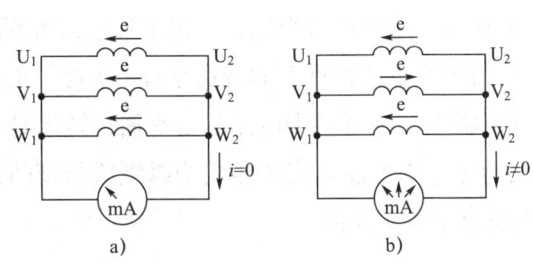

图 2-6-5 切割剩磁检查法

a）万用表指针不动 b）万用表指针摆动

3. 电动机启动后转速低于额定转速

几台设备同时出现这种故障，一般是由于供电网络电压过低所致。

一台设备启动后，如电动机有"嗡嗡"声并有些振动，则应检查定子绕组是否一相断电，可测量三相电流是否平衡；如有"嗡嗡"声但不振动，则可检查三相电压是否太低。

当空载时电动机转速正常，而加载后转速降低，检查步骤是将电动机空载启动，如转速正常，则可将电动机加上轻载；如转速降低，则说明负载机械部分有卡住现象。若机械没有故障，电动机转速不见降低，则可使电动机在额定负载范围内运转；如电动机转速下降，有种带不动的感觉，则证明电动机有故障。造成这种故障的原因一般是误将三角形接法的电动机接成星形接法，笼型转子断条。

4. 电动机振动

电动机通过传动机构（如传动带、联轴器等）与机械相连。电动机振动可导致机械振动，机械振动也会导致电动机振动。将电动机和机械的传动部分脱开再启动电动机，如振动消除，则说明是机械的故障，否则是电动机振动。电动机振动的原因有电动机机座不牢；电动机与被驱动的机械部分的转轴不同轴；电动机的转子不平衡；电动机轴弯曲，带轮轴孔偏心；笼型转子多处断条；轴承损坏；电磁系统不平衡；电动机扫膛。

5. 电动机运转时有噪声

电动机运转时发生噪声的区域可分为两大部分，即电动机的机械部分和电磁部分。区分的方法是先使电动机通电运行，仔细听清运转时的声音，然后停电，让电动机借惯性继续运转，若不正常声音消失，则说明是电动机电磁方面的故障；否则是电动机机械方面的故障。

（1）机械噪声

1）轴承发出的噪声。轴承发出噪声可能是由于轴承钢珠破碎，润滑油太少所致。这时，将一个旋具头部顶在轴承油盖外，柄部附耳旁，应能听到"咕噜""咕噜"的声音。

2）空气摩擦产生的噪声。这种声音很均匀，也不强烈，可判断为正常现象。

3）电动机扫膛引起的噪声。这种噪声的特点是有"嚓嚓"的声音。对于刚修过的电动机，运行时如发现有噪声，则可检查电流是否平衡，转动是否灵活，转速是否达到额定转速。如无以上问题，则可能是定子槽内绝缘纸或竹楔凸出槽口外，致使转子与其摩擦，这时声音的特点是既尖又高。

（2）电磁噪声

1）转子和定子长度配合不好。转子长度指从一个轴承到另一个轴承的距离，定子长度指从一个轴承室到另一个轴承室的距离。正常情况下，定子长度比转子长度略长，如相差太多，则会出现一种低沉的"嗡嗡"声（又称空声）。

2）转子轴向移位。转子轴向移位也可能引发电磁噪声，并且会造成空载电流增大，从而使电动机的电磁性能降低。

3）定子、转子槽数配合不当。定子、转子槽数配合不当是因为在装配过程中，误装了另外的转子。

4）定子、转子间气隙不均匀。引起定子、转子间气隙不均匀的原因可能是定子、转子圆度误差过大，也可能是轴有轻微的弯曲等。

此外，电动机绕组断相、匝间短路、相间短路、过载运行等，均能引起电磁噪声。

6. 电动机温升过高或绕组烧毁

正、反转的次数过于频繁，会使电动机经常工作在启动状态下，从而引起温升过高甚至烧毁绕组。此外，其他常见的原因有被驱动的机械卡住，周围环境温度过高（环境温度超过 40 ℃），传动带过紧，电磁部分出现故障，电源电压过高或过低，电动机端部线圈间的间隙及铁芯通风孔堵塞，风扇叶损坏等。

7. 定子绕组接地

（1）故障原因

1）定子绕组受潮。

2）电动机绝缘老化（枯焦、龟裂、酥脆等）。

3）在槽壁或线圈表面上落有磁性物质（如铁屑等），经过一段时间的运行，在磁性物质处往往产生钻孔现象，使绝缘击穿而短路或接地。

4）定子绕组在槽内松动或绑扎不良，使绝缘磨损或折断。

5）定子铁芯转动，导致电动机引线与外壳接地或短路。

（2）检查方法

1）冒烟法。对于接地定子绕组，在铁芯与定子绕组之间加以较低电压，并用调压器调节，限制电流在 5 A 以内，以防烧损定子铁芯。当电流通过接地点时，在故障处产生热量,定子绕组绝缘会冒烟,甚至产生火花,从而发现故障点。

2)电流定向法。将故障的一相首端和尾端相连,接入被测电路,如图 2-6-6a 所示,绕组内的电流方向如图 2-6-6b 所示。两电流一同流向接地点,在槽顶放一个小磁针,逐槽移动,小磁针改变方向的地点,就是接地点所在槽。再使小磁针顺着此槽作轴向移动,小磁针在故障点又会改变方向,此处即为接地点。

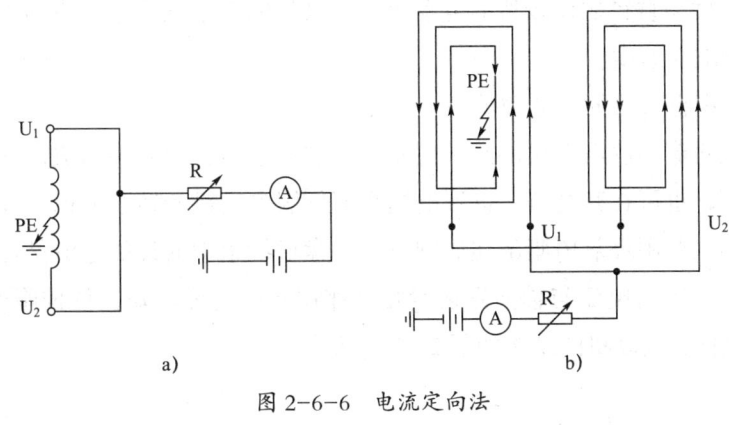

图 2-6-6 电流定向法

a)电流定向法电路图 b)绕组内的电流方向

第七节 控制电机

一、伺服电动机

伺服电动机又称执行电动机,是控制电机的一种。伺服电动机可以把输入的电压信号变换成电动机轴上的角位移、角速度等机械信号输出。伺服电动机按其使用的电源性质来分,可分为直流伺服电动机和交流伺服电动机两大类。

伺服电动机在控制系统中一般用作执行器件。

1. 直流伺服电动机

直流伺服电动机的控制电压为直流电压,根据其功能可分为普通型直流伺服电动机、盘形电枢直流伺服电动机、空心杯电枢直流伺服电动机、无槽电枢直流伺服电动机等。

(1)普通型直流伺服电动机

普通型直流伺服电动机的结构和普通他励直流电动机相同,由定子与转子两部分组成。普通型直流伺服电动机按励磁方式分为电磁式和永磁式两种。电磁式定子磁极上装有励磁绕组;永磁式定子上装有永久磁铁制成的磁极,不需要励磁绕组和励磁电源,结构简单。转子铁芯由硅钢片冲制叠压而成,外圆有槽,用于嵌放电枢绕组。一般电枢铁芯长度与直径之比较普通电动机大,其目的在于减小电动机的飞轮转矩,以提高电动机的响应速度。

(2)盘形电枢直流伺服电动机

盘形电枢直流伺服电动机的定子由永久磁铁和前后铁轭共同组成,磁铁可以在圆盘电枢的一侧,也可在其两侧。盘形电枢直流伺服电动机的转子电枢由线圈沿转轴的径向圆周排列,并用环氧树脂浇注成圆盘形。盘形绕组中通过的电流是径向电流,而磁通量为轴向,径向电流与轴向磁通量相互作用产生电磁转矩,使伺服电动机旋转。盘形电枢直流伺服电动机的结构如图 2-7-1 所示。

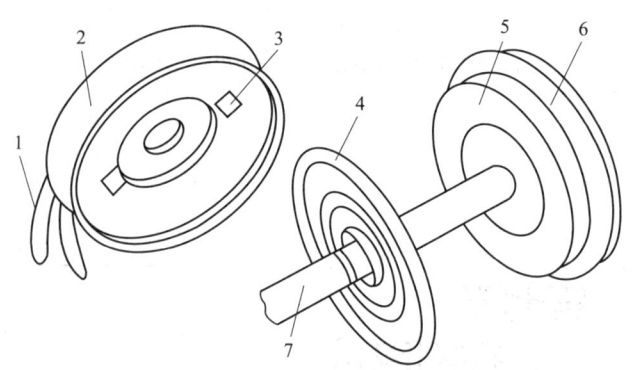

图 2-7-1　盘形电枢直流伺服电动机的结构
1—引线　2—前盖　3—电刷　4—盘形电枢　5—磁铁　6—后盖　7—轴

(3)空心杯电枢直流伺服电动机

空心杯电枢直流伺服电动机有两个定子,即一个由软磁材料构成的内定子和一个由永磁材料构成的外定子。外定子产生磁通量,内定子主要起导磁作用。空心杯电枢直流伺服电动机的转子由单个成型线圈沿轴向排列成空心杯形,并用环氧树脂浇注成型。空心杯电枢直接装在转轴上,在内、外定子间的气隙中旋转。空心杯电枢直流伺服电动机的结构如图 2-7-2 所示。

(4)无槽电枢直流伺服电动机

无槽电枢直流伺服电动机与普通型直流伺服电动机的区别是无槽电枢直流伺服电动机的转子铁芯上不开元件槽,电枢绕组元件直接放在铁芯的外表面,然后用环氧树脂浇注成型。无槽电枢直流伺服电动机的结构如图 2-7-3 所示。

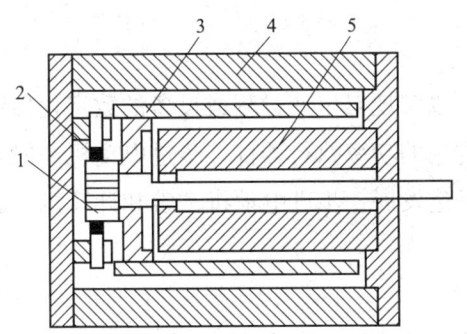 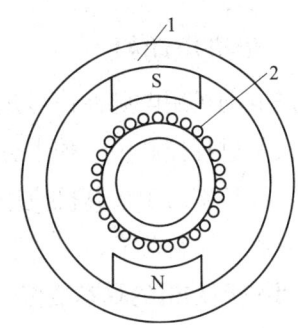

图 2-7-2 空心杯电枢直流伺服电动机的结构　　图 2-7-3 无槽电枢直流伺服电动机的结构
1—换向器　2—电刷　3—空心杯电枢　4—外定子　5—内定子　　　　1—定子　2—电枢绕组

与普通型直流伺服电动机相比，后三种直流伺服电动机由于转动惯量小、电枢等效电感小，因此，它们的动态特性较好，适用于快速系统。

2. 交流伺服电动机

交流伺服电动机一般为两相交流电动机，由定子和转子两部分组成，其转子有笼型和杯型两种。无论是哪一种转子，电阻都比较大，其目的是使转子在转动时产生制动转矩，使它在控制绕组不加电压时能及时制动，防止自转。交流伺服电动机的定子为两相绕组，并在空间相差90°电角度。两个定子绕组的结构完全相同，使用时，一个绕组作励磁绕组用，另一个绕组作控制绕组用，如图 2-7-4 所示。图 2-7-5 所示为交流伺服电动机的工作原理，其中 $\dot{u}_f$ 为励磁电压，$\dot{u}_c$ 为控制电压，这两个电压均为交流电压，相位互差90°。当励磁绕组和控制绕组均加相位互差90°电角度的交流电压时，即在空间形成圆形旋转磁场（控制电压和励磁电压的幅值相等）或椭圆形旋转磁场（控制电压和励磁电压的幅值不等），转子在旋转磁场的作用下旋转。当控制电压和励磁电压的幅值相等时，控制两者的相位差也能产生旋转磁场。

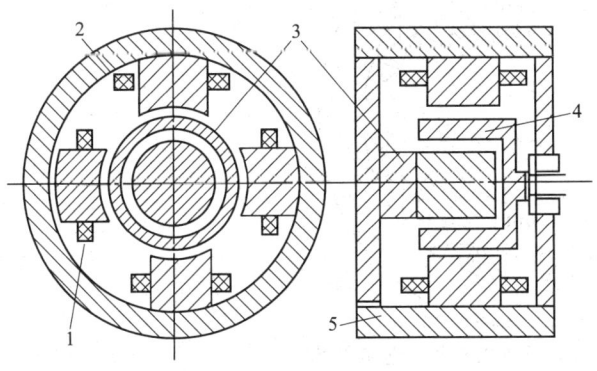 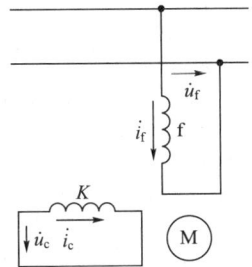

图 2-7-4 交流伺服电动机的结构　　图 2-7-5 交流伺服电动机的工作原理
1—励磁绕组　2—控制绕组　3—内定子　4—转子　5—外定子

二、步进电动机

步进电动机用电脉冲信号进行控制,以实现对生产过程或设备的数字化控制。步进电动机是过程控制中一种十分重要和常用的功率执行器件。步进电动机一般采用开环控制。近年来由于计算机应用技术的迅速发展,步进电动机常常和计算机一起组成高精度的数字控制系统。

1. 步进电动机的基本结构

步进电动机根据作用原理和结构不同,可分为以下两大类。

(1)反应式步进电动机:仅电磁作用不能使电动机的转子步进运行,必须加上相应的机械部件,才能产生步进的效果。

(2)电磁式步进电动机:电动机的定子和转子之间仅靠电磁作用就可以产生步进作用。

其中反应式步进电动机应用比较广泛,结构也较简单,这里着重分析这类电动机。

步进电动机主要由定子和转子两部分构成,它们均由磁性材料构成。反应式步进电动机又称磁阻式步进电动机,其基本结构如图2-7-6所示。这是一台四相电动机,定子铁芯由硅钢片叠成,定子上有8个磁极(大齿),每个磁极上又有许多小齿。四相反应式步进电动机共有4套定子控制绕组,绕在径向相对的两个磁极上的一套绕组为一相。转子也是由叠片铁芯构成,沿圆周有很多小齿,转子上没有绕组。根据工作要求,定子磁极上小齿的齿距和转子上小齿的齿距必须相等,而且转子的齿数有一定的限制。本例中转子齿数为50个,定子的每个磁极上小齿数为5个。

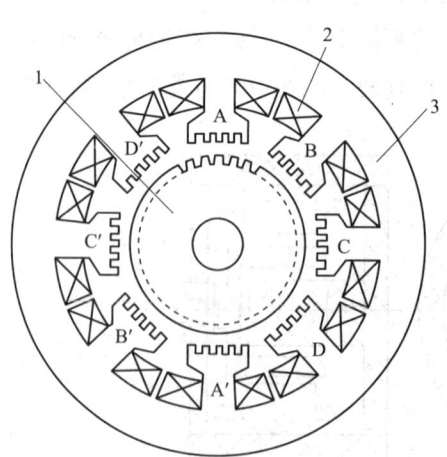

图2-7-6 反应式步进电动机的基本结构
1—转子铁芯 2—定子控制绕组 3—定子铁芯

2. 步进电动机的工作原理

反应式步进电动机是利用凸极转子横轴磁阻与直轴磁阻之差所引起的反应转矩

转动的。图 2-7-7 所示为一台三相反应式步进电动机工作原理,其中定子有 3 对 6 个极,不带小齿,每两个相对的极上绕有一相控制绕组;转子只有 4 个齿,其齿宽等于定子的极靴宽。

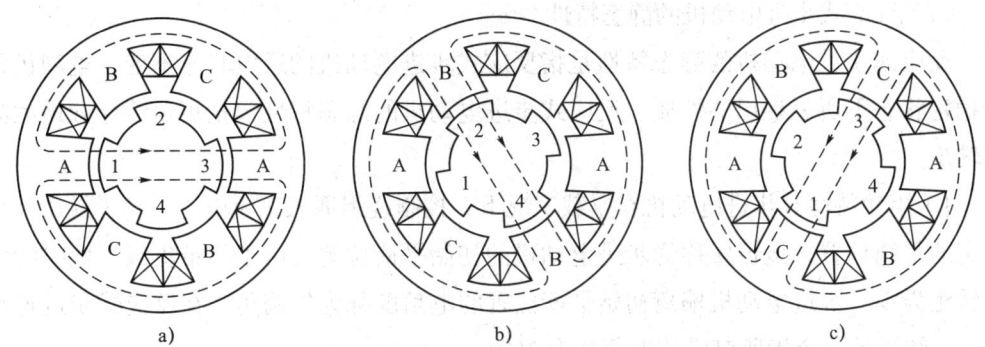

图 2-7-7 三相反应式步进电动机工作原理
a) A 相通电 b) B 相通电 c) C 相通电

当 A 相控制绕组通电,而 B 相和 C 相都不通电时,由于磁通量具有尽力走磁阻最小路径的特点,因此,转子齿 1 和 3 的轴线与定子 A 极轴线对齐,如图 2-7-7a 所示。同理,当断开 A 相接通 B 相时,转子便按逆时针方向转过 30°,使转子齿 2 和 4 的轴线与定子 B 极轴线对齐,如图 2-7-7b 所示。断开 B 相,接通 C 相,则转子再转过 30°,使转子齿 1 和 3 的轴线与 C 极轴线对齐,如图 2-7-7c 所示。如此即按 A→B→C→A→…的顺序不断接通和分断控制绕组,转子就会一步一步地按逆时针方向连续转动。步进电动机的转速取决于各控制绕组通电和断电的频率(即输入的脉冲频率),其旋转方向取决于控制绕组轮流通电的顺序。如上述电动机通电次序改为 A→C→B→A→…,则电动机转向相反,变为按顺时针方向转动。这种按 A→B→C→A→…方式的运行,称为三相单三拍运行。"三相"是指此步进电动机具有三相定子绕组;"单"是指每次只有一相绕组通电;"三拍"是指三次换接为一个循环,第四次换接重复第一次的情况。除了这种运行方式外,三相步进电动机还可以实现三相双三拍运行和三相单六拍运行。

步进电动机每输入一个脉冲电信号,转子转过的角度称为步距角,用字母 θ 表示。步进电动机的步距角 θ_{se} 与相数 m、转子齿数 Z、通电方式 C 有关,其关系为

$$\theta_{se}=\frac{360°}{mZC} \quad (2\text{-}7\text{-}1)$$

当采用单三拍或双三拍方式运行时,$C=1$;当采用单、双六拍方式运行时,$C=2$。步进电动机的转速为

$$n=\frac{60f}{mZC} \quad (2\text{-}7\text{-}2)$$

式中　f——步进电动机每秒的拍数（或每秒的步数），又称步进电动机的通电脉冲频率。

3. 反应式步进电动机的运行特性

（1）反应式步进电动机的静态特性

反应式步进电动机的静态特性是指反应式步进电动机的通电状态不变，电动机处于稳定状态下所表现出的性质。反应式步进电动机的静态特性包括矩角特性和最大静态转矩。

1）矩角特性。步进电动机在空载工况下，控制绕组通入直流电流，转子最后处于稳定的平衡位置，该位置称为步进电动机的初始平衡位置。由于不带负载，此时的电磁转矩为零。步进电动机偏离初始平衡位置的电角度称为失调角。在反应式步进电动机中，转子的一个齿所对应的电角度为360°。

反应式步进电动机的矩角特性是指在不改变通电状态的条件下，反应式步进电动机的静态转矩与失调角之间的关系。矩角特性用 $T=f(\theta)$ 表示，其正方向取失调角增大的方向。矩角特性可通过式（2-7-3）计算，即

$$T=-kI^2\sin\theta \quad (2\text{-}7\text{-}3)$$

式中　k——转矩常数；

　　　I——控制电流；

　　　θ——失调角。

2）最大静态转矩。矩角特性中，静态转矩的最大值称为最大静态转矩。当 $\theta=\pm\pi/2$ 时，T 取最大值 T_{sm}，最大静态转矩 $T_{sm}=kI^2$。

（2）反应式步进电动机的动态特性

反应式步进电动机的动态特性是指反应式步进电动机从一种通电状态转换到另一种通电状态所表现出的性质。动态特性包括动稳定区、启动转矩、启动频率、频率特性等。

1）动稳定区。反应式步进电动机的动稳定区是指反应式步进电动机从一个稳定状态切换到另一个稳定状态而不失步的区域。空载稳定区为

$$-\pi+\theta_{se}<\theta<\pi+\theta_{se}$$

稳定区边界到初始平衡点的角度称为稳定裕度角，用 θ_r 表示。稳定裕度角与步距角 θ_{se} 之间的关系为

$$\theta_r=\pi-\theta_{se}=\frac{\pi}{mC}(mC-2) \quad (2\text{-}7\text{-}4)$$

稳定裕度角越大，反应式步进电动机运行越稳定。当稳定裕度角趋于零时，电动机不能稳定工作。步距角越大，稳定裕度角越小。

2）启动转矩。理论分析表明，反应式步进电动机的最大启动转矩与最大静态转矩之间有如下关系，即

$$T_{st}=T_{sm}\cos\frac{\pi}{mC} \quad (2-7-5)$$

式中　T_{st}——最大启动转矩。

当负载转矩处于最大启动转矩时，反应式步进电动机不能启动。

3）启动频率。反应式步进电动机的启动频率是指在一定负载条件下，电动机能够不失步启动的最高脉冲频率。影响启动频率的因素如下。

①启动频率f_{st}与反应式步进电动机的步距角θ_{se}有关。步距角越小，启动频率越高。

②反应式步进电动机的最大静态转矩越大，启动频率越高。

③转子齿数多，步距角小，启动频率就高。

④电路时间常数增大，启动频率降低。

在实际生产中，要想增大启动频率，可增大启动电流或减小电路的时间常数。

4）频率特性。步进电动机的主要性能指标是频率特性曲线，又称启动速度力矩曲线。步进电动机频率特性曲线的纵坐标为转动力矩，用T表示；横坐标为转动频率，用f表示。根据一个反应式步进电动机的频率及其对应转动力矩所作出的曲线，即为反应式步进电动机的频率特性曲线。典型的反应式步进电动机频率特性曲线如图2-7-8所示，可以看出，反应式步进电动机的转矩随频率的增大而减小。反应式步进电动机的频率特性曲线和许多因素有关，这些因素包括反应式步进电动机的转子直径，转子铁芯的有效长度、齿数、齿形、齿槽比，反应式步进电动机内部的磁路、绕组的绕线方式、定转子间的气隙、控制线路的电压等。很明显，其中有的因素是在反应式步进电动机制造时已确定的，不能改变；但有些因素是可以改变的，如控制方式、绕组工作电压、电路时间常数等。

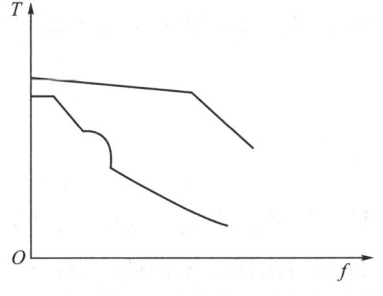

图2-7-8　典型的反应式步进电动机频率特性曲线

4. 驱动电源

步进电动机的驱动电源与步进电动机是一个相互联系的整体，步进电动机的性能

是由电动机和驱动电源相配合反映出来的，因此，步进电动机的驱动电源在步进电动机使用中占有相当重要的位置。

（1）对驱动电源的基本要求

步进电动机的驱动电源应满足下面几项要求。

1）驱动电源的相数、通电方式、电压和电流都应满足步进电动机的控制要求。

2）驱动电源要满足启动频率和运行频率的要求，能在较宽的频率范围内实现对步进电动机的控制。

3）应能抑制步进电动机的振荡。

4）工作可靠，对工业现场的各种干扰有较强的抑制作用。

（2）步进电动机驱动电源的组成

步进电动机驱动电源的组成框图如图 2-7-9 所示，其主要由变频脉冲信号源、脉冲分配器和脉冲放大器（又称功率放大器）等组成，各部分功能如下。

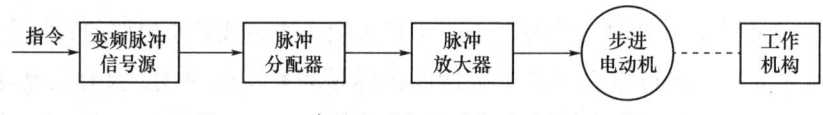

图 2-7-9　步进电动机驱动电源的组成框图

1）变频脉冲信号源。变频脉冲信号源是一个脉冲频率由几赫兹到几十千赫兹可连续变化的脉冲信号发生器。

2）脉冲分配器。脉冲分配器是决定步进电动机定子绕组通电顺序和电动机转速的电路。

3）脉冲放大器。脉冲分配器输出的脉冲信号必须经过脉冲放大器进行功率放大，才能作为励磁电流提供给步进电动机定子绕组。

三、测速发电机

测速发电机是机械转速测量装置，它的输入量是转速，输出量是与转速成正比的电压信号。根据输出电压的不同，测速发电机有直流测速发电机和交流测速发电机两种。

1. 直流测速发电机

（1）工作原理

直流测速发电机实际上是一种微型直流发电机，它的工作原理与一般直流发电机相同。在恒定的磁场 Φ 中，外部的机械转轴带动电枢以转速 n 旋转，电枢绕组切割磁场，从而在电刷间产生感应电动势，即

$$E_a = C_e \Phi n \tag{2-7-6}$$

式中　E_a——电枢感应电动势；

C_e——电动势常数；

$\varPhi$——磁通量；

n——转速。

当接负载时，根据电压平衡，输出电压

$$U_2 = \frac{E_a}{1+\frac{R_a}{R_L}} = \frac{R_L C_e \varPhi}{R_L + R_a} n = Cn \qquad (2\text{-}7\text{-}7)$$

式中　C——测速发电机输出特性的斜率，$C = \frac{R_L C_e \varPhi}{R_L + R_a}$；

R_a——电枢电阻；

R_L——负载电阻。

可以看出，只要保持 $\varPhi$、C_e、R_a、R_L 都不变，输出电压 U_2 与转速 n 成线性关系。对于不同的负载 R_L，输出特性的斜率 C 不同。负载电阻越小，斜率 C 越小。

（2）直流测速发电机的误差及减小误差的方法

直流测速发电机的输出电压与转速严格保持正比关系，这在实际中是很难做到的，实际的输出特性是非线性的。造成这种误差主要有以下3个原因。

1）电枢反应的影响。直流测速发电机负载时，电枢电流会产生电枢反应，电枢反应的去磁作用使气隙磁通量减小。根据输出电压与转速的关系式可知，气隙磁通量减小，输出电压减小，从输出特性看，斜率 C 减小。而电枢电流越大，电枢反应去磁作用就越显著，输出特性斜率 C 的减小就越明显，输出特性直线变为曲线。

2）电刷接触电阻的影响。电刷接触电阻为非线性电阻，当直流测速发电机的转速低且输出电压低时，电刷接触电阻较大，其压降在总电枢电压中所占比重大，实际输出电压就较小；而当转速升高时，电刷接触电阻变小，其压降也变小。因此，在低转速时，由于接触电阻的非线性影响，转速与电压间有一个不灵敏区。

3）脉动的影响。由于换向片数量有限，实际输出电压是一个脉动直流。虽然脉动分量在整个输出电压中所占比例不大（高速时为1%左右），但对高精度系统是不允许的。为消除脉动影响，可在电压输出电路中加入滤波电路。

2. 交流测速发电机

交流测速发电机分为同步测速发电机和异步测速发电机两种。

同步测速发电机的输出频率和电压幅值均随转速的变化而变化，因此，一般作为指针式转速计，很少用于控制系统中的转速测量。异步测速发电机的输出电压频率与励磁电压频率相同，且与转速无关，其输出电压与转速 n 成正比，因此，异步测速发电机在控制系统中得到广泛应用。

（1）空心杯测速发电机的工作原理

异步测速发电机分为笼型和空心杯型两种。笼型测速发电机不及空心杯测速发电机的测量精度高，而且空心杯测速发电机转动惯量小，适合快速系统，因此目前应用比较广泛的是空心杯测速发电机。

空心杯测速发电机的结构与空心杯伺服电动机的结构基本相同。空心杯测速发电机定子上也有两个在空间上相互差90°电角度的绕组，一个绕组加恒频恒压交流电源，使其作为励磁绕组，产生励磁磁通量；另一个绕组作为输出绕组，输出与励磁电源同频率、幅值与转速成正比的交流电压。如图2-7-10所示，空心杯测速发电机的转子呈空心杯形，用电阻率较大的非磁性材料制成，其目的是获得线性较好的输出电压。

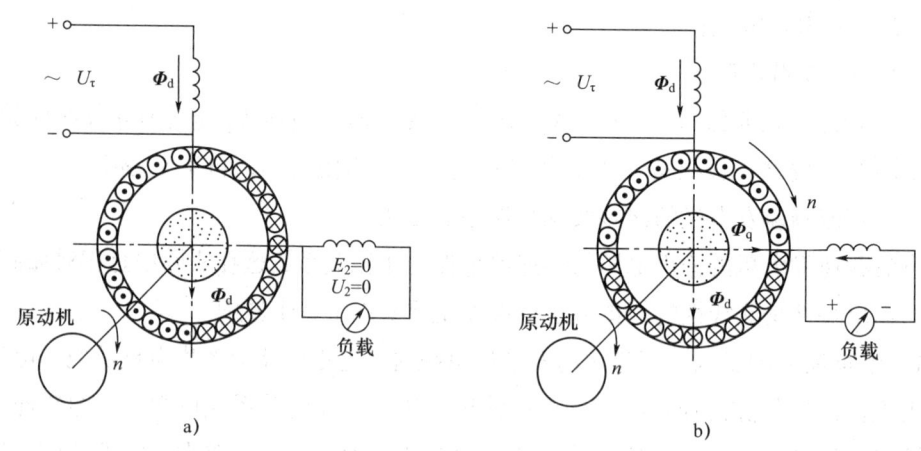

图2-7-10 空心杯测速发电机的工作原理
a）产生励磁磁通量 b）产生输出电压

发电机励磁绕组中加入恒频恒压的励磁电压时，励磁绕组中有励磁电流流过，产生与电源同频的脉动磁动势和脉动磁通量。脉动磁动势和脉动磁通量在励磁绕组的轴线方向上脉动，分别称为直轴磁动势和直轴磁通量。发电机转子和输出绕组中的电动势及由此产生的反磁动势，根据发电机的转速可分为以下两种情况。

1）$n=0$时发电机不转。当转速$n=0$时，转子中的电动势为变压器性质的电动势，该电动势产生的转子磁动势性质和励磁磁动势性质相同，均为直轴磁动势。输出绕组与励磁绕组在空间位置上相差90°电角度，因此，不产生感应电动势，输出电压$U_2=0$。

2）$n\neq0$时发电机旋转。当转子转动时，切割脉动磁动势Φ_d，产生切割电动势$E_\tau=C_\tau\Phi_d n$（C_τ为转子电动势常数）。可见，转子电动势的幅值与转速成正比。转子电动势方向可用右手定则判断。

转子中的感应电动势在空心杯转子中产生短路电流，由于转子漏抗的影响，转子电流滞后转子感应电动势一定的电角度。短路电流产生脉动磁动势，转子的脉动磁动势可分解为直轴磁动势和交轴磁动势。直轴磁动势将影响励磁磁动势，并使励磁电流发生变化；交轴磁动势产生交轴磁通量，与输出绕组交联，感应出频率与励磁频率相同、幅值与交轴磁通量成正比的感应电动势。

由此可知，输出绕组的感应电动势正比于空心杯测速发电机的转速，其频率为励磁电源频率。

（2）误差分析

异步测速发电机的主要误差包括幅值、相位误差和剩余电压误差。

1）幅值及相位误差。由于输出电压除与转速有关外，还与脉动磁通量有关，因此，若想输出电压严格正比于转速 n，则脉动磁通量应保持为常数。当励磁电压为常数时，由于励磁绕组存在漏抗，因此，励磁绕组电动势与外加励磁电压有一个相位差，随着转速的变化，脉动磁通量和相位均发生变化，进而造成输出电压的误差。为了减小该误差，可增大转子电阻。

2）剩余电压误差。由于加工、装配过程中存在机械上的不对称及定子磁性材料性能的不一致，因此，异步测速发电机转速为零时，实际输出电压并不为零，此时的电压称为剩余电压，剩余电压引起的误差称为剩余电压误差。为了减小剩余电压误差，可选择高质量且各方向特性一致的磁性材料，在机加工和装配过程中提高精度及装配补偿绕组。

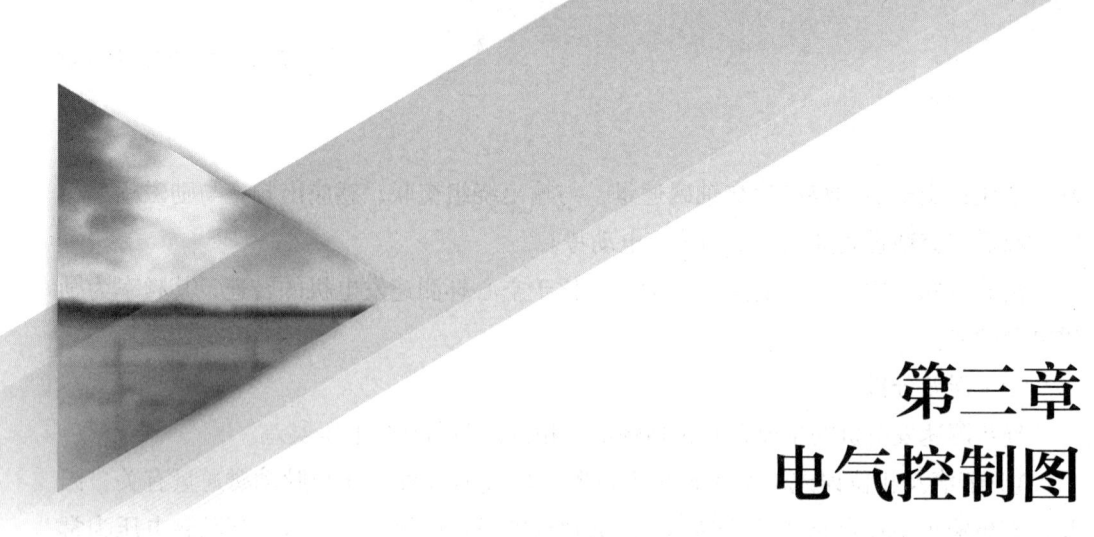

第三章 电气控制图

第一节 电气控制图的分类

电气控制图一般有三种：电气原理图、电气布置图、安装接线图。

一、电气原理图

1. 电气原理图的组成

电气原理图由主电路和辅助电路两部分组成。主电路是电气控制线路中大电流通过的部分，包括电源、电机、传动装置。辅助电路是控制线路中除主电路以外的电路，其流过的电流比较小，包括控制电路、照明电路、信号电路和保护电路。

2. 电气原理图的绘制

为便于阅读和分析控制线路，电气原理图应按照结构简单、层次分明的原则，采用电气元件展开形式绘制。它应包括所有电气元件的导电部件和接线端子，但并不需按照电气元件的实际布置位置来绘制，也不需反映电气元件的实际大小。

电气原理图中，所有电气元件都应采用国家标准《电气简图用图形符号》（GB/T 4728）中统一规定的图形符号和文字符号表示。

电气原理图中，电气元件的布局应按便于阅读的原则安排。主电路安排在图面左侧，辅助电路安排在图面右侧。无论是主电路还是辅助电路，均按功能布置，尽可能按动作顺序从左到右排列。

电气原理图中，当同一个电气元件的不同部件（如线圈、触点）分散在不同位置时，为了表示是同一个元件，要在电气元件的不同部位处标注统一的文字符号。对于同类器件，要在其文字符号后加数字序号来区别。例如，两个接触器，可用 KM_1、KM_2 文字符号区别。

电气原理图中，所有电器的可动部分均按没有通电或没有外力作用时的状态绘制。对于继电器、接触器的触点，按其线圈不通电时的状态绘制；控制器按手柄处于"零"位时的状态绘制；对于按钮、行程开关等触点，按未受外力作用时的状态绘制。

电气原理图中，应尽量减少或避免线条交叉。各导线之间有电联系时，在导线交点处画实心圆点。

二、电气布置图

电气布置图用于详细表明电气原理图中各电气设备、元器件的实际安装位置，为电气控制设备的制造、安装、维修提供必要的资料。电气布置图需要指示每个电气部件（如操纵箱、空调、接线盒、开关等）在设备上的具体位置（由机械设计人员与电气设计人员共同制作）。

三、安装接线图

安装接线图用于表明电气设备或装置之间的接线关系，清楚地表明电气设备外部元件的相对位置及它们之间的电气连接关系，是实际安装布线的依据。安装接线图主要用于电器的安装接线、线路检查、线路维修和故障处理，通常安装接线图与电气原理图、电气布置图一起使用。

主电路和控制电路为电气控制电路的主要部分。主电路一般为执行元件及其附加元件所在的电路；控制电路为控制元件和信号元件所组成的电路，主要用来控制主电路工作。

第二节 电气原理图的查线看图法

看电气原理图的一般方法是先看主电路，再看辅助电路，并用辅助电路的各支路去研究主电路的控制程序。

阅读和分析电气原理图的方法主要有两种：查线看图法（直接看图法或跟踪追击法）和逻辑代数法（间接读图法）。本节重点介绍查线看图法，通过对某个具体电气控制电路的剖析，学习阅读和分析电气控制电路的方法。

一、看主电路的步骤

1. 看清主电路中的用电设备

用电设备是指消耗电能的用电器具或电气设备，如电动机、电弧炉等。看图首先要看清楚有几个用电设备，以及它们的类别、用途、接线方式和一些不同要求等。

图 3-2-1 所示为电动机电气原理图中的线号标记，其中用电设备就是两台电动机 M_1、M_2。以电动机为例，应了解下列内容。

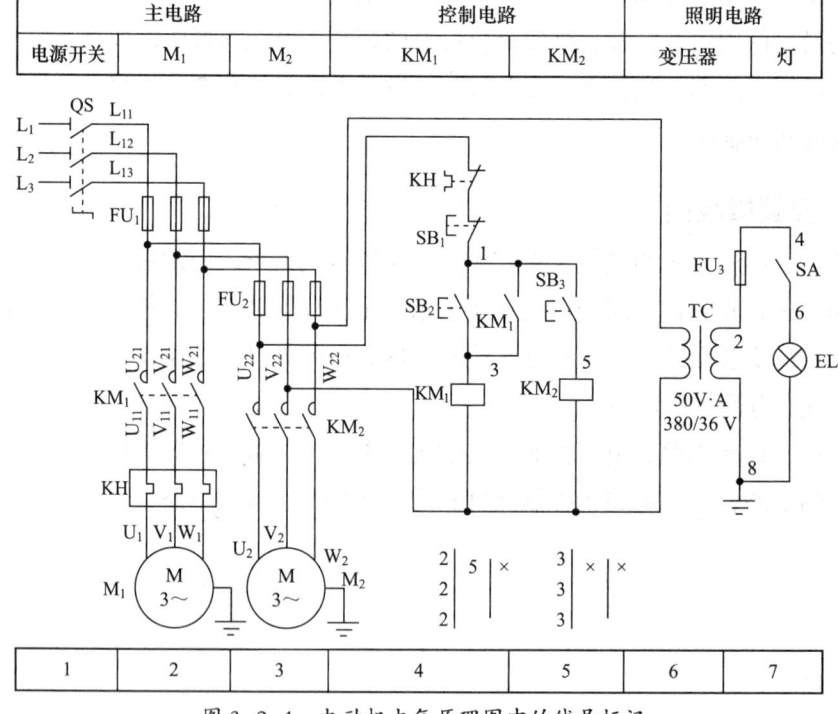

图 3-2-1　电动机电气原理图中的线号标记

M_1—油泵电动机　M_2—工作台快速移动电动机　KM_1，KM_2—交流接触器　SB_1—停止按钮　SB_2，SB_3—启动按钮　QS—电源开关　KH—热继电器　FU_1，FU_2，FU_3—熔断器　TC—控制与照明变压器　EL—照明灯　SA—照明灯控制开关

（1）类别

电动机可分为交流电动机（感应电动机、同步电动机）、直流电动机等。一般生产机械中所用的电动机以笼型感应电动机为主。

（2）用途

有的电动机用于带动油泵或水泵，有的用于带动塔轮并将动力再传到机械上，如台钻、传动脱谷机、碾米机、铡草机等。

（3）接线

有的电动机是 Y（星）形接线或 Y-Y（双星）形接线，有的电动机是 △（三角）形接线，有的电动机是 Y-△（星-三角）形（即 Y 形启动、△ 形运行）接线。

（4）运行要求

有的电动机要求始终一个速度；有的电动机则要求具有两种速度（低速和高速）；有的电动机是多速运转的；也有的电动机有几种顺向转速（顺向做功）和一种反向转速（反向走空车）等。

对于启动方式、正反转、调速及制动的要求，各台电动机之间应通过控制电路来分析是否相互有制约的关系。

图 3-2-1 中有两台电动机 M_1 和 M_2。M_1 是油泵电动机，通过它带动高压油泵，再经液压传动系统使主轴做功；M_2 是工作台快速移动电动机。两台电动机均为 Y 形接法。

2. 弄清楚用电设备所对应的电气控制元件

控制电气设备的方法很多，有的直接用开关控制，有的用各种启动器控制，有的用接触器或继电器控制。图 3-2-1 中的电动机是用接触器控制的，当接触器 KM_1 得电吸合时，M_1 启动；当 KM_2 得电吸合时，M_2 启动。

3. 了解主电路中所用的控制电器及保护电器

控制电器是指除常规接触器以外的其他电气元件，如电源开关（转换开关及断路器）、万能转换开关等。保护电器是指短路保护器件及过载保护器件，应了解如断路器中电磁脱扣器及热过载脱扣器的规格，熔断器、热继电器及过电流继电器等元件的用途和规格。一般来说，对主电路进行如上内容的分析以后，即可分析辅助电路。

如图 3-2-1 所示，两条主电路中接有电源开关 QS、热继电器 KH 和熔断器 FU_1，分别对电动机 M_1 起过载保护和短路保护作用。FU_2 对电动机 M_2 和控制电路起短路保护作用。

4. 看电源

看电源主要包括了解电源电压等级，判断其是 380 V 还是 220 V，是从母线汇流排供电还是配电屏供电，又或是从发电机组接出来的。

一般生产机械所用电源通常均是三相、380 V、50 Hz 的交流电源，对需采用直流电源的设备，往往采用直流发电机或整流装置供电。随着电子技术的发展，特别是大功率整流管及晶闸管的出现，一般情况下都由整流装置来获得直流电。

如图 3-2-1 所示，电动机 M_1、M_2 的电源均为三相 380 V 的交流电源。主电路中一条支路的构成情况是三相电源 L_1、L_2、L_3 → 电源开关 QS → 熔断器 FU_1 → 接触器

KM$_1$→热继电器 KH →笼型感应电动机 M$_1$。另一条支路的构成情况是，熔断器 FU$_2$ 接在熔断器 FU$_1$ 端头 U$_{21}$、V$_{21}$、W$_{21}$ 上→接触器 KM$_2$→笼型感应电动机 M$_2$。

二、看辅助电路的步骤

由于生产机械设备具有各种不同的类型，它们对电力拖动也有各不相同的要求，表现在电路图上就是各不相同的辅助电路，因此，要说明如何分析辅助电路，就需要介绍如下方法和步骤。

分析辅助电路中的控制电路时，可根据主电路中各电动机和执行器件的控制要求，逐一找出控制电路中的控制环节，用基本控制电路的知识，将控制电路"化整为零"，按功能不同划分成若干个局部控制电路进行分析。如果控制电路较复杂，则可先排除照明、显示等与控制关系不密切的电路，以便集中精力分析控制电路。控制电路一定要分析透彻，分析控制电路的最基本的方法是查线看图法。

1. 看电源

看电源首先看清电源的种类，是交流的还是直流的。其次，要看清辅助电路的电源是从什么地方接来的，以及电源的电压等级。辅助电路的电源一般从主电路的两条相线上接来，其电压为单相交流 380 V；也有从主电路的一条相线和零线上接来，其电压为单相交流 220 V；此外，也可以从专用隔离电源变压器接出，电压有交流 127 V、110 V、36 V、6.3 V 等。变压器的一端应接地，各二次线圈的一端也应接在一起并接地。辅助电路为直流时，直流电源可从整流器、发电机组或放大器上接来，其电压一般为直流 24 V、12 V、6 V、4.5 V、3 V 等。辅助电路中的一切电气元件的线圈额定电压必须与辅助电路电源电压一致，否则，电压低时电气元件不动作，电压高时电气元件线圈会烧坏。图 3-2-1 中，辅助电路的电源是从主电路的两条相线上接来，其电压为单相交流 380 V。

2. 了解控制电路中所采用的各种继电器、接触器的用途

如果控制电路中采用了一些特殊结构的继电器，应了解它们的动作原理。只有这样，才能理解它们在电路中如何动作及具有何种用途。

3. 根据控制电路来研究主电路的动作情况

分析了上面这些内容，再结合主电路中的要求，即可分析控制电路的动作过程。

控制电路总是按动作顺序画在两条水平线或两条垂直线之间，因此，可从左到右或从上到下进行分析。复杂的辅助电路会在电路中构成一条大支路，这条大支路又分成几条独立的小支路，每条小支路控制一个用电设备或一个动作。当某条小支路形成闭合回路有电流流过时，在该小支路中的电气元件（接触器或继电器）会动作，使用电设备接入或切除电源。在控制电路中，一般是靠按钮或转换开关接通电路。对于控制电路的分析，必须随时结合主电路的动作要求进行，只有全面了解主电路对控制

电路的要求,才能真正掌握控制电路的动作原理。不可孤立看待各部分的动作原理,而应注意各个动作之间是否有互相制约的关系,如电动机正、反转之间应设有联锁等。在图 3-2-1 中,控制电路有两条支路,即接触器 KM_1 和 KM_2 支路,其动作过程如下。

(1) 合上电源开关 QS,主电路和辅助电路均有电压,辅助电路由导线 U_{22}、V_{22} 和 W_{22} 引出。

(2) 当按下启动按钮 SB_2 时,电流经线段 U_{22}→热继电器 KH→停止按钮 SB_1→启动按钮 SB_2→接触器 KM_1 线圈→导线 V_{22} 形成回路,使接触器 KM_1 得电吸合。KM_1 得电吸合后,其在主电路中的主触点闭合,使电动机 M_1 得电,开始运转。同理,按下启动按钮 SB_3,电动机 M_2 开始运转。

在启动按钮 SB_2 两端并接了一个接触器 KM_1 的辅助动合触点 KM_1(1 和 3)。其作用是,在松开启动按钮 SB_2 时,SB_2 触点断开,但由于此时 KM_1 已启动,其辅助动合触点 KM_1(1 和 3)已闭合,电流流经辅助触点 KM_1(1 和 3),电路不会因启动按钮 SB_2 的松开而失电,辅助触点 KM_1(1 和 3)起到自保持作用。对于接触器 KM_2,由于工作的要求,不需要自保持,因此,当 SB_3 松开,电动机 M_2 即停转。

(3) 停车只需要按下停止按钮 SB_1 即可。SB_1 串联在 KM_1 和 KM_2 电路中,按下停止按钮 SB_1 时,电路开路,接触器 KM_1、KM_2 失电释放,使主电路中的接触器主触点 KM_1、KM_2 断开,电动机失电。当再次启动时,必须重新按下启动按钮 SB_2、SB_3。

综上所述,电动机的启动由接触器或继电器控制,而接触器、继电器的吸合或释放则由开关或按钮控制。这种开关或按钮→接触器或继电器→电动机的控制形式,就是机械自动化的基本形式。

4. 研究电气元件之间的相互关系

电路中的一切电气元件都不是孤立存在的,而是相互联系、相互制约的。这种互相控制的关系有时表现在一条支路中,有时表现在几条支路中。图 3-2-1 所示电路比较简单,没有相互控制的电气元件,看图时可省略这一步。

5. 研究其他电气设备和电气元件

对于整流设备、照明灯等电气设备和电气元件,只要知道它们的线路走向、电路的来龙去脉即可。图 3-2-1 中 EL 是局部照明灯,TC 是提供 36 V 安全电压的 380/36 V 控制与照明变压器。照明灯开关 SA 闭合时,照明灯 EL 就会亮。

上面所介绍的看图方法和步骤,只是通用方法,只有通过对具体线路的分析,不断总结经验,才能提高看图能力。

三、查线看图法的要点

综上所述,电路图的查线看图法的要点如下。

1. 分析主电路

从主电路入手，根据每台电动机和执行器件的控制要求，分析各电动机和执行器件的控制内容。

2. 分析辅助电路

看辅助电路电源，弄清辅助电路中各电气元件的作用及其相互间的制约关系。

3. 分析联锁与保护环节

生产机械对于安全性、可靠性有很高的要求，要实现这些要求，除合理地选择拖动、控制方案以外，还应在控制电路中设置一系列电气保护和必要的电气联锁。在电气原理图的分析过程中，电气联锁与电气保护环节是一个重要内容，不能遗漏。

4. 分析特殊控制环节

某些控制电路还设置了一些与主电路、控制电路关系不密切、相对独立的特殊环节，如产品计数装置、自动检测系统、晶闸管触发电路、自动调温装置等。这些环节往往自成一个小系统，其看图分析的方法可参照上述分析过程，并灵活运用所学过的电子技术、变流技术、自控系统、检测与转换等知识逐一分析。

5. 总体检查

经过"化整为零"，逐步分析每一局部电路的工作原理及各部分之间的控制关系后，还必须用"集零为整"的方法，检查整个控制电路，看是否有遗漏。特别要从整体角度进一步检查和理解各控制环节之间的联系，以清楚地理解电路图中每个电气元件的作用、工作过程及主要参数。

第三节　互锁控制电路——接触器按钮正反转控制电路分析

在生产实践中，很多设备需要两个相反的运行方向，如主轴的正向转动或反向转动、机床工作台的前进或后退、起重机吊钩的上升或下降等，这就要求电动机能正转、反转运行。三相感应电动机可借助正转、反转接触器改变定子绕组电源相序来实现正转、反转运行。有些情况下，为确保正转、反转不会同时运行，需要设置互锁控制电路——接触器按钮正反转控制电路，如图 3-3-1 所示。

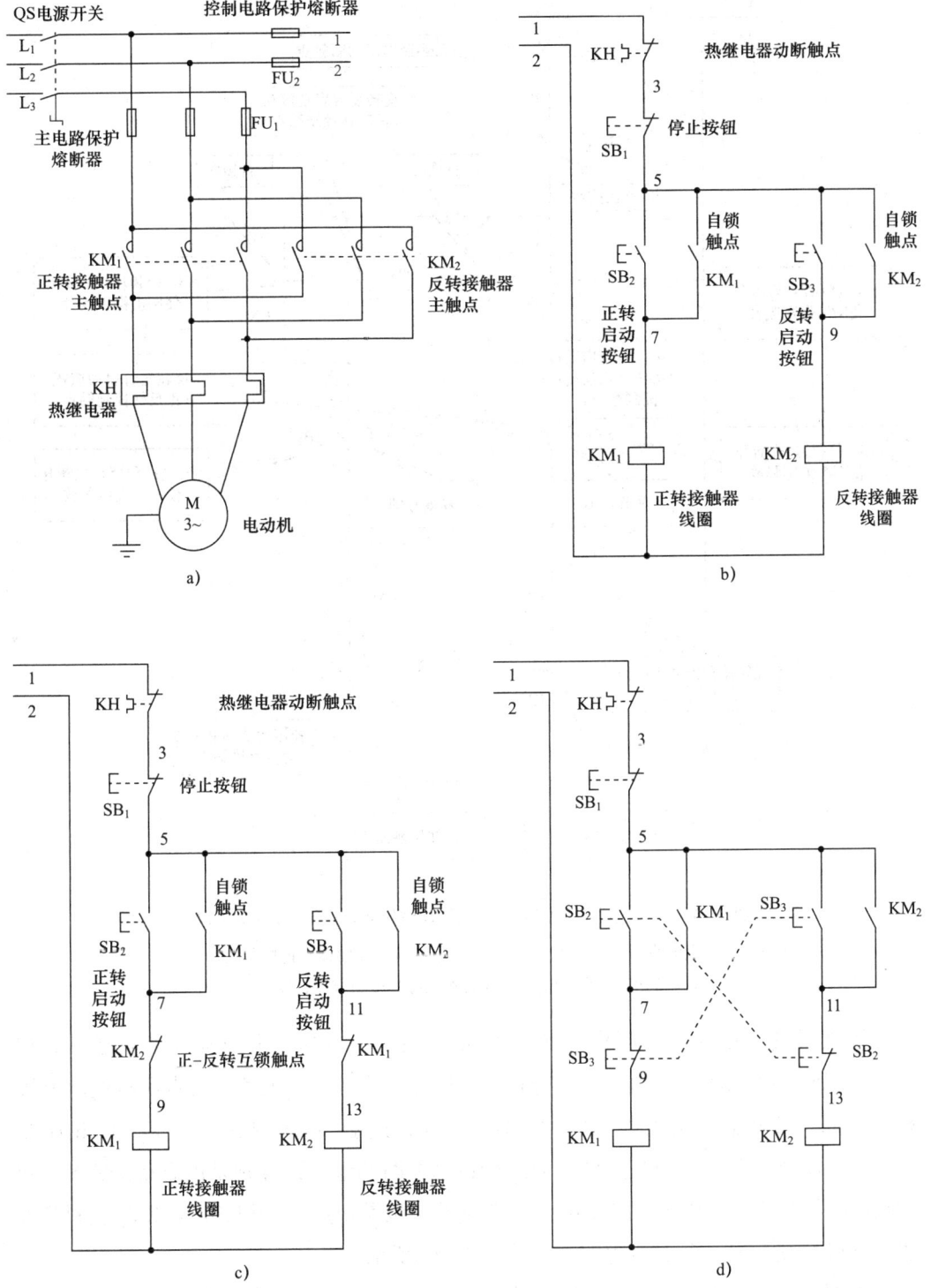

图 3-3-1 互锁控制电路——接触器按钮正反转控制电路

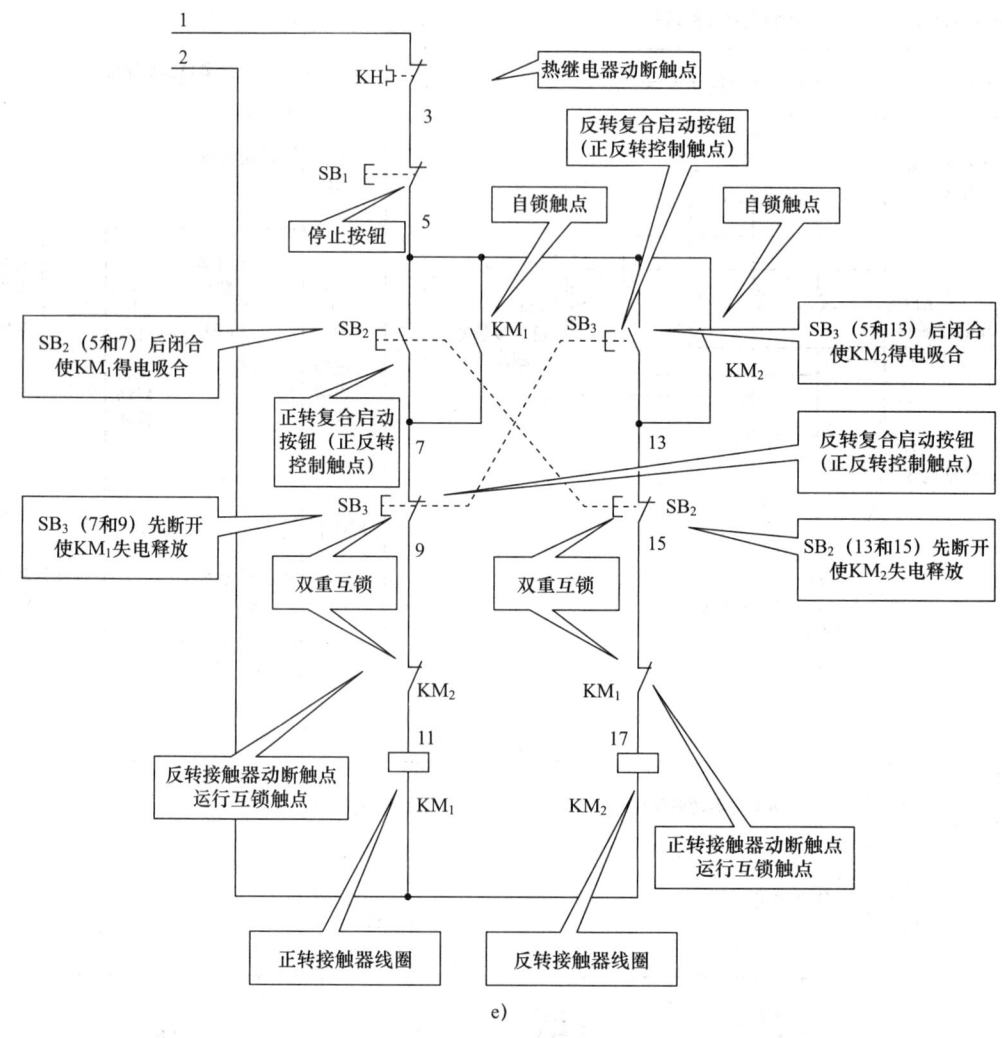

图 3-3-1 互锁控制电路——接触器按钮正反转控制电路（续）
a）主电路 b）无互锁功能的控制电路 c）接触器互锁控制电路
d）按钮互锁控制电路 e）接触器按钮双重互锁控制电路

接触器按钮正反转控制电路的主电路（见图 3-3-1a）采用两只接触器 KM_1 和 KM_2，分别控制电动机 M 的正转运行和反转运行。这两只接触器主触点所接通的电源相序不同，接触器 KM_1 按 L_1—L_2—L_3 相序接线，接触器 KM_2 则按 L_3—L_2—L_1 相序接线。这实质上是两个方向相反的单向运行控制电路的组合，分别是由启动按钮 SB_2 和 KM_1 线圈等组成电动机 M 的正转运行控制电路，以及由启动按钮 SB_3 与 KM_2 线圈等组成电动机 M 的反转运行控制电路，如图 3-3-1b 所示。

由图 3-3-1b 可看出，当按下正转启动按钮 SB_2 时，KM_1 得电吸合并自锁，其主触点闭合，接通正转相序电源，电动机 M 正向运行。但此时如果按下反转启动按钮 SB_3，则 KM_2 得电吸合，其主触点闭合，将接通反转相序电源。由于 KM_1 和 KM_2 同时得电吸合，它们的主触点同时闭合，将造成调相的两相（L_1、L_3）短路，因此，需要 M 反转时，必须先按下停止按钮 SB_1 使电动机 M 停转，然后才能按反转启动按钮 SB_3 使电动机反转启动。这样操作起来极不方便，且若直接操作反转启动按钮，则会发生两相短路故障，因此不能采用这种电路。

为了防止误操作，保证每次只允许一个接触器得电吸合，而另一个接触器不能得电吸合，两个接触器间需要有一种互锁关系，即互串对方接触器或复合启动按钮的动断触点。在 KM_2 线圈电路中串接 KM_1 的辅助动断触点或复合启动按钮 SB_2 的动断触点，在 KM_1 线圈电路中串接 KM_2 的辅助动断触点或 SB_3 的动断触点，分别如图 3-3-1 c、图 3-3-1 d 所示。

一、看图实践

1. 分析图 3-3-1c 所示电路

（1）正转启动（见图 3-3-2）

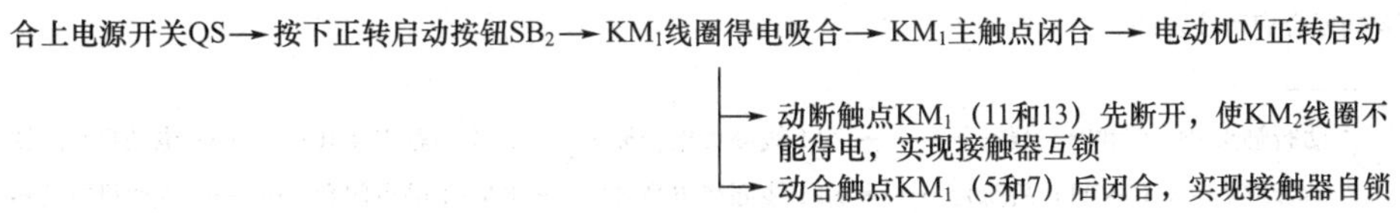

合上电源开关 QS → 按下正转启动按钮 SB_2 → KM_1 线圈得电吸合 → KM_1 主触点闭合 → 电动机 M 正转启动
　　　　　　　　　　　　　　　　　　　　　↳ 动断触点 KM_1（11 和 13）先断开，使 KM_2 线圈不能得电，实现接触器互锁
　　　　　　　　　　　　　　　　　　　　　↳ 动合触点 KM_1（5 和 7）后闭合，实现接触器自锁

图 3-3-2　图 3-3-1c 所示电路的正转启动

（2）反转启动（见图 3-3-3）

若需要电动机 M 反转，只有按下停止按钮 SB_1，使电动机 M 正转停止，再按下反转启动按钮 SB_3，才能使电动机 M 反转启动。

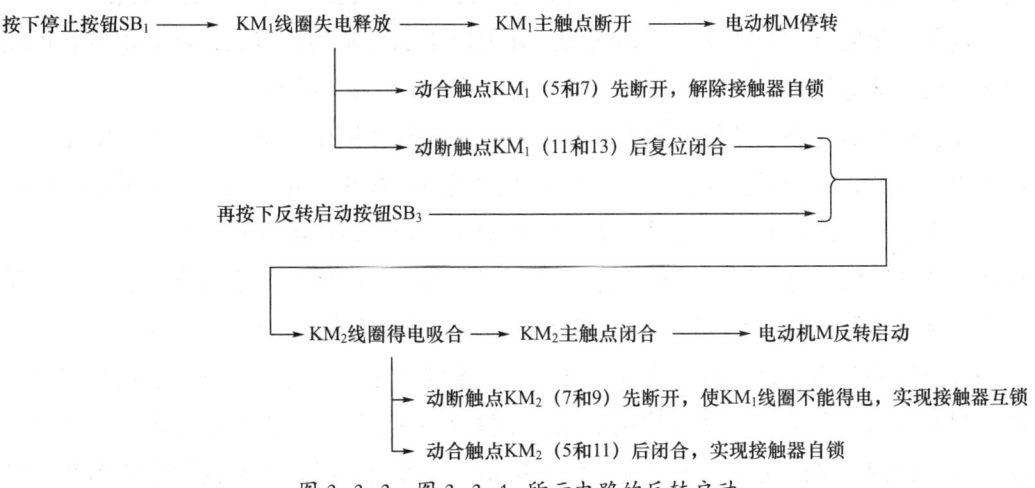

图 3-3-3　图 3-3-1c 所示电路的反转启动

这种利用接触器的辅助动断触点的联锁称为电气联锁或接触器联锁，其能有效防止由于误操作引起的相间短路故障。但是，该电路只能实现"正→停→反"控制或

"反→停→正"控制,要使电动机由正转变为反转(或由反转变为正转),必须先按下停止按钮 SB_1,才能再反转(或正转)启动,这样操作极不方便。

2. 分析图 3-3-1d 所示电路

(1)正转启动(见图 3-3-4)

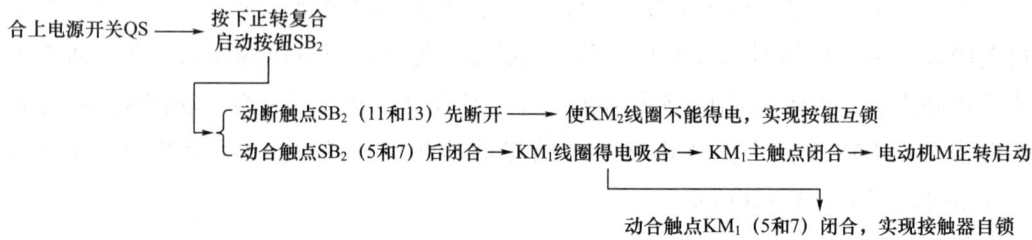

图 3-3-4　图 3-3-1d 所示电路的正转启动

(2)反转启动(见图 3-3-5)

若需电动机 M 反转,只需按下反转复合启动按钮 SB_3。

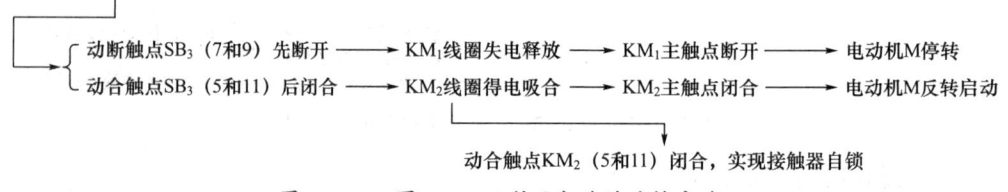

图 3-3-5　图 3-3-1d 所示电路的反转启动

此时要改变电动机的旋转方向,就不必再按停止按钮 SB_1,直接操作正转、反转复合启动按钮 SB_2、SB_3,就能实现电动机的正转、反转互换,使操作更为方便。

这种利用复合按钮的动合、动断触点在电路中相互制约的接法,称为机械联锁或按钮联锁。该电路能实现"正→反→停"或"反→正→停"控制。

复合按钮具有联锁功能,但工作不可靠。在实际使用中,由于短路或大电流的长期作用,因此,接触器主触点可能会被强烈的电弧烧焊在一起,或者当接触器的机构失灵,主触点不能断开时,若另一个接触器动作,则会造成电源短路事故。如果采用接触器的动断触点进行联锁,则不论什么原因,当一个接触器处于吸合状态,它的联锁动断触点必须将另一个接触器的线圈电路切断,从而避免事故的发生。

若把两种联锁结合起来,就可解决上述方案的不足。同时具有电气、机械双重联锁控制的电路,称为复合联锁控制电路,如图 3-3-1e 所示,它既能实现"正→停→反→停"控制,又能实现"正→反→停"控制。这种控制线路兼有接触器联锁和按钮联锁的优点,操作方便、安全可靠且反转迅速,因此应用非常广泛。

3. 分析图 3-3-1e 所示电路

(1)正转启动(见图 3-3-6)

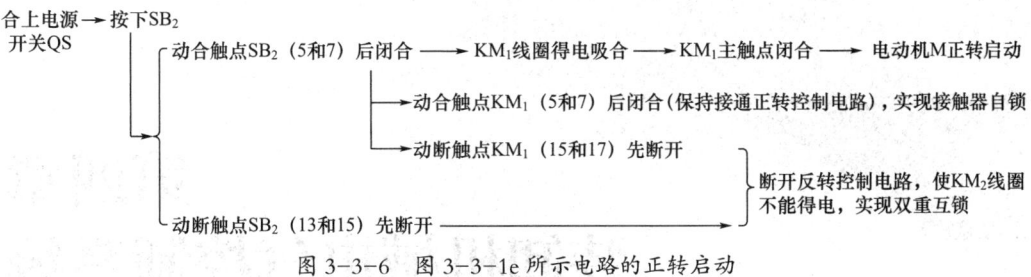

图 3-3-6 图 3-3-1e 所示电路的正转启动

（2）反转启动（见图 3-3-7）

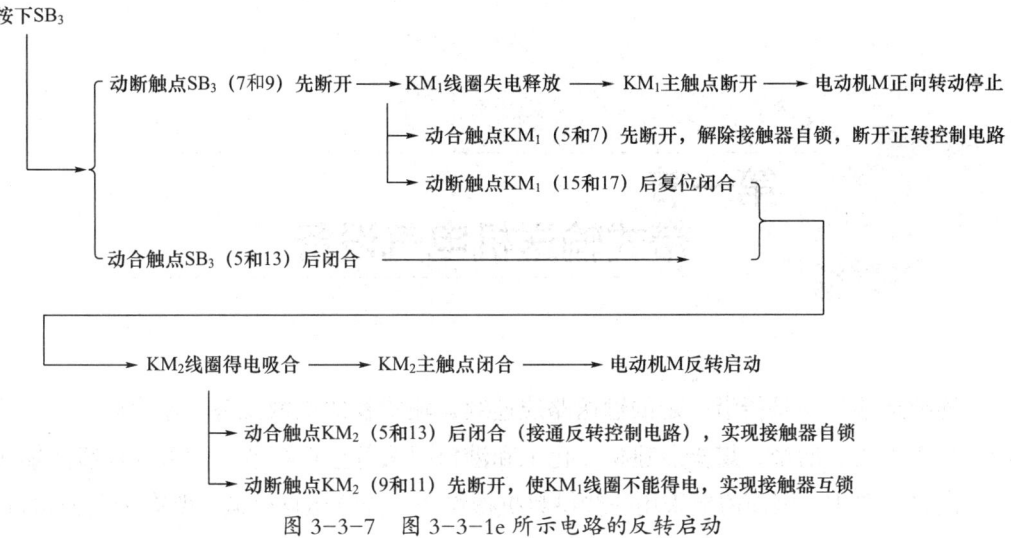

图 3-3-7 图 3-3-1e 所示电路的反转启动

（3）停止

按下 SB_1 → KM_2 线圈失电释放→电动机 M 反转停止，关断电源开关 QS。

二、看图小结

若要求 KM_1、KM_2 两只接触器不能同时接通，可在其线圈前互串对方的辅助动断触点，即在 KM_2 接触器线圈前串接 KM_1 接触器的辅助动断触点，在 KM_1 接触器线圈前串接 KM_2 接触器的辅助动断触点，这样可保证每次最多只能有一个接触器得电，而另一个则不能得电，这种逻辑关系称为互锁。互锁实际上是一种联锁关系，这样命名是为了强调触点之间的互锁作用。

有时根据控制的需要，将若干个接触器作为一组，在同一组中的接触器只准许一个接触器吸合，又必须将其余的接触器锁定在释放状态，这就要用到互锁电路。

互锁电路又称先动作优先电路，即先按下的启动开关所控制的接触器吸合，而后按下的启动开关所控制的接触器被锁定在释放状态。若同时按下两个启动开关，则动作快者有效。

第四章
装卸机械电气控制系统

第一节 带式输送机电气设备

连续运输机械是指沿一定的输送路线连续运输货物的机械设备。连续运输机械广泛应用于电力、冶金、煤炭、建材、化工和港口码头等生产行业。大多数连续运输机械不能自行取货,因而需要采用一些供料机械设备。连续运输机械主要有带式输送机,带式输送机所包括的港口装卸设备有卸车机、斗轮机、装船机、电动翻板机、刮水器、电子皮带秤等。

带式输送机的电气设备是带式输送机的"心脏"和"神经",它们负责提供动力和控制整个输送过程。

一、带式输送机的电气设备

带式输送机是港口常用的生产机械,在港口输送散货时起着重要作用。用胶带作为输送带的带式输送机称为胶带输送机,简称胶带机,又称皮带机。一台完整的胶带机通常由输送带、支承托辊、驱动装置、制动装置、张紧装置、改向装置、装载装置、卸载装置、清扫装置、工艺保护装置等组成。胶带机如图4-1-1所示。

1. 驱动装置

通用固定式和功率较小的胶带机,都采用单滚筒驱动,即电动机通过减速器和联轴器带动一个驱动滚筒运转。其中电动机一般采用封闭式笼型异步电动机。对于长距离皮带机,可采用多点驱动的方式带动多个驱动滚筒工作。多点驱动是指一台胶带机

图 4-1-1 胶带机

由多台电动机在不同地点进行驱动。

2. 保护装置

在胶带机运行过程中，工艺保护很重要，因为输送带跑偏、打滑、胶带撕裂均会导致生产上的巨大损失，影响作业流程的正常工作。尤其对于长距离胶带机，跑偏、打滑、胶带撕裂是经常出现的故障，应该及时防止。

（1）防跑偏保护

输送带在运转时偏向一边是带式输送机运转中的常见故障。引起输送带跑偏的原因有很多，主要有以下几方面。

1）支承托辊或滚筒安装不正。

2）机架两侧高低不平。

3）输送带连接不正，输送带边与输送机中心线不平行。

4）滚筒表面粘有物料，使滚筒直径发生不规则的变化。

5）部分支承托辊转动不灵活造成两边阻力不等。

6）装载不当，物料过于集中于一边。

从上述分析来看，胶带机在工作过程中发生跑偏是不可避免的，问题在于跑偏的程度是否在正常工作的允许范围内，为此在胶带机跑偏工艺保护中，一般采用轻跑偏和重跑偏两种微开关检测形式。当跑偏开关检测到轻跑偏信号时，胶带机只发出报警信号，可继续工作。胶带机发生重跑偏事故是比较严重的，若不及时停车，则有可能造成物料撒落和胶带撕裂，因此，当跑偏开关检测到重跑偏信号时，胶带机应该立即停车。

（2）防撕裂保护

当输送带因跑偏使其边缘与机架摩擦，或由于大的金属物与胶带堵塞卡住时，均能造成输送带的磨损甚至损坏。小范围的撕裂比较容易补救，可通过硫化或其他修补方式恢复。但是若不及时处理，则小范围的撕裂可能会发展为大范围的撕裂，从而导致巨大的生产损失。为了在胶带还未发生撕裂的情况下，胶带机能够提前报警、停机，大多数胶带机生产厂家会在胶带机支架上垂直于胶带机中心轴线的方向横拉一条钢丝绳,当撕裂的胶带撞击到钢丝绳时,钢丝绳带动的微动开关就会动作以发出胶带撕裂信号。该方式结构简单、动作可靠,应用较为广泛。

(3)防打滑保护

胶带机在工作过程中,如果驱动滚筒与输送带间的摩擦力不足以克服运行阻力,则输送带在驱动滚筒上就会出现打滑现象。打滑将造成胶带上物料的积压,使作业流程中断,而且事故处理后的胶带清扫量很大,影响工作效率。因此,当发现胶带打滑现象时,作业流程应及时响应,立即停车,避免胶带上物料的积压。造成胶带打滑故障的主要原因有以下几方面。

1)输送带张力不够。

2)驱动滚筒表面雨水、油污较多,造成输送带与驱动滚筒间摩擦力不够。

3)输送带绕过驱动滚筒的包角太小。

4)输送机驱动装置润滑保养不够,造成运行阻力较大。

5)液力耦合器油量不足。

打滑检测器有两种形式,一种是电子式,另一种是机械传动式。电子式打滑检测器通常装在非驱动滚筒附近,用于检测滚筒的转速。它是非直接接触式,因而不存在机械磨损问题。它通过光码检测实现胶带机的转速检测,具有测量准确、可靠性高、易于安装等优点,虽然造价较高,但应用将越来越广泛。

(4)防料斗堵塞保护

连续运输机械流程作业系统在工作时,其生产工艺要求各设备之间根据实际需要相互联锁。当料斗因草包、木棒或冰冻物料结块等杂物堵塞时,势必造成物料在料斗中大量积压,导致物料输送中断。因此,当料斗中物料堆积达到一定程度时,物料位置检测开关就要向中控系统发出"料斗堵塞"信号,在料斗中物料还未溢出之前,将上游设备紧停。为防止料斗堵塞而使物料溢出,可采用料位检测开关(如倾斜开关)。当物料到达一定位置,使倾斜开关由竖直方向倾斜到一定角度时,开关内部相应触点接通,即可发出"料斗堵塞"信号。

(5)拉线开关

在胶带机工作过程中,当发现有胶带撕裂、料斗堵塞或其他危及人身安全的重大事故发生时,拉动拉线开关可以立即使胶带机停下来,以防止恶性事故的发生或扩大。拉线开关的形式有很多种,目前国内外普遍使用机械结构作用于微动开关形式的拉线开关,这种拉线开关有自动复位和手动复位两种方式。

由于胶带机大多工作在露天或者粉尘较大的工作环境中,因此,拉线开关要求的防护等级较高。

3. 胶带机的电气控制

（1）主电路

主电路一般采用直接启动方式或自耦变压器降压启动方式。胶带机主电路一般设在变电站高、低压开关柜内。对于低压开关柜，主电路一般由刀开关、低压断路器和低压接触器等元器件组成。对于高压开关柜，主电路由高压断路器或高压熔断器与高压接触器配合组成。在低压开关柜中，低压断路器常采用塑料壳式断路器，如DZX10型等。为保证安全生产，还应设计断电分闸电路。图4-1-2所示为某胶带机6 kV电动机主回路电路。

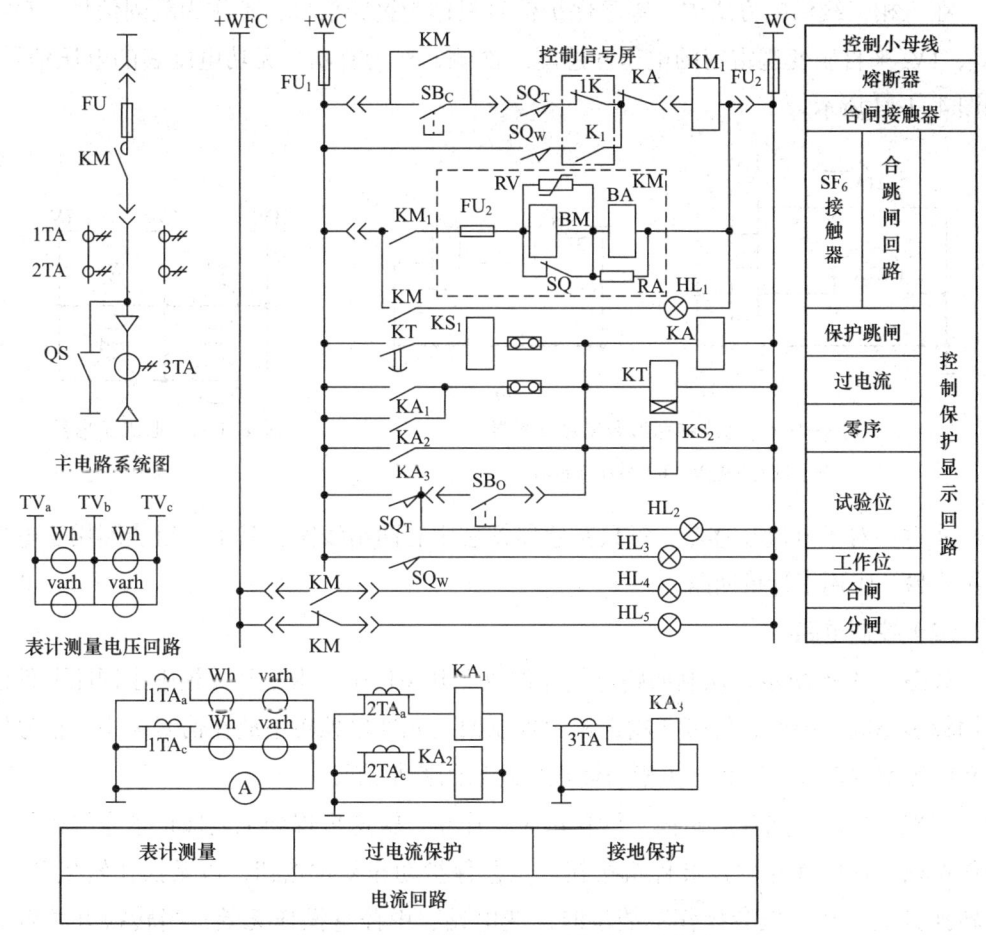

图4-1-2 胶带机6 kV电动机主回路电路

JKN2型高压开关柜手车装有SF_6接触器、高压熔断器、合分闸试验按钮及指示灯等元器件。中间继电器、时间继电器、电流继电器、计量仪表等装在仪表室内或仪表盘上。电流互感器装在开关柜背后的互感器室内。图4-1-2中1K、K_1为中控室控制继电器，KM_1为合闸接触器，KM为SF_6接触器，SB_C为手车试验位合闸按钮（手车在试验位时，主回路触点不接通），SQ_T为手车试验位限位开关，KS_1为过电流跳闸指示信号继电器，KA 为中间继电器，KT 为时间继电器，KS_2 为零序保护信号继电器，SQ_W 为手车工作限位开关，SB_0 为手车试验位分闸按钮，SQ 为 SF_6 接触器合闸联动限位开关（合上时，SQ 分断），BM 为阻尼线圈，BA 为合闸线圈，RV 为压敏电阻。

电流继电器 KA_1、KA_2 起电流保护作用（见图 4-1-3a），当检测到过电流信号时，经时间继电器 KT 延时，使中间继电器 KA 动作，同时，信号继电器 KS_1 掉牌指示，KA 动断触点打开，使 SF_6 接触器分断。其状态用指示灯说明，HL_5 指示灯颜色定为绿色，HL_4、HL_1 为红色，HL_3、HL_2 为白色。3TA 为单相接地保护检测互感器，即零序互感器，KA_3 信号继电器作报警指示，如图 4-1-3b 所示。

在三相三线供电方式中，零序保护信号只作为报警信号，不作为跳闸信号。TV_a、TV_b、TV_c 来自压变避雷柜的电压互感器二次侧，作为有功、无功电度表的电压信号，如图 4-1-4 所示。

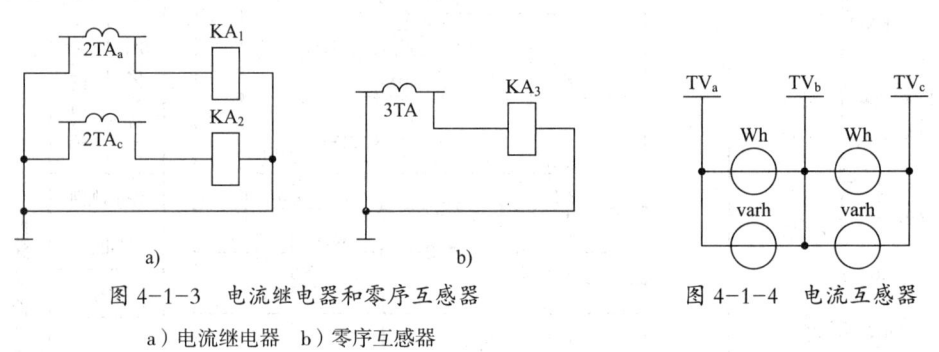

图 4-1-3　电流继电器和零序互感器
a）电流继电器　b）零序互感器

图 4-1-4　电流互感器

注意：对于电流互感器，每只互感器铁芯中有两组线圈，其中一组线圈用于电器保护，另一组用于计量回路。

（2）控制电路

如图 4-1-5 所示，控制回路电气元件放在开关柜中，由于开关柜中主回路元件已占用较多空间，因此，将带式输送机的控制回路元件单独集中放在信号屏中。信号屏拥有中控室的信号，以及开关柜与输送机现场的控制信号。

在现场机房（如转运站内）设置机旁操作箱，输送机现场工艺保护信号接入机旁操作箱内，同时在箱内设开停机按钮、工艺保护动作复位按钮，以及操作转换开关。当转换开关置于"机旁操作"挡位时，变电站、中控室操作无效；当转换开关置于"屏上操作"挡位时，变电所信号有效。设置机旁操作箱是为了输送机现场试车方便，同时将工艺保护信号集中后送入变电站信号屏。

1）输送机启停操作。变电站控制信号屏上设有一套开停机按钮、故障复位按钮、启动警铃预告及操作转换开关等。当转换开关置于"屏上操作"挡位时，中控室操作闭锁；当转换开关置于"中控操作"挡位时，中控室操作有效。设置该转换开关的目的是方便变电站设备调试,如图 4-1-6 所示。

2)启动预告阶段。在现场设备无工艺保护信号(即 21K=1)且无机旁紧停信号(即 8KM=1)的情况下,3KM=1。此时启动过程进入胶带机启动预告阶段,如图 4-1-7 所示。时间继电器 1KT 接通,使变电站输送机机旁电铃预警,通知变电站操作人员及现场工作人员注意该输送机即将启动。

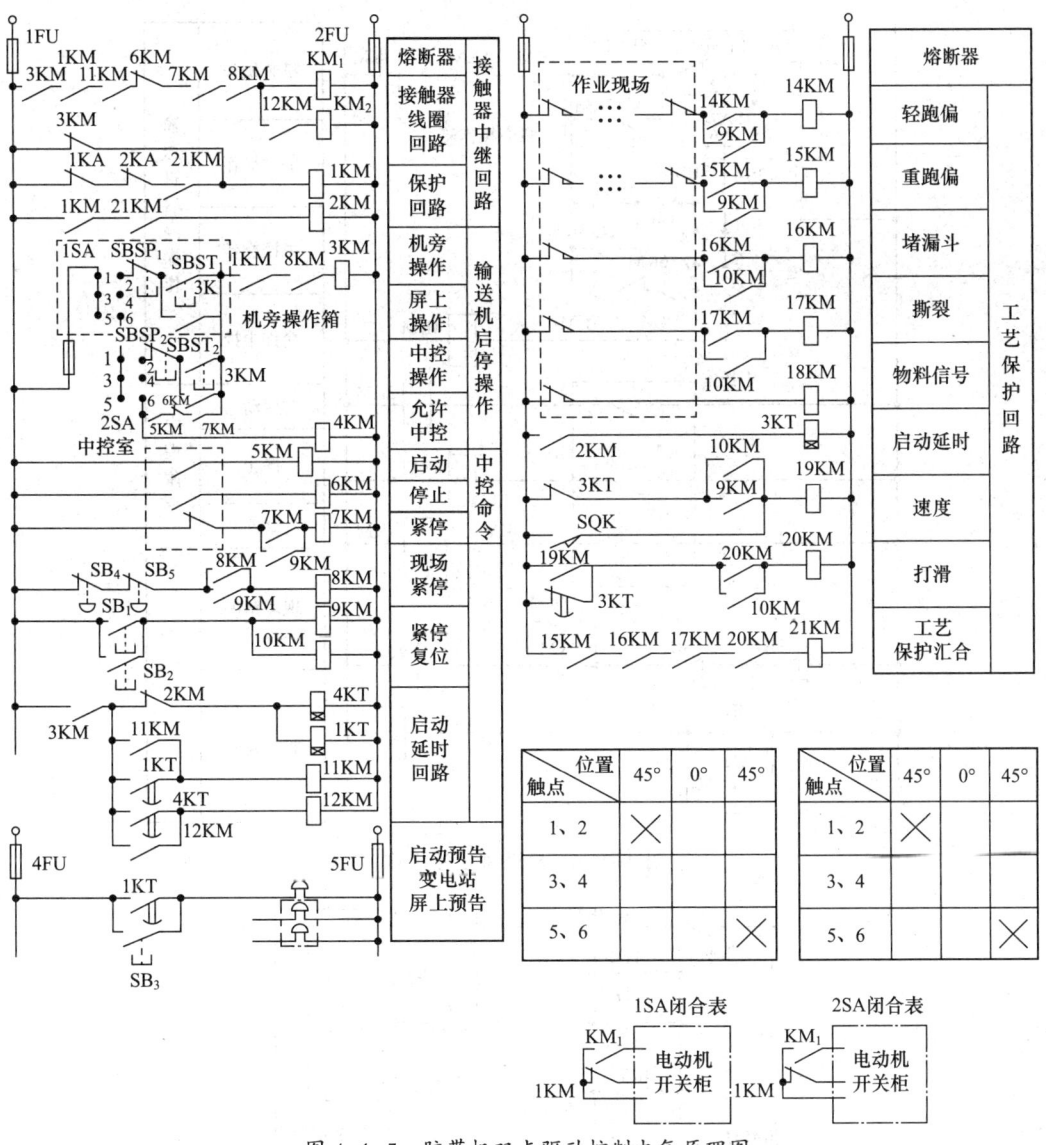

图 4-1-5 胶带机双点驱动控制电气原理图

3)工艺保护回路。随着启动过程的继续,胶带机带速不断提高,打滑开关的触点 SQK=1,19KM=1,从而保证 20KM=1,使打滑开关在胶带机启动过程中,躲过启动阶段而不误发"打滑"信号,如图 4-1-8 所示。

4)故障处理。在时间继电器的时间整定上,1KT 取 10 s,3KT 取 5 s,4KT 整定时间一般大于 1KT 延迟时间 3~4 s。对于信号屏上的胶带机工艺保护信号，该控制电路具有记录功能，只有在该故障解除，按下故障复位按钮后，屏上记录工艺保护信号的指示灯才能灭掉，这样可使值班人员能够迅速查找故障。机旁紧停信号严格来讲不属于设备故障，但信号屏对该信号同样具有记忆功能。而保护信号在变电站信号屏、中控室操作台、模拟屏，以及管理上位机显示器上均有故障显示记录。

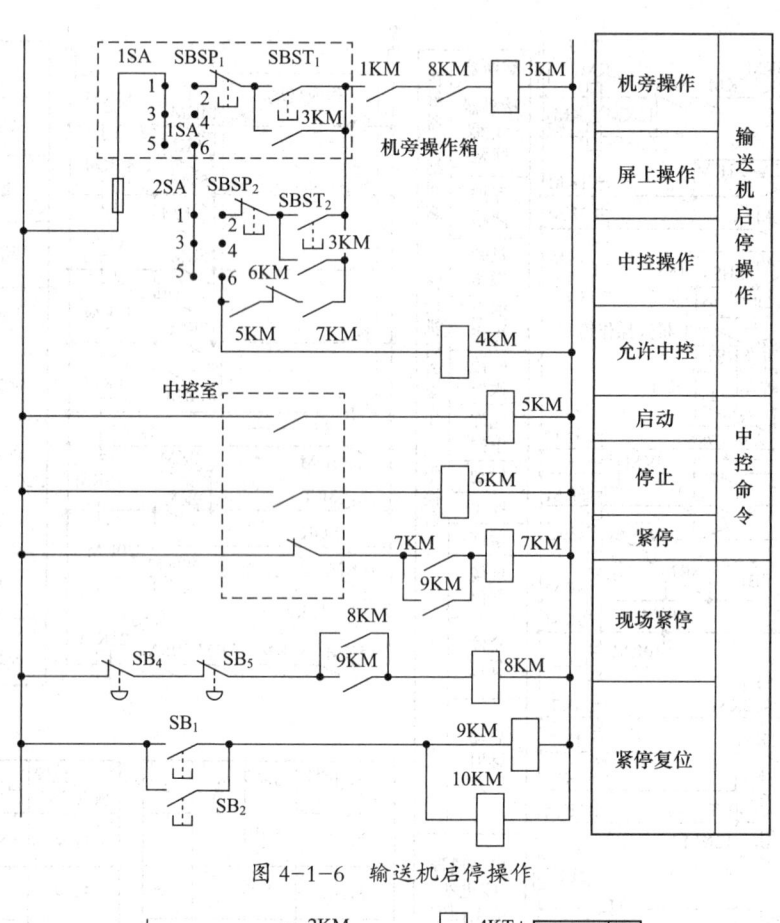

图 4-1-6 输送机启停操作

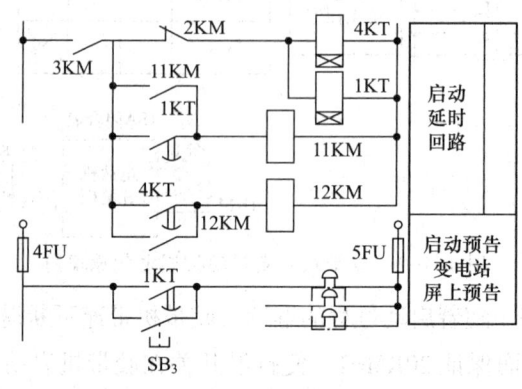

图 4-1-7 启动预告阶段

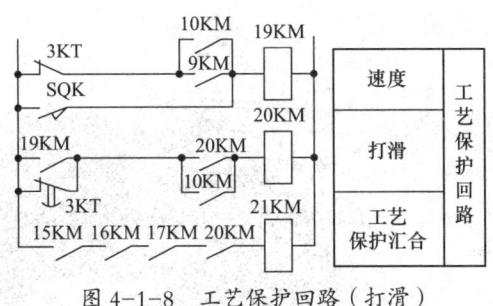

图 4-1-8 工艺保护回路（打滑）

5）紧停。对于胶带机故障，紧停信号中控室管理用上位机通过可编程逻辑控制器（PLC）采样后能够对上述信号进行实时打印。

二、带式输送机构所包括的港口装卸设备

1. 卸车机

卸车机用字母 XC 表示。卸车机与地面胶带机之间有电气联锁反馈，胶带机开动或停车时，卸车机应禁止工作卸料。卸车机的类型主要有链斗卸车机、螺旋卸车机、翻车机等，如图 4-1-9 所示。其中链斗卸车机可随货层高低升降，电气线路较为简单，但链斗提升机构制造较复杂，且不利于环保；螺旋卸车机通常与铁路边的坑道胶带机配合工作，并且要求铁路车辆必须是敞车侧开门；翻车机生产效率最高，一般用于大型散货码头或堆场，可分为侧倾式翻车机和转子式翻车机。

a) b)

图 4-1-9 卸车机
a）螺旋卸车机 b）翻车机

2. 装船机

装船机用字母 ZC 表示，是用于大宗散货装船作业的连续式机械，以悬臂带式输送机为主体，如图 4-1-10 所示。装船机与地面胶带机有电气联锁反馈，装船机启动后，胶带机才可启动；装船机出现故障，上游胶带机要立即停车。

图 4-1-10 装船机

3. 除铁器

除铁器用字母 CT 表示，应用于冶金、电力、煤炭等行业，可以除去混杂在非磁性散状物料（散料）中质量为 0.1~25.0 kg 的铁磁性物质，既可用于原料品质的提高与净化，也能用于回收多种磁性物质。如图 4-1-11 所示，除铁器安装在胶带机的上方，与胶带机有电气联锁反馈，当胶带机工作时，除铁器也投入工作。

图 4-1-11 除铁器

4. 电动翻板机

电动翻板机用字母 LD 表示，它设在上游胶带机机头和下游胶带机机尾之间，由机台、承置架、驱动装置、吸板装置、推板装置、翻板装置、输送装置和推整装置组成。其中，驱动装置可带动承置架在轨道上移动；吸板装置将斜立在承置架上的电路板吸回；推板装置可将吸回的电路板推靠在翻板装置的两块方形转动板边壁；翻板装置的两块方形转动板的四角设有钩块，可在驱动装置的带动下，将电路板平置在输送装置上，以使其进一步向后输送。电动翻板机具有翻板速度快、效率高和稳定的优点，如图 4-1-12 所示。

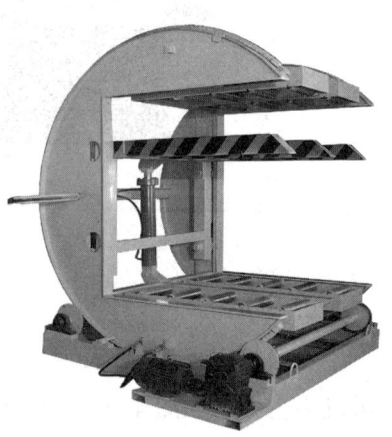

图 4-1-12 电动翻板机

5. 斗轮机

斗轮机又称斗轮堆取料机，用字母 DC 表示，是现代化工业大宗散料连续装卸的高效设备，目前广泛应用于港口、码头、冶金、水泥、钢铁厂等散料（矿石、煤、焦炭、砂石）存储料场的堆取作业。它是散料储料场内的专用机械，可与卸车（船）机、带式输送机、装车（船）机组成储料场运输机械化系统，生产能力可达每小时1万吨。斗轮机有堆料和取料两种作业方式，控制方式有手动、半自动和自动。斗轮机按结构可分为悬臂架型和桥架型两类，如图4-1-13所示。

图 4-1-13 斗轮机

三、带式输送机的配套部件

1. 电子皮带秤

电子皮带秤用字母 DS 表示，其作用是将胶带机上所运载的单位长度上的质量与物料的速度相乘，然后对时间进行积分运算，从而得到物料的输送量。它一般由主控箱、现场控制箱、传感器、秤架等组成。在流程作业控制系统中，将电子皮带秤是否启动作为地面胶带机流程作业中流程选择的条件之一。电子皮带秤与地面皮带之间具有电气联锁关系，其外形及安装位置，如图4-1-14所示。

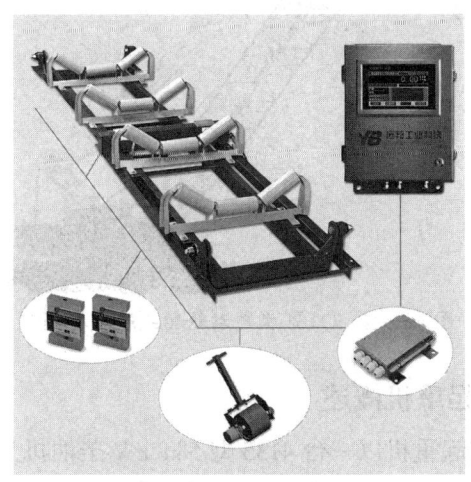

图 4-1-14 电子皮带秤

2. 刮水器

刮水器用字母 GS 表示。刮水器安装在带式输送机头部和尾部的露天位置，工作时推杆驱动支承托辊上升把输送带托平或托起一定高度，同时驱动刮水器的刮水板下降与输送带接触。由于输送带向一个方向运行，刮水器将雨水分刮到两侧，因此达到将输送机输送带上积存的雨水在启动时及时刮掉的目的，避免积存在输送带上的雨水在运行时进入物料。

第二节 电动轮胎式起重机电气系统

电动轮胎式起重机的类型有很多，如 Q161 型、GX-67 型、QL16A 型等，它们的电气设备各不相同。本节以直流电动机驱动的 Q161 型电动轮胎式起重机（见图 4-2-1）为例，分别介绍其起升、行走、变幅及旋转四大机构直流电动机的控制电路原理。

图 4-2-1　Q161 型电动轮胎式起重机外形

一、电动轮胎式起重机概述

Q161 型电动轮胎式起重机以一台 4135 型 58.8 kW 柴油机为原动力，并拖动 Z2-19 型 48 kW 直流复励发电机发电，再将电能分别供给各机构，其结构如图 4-2-2 所示。

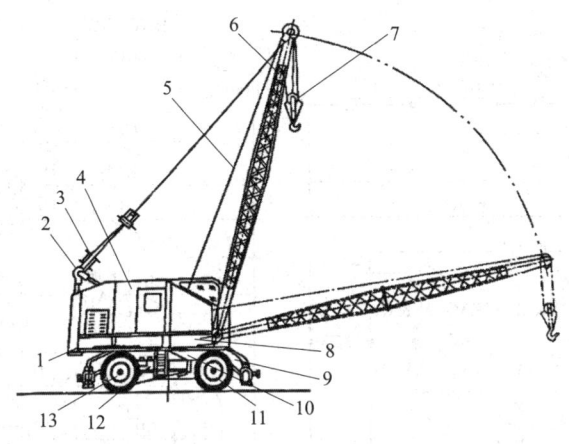

图 4-2-2　Q161 型电动轮胎式起重机结构

1—配重　2—支架　3—变幅机构　4—司机室和机房　5—起升机构　6—起重臂　7—吊钩
8—转盘　9—车架　10—旋转机构　11—前桥　12—行走机构　13—后桥

电动轮胎式起重机的各个机构可独立工作，也可联合工作。图 4-2-3 所示为 Q161 型电动轮胎式起重机电气原理图。直流复励发电机 G 与柴油机同轴运转，L_1、L_2、L_3 分别是发电机的附加绕组、串励绕组和并励绕组，FU_1 是发电机组回路的熔断器，A 为直流电流表，V 为直流电压表，GL 为分流电阻器。直流发电机的输出电压随着柴油机的转速变化而变化，最高可达 230 V，各机构电动机的启动与调速都是通过改变直流发电机的输出电压来实现的。全车的控制线路、照明和信号系统均由蓄电池（24 V）供电，油位表由蓄电池组抽头 12 V 供电。

Q161 型电动轮胎式起重机除起升机构采用复励电动机外，其他三大机构都以串励电动机为动力，以充分利用其过载能力及重载低速运行的特点。

二、电动轮胎式起重机的电气系统

电动轮胎式起重机包括起升、变幅、旋转和行走四大机构，其工作情况分析如下。

1. 起升机构电气控制

如图 4-2-4 所示，起升电动机 M_4 为复励式直流电动机，由起升接触器 KM_9 控制。该电动机只能在起升方向运转，通过离合器带动卷筒提升货物；松开带式离合器，电动机空转，负载靠自重下降，下降速度由踏板带动制动带调节。

由直流电压继电器 KV_1 和硅整流元件 V_1 组成的电压限制系统，限制起升电动机在 80 V 以下才能启动。如发电机在控制起升前输出电压已超过 80 V，则直流电压继电器 KV_1 动作，切断起升接触器 KM_9 线圈的电源，柴油机降速，使发电机输出电压降低到 80 V 以下才平稳启动。如要改变转速，则可通过对柴油机油门进行调节，从而控制供给起升直流复励电动机 M_4 的电源电压，获得无级调速的效果。

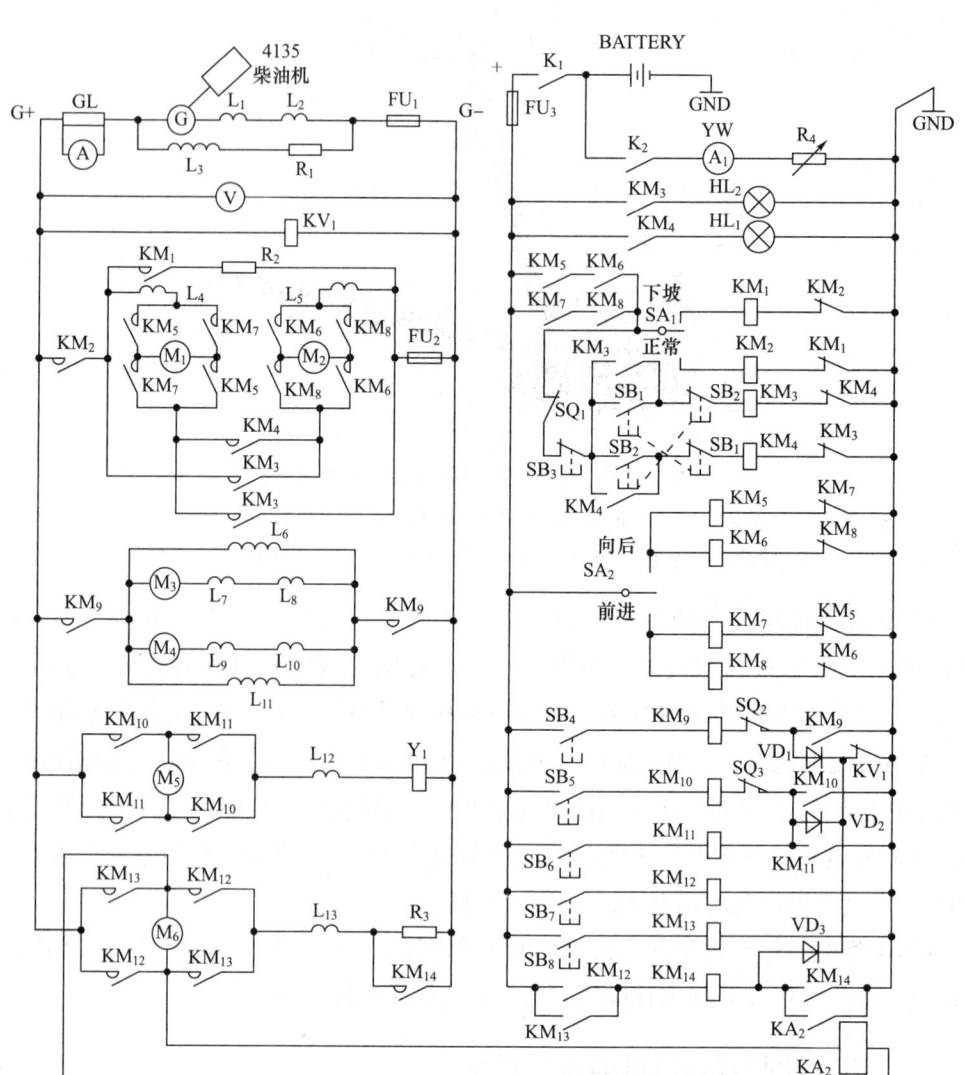

图 4-2-3　Q161 型电动轮胎式起重机电气原理图

G—直流发电机　L_1—直流发电机 G 的附加绕组　L_2—直流发电机 G 的串励绕组　L_3—直流发电机 G 的并励绕组　R_1—直流发电机 G 的磁场变阻器　FU_1，FU_2—熔断器　A—直流电流表　GL—直流电流表 A 的分流电阻器　V—直流电压表　KV_1—直流电压继电器　M_1，M_2—直流串励行走电动机　L_4，L_5—两行走电动机的串励绕组　KM_4—两行走电动机的串联接触器　KM_3—两行走电动机的并联接触器　SQ_1—行走电动机运行限位开关　KM_1—下坡能耗制动用接触器　KM_2—线路接触器　R_2—下坡能耗制动电阻器　SB_1—两行走电动机并联用按钮（高速按钮）　SB_2—两行走电动机串联用按钮（低速按钮）　SB_3—行走停止按钮　SA_1—行走主令开关　SA_2—前进后退选择主令开关　HL_1—两行走电动机串联运行指示灯　HL_2—两行走电动机并联运行指示灯　KM_5、KM_6、KM_7、KM_8—两行走机构的前进、后退接触器　M_4—起升直流复励电动机　L_9、L_{10}、L_{11}—起升复励电动机的串励绕组、并励绕组、附加绕组　M_3—冷却用复励发动机　L_6、L_7、L_8—冷却用复励发动机的串励绕组、并励绕组、附加绕组　KM_9—起升接触器　SB_4—起升主令开关　SQ_2—起升高度限位开关　VD_1、VD_2、VD_3—硅整流元件　M_5—变幅用直流串励电动机　L_{12}—变幅用直流串励电动机的串励绕组　Y_1—变幅用直流串励制动电磁铁　KM_{10}—上升（减幅）接触器　KM_{11}—下降（增幅）接触器　SB_5、SB_6—吊臂上升、下降按钮　SQ_3—变幅最小幅度限位开关　M_6—旋转用直流串励电动机　L_{13}—旋转用直流串励电动机的串励绕组　R_3—旋转用直流电动机启动电阻箱　KM_{12}—左旋接触器　KM_{13}—右旋接触器　SB_7、SB_8—左、右旋转按钮　KM_{14}—加速接触器　KA_2—电压继电器　K_1—电源开关，即电门锁　K_2—油位表开关　YW—油位表　R_4—油位变阻器

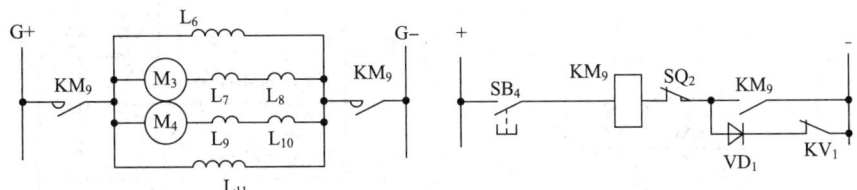

图 4-2-4　Q161 型电动轮胎式起重机起升机构电气原理图

起升机构装有两个卷筒,使用吊钩时只用一个卷筒;使用抓斗时,主卷筒上的钢丝绳接抓斗的开闭绳,副卷筒上的钢丝绳控制斗身,作为支持绳。起升机构的保护措施主要是起升高度限位保护,由起升高度限位开关 SQ_2 完成。

2. 变幅机构电气控制

变幅机构用变幅用直流串励电动机 M_5 拖动,由 KM_{10} 和 KM_{11} 两个接触器通过吊臂上升、下降按钮 SB_5 和 SB_6 来控制悬臂架的动作。直流串励制动电磁铁 Y_1 的线圈与电动机电枢及其励磁绕组串联,吸力随负载的轻重变化。在电动机启动时,启动电流大,并使制动器具有吸力大、动作快的特点。Q161 型电动轮胎式起重机变幅机构电气原理图如图 4-2-5 所示。

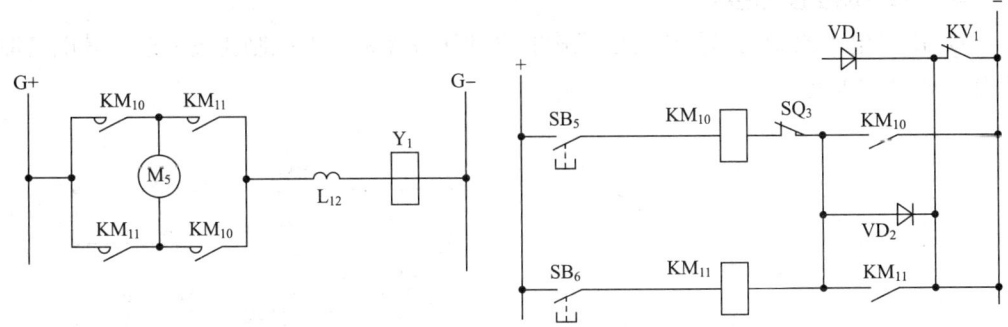

图 4-2-5　Q161 型电动轮胎式起重机变幅机构电气原理图

SB_5 和 SB_6 两个按钮与控制旋转的两个按钮 SB_7 和 SB_8 由同一个手柄操纵,类似十字开关,其操作方向与变幅、旋转机构相对应,按上、下、左、右 4 个方向控制机构动作。

变幅机构控制线路仍受直流电压继电器 KV_1 和硅整流元件 VD_1 组成的限制电压系统控制,只能在 80 V 以下启动。SQ_3 为变幅最小幅度限位开关。

3. 旋转机构电气控制

旋转机构由旋转用直流串励电动机 M_6 拖动,通过按钮 SB_7、SB_8 分别控制左旋、右旋接触器 KM_{12}、KM_{13} 进行操作,其电气原理如图 4-2-6 所示。

该机构控制线路的特点是,旋转用直流串励电动机 M_6 可在发电机端电压高于或低于 80 V 的条件下启动,而电动机所获得的启动电压仍可控制在 80 V 左右。当发电机端电压低于 80 V 时,直流电压继电器 KA_1 不动作,加速接触器 KM_{14} 的线圈通过左

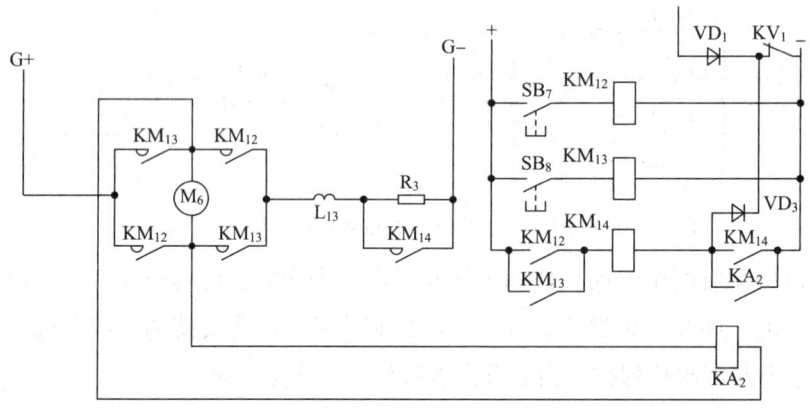

图 4-2-6　Q161 型电动轮胎式起重机旋转机构电气原理图

旋或右旋接触器 KM_{12}、KM_{13} 的辅助触头和 KA_1 的常闭触头得电，使加速接触器 KM_{14} 动作，其主触头闭合，将旋转用直流电动机启动电阻箱 R_3 切除，电动机 M_6 在低压下直接启动。当发电机电压高于 80 V 时，直流电压继电器 KA_1 的常闭触头断开，加速接触器 KM_{14} 不能得电，电动机串接电阻箱 R_3 启动，同样得到低压启动的效果。旋转机构采用带式制动器控制制动。

4. 行走机构电气控制

Q161 型电动轮胎式起重机行走机构的设计比较完善，但控制比较复杂，其电气原理如图 4-2-7 所示。

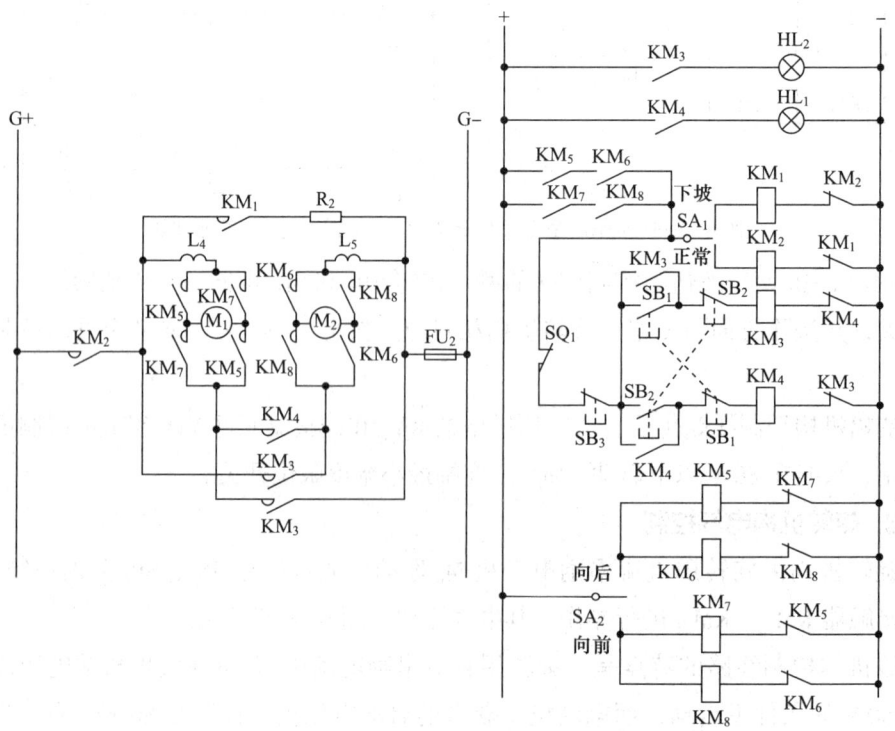

图 4-2-7　Q161 型电动轮胎式起重机行走机构电气原理图

行走机构由两台直流串励行走电动机 M_1、M_2 分别驱动两个后轮。低速运行时，两台电动机串联，每台电动机电枢所承受的电压为电源电压的一半；高速运行时，两台电动机并联，以提高电动机的供电电压。下坡时采用自励能耗制动限制车速。

行走主令开关 SA_1 为正常行走和下坡能耗制动的选择开关。KM_7、KM_8 和 KM_5、KM_6 分别为向前行走和向后行走的换向接触器。从整个控制电路分析，该起重机有以下 5 种行驶状态：向前、向后低速行走，向前、向后高速行走，长距离下坡能耗制动行走。现将起重机向前、向后行驶和能耗制动的控制情况做如下分述。

（1）向前、向后低速行走

首先将行走主令开关 SA_1 拨向"正常"挡，线路接触器 KM_2 得电动作。向后低速行走时，将主令控制器 SA_2 拨至"向后"挡，使行走机构接触器 KM_5、KM_6 得电，接通两台行走电动机反转供电回路，两台电动机反转，使起重机反向行走，其主电路如图 4-2-8 所示。

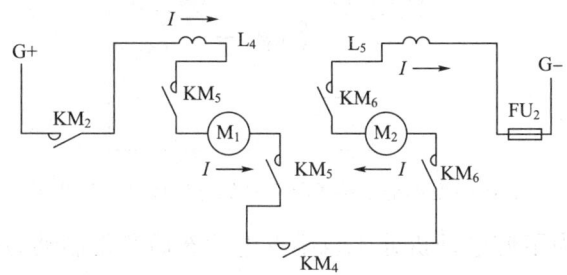

图 4-2-8　Q161 型电动轮胎式起重机向后低速行走主电路

向前低速行走时，应将主令控制器 SA_2 拨至"向前"挡，两台电动机正转，使起重机正向行走。

（2）向前、向后高速行走

按下行走停止按钮 SB_3，切断两行走电动机的串联接触器 KM_4 线路，使两台串联的电动机分开。再按下高速按钮 SB_1，使两台电动机并联，此时电压比串联时提高了 1 倍，运行于高速，其主电路如图 4-2-9 所示。两行走电动机的并联接触器 KM_3 的辅助触头接通指示灯 HL_2 的电源，表示高速行走。高速时的向前行走和向后行走仍由换向接触器 KM_5、KM_6、KM_7、KM_8 控制。

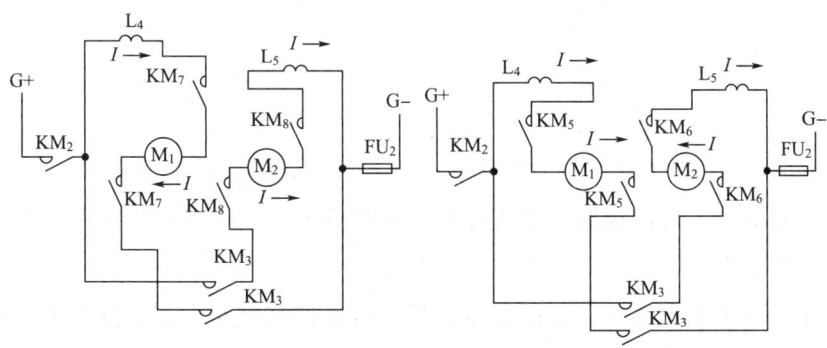

图 4-2-9　Q161 型电动轮胎式起重机高速行走主电路

不论是低速运行，还是高速运行，如需停车，则都应先按下行走停止按钮 SB_3 切断电源，再制动停车。

（3）长距离下坡能耗制动行走

长距离下坡时，为了避免制动带发热和磨损，采取能耗制动限制车速。先将行走主令开关 SA_1 拨到"下坡"挡，然后将主令控制器 SA_2 拨至"向后"挡，按下低速按钮 SB_2 或高速按钮 SB_1，抬起脚制动踏板，使两台电动机都脱离电源，接在下坡能耗制动电阻器 R_2 上，靠自重分力向下滑行，其主电路如图 4-2-10 所示。

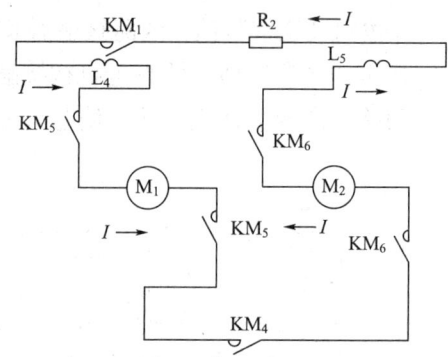

图 4-2-10　Q161 型电动轮胎式起重机低速下坡自励能耗制动主电路

下坡制动时，为了使电动机处于自励发电状态而获得制动力矩，必须保持电动机磁场方向不变，因此，应将主令控制器 SA_2 拨到"向后"挡，将换向接触器 KM_5、KM_6 接通，使自励电流与原电流同向，其主电路如图 4-2-11 所示。

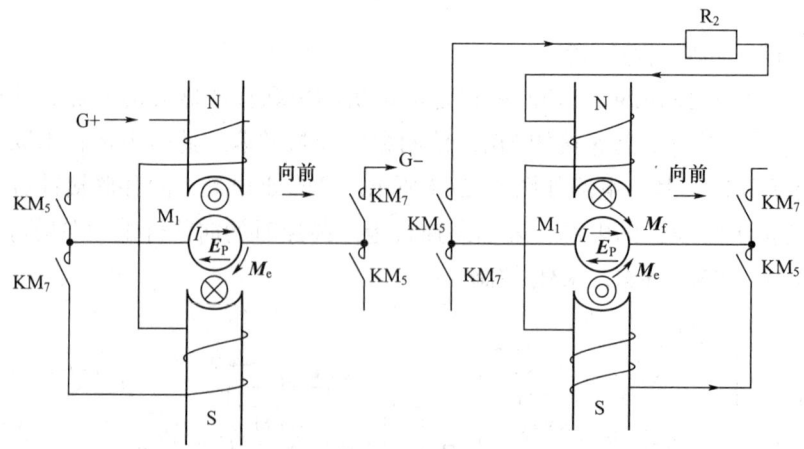

图 4-2-11　Q161 型电动轮胎式起重机正常行走和能耗制动时的主电路

在下坡过程中，可以用制动踏板控制车速和停车。下坡过程结束后，将选择开关控制手柄恢复原位。

在整车电气控制电路中，除限位保护外，行走控制电路中接触器 KM_3、KM_4 的线圈回路采用电气与机械联锁措施；虽然变幅机构和旋转机构没有电气联锁，但SB_5、SB_6变幅主令和SB_7、SB_8旋转主令是由一个主令操纵手柄所控制的4个不同方向，因此，两机构实现了机构联锁。与行走控制电路中的行走停止按钮SB_3相串联的限位开关SQ_1，与行车制动器是联动的，用于最后的驻车制动。

第三节　门座式起重机电气系统

门座式起重机（以下简称门机）是港口码头使用数量最多、结构复杂且最典型的电动装卸机械，如图4-3-1所示。它具有较好的工作性能和独特的优越结构，通用性好，广泛用于港口杂货码头装卸，还用于造船和建筑领域。目前门机的型号有很多，有国产的也有进口的，其电气控制系统有采用接触器-继电器控制的常规电气控制方式，也有以PLC和变频器为核心的现代电气控制方式。本节以国产M10-30型门机为例，介绍其行走、旋转、变幅、起升四大机构的常规电气设备。

图4-3-1　门座式起重机

一、门座式起重机概述

M10-30型门机，其变幅机构采用齿条传动系统，结构简单，维修方便。该起重机可360°旋转作业，起升、旋转、变幅3个机构可单独工作或联合动作。行走机构用于门机移舱口、泊位等。行走台车上的 4 个夹轨器能夹在钢轨上，台风袭击时可保证门机的安全。该起重机的起重量为 10 t，最大幅度为 30 m，起升高度在轨道面以上用吊钩作业时为 25 m，用抓斗作业时为 16 m，在轨道面以下的最大下降距离为 15 m。门机总高为 45 m 左右，轨距为 10.5 m。该起重机的起升速度为 60 m/min，平均变幅速度为 52 m/min，行走速度为 26 m/min，旋转速度为 1.48 r/min。

二、门座式起重机的电气系统

M10-30 型门机各机构的拖动电动机共 9 台，制动用电动机（配电动液压推动器制动器）共 8 台。起升机构设有完善的速度控制装置，整个电气系统是一个较完善的电力拖动控制和安全装置。

1. 门机的移动供电装置

M10-30 型门机采用电缆卷筒装置供电，电缆卷筒可以是重力蓄能式或电动式，其中供电部分的电气线路如图 4-3-2 所示。门机由交流 380/220 V 三相四线电源供电，由码头电网上的电缆插座箱供给。缠绕在电缆卷筒上的四芯橡胶套软电缆，一端接于码头电缆插座，另一端接于电缆卷筒的滑环 ZS_0 上。电能经 ZS_0 通过电缆再经中心受电器 ZS_1（即中心滑环）接到司机室内的自动开关 QF_0，司机用 QF_0 控制整个门机的动力电源。

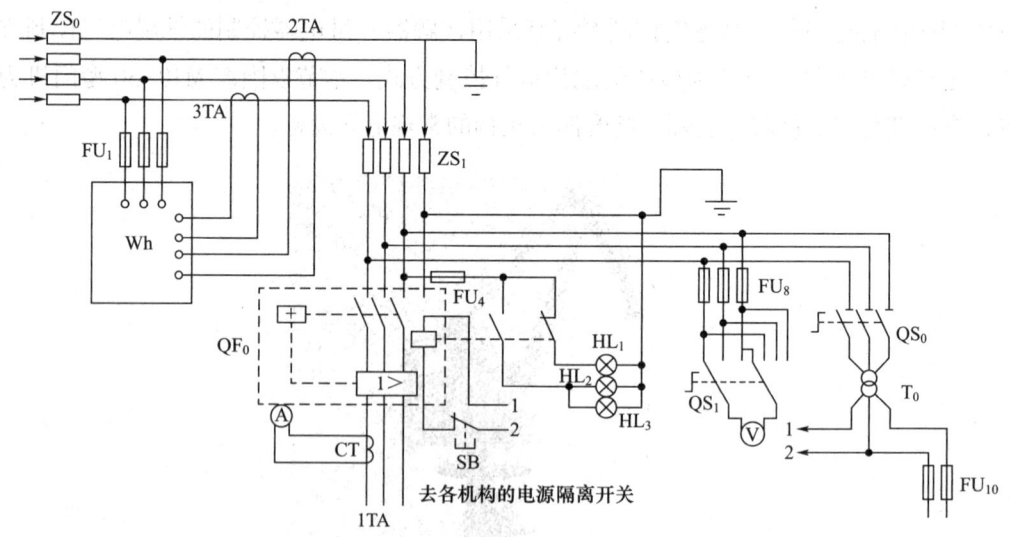

图 4-3-2　M10-30 型门机供电线路图

门机是否得电由电源指示灯 HL_1 和运行指示灯 HL_2、HL_3 显示。HL_2、HL_3 分别安装在控制箱及司机室内，用于指示自动开关 QF_0 是否合上，若两指示灯点亮，则表明 QF_0 已合上，电源已送到门机各控制部分。

在发生意外故障或事故时，可按下紧急停止按钮 SB，切断整个门机电源。门机的控制电源（~220 V）、照明用电由专设的 4 000 V·A 隔离变压器 T_0 供给，自动开关 QF_0

的失压脱扣器控制电源也由此变压器供给。QS_0 是照明总开关。电流互感器 1TA 和电流表 A 指示门机的总电流。电压转换开关 QS_1 和电压表 V 配合,可测量三相电源的线电压,检测其是否平衡。电流互感器 2TA 与三相电度表 Wh 配合测量整个门机的用电量。

2. 门机行走机构电气线路分析

（1）主电路

图 4-3-3 所示为门机行走机构主电路电气原理图。$5M_1$、$5M_2$、$5M_3$、$5M_4$ 为门机的四门腿驱动电动机。5QS 为三相隔离开关,起隔离作用。$5KM_1$、$5KM_2$ 是电动机 $5M_1 \sim 5M_4$ 的正、反转接触器。电流继电器 $5KI_1$、$5KI_2$ 起过电流保护作用。$5ZS_1$ 是受电器,因为 $5KM_1$、$5KM_2$、5QS、$5KI_1$、$5KI_2$ 都安装在可转动的机房内,且 4 台行走电动机均安装在门腿上,所以它们之间的连接导线必须经过集电环装置。$5YM_1 \sim 5YM_4$ 是电力液压推动器的油泵电动机。$5KH_1 \sim 5KH_4$ 是电动机的过载保护继电器。为了限制行走电动机的启动电流,4 台行走电动机的转子中分别接有三相不对称电阻器 $5QR_1 \sim 5QR_4$。$5KM_3 \sim 5KM_7$ 为切除电阻器的交流接触器,也称加速接触器。

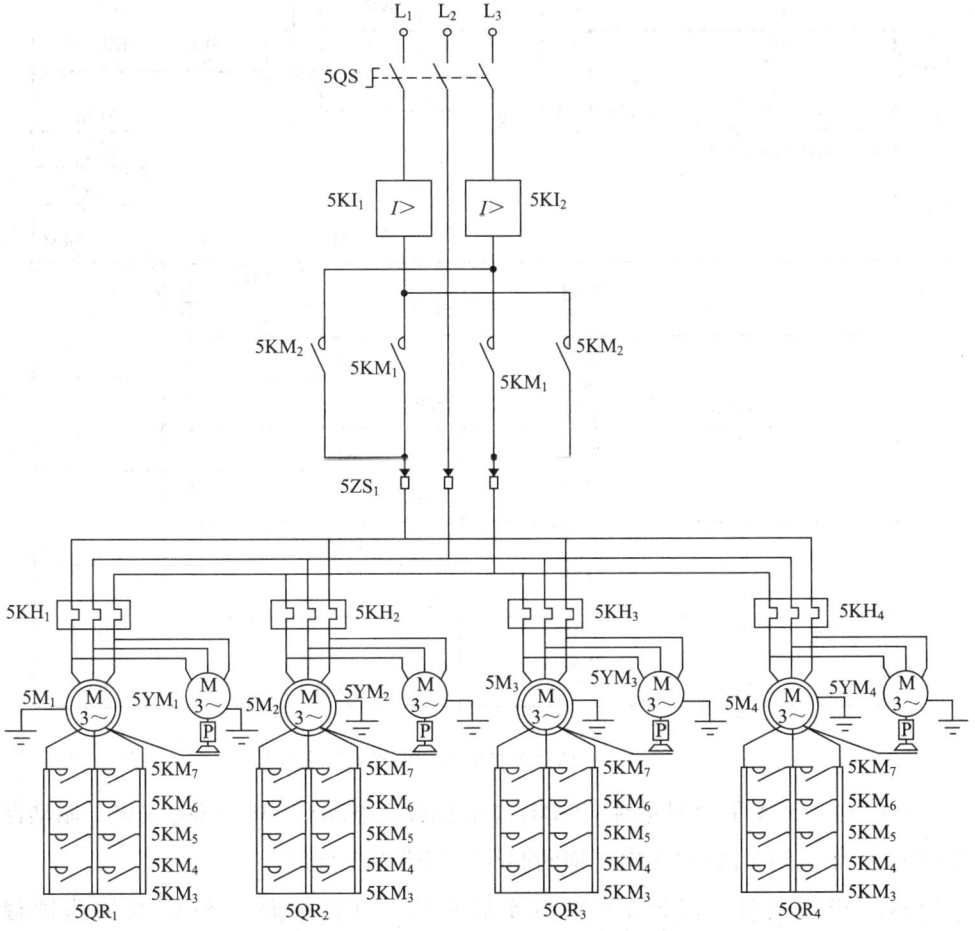

图 4-3-3 门机行走机构主电路电气原理图

（2）控制电路

门机行走机构控制电路电气原理图如图4-3-4所示。5SA为行走机构主令控制器。当5SA手柄置于前三位时，5KM$_1$得电吸合，电动机5M$_1$～5M$_4$转子接入全电阻启动，5KM$_1$的常开辅助触头闭合，重复延时时间继电器5KT得电，到整定时间，一个晶闸管导通，5KM$_3$得电吸合，短接一段启动电阻器，4台电动机均加速一次。5KM$_3$的常开辅助触头中，一对闭合自锁，另一对闭合为5KM$_4$得电做准备。待5KT再次到整定时间，另一个晶闸管导通，5KM$_4$得电吸合，短接第二段启动电阻器，4台电动机又加速一次。5KM$_4$的常开辅助触头中，一对闭合自锁，另一对闭合为5KM$_5$得电做准备，同时串接在5KM$_3$线圈回路中的5KM$_4$常闭触头断开，避免形成寄生回路。由于5KT重复延时时间继电器中的两个晶闸管交替导通，因此5KM$_5$、5KM$_6$和5KM$_7$依次得电（5KM$_6$和5KM$_7$同时得电），整个切除电阻器的过程按时间原则进行。4台电动机获得第三次、第四次加速后，进入全速运行。之后，5KM$_7$的一对常闭辅助触头断开，使5KT停止工作。

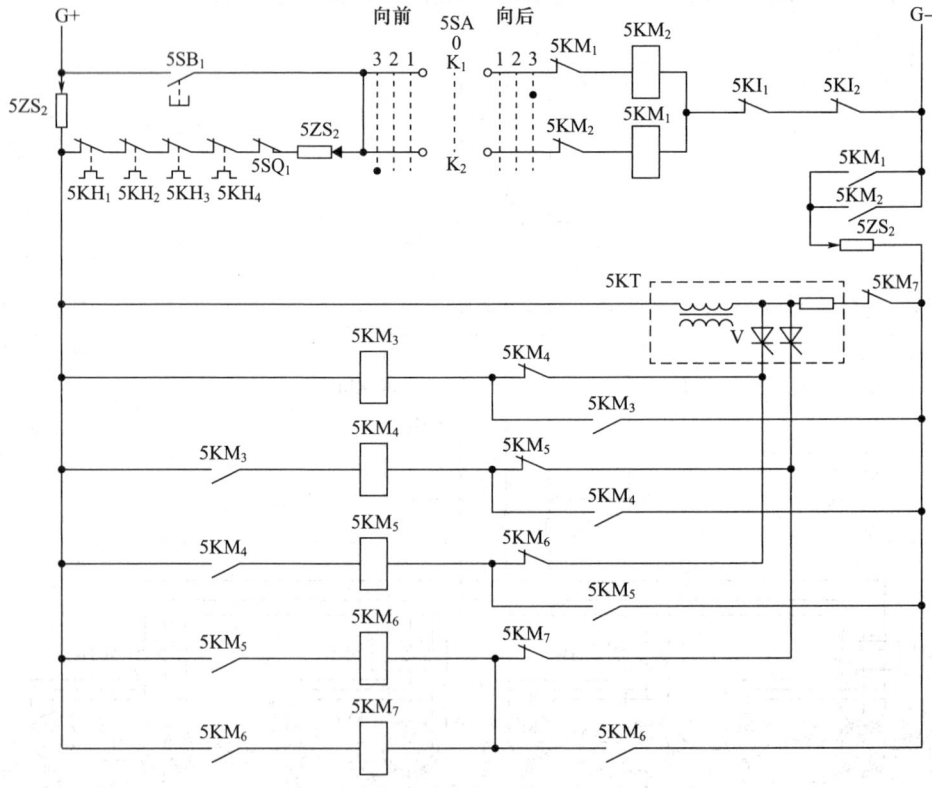

图4-3-4 门机行走机构控制电路电气原理图

主令控制器5SA手柄回零时，5KM$_1$失电释放，电动机5M$_1$～5M$_4$失电，制动器油泵电动机5YM$_1$～5YM$_4$同时失电，抱闸制动，门机停止行走。

控制门机后退时，将5SA手柄置于后三位，反转接触器5KM$_2$及加速接触器5KM$_3$～5KM$_6$按时间原则得电，启动与停止过程与先前类似。

（3）保护措施

1）联锁保护。在行走控制电气线路中，为了防止主电路电源短路，$5KM_1$、$5KM_2$ 之间用其辅助触头作电气联锁保护，用主令控制器 5SA 作机械联锁保护。

2）短路保护。$5KI_1$、$5KI_2$ 是线路短路保护的电流继电器触头。

3）过载保护。热继电器 $5KH_1 \sim 5KH_4$ 为电动机 $5M_1 \sim 5M_4$ 作过载保护。

4）限位保护。为了防止电缆被拉断，用行程限位开关 $5SQ_1$ 作保护。当电缆放完时，$5SQ_1$ 的常闭触头会切断控制电路，这时必须按下强迫收揽按钮 $5SB_1$，并将 5SA 手柄置于反向位置，使反向接触器得电，电动机反转，门机反方向行走，才能使 $5SQ_1$ 的常闭触头复原，最终使控制电器恢复到正常状态。

3. 门机旋转机构电气线路分析

（1）主电路

M10-30 型门机旋转机构由两台电动机 $4M_1$ 和 $4M_2$ 同时拖动。为了使两台电动机能同步，用同一个接触器 $4KM_1$ 或 $4KM_2$ 实现正向或反向控制。门机旋转机构主电路电气原理图如图 4-3-5 所示。旋转机构没有使用电气制动，而是采用脚踏液压开式制动器，制动力矩由司机脚踏力量的大小来控制。电动机 $4M_1$、$4M_4$ 的转子中串接有四级启动电阻器，由加速接触器 $4KM_3 \sim 4KM_6$ 依次短接。$4KI_1 \sim 4KI_4$ 是过电流继电器，用于过电流保护。

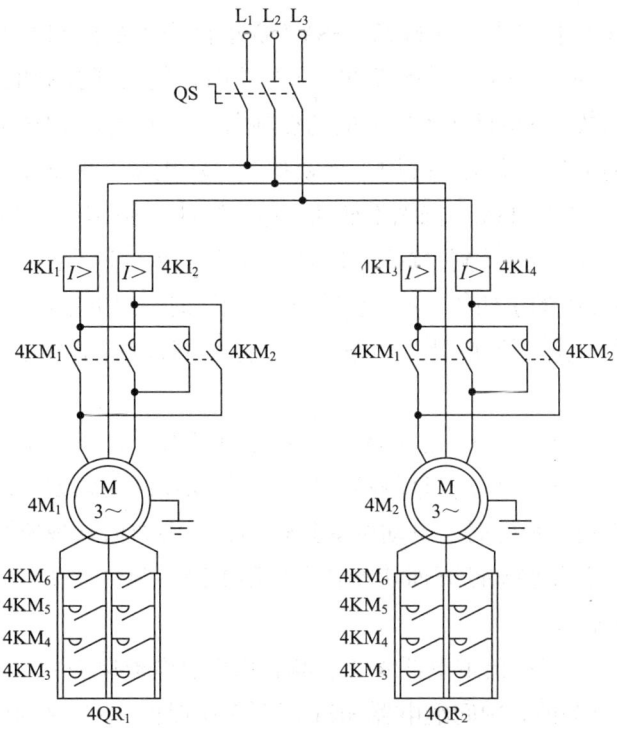

图 4-3-5　门机旋转机构主电路电气原理图

（2）控制电路

M10-30型门机旋转机构控制电路电气原理图如图4-3-6所示。

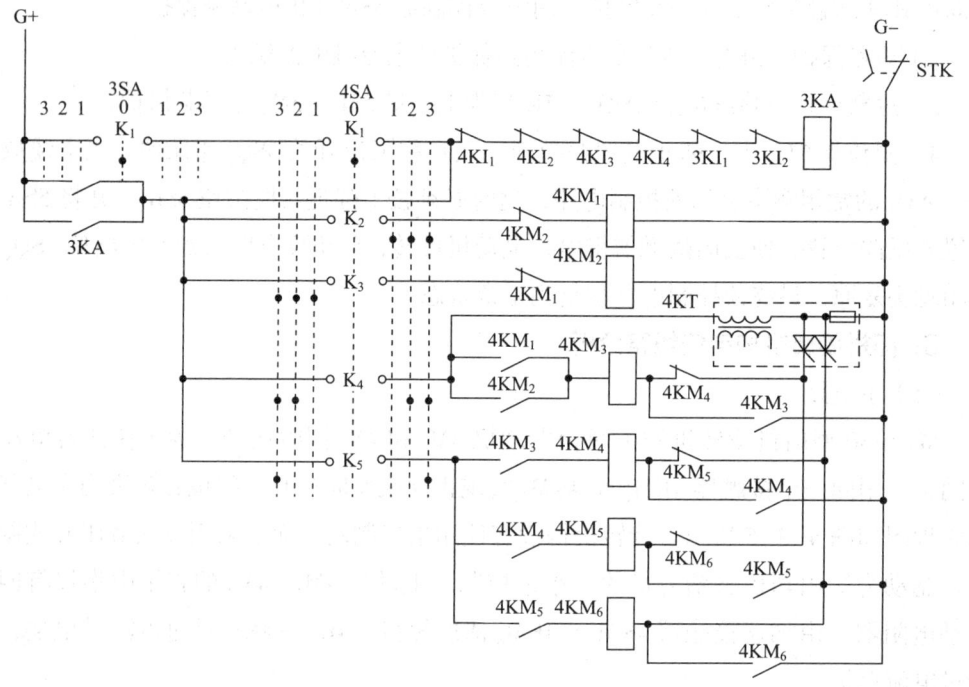

图4-3-6 门机旋转机构控制电路电气原理图

旋转机构由主令控制器4SA操纵，3SA（变幅机构主令控制器）与4SA的零位触头K_1串联，只有4SA和3SA的手柄都在"零"位时才能接通控制电器。实际上，3SA和4SA是同一个操纵手柄的两个不同方向的控制主令，这个操纵手柄的左右方向为4SA用于旋转控制，而前后方向为3SA用于变幅控制，从机械上保证了3SA和4SA能同时到"零"位。主令控制器4SA的操纵手柄在"零"位时，为旋转机构的控制部分提供电源；4SA的手柄从"零"位转到"右1"位时，门机右转，并可继续利用"右2""右3"进行调挡调速；将4SA的手柄从"零"位转向"左1"时，门机左转，并可继续利用"左2""左3"进行调挡调速；要使门机停止转动，可将主令控制器4SA的手柄转到"零"位。

（3）保护措施

1）防止电动机堵转保护。这个保护功能是用脚踏开关STK来实现的。STK与脚踏液压开式制动器的踏板联动，且脚踏液压开式制动器的制动力矩由司机脚踏力的大小控制。因此，当司机轻踩时，电动机受到较小的制动力而减慢速度，而当司机猛踩时，电动机因STK常闭触头断开而切断整个控制电路，两台电动机立即失电停转，避免电动机因堵转而烧毁。

2）过电流保护。过电流继电器$4KI_1$、$4KI_2$用于过电流保护。

3）零压和零位保护。中间继电器3KA用于零压保护，主令控制器的K_1触头用于零位保护。

4）联锁保护。接触器 $4KM_1$、$4KM_2$ 之间有电气联锁保护。

4．门机变幅机构电气线路分析

（1）主电路

门机变幅机构主电路电气原理图如图 4-3-7 所示。变幅用电动机 $3M_1$，经由三相隔离开关 3QS，正、反转接触器 $3KM_1$、$3KM_2$，从电网获得电能，其中，两相电源线上串有过电流继电器 $3KI_1$、$3KI_2$ 的线圈，用于 $3M_1$ 的过电流保护。电动机转子中均设有 $3QR_1$ 启动电阻器。$3KM_3 \sim 3KM_6$ 为加速接触器。

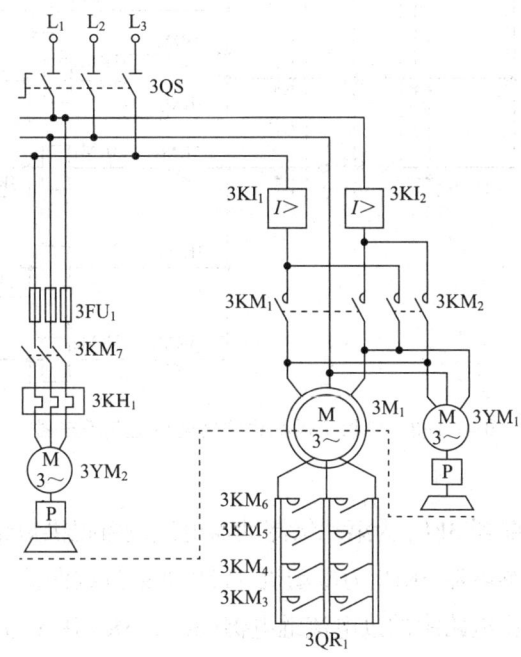

图 4-3-7　门机变幅机构主电路电气原理图

M10-30 型门机的变幅机构采用齿条传动系统，由电动机 $3M_1$ 带动减速器和单齿条传动机构来实现。为了避免制动时的冲击，门机采用二级制动。$3YM_1$、$3YM_2$ 是电力液压制动电动机，它们得电后制动闸瓦松开，$3M_1$ 就可以自由转动。

（2）控制电路

图 4-3-8 所示为门机变幅机构控制电路电气原理图。变幅机构电气控制原理与旋转机构相似，不同之处是变幅机构有一套制动装置，对于电动机 $3M_1$ 的制动过程可以分为以下 3 种状态。

1）当 3SA 手柄置于"增幅1"或"减幅1"位时，$3YM_1$ 与 $3M_1$ 同时得电松闸，电动机 $3M_1$ 启动。

2）当 3SA 手柄置于"增幅2"或"减幅2"位时，$3YM_2$ 在 $3M_1$ 运行期间始终处于松闸状态。

3）当 3SA 手柄置于"零"位时，电动机 $3M_1$ 失电停车，但由于惯性继续转动，$3YM_1$ 利用感应电动势的逐步减弱达到两级制动的目的，最终实现电动机平稳制动的效果。

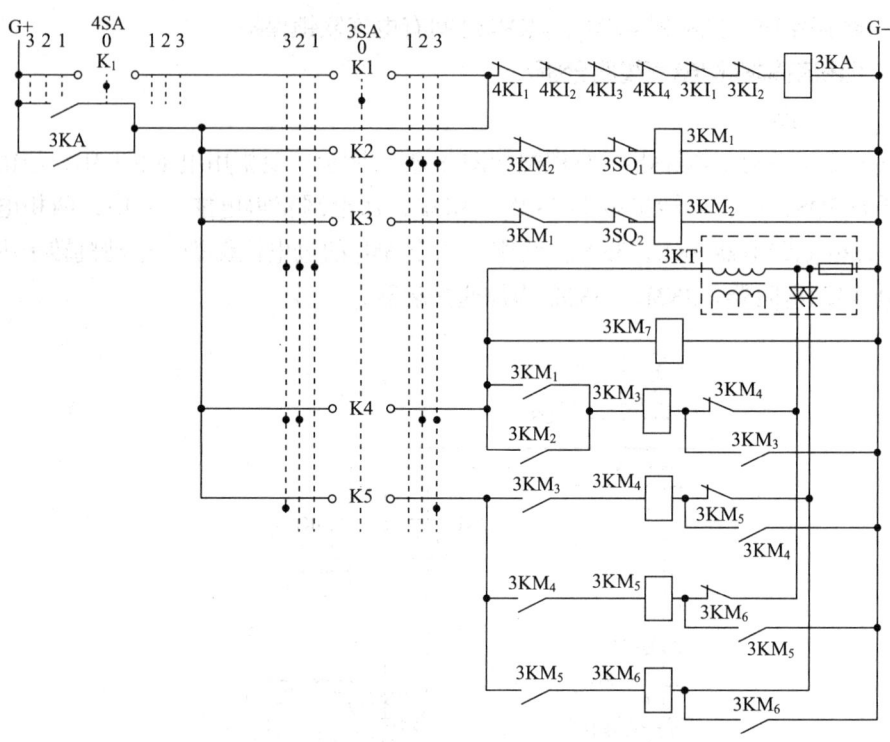

图 4-3-8　门机变幅机构控制电路电气原理图

（3）保护措施

1）短路保护。熔断器 3FU$_1$ 为第二级制动器电气设备提供短路保护。

2）过载保护。热继电器 3KH$_1$ 为电动机 3YM$_2$ 提供过载保护。

3）过电流保护。主电路中的过电流继电器 3KI$_1$、3KI$_2$ 用于过电流保护。

4）联锁保护。为防止电源短路，在 3KM$_1$ 与 3KM$_2$ 之间设有电气联锁保护。

5）零压和失压保护。主令控制器 3SA 和 4SA 的 K$_1$ 触头与中间继电器 3KA 配合构成零压和失压保护。

6）限位保护。限位开关 3SQ$_1$ 与 3SQ$_2$ 是变幅机构的增幅、减幅限位保护。

5. 门机起升机构电气线路分析

（1）主电路

门机起升机构的主电路中，1QS$_1$ 为电源隔离开关，两台电动机 1M$_1$ 和 2M$_1$ 分别驱动两台卷扬机。使用吊钩时，两台卷扬机的钢丝绳通过钩头滑轮使两台电动机的负载达到平衡。使用抓斗时，两台卷扬机的一根钢丝绳作为支持绳，另一根作为闭合绳。门机起升机构主电路电气原理图如图 4-3-9 所示。

主接触器 1KM$_1$、1KM$_2$、2KM$_1$ 和 2KM$_2$ 分别控制电动机 1M$_1$ 和 2M$_1$ 的正、反向运行。1M$_2$ 和 2M$_2$ 是电力液压推动器的油泵电动机，分别由接触器 1KM$_4$ 和 2KM$_4$ 控制。1QR$_1$ 和 2QR$_1$ 为 1M$_1$ 与 2M$_1$ 的五级启动电阻器。1KM$_5$～1KM$_9$ 为加速接触器，两台电

动机的分级启动电阻器使用同一个接触器短接，以利于同步加速。变压器 $1T_1$ 为电动机提供能耗制动所需的电能，$1VD_1 \sim 1VD_6$ 为三相整流硅元件，$1T_2$ 为平衡电感，$1KI_3$ 为直流过电流继电器，$1KI_1$、$1KI_2$、$2KI_1$ 与 $2KI_2$ 为交流过电流继电器。

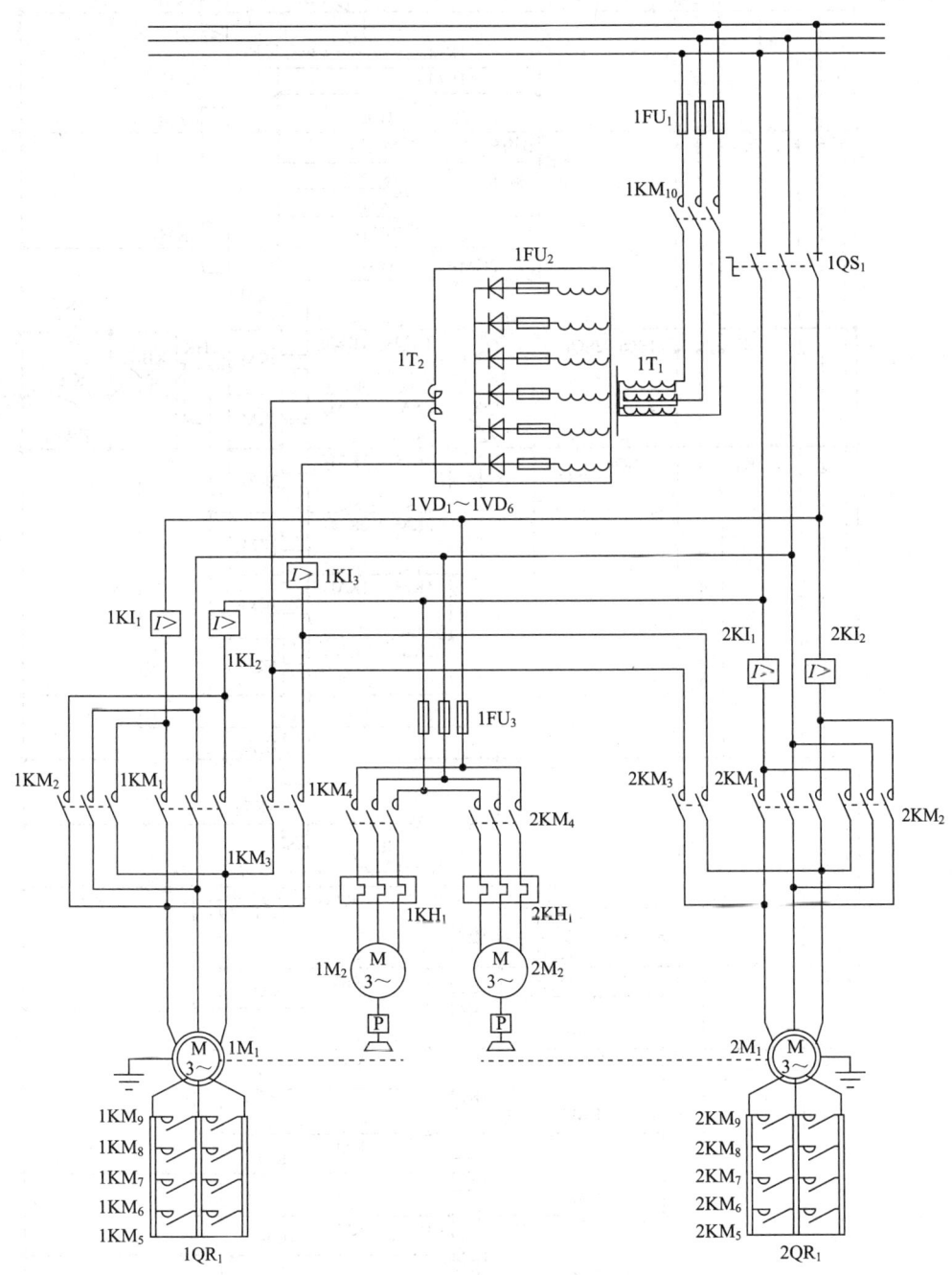

图 4-3-9　门机起升机构主电路电气原理图

（2）控制电路

门机起升机构控制电路电气原理图如图 4-3-10 所示。起升机构的工作过程分为

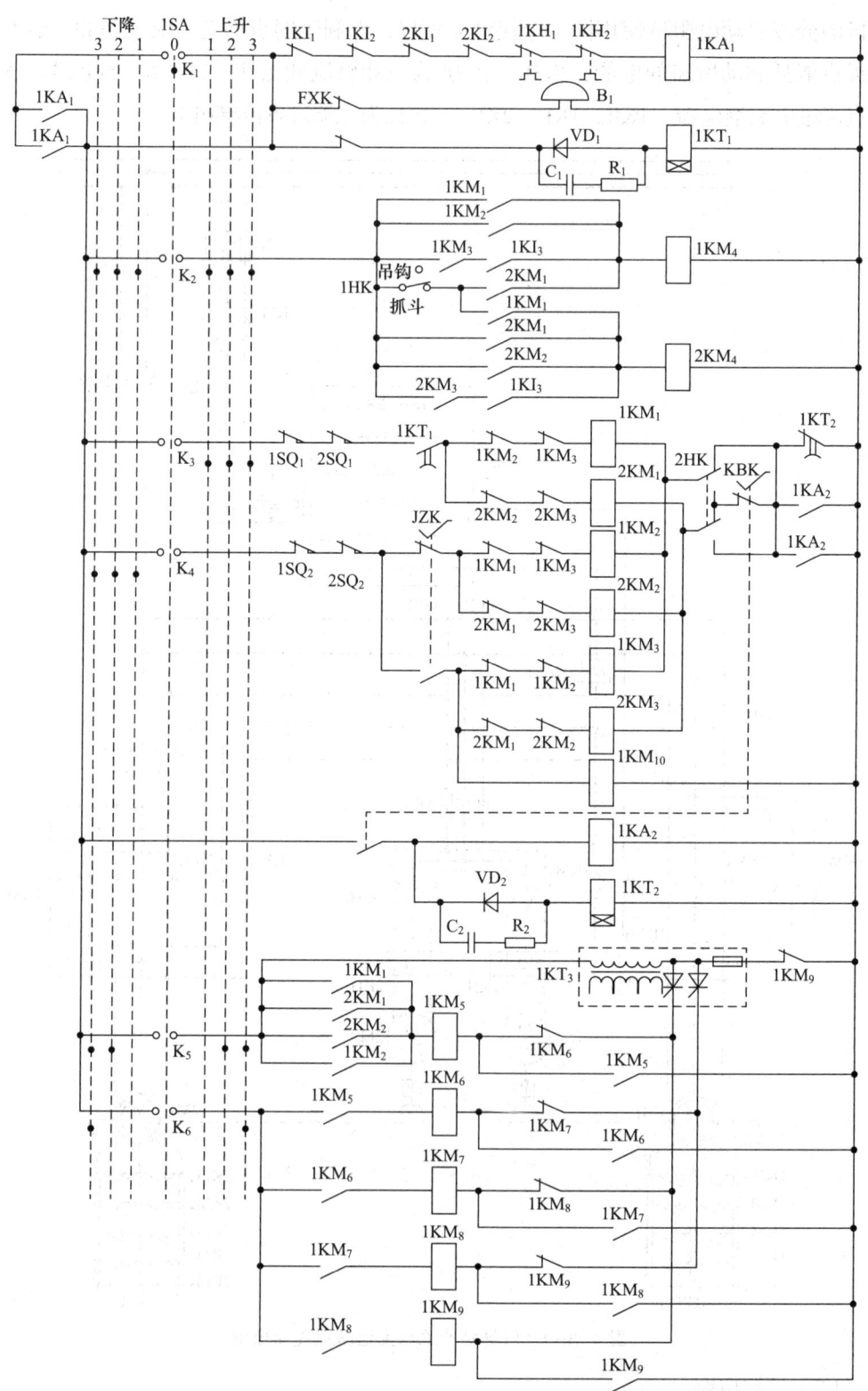

图 4-3-10 门机起升机构控制电路电气原理图

吊钩、抓斗作业两种情况，其线路由主令控制器 1SA 操作，1SA 的手柄位置在升、降方向各有三位。第一位是电动机 1M$_1$、2M$_1$ 全电阻启动，第二位、第三位是手动操作与重复延时时间继电器相结合控制短接电动机的第一级、第二级启动电阻器，随后完全由重复延时时间继电器 1KT$_3$ 控制，短接第三级到第五级启动电阻器。

（3）保护措施

1）超负荷保护。在起升机构的电气线路中，除过电流、零压、失压、过载、短路、联锁保护外，还设有超负荷保护。

2）限位保护。在两台卷扬机上都装有上升限位开关 1SQ$_1$、2SQ$_1$ 和下降限位开关 1SQ$_2$、2SQ$_2$，分别串联在上升接触器 1KM$_1$、2KM$_1$ 和下降接触器 1KM$_2$、2KM$_2$ 的线圈回路中。

第四节 斗轮堆取料机电气设备

斗轮堆取料机（简称堆取料机）是在散货堆场中既能堆料，又能取料的大型高效率连续装载机械。它适用于散料（如煤、盐、砂等）堆场中，用于堆取物料。斗轮堆取料机可分为行走、回转、变幅、堆取料及尾部带式输送机等部分。

斗轮堆取料机主要包括机械机构和钢结构件，以及电气传动控制系统两部分。电气传动控制系统主要包括供配电系统，传动装置，监测、安全及机旁控制装置，位置检测和设备保护控制，司机室电控、照明及插座，接地系统，电缆卷筒，PLC 控制系统，操作模式转换，电气 / 控制接口，通信等部分。

一、斗轮堆取料机电气设备的工作原理

斗轮堆取料机的斗轮机构、悬臂带式输送机、回转机构、俯仰机构等部分安装在门架上。门架通过 4 套运行台车可沿轨道行走。斗轮堆取料机通过尾车架与沿纵向布置的主带式输送机协同工作。尾车架通过挂钩与斗轮堆取料机相连，主带式输送机在尾车架上的部分可通过液压油缸进行升降。

需要堆料时，通过液压油缸将尾车架上带式输送机的头部升高，以便将主带式输送机输送上来的物料经该头部斗轮卸入料斗中。

进行取料作业时，先使尾车架脱离斗轮堆取料机，并通过升降液压油缸使尾部带式输送机下降到水平位置，然后开动斗轮机构使斗轮转动，铲斗便切入料堆挖取物料，靠自重使物料从斗内落到固定料槽上，进而滑到悬臂带式输送机上。斗轮采用分层取料及斜坡取料的方式从堆场取料，然后经料斗送入主带式输送机上。

当不需要堆料和取料时，将尾车架与斗轮堆取料机脱开，并将尾车架上主带式输送机部分的头部斗轮降至水平位置，物料就可直接经主带式输送机送至指定地点。

1. 斗轮堆取料机电气单线图电路分析

图 4-4-1 所示为单线图 1，表示堆取料机的供电由 6 kV 地面接线箱经上机电缆进入电缆卷取机构，后进入两台出线柜分别供电给 6 kV/380 V 的 1 250 kV·A 动力变压器（TF_1）和 6 kV/380 V 的 200 kV·A 照明控制变压器（TF_2）。

图 4-4-2 所示为单线图 2，表示从地面接线箱接入的 380 V 斗轮堆取料机应急电源，经进线断路器与照明控制电源相连。该进线断路器与 TF_2 照明控制变压器 380 V 侧主开关有机械联锁和相序保护装置。

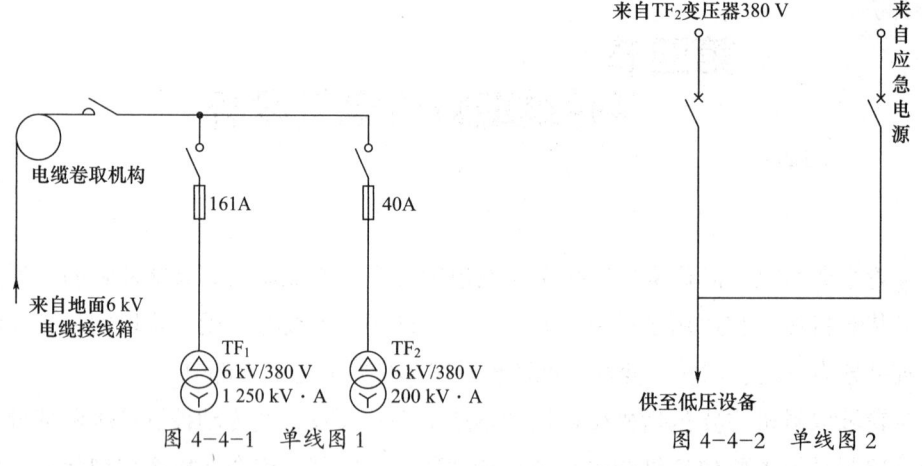

图 4-4-1 单线图 1　　　　　　　图 4-4-2 单线图 2

图 4-4-3 所示为单线图 3，表示 TF_1 动力变压器 380 V 侧经主断路器开关 INC-QF_1，分别给悬臂带式输送机（BC）电动机、中继带式输送机（TC）电动机、俯仰（LF）电动机及相关制动器、加热器供电。

图 4-4-4 所示为单线图 4，表示 TF_1 动力变压器 380 V 侧分别供电至两台斗轮传动液压泵电动机（BW_1），并经一个断路器供电至两台回转电动机（SL）及相关制动器。其中回转电动机采用变频调速传动。

图 4-4-5 所示为单线图 5，表示 TF_1 动力变压器 380 V 侧分别供电至电缆卷筒（PCR）电动机、夹轨器（RC）电动机、斗轮液压传动循环（BWCH）电动机、中心溜槽振动（TCH）电动机、斗轮冷却风扇（BWCF）电动机、地面带式升降（YCLD）电动机、司机室升降（CL）电动机。

第四章 装卸机械电气控制系统

141

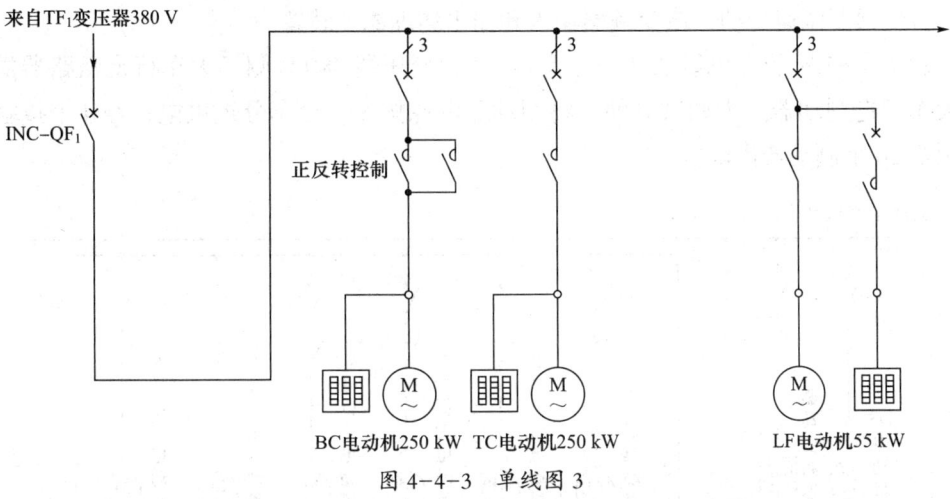

图 4-4-3 单线图 3

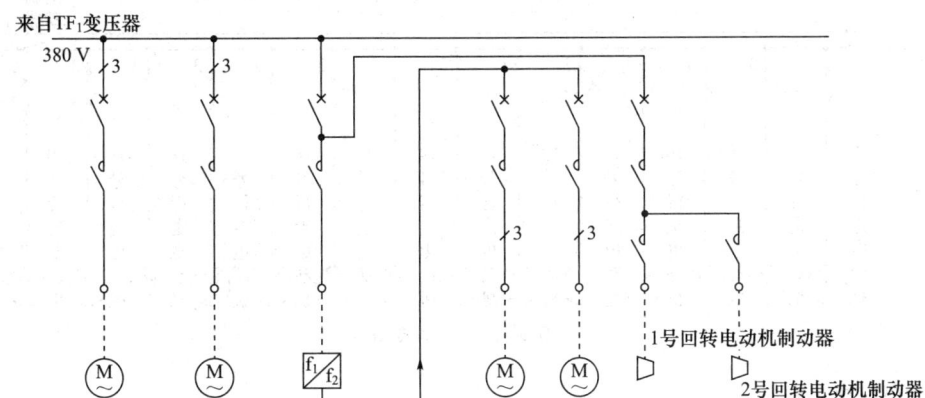

图 4-4-4 单线图 4

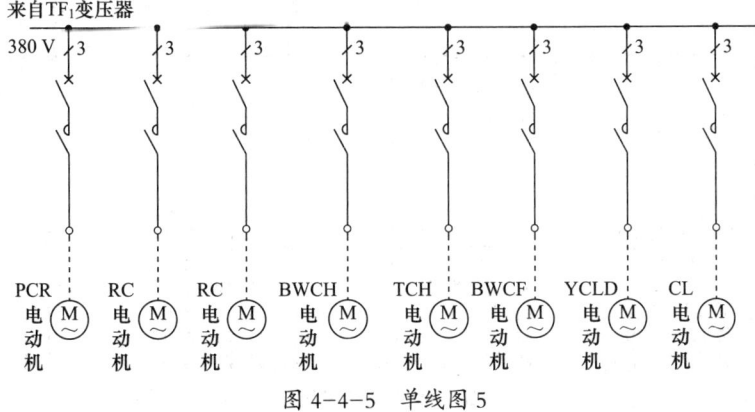

图 4-4-5 单线图 5

图 4-4-6 所示为单线图 6，表示 TF_1 动力变压器 380 V 侧供电至除尘（DS）电动机，并经大车行走断路器供电至行走电动机。行走电动机共 20 台，每台 7.5 kW，共

用 1 台变频器调速传动，该变频器输入和输出均加滤波装置。

图 4-4-7 所示为单线图 7，表示 TF_1 动力变压器 380 V 侧经大车行走断路器供电至大车行走制动器。为调试方便，将制动器电源按 4 个台车分组供电，经 4 个接触器分别给 20 个制动器供电。

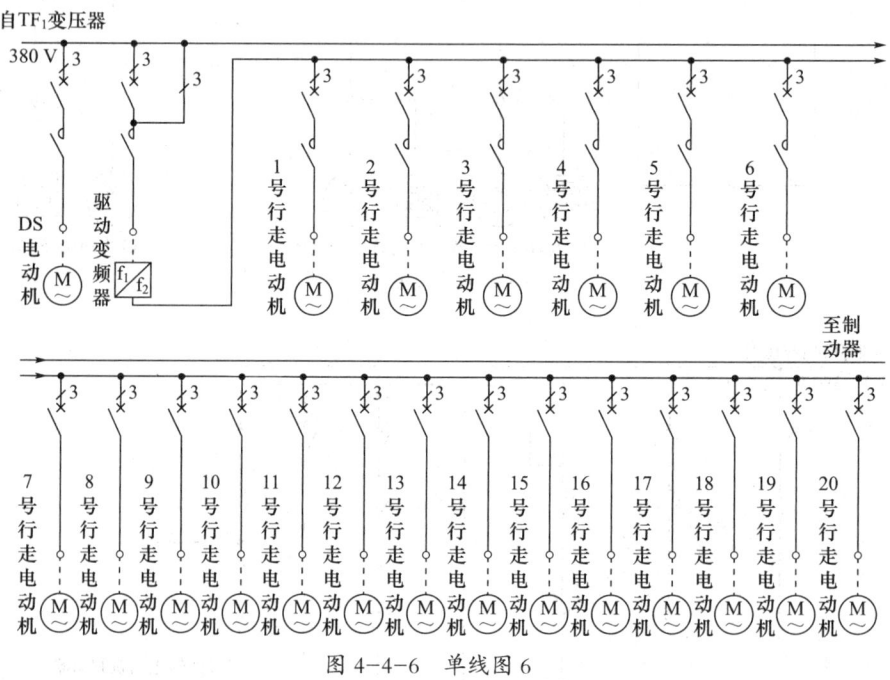

图 4-4-6 单线图 6

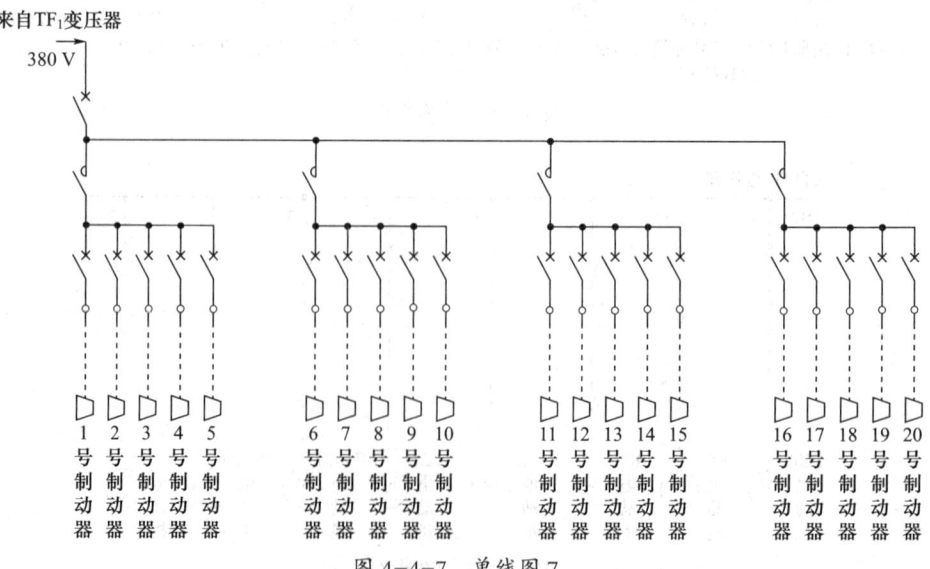

图 4-4-7 单线图 7

2. 斗轮堆取料机 PLC 控制程序框图

（1）图 4-4-8、图 4-4-9 和图 4-4-10 所示为悬臂带式输送机 PLC 控制程序框图。

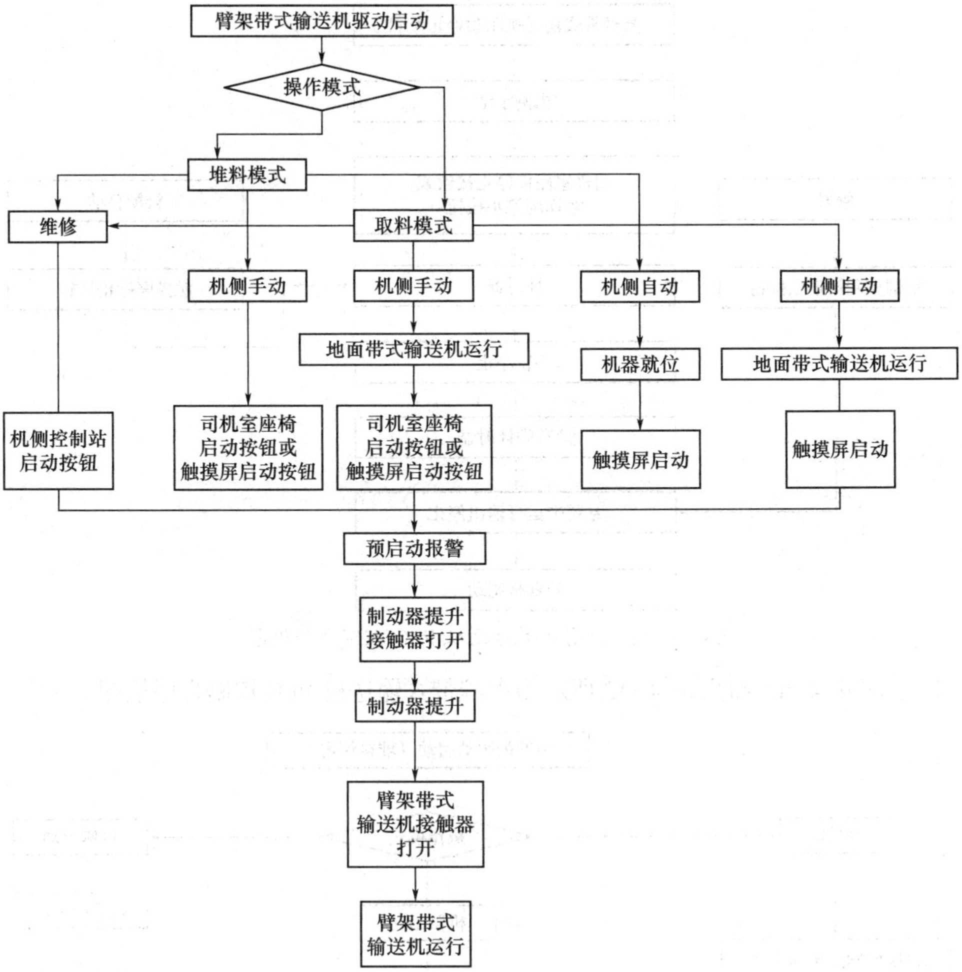

图 4-4-8 悬臂带式输送机 PLC 控制程序框图 1

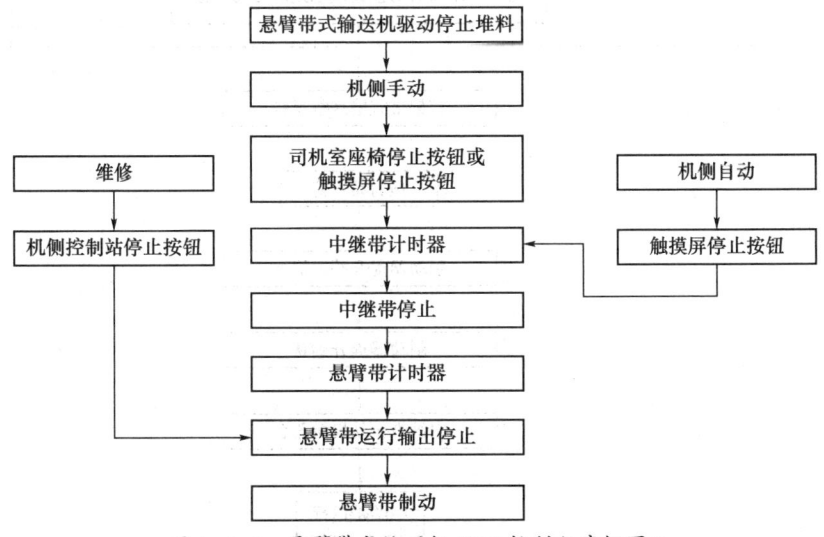

图 4-4-9 悬臂带式输送机 PLC 控制程序框图 2

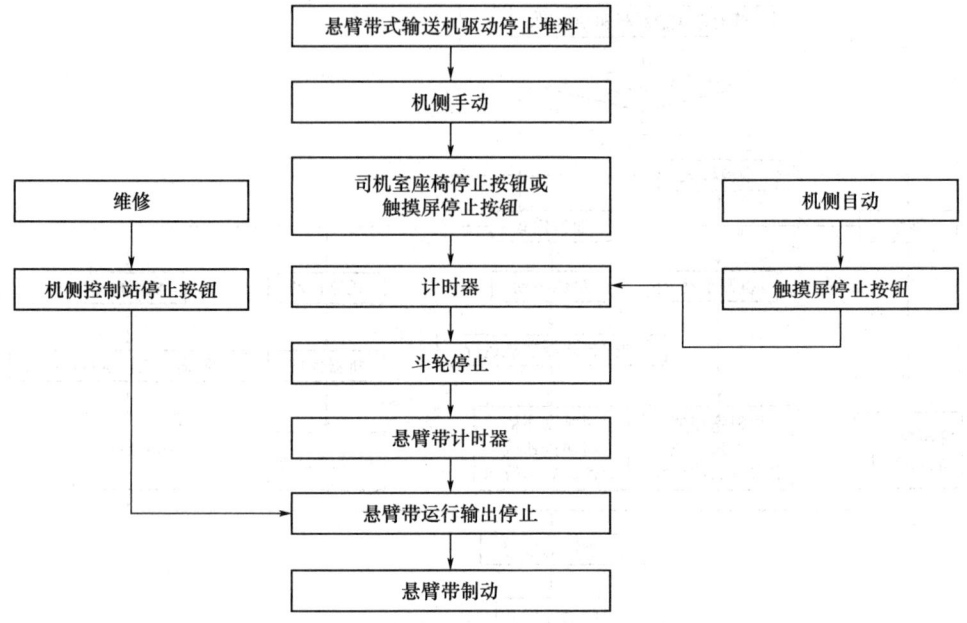

图 4-4-10　悬臂带式输送机 PLC 控制程序框图 3

（2）图 4-4-11 和图 4-4-12 所示为中继带式输送机 PLC 控制程序框图。

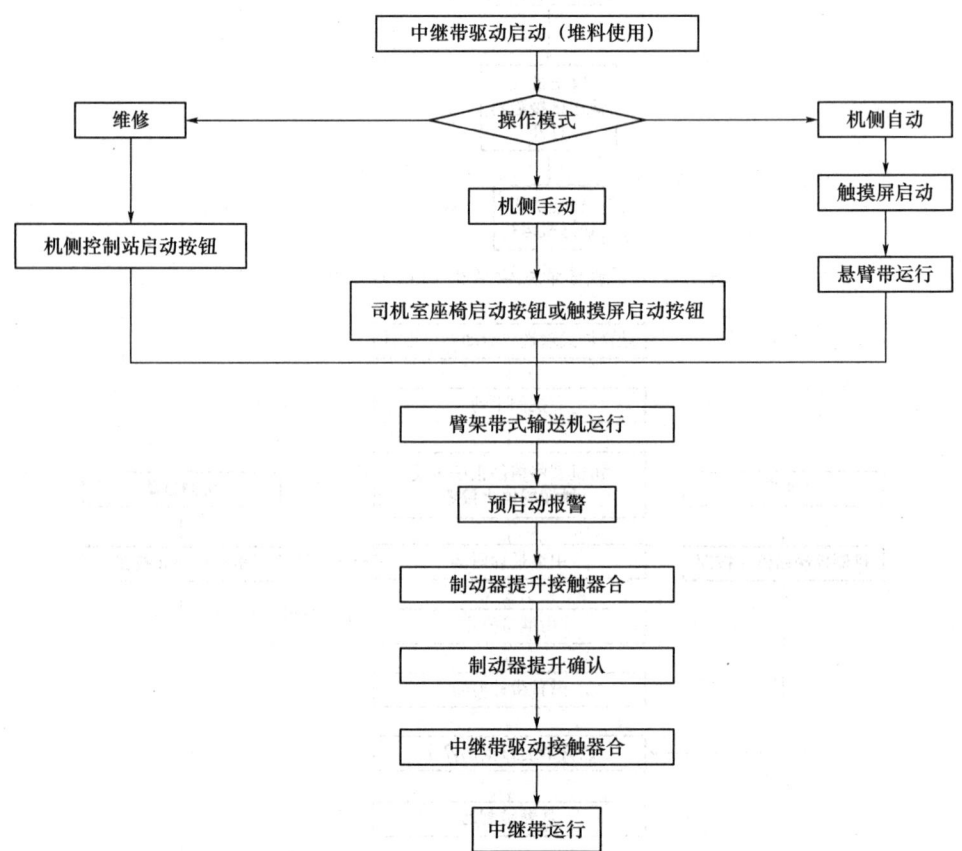

图 4-4-11　中继带式输送机 PLC 控制程序框图 1

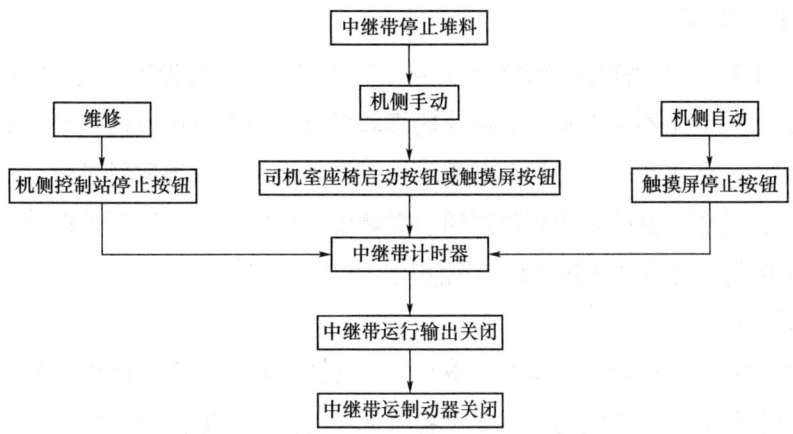

图 4-4-12 中继带式输送机 PLC 控制程序框图 2

二、斗轮堆取料机各机构典型线路分析

1. 斗轮堆取料机的供电系统

每小时作业量在 1 000 t 以下的斗轮堆取料机属于小型机,每小时作业量在 1 000～3 000 t 的斗轮堆取料机属于中型机,每小时作业量在 3 000 t 以上的斗轮堆取料机属于大型机。对于小型斗轮堆取料机,由于作业料场小、供电距离短、装机容量小,因此,一般采用低压供电方式,电源为 380 V、50 Hz 三相四线制;大中型机多采用三相三线制 6 kV、50 Hz 电源,其供电系统如图 4-4-13 所示。

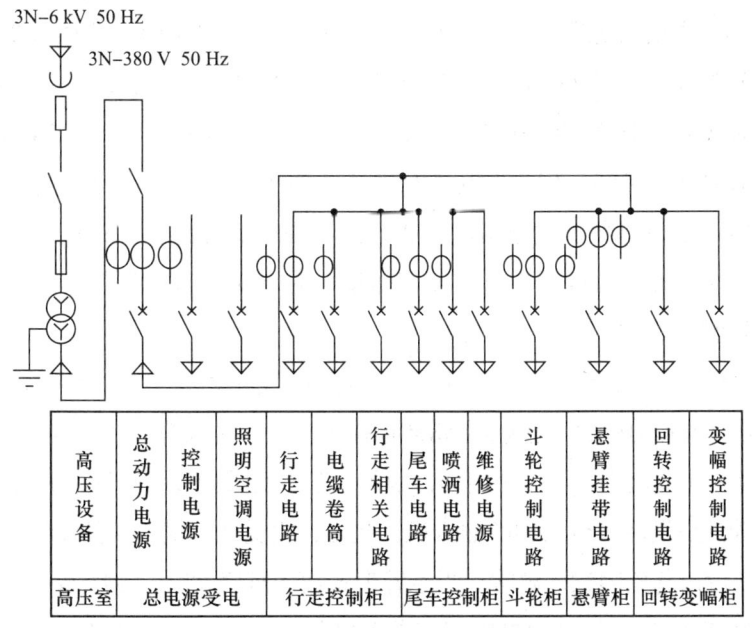

图 4-4-13 斗轮堆取料机供电系统

（1）高压设备

6 kV、50 Hz 电源由地面经电缆卷筒接至高压室高压开关柜中，高压室内主要有高压开关柜、干式变压器等设备。有的斗轮堆取料机在高压室内设两台干式变压器，一台作动力用，一台作照明、空调负载用。一般在中小型斗轮堆取料机中只设一台动力变压器，而在该变压器的副边再设照明、空调用变压器。在高压开关柜中设有负载开关和高压熔断器，也有的斗轮堆取料机使用高压真空断路器。

（2）低压设备

底层电气室内一般设有总电源受电柜、行走控制柜、尾车控制柜。总电源受电柜主要是解决整机低压用电问题，主要设备有低压刀开关、断路器、自动开关、照明变压器、控制隔离变压器、计量仪表、互感器等。

在操作低压总电源受电柜时，要注意倒闸操作顺序。停电时先关断断路器，在确认断路器分断后再断开刀开关；送电时顺序相反。

行走控制柜除安装空气断路器、接触器、过电流继电器外，还要安装与行走控制相关的机构控制元件。尾车控制柜同样如此。由于总电源受电柜、行走控制柜、尾车控制柜都在底层电气室内，电源连接比较方便，连接电动机、保护器的电缆均可由柜底经机上电缆桥架接到设备上。

2. 悬臂带式输送机控制原理

图 4-4-14 所示为某斗轮堆取料机悬臂带式输送机主电路电气原理图。其中 QF_{32} 为空气断路器，主要对悬臂带式输送机主回路起短路保护作用；接触器 21KM、22KM 实现正、反转控制；T_5 为自耦变压器，起降压启动作用。启动过程中，接触器 24KM 和 25KM 同时吸合，接触器 23KM 不吸合；启动完毕，23KM 吸合，24KM、25KM 释放，启动过程结束。TA6、TA7 为电流互感器，用于计量工作电流，同时热继电器和电流继电器对电动机过载、过电流起保护作用。在电流互感器二次侧回路中，中间继电器 20KA 在电动机启动过程中将电流表短接，对电流表起到保护作用；当启动结束后，20KA 常闭触点断开。

图 4-4-15 所示为悬臂带式输送机控制电路电气原理图。在操作上，中间继电器 5KA 选择半自动操作时吸合，接触器 5KM 选择手动操作时吸合。在堆料作业时，悬臂带式输送机在整个作业流程中第一个启动，因此，它不受其他设备闭锁；而在取料作业时，悬臂带式输送机是最后一台启动的输送机，此时，它受地面输送机的闭锁，只有在地面系统启动完毕后，起始闭锁才解除。当悬臂带式输送机启动时，接触器 24KM、25KM 同时吸合，自耦变压器 T_5 与电动机串接，电动机降压启动；接触器 26KM 闭合、启动电液推杆制动器电动机，刹车打开；经过启动延时后，中间继电器 20KA 得电吸合，接触

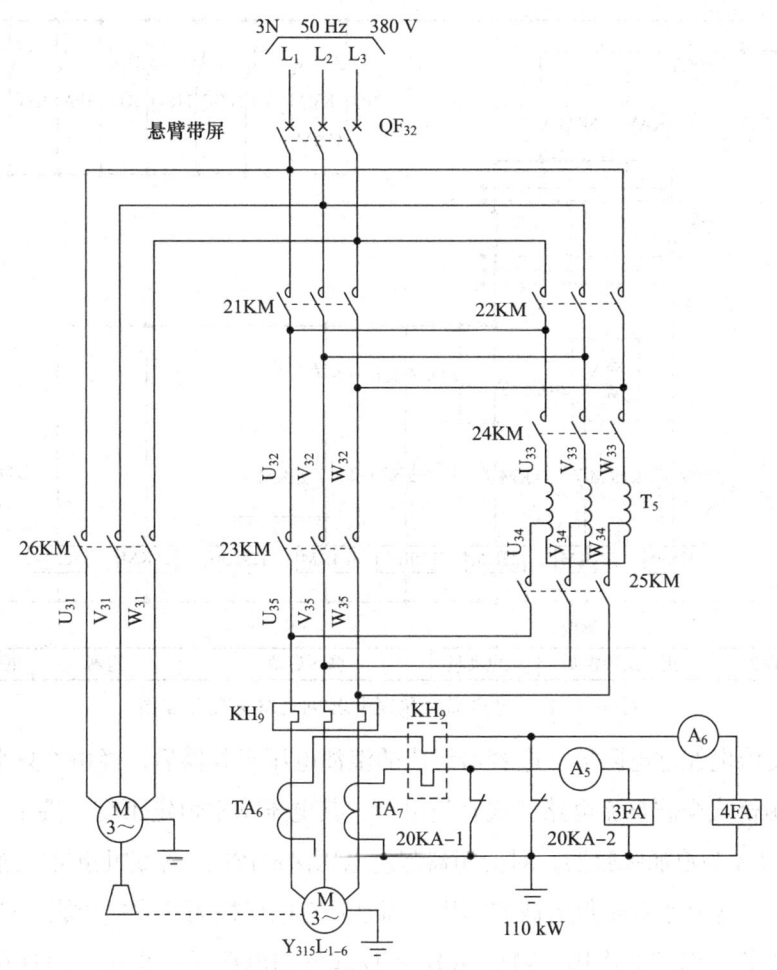

图 4-4-14 悬臂带式输送机主电路电气原理图

器 24KM、25KM 释放，同时接触器 23KM 吸合，自耦变压器 T_5 被切除，降压启动结束。7SQ 为打滑开关的微动开关常闭触点，当带式输送机不工作时，7SQ 闭合；当带式输送机正常启动时，7SQ 打开；失速打滑时，7SQ 也会接通，使中间继电器 23KA 动作，悬臂带式输送机停止工作。8SQ～11SQ 为跑偏微动开关。16KA 为故障复位继电器，设在操作台上，由司机通过故障复位按钮来操作。出现故障时，即使故障解除，中间继电器 23KA 仍然吸合，只有当按下故障复位按钮时，16KA 得电吸合，才使 23KA 失电断开。

3. 回转机构控制原理

（1）变频器

首先介绍一下日本富士公司 FRN045G7-5 型变频调速器的硬件结构（见图 4-4-16），该变频器属于交—直—交电压型 PWM 变频器。

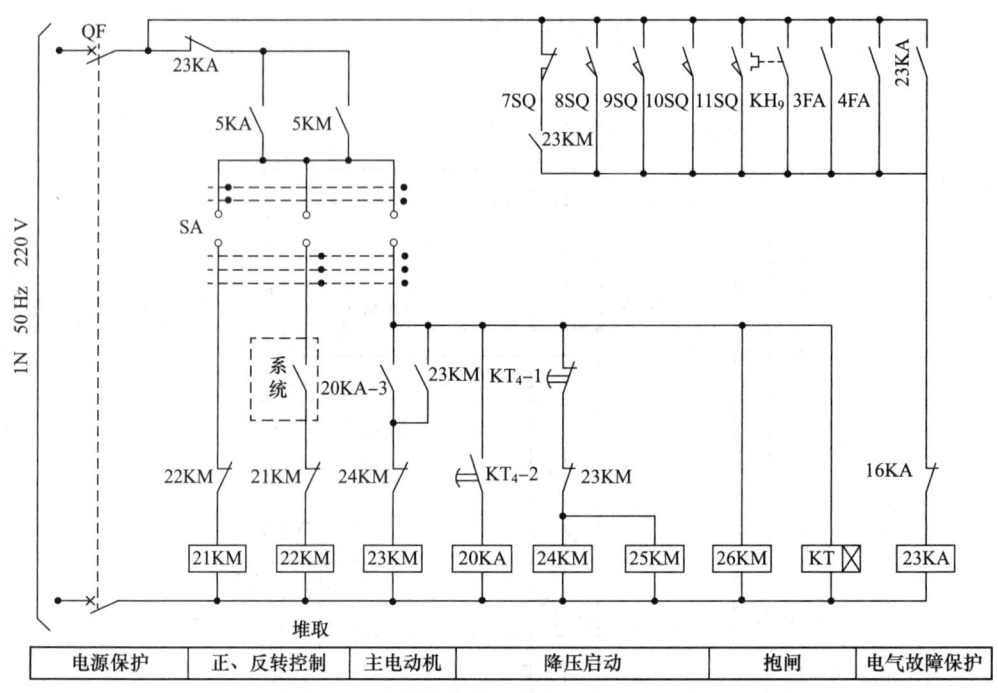

图 4-4-15 悬臂带式输送机控制电路电气原理图

三相交流电经过电阻器、电容器组成的浪涌电压吸收器后,经由6只半导体二极管组成的相桥式全波整流电路变成直流电源,其电压基本恒定不变。端子 P_1、P 接平波电抗器。SA 为浪涌吸收器,对变频器起过电压保护作用。平波电抗器对电流的突变起抑制作用。电容器 C 不仅起滤波作用,而且具有电压检测的取样功能。$VT_1 \sim VT_6$ 为大功率晶极管,起逆变作用。$VD_1 \sim VD_6$ 不仅起反相电压保护作用,而且在电动机制动过程中,可将电动机回馈的再生电流整流后对电容器 C 进行反向充电。当电压检测回路检测到电容器 C 两端电压高到一定程度后,DB(制动)单元的三极管导通,DB 电阻器吸收电动机的回馈能量。电流互感器 CT 对逆变电流(负载电流)起检测作用。磁通量检测单元对输出的逆变电压进行监测。

变频器的内部输入信号大部分通过输入接口电路的耦合隔离接入中央处理器 CPU,外部输入信号也通过输入通道的隔离后进入 CPU。

(2) 斗轮堆取料机的回转调速

斗轮堆取料机在回转取料时需经常调节回转速度,在料场边缘时需快速取料,在料场中间时需慢速取料。对于不同物料,其回转速度要求也不一样。理论上按扇形规则取料,但在实际应用中,取料具有灵活多变性。图 4-4-17 所示为我国沿海某港口斗轮堆取料机回转控制回路电气原理图。

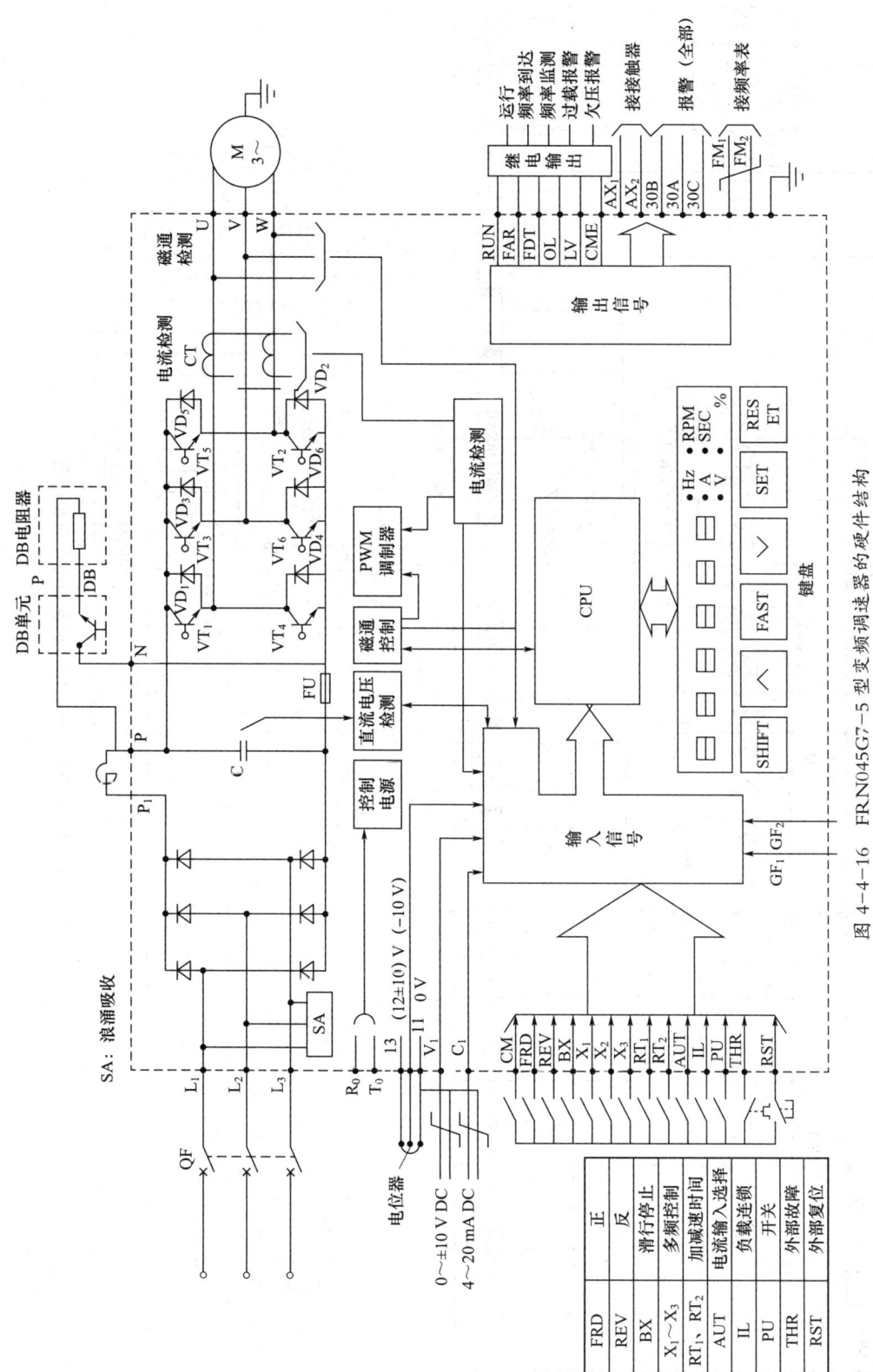

图 4-4-16 FRN045G7-5 型变频调速器的硬件结构

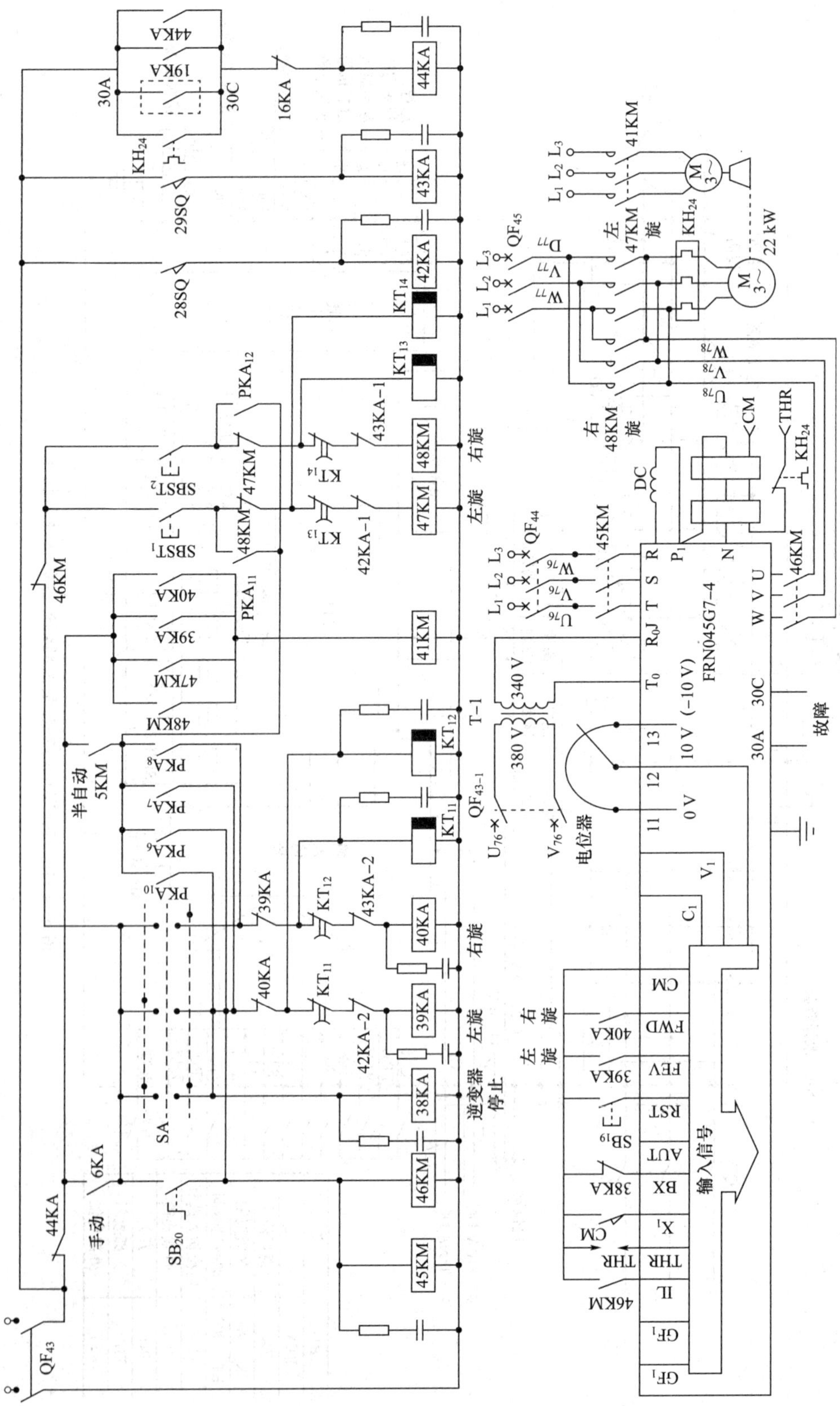

图 4-4-17 斗轮堆取料机回转控制回路电气原理图

回转机构有两种操作方式：一种是手动操作方式，由主令控制器 SA 实现；另一种是半自动操作方式，即由司机设定参数后，PLC 根据设计好的程序自动运行。斗轮堆取料机在回转工作时，其回转角度因大尾车的限制，不可能像门机那样 360° 回转，其最大回转角度一般为 100° 左右，因此，工艺上设左右回转限位保护开关，如图 4-4-17 中的 28SQ 和 29SQ 所示。FR_{24} 为过电流保护继电器，其常开辅助触头同变频器内部保护接点 30A、30C 并联相接。

接触器 47KM、48KM 是为在应急情况下回转悬臂而设计的，41KM 为电液推杆刹车电动机用接触器。SB_{20} 为 1 时，变频器接入交流电源及负载，在无回转操作情况下，负载侧无电流输出。SA 为变频手动操作主令开关，在半自动操作情况下不需使用 SA 操作，因此，在半自动操作时，接触器 5KM 为 1，中间继电器 6KA 为 0。PKA_{10}、PKA_6、PKA_7、PKA_8 为半自动取料中间继电器，由 PLC 输出口发送命令；PKA_{11}、PKA_{12} 为半自动堆料中间继电器，同样由 PLC 输出口发送命令。在该电气回路中，严禁接触器 48KM 或 47KM 与接触器 46KM 同时吸合，否则会烧毁变频器。

当 SB_{20} 为 1 时，接触器 45KM 与 46KM 吸合，中间继电器 38KA 为 1，使变频器 BX 为 0。当中间继电器 39KA 或 40KA 为 1 时，变频器有电流输出，可回转工作；当到达料场边缘时，料场边缘回转限位开关闭合，回转频率增高，回转速度加快。

三、斗轮堆取料机电气设备备件的选择与安装

1. PLC 的选择

（1）PLC 硬件

每台斗轮堆取料机的 PLC 系统包含所有软件程序，能独立于任何地面 PLC 系统操作设备。地面 PLC 系统对每台设备只有两个功能：在设备和中控室之间接收和发送数据；接收和发送大车行走位置信号。

为了完全监测和控制各设备，采用一个模块化的 PLC 系统。该 PLC 为机架式安装，同时安装有 CPU、通信和输入/输出（input/output，I/O）卡槽。系统装在低压电气室的一个柜内，包括 CPU、RAM 记忆模块、通信单元、数字输入卡、数字输出卡、模拟输入卡、模拟输出卡、外部用总线系统模块、接口继电器等设备。

PLC 内存有 20% 的备用空间，PLC 的 I/O 有 20% 的备用空间。PLC 允许一个接口与便携式计算机连接，用于诊断。所有 I/O，包括备用 I/O，都应连线到端子。

（2）PLC 软件

PLC 的功能应包括料堆形状、行走位置、悬臂俯仰角度和回转角度等的操作控制，以及与中央控制室（CCR）信号传输系统之间的信号传输。

（3）人机交互（human machine interaction，HMI）

移动设备上 HMI 系统大多是工业触摸屏型计算机系统，并且应至少配备以下硬

件：PC、CPU、RAM、硬盘、软驱、显示器、通信接口板等。

2. 变频器的选择

根据回转机构控制原理、电动机的型号规格选择变频器。

第五节 抓斗卸船机电气控制

在较大的散料运输系统中，物料运输的起始点常常为卸船机、卸车机械，或斗轮堆取料机等设备。大粒度的煤炭和铁矿石等原料的卸船以抓斗卸船机为主，其中，桥式抓斗卸船机（见图 4-5-1）在我国沿海各大港口和内河港口的应用最为广泛，并在电力、冶金、化工、水泥等行业的物料装卸中都占据很重要的地位。本节以桥式抓斗卸船机为例进行介绍。

图 4-5-1 桥式抓斗卸船机

桥式抓斗卸船机的主要取料装置是抓斗，它的控制工艺较为复杂，特别是在配备 PLC 控制及电子无级调速控制器后，能够实现半自动或全自动工作循环，并能自动防摇、动态卸料，提高了生产效率，降低了劳动强度。

从自动控制的角度看，桥式抓斗卸船机主要有五大运动机构：起升支持机构、起升开闭机构、小车平移机构、变幅机构和大车行走机构。其中，起升支持机构和起升开闭机构完成抓斗的升降和开闭，小车平移机构完成抓斗的平移，变幅机构主要完成悬臂梁的收放，大车行走机构完成整个机械的移动。

除以上 5 个主要机构需要完成控制外，桥式抓斗卸船机还有一些辅助机构与控制相关，如电缆卷筒、给料机、带式输送系统、水系统、司机室平移、照明、称重等。由于这些辅助机构或者在控制上较容易实现，或者与其他桥式起重机有相同之处，因此，本节不予介绍。本节将介绍以下 5 个主要系统的控制原理。

一、起升系统

1. 抓斗运动机构

桥式抓斗卸船机的主要取料装置是抓斗。抓斗的升降、开闭及平移运动主要由起升支持机构、起升开闭机构和小车平移机构协同完成。3 个机构合称抓斗运动机构，分别由支持电动机、开闭电动机和小车电动机通过机械卷筒带动钢丝绳协同传动抓斗运动。起升支持机构、起升开闭机构和小车平移机构的主要传动形式如下。

（1）四卷筒传动结构：3 个电动机共用 4 个卷筒，卷筒之间通过行星齿轮进行机械耦合，由机械差动完成 3 个机构的联动与单动。

（2）电差动结构：4 个电动机分别传动 4 个完全独立的卷筒，并由电气控制系统控制 4 个电动机的差动，完成 3 个机构的联动与单动。电差动结构比行星齿轮机械差动结构的电气控制要复杂得多，但 4 个卷筒的结构简单，制造成本低，并且钢丝绳的缠绕简单，无论是机械还是电气，均有很高的互换性。

抓斗运动机构（起升支持机构、起升开闭机构与小车平移机构）是桥式抓斗卸船机工作频率最高的机构，在现代的控制系统中，常常要为这三个机构的联合装卸工作配备全自动或半自动的工作手段，以提高生产效率，同时也降低操作人员的劳动强度。

除配备制动器、凸轮限位及必要的润滑系统外，为了实现半自动或全自动功能，起升支持机构、起升开闭机构与小车平移机构都需要配置位置测量传感器、速度测量传感器及必要的安全保护装置等。

2. 自动抓斗控制

（1）抓斗初始化

由于系统正常工作时，需对起升支持机构、起升开闭机构和小车平移机构进行位置控制，因此，必须在正常工作开始前，进行起升位置初始化、开闭开度初始化和小车位置初始化工作。每次 PLC 重新上电或编码器故障后，抓斗必须重新进行初始化。

（2）抓斗控制

抓斗的开斗、闭斗动作是通过起升支持机构和起升开闭机构协同运行所形成的行程差实现的。电气控制系统应根据起升支持机构和起升开闭机构的实时位置差、抓斗起升速度给定、抓斗开闭速度给定，通过速度计算功能模块获得起升速度给定和开闭速度给定，从而分别控制支持电动机和开闭电动机的速度控制器，实现多种抓斗运行模式，完成静态开闭斗（即抓斗无升降运动）、动态开闭斗（即抓斗同时有升降运动）、深挖过程中闭斗等动作。在完成抓斗的初始设定后，抓斗打开和关闭的预置减速位置、预置停止位置 4 个参数即确定,在开闭过程中抓斗将会实现自动减速、自动停止。

(3)位置同步控制

抓斗的位置同步控制在抓斗未关闭时进行。通过将起升支持机构和起升开闭机构的即时位置差与记忆位置差进行比较,位置调节功能模块即可实现精确的位置控制,使抓斗在升降时始终保持起升支持机构和起升开闭机构的位置差不变,以维持抓斗的开闭状态。

(4)负载平衡

电气控制系统实时采集起升支持机构和起升开闭机构的负载信号,通过力矩 PI 调节功能模块,实现精确的负载平衡,使抓斗在闭合状态,即带负载升降时,始终保持支持电动机和开闭电动机的负载平衡,以维持起升支持机构和起升开闭机构的电动机出力均衡,并保证抓斗运行过程中不撒料。

(5)最大抓取量控制(深挖)

抓斗由于自重及在抓取物料的过程中质量不断增加,会不断下沉。电气控制系统根据抓斗的抓取特性,协调控制支持电动机和开闭电动机的转速和转矩,以实现抓斗的最大抓取量控制,有效提高抓斗的抓取量。起升支持机构和起升开闭机构转速、转矩的有效配合,也有效降低了深挖过程中的机械振动。另外,由于转矩限幅,在深挖的过程中,支持电动机仍有 10%~20% 额定转矩,恰好能使钢丝绳在深挖过程中始终维持在张紧状态,弥补了传统抓斗控制在深挖过程中钢丝绳过度松弛的缺陷。

自动抓斗控制软件框图如图 4-5-2 所示。

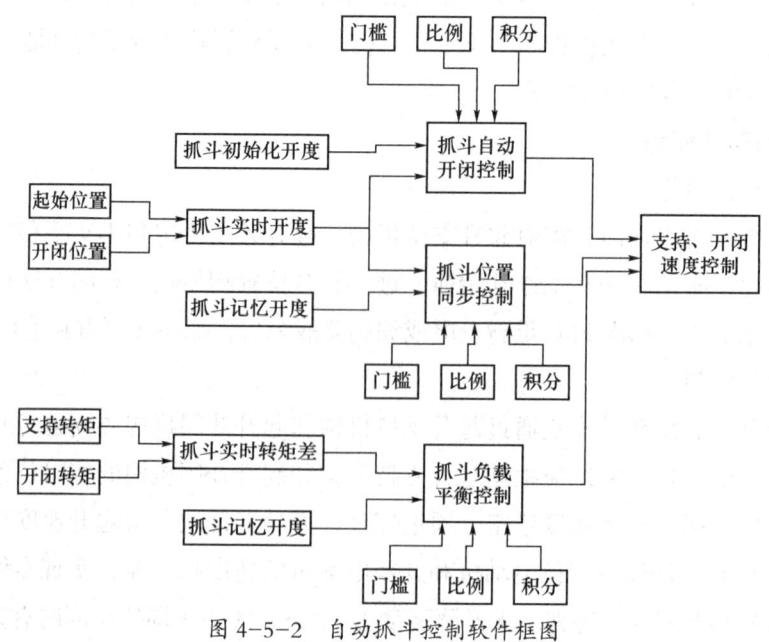

图 4-5-2 自动抓斗控制软件框图

3. 抓斗卸料方式

装卸散粒物料的抓斗装卸桥的卸料方式可以分为静态卸料法、摆动卸料法、联动卸料法等。合理选用卸料方式，有利于提高装卸桥的实际生产效率。

（1）静态卸料法

静态卸料是目前广泛应用的一种方式。卸料时，小车运行到料斗口附近，开始制动减速，因小车速度降低，故抓斗由于惯性作用超前小车。当小车速度趋近于零时，抓斗相对小车左右摆动。由于刚停车时小车摆动幅度较大，为了不使物料卸到漏斗口外，一般不能马上开斗卸料。有时抓斗位置不合适，还需要重新启动小车，调整至合适位置后再开始卸全部物料，全过程一般要花 2~5 s。开斗卸料是一个独立的过程，不能与其他动作复合。这种卸料方式生产效率较低。

（2）摆动卸料法

卸料时，小车运行到漏斗口附近，在开始制动过程中，抓斗已开始开斗卸料，小车制动停止后，已有一部分物料卸向漏斗。此时，抓斗相对于小车摆动，并继续卸料，然后小车反向启动，运行到制动位置时，抓斗卸完全部物料。这一过程可以最大限度地使小车运行时间和抓斗开斗卸料时间复合。与静态卸料法相比，此方法可以提高 14% 的生产效率。

（3）联动卸料法

卸料时，小车运行到漏斗口附近一定位置，在开始制动减速过程中，开动起升开闭机构，使开闭绳向下运动开斗；同时，反向开动起升支持机构，使抓斗开闭绳以相当于抓斗起升绳 2 倍的速度开斗卸料。这时，抓斗在卸料的同时向上运动，可缩短抓斗摆长，并降低抓斗摆动幅度，提高了卸料时抓斗与漏斗的对准程度。小车停止后，抓斗继续摆动并向上运动进行卸料。在这个过程中，开斗卸料、小车运行及抓斗起升时间得到重叠，即动作复合，与前两种卸料方式相比，明显提高了生产效率。

4. 半自动工作流程

系统半自动工作方式如图 4-5-3 所示。抓斗闭合抓满物料，在手动操作下提升到设定的安全高度后，可以启动半自动工作流程。根据当前的小车测量位置和卸料位置，系统经过计算获得当前卸料的最佳防摇运动轨迹，并即刻进入半自动运行，沿计算的最佳防摇轨迹运行到料斗上方进行卸料。

若卸料方式设定为静态卸料（见图 4-5-4），则抓斗应无摇摆地停留在料斗上方的中央位置，并打开抓斗卸料。抓斗在料斗上方的停留时间可以通过静态卸料停止时间选择开关进行调整，通常 1~4 s 即能适应所有状况的物料。

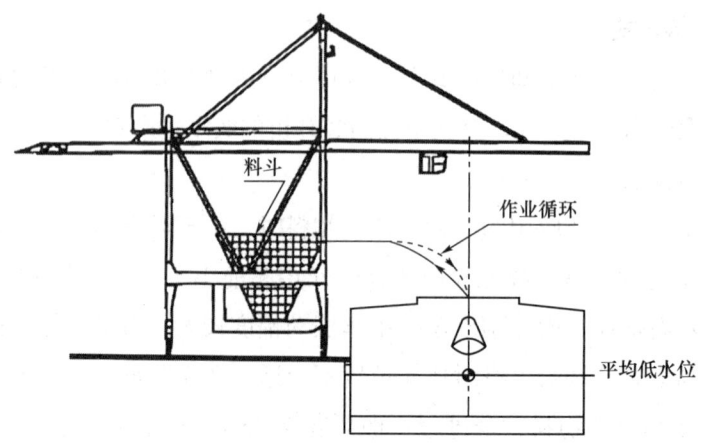

图 4-5-3 系统半自动工作方式

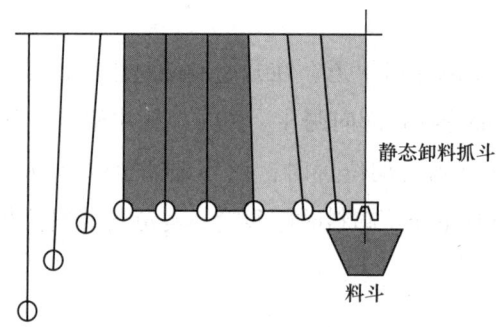

图 4-5-4 抓斗静态卸料方式

若卸料方式设定为动态卸料（见图 4-5-5），则抓斗在料斗上方不停留，利用小车停车时抓斗产生的惯性在料斗上方进行甩斗摆动，同时开斗卸料。当抓斗回摆时小车又立即朝海侧方向返回，从而无摆动地停留在取料位置上方。抓斗按当前卸料的最佳防摇轨迹返回并下降到安全高度位置以后，转入手动控制。

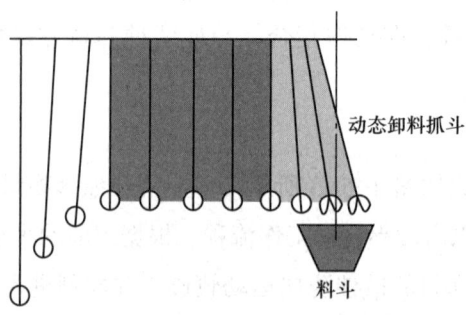

图 4-5-5 抓斗动态卸料方式

抓斗静态卸料速度与摆动量的变化如图 4-5-6 所示。抓斗动态卸料速度与摆动量的变化如图 4-5-7 所示。

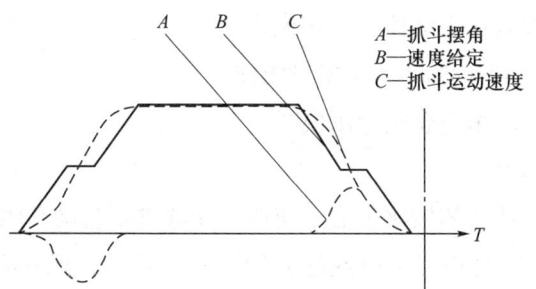

图 4-5-6 抓斗静态卸料速度与摆动量的变化

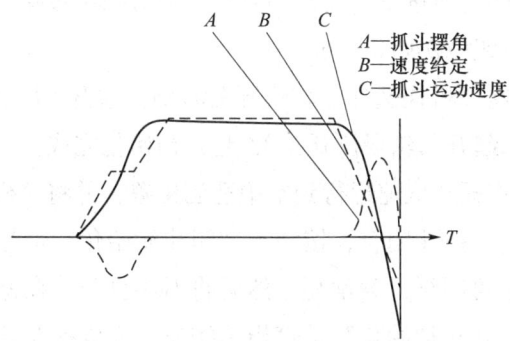

图 4-5-7 抓斗动态卸料速度与摆动量的变化

静态卸料和动态卸料方式选择可以满足装卸不同状态物料的要求。半自动功能可以生成最佳防摇轨迹，运动中不摆斗，并可在料斗上方准确定位。与传统的桥式抓斗卸船机相比，半自动工作流程不需要由司机手动进行防摇和定位卸料操作，不仅有效地降低了司机的劳动强度，提高了设备的生产效率，而且设备的安全性进一步提高，避免了由于人员误操作而产生的不良后果。

在半自动运行过程中，可通过操作小车或起升主令控制提前转入手动控制。在半自动循环工作过程中的任何时刻，只要小车或起升主令离开"零"位，就会中断半自动运行的工作过程，返回到手动控制状态。

半自动软件流程框图如图 4-5-8 所示。

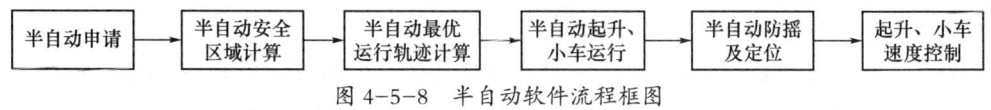

图 4-5-8 半自动软件流程框图

5. 抓斗运动的电气控制工艺

（1）操作模式选择

通过司机室联动台上的多位选择开关，有以下 5 种操作模式可供选择。

1）支持模式：支持电动机单动模式。

2）开闭模式：开闭电动机单动模式（抓斗初始化需要）。

3）起升、开闭模式：手动抓斗工作模式。

4）抓斗模式：正常自动/半自动作业模式。

5）推耙机模式：起吊清仓机专用模式。

（2）机构位置初始化

1）抓斗初始化。抓斗初始化是为了使抓斗能够进行自动开闭动作而进行开斗、闭斗参数定义的过程。每次 PLC 上电或起升编码器故障后，抓斗必须重新进行初始化。通常的初始化过程是，选择"起升/开闭"模式→使抓斗运行到上停止位置→选择"开闭模式"→使抓斗闭合→按下"闭斗初始化"带灯指示按钮→打开抓斗→按下"开斗初始化"带灯指示按钮→初始化完成。

2）起升初始化。将"机构选择"转换开关转到"起升/开闭"位置，接着将抓斗上升到正常上停位置（起升凸轮限位开关），起升初始化完成。

3）开闭初始化。将抓斗低速运行到空中适当位置，并将"机构选择"转换开关转到"开闭单机"位置，将抓斗闭合，按一下"闭斗初始化"带灯指示按钮，完成抓斗闭合初始化，指示灯不再闪烁，为常亮。然后将抓斗打开，在操作人员认为适合的最大打开位置，按一下"开斗初始化"带灯指示按钮，完成抓斗开斗初始化，指示灯不再闪烁，为常亮。

（3）抓斗的升降控制

在抓斗模式下，只要将"起升/开闭"主令控制器推向"起升"或"下降"位置，起升、开闭电动机就会同时上升或下降。若抓斗在闭合状态，则起升和开闭电动机就会自动投入负载平衡控制状态，使起升、开闭电动机的电流均匀分配；若抓斗处于未闭合状态，则起升和开闭电动机自动投入位置同步控制状态，抓斗在升降过程中保持开度不变。

抓斗闭合进行负载平衡控制时，应实时读取两台电动机的工作电流，并使其经过滤波处理，根据抓斗的运动方向调节相应电动机的转速，使两台电动机的工作电流基本一致。此外，应保持开闭电动机的工作电流略大于支持电动机的工作电流（2%~5%），以使抓斗的闭合更加严密。

抓斗打开进行同步控制时，应实时读取抓斗的开度数据，并根据初始设定的开度数据和抓斗运动方向调节电动机的转速，使抓斗开度在升降过程中基本接近初始设定的开斗数据。

（4）抓斗的开闭斗控制

在对抓斗的打开与闭合进行初始化设置后，只要将"起升/开闭"主令控制器推向"打开"或"闭合"的最大位置，电气控制系统就能根据实时测量的抓斗开度数据，使开闭电动机自动平稳加速至额定速度，然后在抓斗到达打开或闭合的终点位置前自动减速,并在抓斗到达打开或闭合的终点位置时自动停止运动,无须人为干预。此外,抓斗应能够在上升或下降的过程中同时进行开斗或闭斗的操作。开闭斗控制的速度应根据开闭斗的位置产生,通常在到达开、闭位置的末端使用平方根算法产生速度曲线。

(5)料堆上自动深挖抓料控制

当抓斗处在料堆上时,将"起升/开闭"主令开关往"闭合"的方向打到最大位置,紧接着再往"起升"方向打到最大位置。此过程应在 2 s 内完成,并伴有蜂鸣器的成功提示声响,表明深挖动作开始有效,深挖过程开始。

此时,开闭电动机自动加速至最大速度运行,并在抓斗闭合前自动减速,直至抓斗闭合时自动停止;与此同时,支持电动机松开制动器,传动器进入转矩控制(直流传动时为电流闭环控制),使支持电动机产生一定的上提力,以保证抓斗在闭合过程中既能往下沉,又不使支持钢丝绳松弛。此过程中,应通过协调控制起升和开闭电动机的速度与转矩,实现最大抓取量控制。

在深挖过程中,最大抓取量的大小可通过"挖掘量控制"多位转换开关进行调节,应不少于 6 挡。挖掘量大时,应适当降低支持钢丝绳的上提力;挖掘量小时,应适当增加支持钢丝绳的上提力。为避免在抓料结束时抓斗闭合后两根钢丝绳的转矩偏差过大,在抓斗即将闭合前,应使两台电动机的电枢电流得到一定的限幅控制,即两台电动机在抓斗闭合前后的最大电流不超过额定电流的 1.1~1.2 倍。在检测到两台电动机的电枢电流基本平衡或只延时短暂的时间后,应及时解除限幅控制。

(6)料堆上手动抓料控制

料堆上闭斗抓料还可进行手动抓料控制。当抓斗处在料堆上时,将"起升/开闭"主令开关推向"闭合"方向,此时支持电动机不工作,支持电动机制动器也不打开,开闭电动机运行,抓斗闭合,并自动减速,抓取物料闭斗后自动停止。

6. 半自动卸料流程的控制工艺要求

将"机构选择"转换开关转到"抓斗"位置,同时将"流程选择"开关转到"半自动"位置,即可进行半自动卸料。

半自动工作方式下,可实现船舱内抓料,闭斗后自动上升→抓斗自动防摇,自动沿最优轨迹运行并精确定位于料斗上方→自动开斗卸料→自动沿原最优轨迹返回→自动精确定位在原初始位置等全流程自动控制。

7. 抓斗装卸桥的工作循环过程

无论抓斗装卸桥采用哪种小车运行方式,抓斗装卸物料的工作过程都是相同的,其程序包括,抓斗打开与小车向海侧水平运行→小车水平运行与空斗下降(复合运动)→小车到位,空斗继续下降→取物料,抓斗闭合→抓斗起升钢丝绳与抓斗闭合钢丝绳起升至一定高度（同步起升）→抓斗继续提升，小车向陆侧运行→小车向陆侧运行到料斗上方（复合运动）→抓斗打开并卸料。

以上是一个包括空载运行、取料、满载运行、卸料完成的工作循环过程。抓斗工作循环过程如图 4-5-9 所示，图中线路即为抓斗与物料运行的轨迹，确定了几条折线的交点，即确定了运行周期最短轨迹。起重机司机在操作过程中，一般根据该机型的主要技术性能参数、船型、车型、水位、物料在船舱和车厢中的高度，以及实际工作经验来摸索装卸过程中的最佳运行轨迹，以提高实际生产效率，降低生产成本。

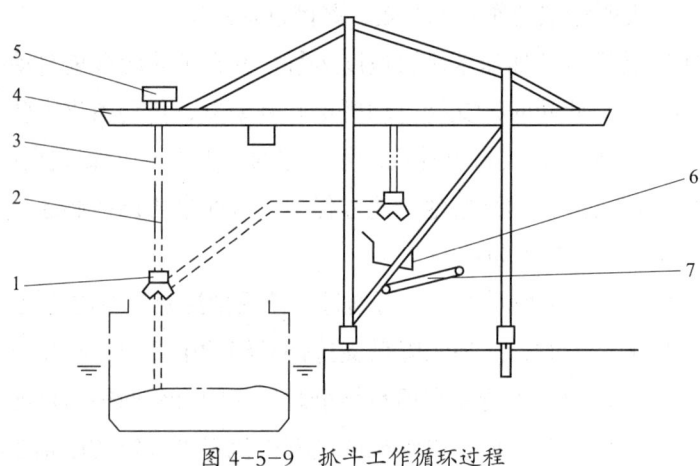

图 4-5-9 抓斗工作循环过程

1—抓斗 2—闭合钢丝绳 3—起升钢丝绳 4—前伸臂 5—小车 6—料斗 7—带式输送机

8. 抓斗作业时的操作

在抓斗装卸桥作业过程中，司机要注意各环节的操作步骤。

（1）抓料

将闭合控制手柄由"零"位扳到"提升"位置，接通闭合机构，闭合卷筒张紧闭合钢丝绳使抓斗闭合，然后再将闭合控制手柄扳回"零"位。与此同时，将闭合和起升两个手柄一起扳到"起升"位置，抓斗上升。当两个手柄回到"零"位时，抓斗被制动于空中。

（2）卸料

起升控制手柄处于"零"位，将闭合控制手柄由"零"位扳到"下降"位置，接通闭合机构，卷筒上闭合钢丝绳松开，打开抓斗并卸料。

四绳抓斗用两根起升钢丝绳和两根闭合钢丝绳分别控制升降和开闭抓斗。两根起升钢丝绳为整根式，它的两端分别与卷筒和抓斗相连。两根闭合钢丝绳常用分段式，分为长短两段，长的一段闭合钢丝绳上端与闭合卷筒相连，短的一段闭合钢丝绳下端绕过滑轮组与抓斗下横梁相连，长、短闭合钢丝绳之间通过钢丝绳接头连接，以最大限度地利用钢丝绳。

9. 控制系统的主要硬件方案

（1）传动装置

抓斗卸船机装卸量的要求不同，传动机械的电动机功率也各不相同，但硬件的逻辑组成及控制顺序可以不变，强电保护措施和故障报警功能也可以不变。除硬件的功率变化外，影响系统组成的因素还有很多。例如，传动形式既可以是直流电动机，也可以是交流电动机；电动机传动设备可以是不同公司的标准传动产品。同样，作为控制心脏的 PLC 也可以是不同生产厂家的标准产品。

根据抓斗卸船机的工作特点，在采用交流变频传动时，一般情况下，电动机制动时产生的能量可采用电阻耗能；在大吨位抓斗等特殊情况下，可考虑将电能逆变回流至电网，以利用空抓斗下放时产生的能量。

（2）控制装置

控制装置以 PLC 为主，它的集成度高，可靠性好，坚固耐用，结构灵活，操作系统固化在硬件中，没有计算机脆弱、易损的缺点，避免了复杂的操作过程。

PLC 编程语言以符合国际标准 IEC 1131-3 的梯形图和结构化文本语言为主。控制装置间及与传动装置间通过工业控制网络或现场总线连接。在抓斗卸船机控制系统中，常用的控制网络或现场总线包括 PROFIBUS DP、MODBUS PLUS、工业以太网、GENIUS、FIPIO，以上产品 Schneider、HIRSCHMANN、SIEMENS、AB 等公司均可兼容。

（3）监控装置

监控装置主要有两类：工业触摸屏、工控机 + 组态软件。

（4）检测装置与传感器

检测装置与传感器应包括：起升支持与起升开闭机构中两个上超程限位、起升上停止限位、起升上减速检测限位、编码器检测限位、起升下停止限位、空卷筒限位、推耙机上停止限位、推耙机下停止限位、超速开关、测速机（直流调速）/增量式编码器（交流变频调速）、增量式位置编码器、制动器打开/关闭限位、电动机热敏开关等。

二、小车系统

小车结构是三个电动机分别传动三个独立的卷筒，小车机构增加一个平衡小车来实现差动运行，保证小车平移运动时抓斗水平。该方式的机械卷筒结构简单，但要增加平衡小车，且钢丝绳缠绕较复杂。

1. 小车机构

小车机构包括海侧超程限位、海侧停止限位、编码器检测限位、变幅允许限位、陆侧停止限位、陆侧超程限位、测速机（直流调速）/增量式编码器（交流变频调速）、制动器打开/关闭限位、电动机热敏开关等。小车运行机构也设在小车上，由两套独立的装置驱动传动。每组由一台75 kW直流电动机、QBSS80813-2液压推杆制动器、硬齿面减速器、传动轴等组成四轮全轮驱动系统。

2. 小车初始化

将小车低速开到陆侧停止限位，小车初始化工作完成，然后将"机构选择"转换开关转到"抓斗"位置，即可开始正常卸料。

三、俯仰系统

1. 悬臂梁运动机构

在抓斗卸船机不工作时，为了防止大风冲击，以及避免船舶停靠时发生碰撞，通常需要将抓斗卸船机悬臂梁收起；正常工作时，又需要将悬臂梁下放至水平。悬臂梁的收、放由变幅电动机完成。变幅电动机传动的是一个独立的卷筒。为保证机械安全，通常悬臂梁收起后由机械挂钩锁定，该挂钩称为安全挂钩。另外，为了减少钢丝绳的机械疲劳，悬臂梁收起和下放至水平位置后，需将钢丝绳放松，避免钢丝绳长期受力而发生变形。所以，电气控制系统中必须有变幅收放自动控制流程，以完成悬臂梁的自动平稳升降，安全挂钩自动抬起落下，钢丝绳自动放松等系统联动控制，从而提高操作的可靠性和安全性。

由于悬臂梁运动机构的安全级别要求较高，因此，通常要配备两个制动器，一个称为安全制动器，另一个称为工作制动器。该机构工作频率低，且不需要与其他机构联动，在电气控制中往往与小车机构的控制系统合而为一，共用一套电子传动装置。除配备制动器、凸轮限位及必要的润滑系统外，通常还需要配备位置测量传感器、速度测量传感器及机械超速保护开关等，以增加该机构的安全监控性能。

2. 变幅机构的电气控制

在司机室和变幅就地操作站均可对变幅机构进行悬臂梁的升降或收放操作。

（1）在司机室对变幅机构的控制

在司机室可对变幅机构进行控制，但悬臂梁的运行范围只能从水平位置到中间位置（约70°），且只能手动操作。

在变幅机构运行前，应将小车和司机室开进料斗内侧，然后转一下右联动台上的"变幅运行"旋转开关，等变幅机构安全制动器打开后，"安全制动器打开"指示灯亮，随后变幅电动机的工作制动器打开，变幅电动机开始运行（运行速度有高、低两挡，可用"高速/低速"转换开关选择）。当碰到限位或按下"变幅停止"按钮后，变幅电动机停止运行，工作制动器立即制动，安全制动器延时制动。当遇到故障或急停时，安全制动器和工作制动器立即同时制动。

只有当悬臂梁放至水平位置，且"变幅水平"指示灯亮时，才允许司机室和抓斗运行，否则将处于初始状态。

（2）变幅就地操作站控制

变幅就地操作站通常位于A字梁上，主要用于变幅机构操作，可完成变幅全行程联动或手动操作、安全挂钩操作等。

变幅就地操作站上主要的开关、按钮、指示灯等装置如下：控制合按钮、控制分按钮、故障复位按钮、灯测试按钮、配电保护柜故障指示灯、变幅上升/下降选择开关、变幅停止按钮、变幅高速/低速选择开关、变幅安全制动器释放指示灯、变幅工作制动器释放指示灯、变幅故障指示灯、变幅水平位置指示灯、挂钩放下指示灯、挂钩抬起指示灯、变幅自动/手动选择开关、挂钩抬起按钮、急停按钮等。

在变幅就地操作站可对变幅机构全行程进行控制，并且有手动和自动两种控制方式可供选择。

1）手动控制。将"变幅手动/自动"转换开关置于"手动"位置后，手动控制"运行"转换开关和"停止"按钮即可分别控制变幅机构的升降运行和停止。"高速/低速"转换开关控制变幅机构的低速和高速运行。"安全挂钩抬起/放下"转换开关控制变幅安全挂钩抬起和放下。"安全制动器打开"指示灯亮，表明安全制动器打开；"工作制动器打开"指示灯亮，表明工作制动器打开；"安全挂钩抬起"指示灯亮，表明变幅安全挂钩已收起。

2）自动控制。将"变幅手动/自动"转换开关置于"自动"位置，即可自动控制。将"变幅上升/下降"选择开关往"上升"方向转一下，待"安全制动器打开"和"工作制动器打开"指示灯亮后，变幅机构开始上升；当上升到中间位置（约70°）时，安全挂钩自动抬起，"安全挂钩抬起"指示灯亮，变幅机构电动机继续上升运行；碰到上升减速限位后，变幅电动机减速运行；到达变幅正常上停止限位位置后，变幅电动机停止运行，工作制动器关闭，悬臂梁安全挂钩自动放下；然后工作制动器打开，变幅电动机自动反转往下放悬臂梁，直到悬臂梁挂牢且钢丝绳略松后，变幅电动机自动停止运行，工作制动器和安全制动器关闭，变幅机构上升过程结束。

将"变幅上升/下降"选择开关往"下降"方向转一下，待"安全制动器打开"和"工作制动器打开"指示灯亮后，变幅机构电动机上升至变幅正常上停止限位位置后停止；工作制动器关闭，悬臂梁安全挂钩自动抬起；然后工作制动器打开，变幅机构电动机自动往下降方向运行，到达下降减速限位位置后，变幅电动机减速运行，直到悬臂梁放平且钢丝绳略松后，变幅电动机自动停止运行，工作制动器和安全制动器关闭，悬臂梁下降过程结束。

（3）变幅机构工作顺序

变幅机构与小车可共用一个速度控制系统，按先来先用的原则，自动转换速度控制器的相应参数。变幅机构可分别在司机室、机房和变幅就地操作站进行操作。在司机室，可以对变幅机构在区域 1、区域 2 及区域 3 进行操作（见图 4-5-10）。在变幅就地操作站可对变幅机构进行全行程操作，且有手动和自动两种方式。处于自动方式时，在上升命令发出后，能自动上升、抬起安全挂钩，待变幅机构上升到位后，还可自动放下安全挂钩，变幅机构再往下微动，直至松绳后自动停止；在下降命令发出后，变幅机构向上微动到上停止限位，自动抬起安全挂钩，待变幅机构下降至水平位置（下停止限位或松绳限位动作）后自动停止。司机室显示屏应能显示悬臂梁工作状态及角度。变幅机构及其安全挂钩联动工作流程如图 4-5-10 所示。

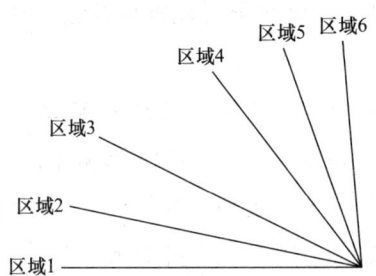

图 4-5-10　变幅机构及其安全挂钩联动工作流程

区域 1—下停止区域　区域 2—下减速区域　区域 3、区域 4—高速区域（挂钩在悬臂梁到达区域 4 时动作）　区域 5—上减速区域　区域 6—上停止区域

四、大车系统

1. 大车行走机构

抓斗卸船机正常工作时经常需要将整机平移，该运动由大车行走机构完成。大车行走机构通常由一组多台电动机共同传动，因此，不需要速度与位置测量装置，每台电动机配置一套制动器。大车运行时，电气控制系统需同时转动电缆和电缆卷筒，以保证上机电缆和卷筒同步收放。另外，为保障整机的安全性，大车行走要与防撞信号联锁，并设置锚定销、夹轨器及防风缆等装置。

2. 大车就地操作站

大车就地操作站位于大车腿侧，可完成大车移动及夹轨器等就地操作。大车就地操作站上主要的开关、按钮、指示灯等装置如下：控制合按钮、控制分按钮、故障复位按钮、灯测试按钮、大车左行/右行选择开关、夹轨器抬起选择开关及指示灯、防风缆指示灯、锚定销指示灯、配电保护柜故障指示灯、大车故障指示灯。

3. 大车行走构件

大车行走构件包括终端减速限位、终端停止限位、防撞限位、制动器限位、夹轨器限位、锚定销限位、防风缆限位、电缆卷筒限位、声光报警等。该构件设有 4 组台车，每组均设 2 套独立的驱动与传动系统，由 15 kW 交流绕线式电动机、圆柱齿轮减速器、开式齿轮副等组成。

4. 大车行走运行控制

司机室和大车就地操作站均可对大车、夹轨器等进行控制。司机室可通过大车主令开关控制大车以多挡速度运行；大车就地操作站可通过选择开关控制大车运行，但只能低速运行。

五、卸料及辅助设备

1. 辅助控制柜

辅助控制柜具有对抓斗卸船机辅助设备的控制功能，有时也有电子调速装置。该柜可以独立成为一个子系统，柜内安装有各辅助设备的电源开关、接触器及二次控制回路。辅助控制 PLC 也可独立于主传动机构的 PLC。出于成本考虑，该 PLC 机架也可作为主传动机构 PLC 的 I/O 机架。此外，还需适当考虑电磁屏蔽与去湿散热等可靠性指标。

2. 辅机就地操作站

辅机就地操作站位于料斗附近，主要完成给料机、带式输送机、喷水系统等辅助设备的就地操作。

辅机就地操作站上主要的开关、按钮、指示灯等装置如下：控制合按钮、控制分按钮、故障复位按钮、灯测试按钮、给料机开 / 关选择开关及速度给定电位器、海侧接料板收 / 放选择开关及指示灯、陆侧挡料板收 / 放选择开关及指示灯、喷水系统启 / 停选择开关及指示灯、配电保护柜故障指示灯、辅机故障指示灯。

第六节 岸边集装箱起重机电气控制

一、吊具系统

1. 吊具的定义

吊具是指在货物装卸过程中，用于大型装卸机械上，直接与装卸对象接触，达到与装卸对象可靠连接的器具，如抓斗、各类集装箱吊具等。

集装箱吊具是装卸集装箱的专用索具,它通过四角的旋锁与集装箱的顶角配件连接,由司机操作或通过自动控制旋锁的开闭作业。集装箱吊具的品质与可靠性直接影响岸边集装箱起重机(简称岸桥)的整机性能。

集装箱吊具按照 ISO 标准设计和制造。设计时,应充分考虑岸桥吊具作业的恶劣工况,采取特殊的防振、防松、防潮和防高温措施,从而保证集装箱作业的安全。

2. 集装箱吊具的主要类型

集装箱吊具按其结构特点,可分为 4 种类型。

(1)固定式吊具

固定式吊具(见图 4-6-1)也称整体式吊具,它只能装卸一种规格的集装箱。固定式吊具无专用动力装置,是通过钢丝绳的升降带动棘轮机构驱动旋锁转动,从而以钢丝绳机械运动的方式实现自动开、闭旋锁。这种吊具结构简单、质量小,但使用不方便,一般用于多用途门机和一般门机。

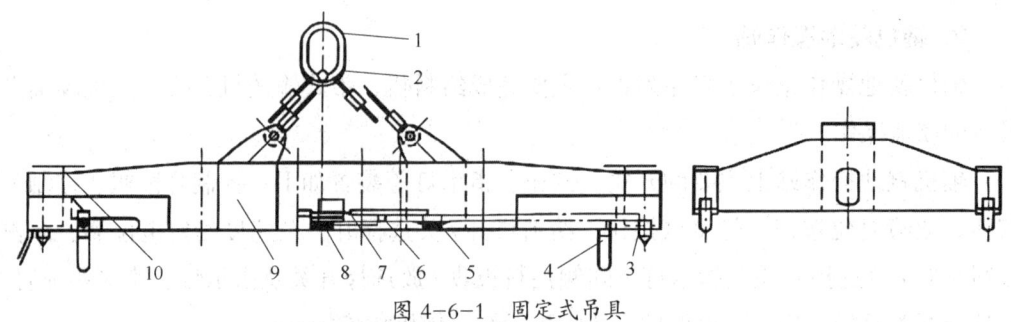

图 4-6-1 固定式吊具

1—吊索 2—吊环 3—旋锁箱总成 4—导板装置 5—连杆总成 6—托辊总成
7—牵引系统 8—驱动机构 9—吊架 10—旋锁指示器

(2)主从式吊具

主从式吊具(见图 4-6-2)也称组合式吊具,它由上下两个吊具组合而成,一般上吊具为 20 ft[①] 集装箱作业,下吊具为 40 ft 集装箱作业。在上吊具上装有动力装置。当起吊不同规格的集装箱时,只要装上或卸下下吊具即可。与固定式吊具相比,主从式吊具使用方便,但质量较大。

(3)子母式吊具

子母式吊具(见图 4-6-3)也称换装式吊具,它在专用吊梁上装有动力系统,用来驱动下面吊具上的各种机构。在吊梁下可换装 20 ft、40 ft 等多种规格集装箱固定吊具。与主从式吊具相比,子母式吊具的质量较小,但更换吊具花费的时间较长。

---

① 1 ft=0.304 8 m。

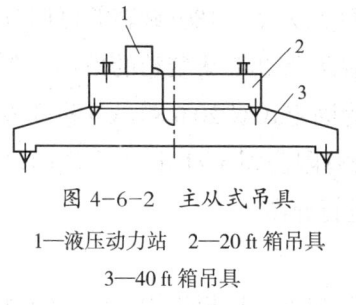
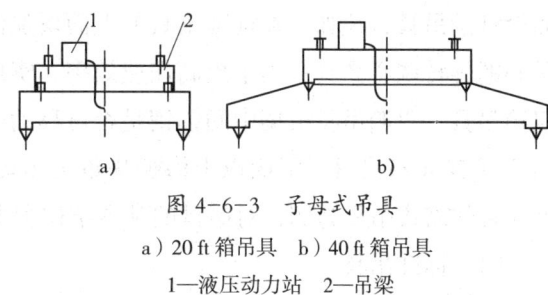

图 4-6-2 主从式吊具
1—液压动力站 2—20 ft 箱吊具
3—40 ft 箱吊具

图 4-6-3 子母式吊具
a) 20 ft 箱吊具 b) 40 ft 箱吊具
1—液压动力站 2—吊梁

（4）伸缩式吊具

伸缩式吊具（见图 4-6-4）通过液压传动驱动伸缩链条或液压油缸（目前也有不使用液压系统而是用电动机直接驱动），使吊具通过自动伸缩改变长度，以适应不同规格的集装箱。伸缩式吊具虽然质量较大，但长度调节方便、操作灵活、通用性强、生产效率高，因此，目前世界上的集装箱专用机械大多采用这种吊具。

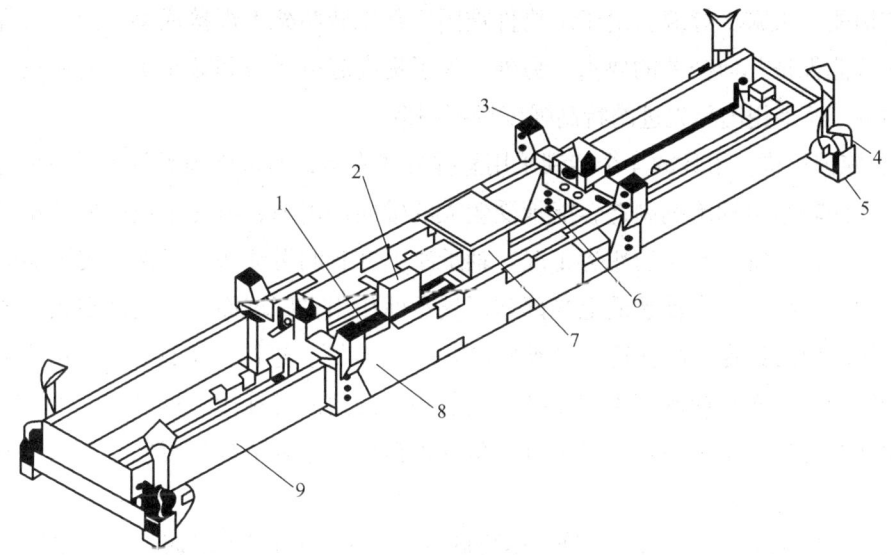

图 4-6-4 伸缩式吊具
1—伸缩机构 2—电气系统 3—前后倾装置 4—导板机构 5—旋锁机构 6—输缆（管）装置
7—液压系统 8—底梁主结构 9—伸缩梁结构

3. 伸缩式吊具的构成

目前，在集装箱码头作业的集装箱主要有 20 ft、40 ft ISO 集装箱和 45 ft APL 集装箱，为了使一台设备能对这 3 种尺寸的集装箱进行快速装卸，要求该设备的吊具必须能够在装卸这 3 种尺寸的集装箱时实现方便、快速、安全的转换，所以伸缩式吊具得到广泛应用。能快速满足以上 3 种主要尺寸的集装箱装卸，但一次只能装卸其中一个集装箱的基本吊具称为标准吊具。在标准吊具的基础上，还有为了满足一些特殊要求而设计的吊具,比如,在标准吊具的上面增加使吊具平面实现大于180°旋转并可调节重心的旋转调心吊具;为了提高作业效率,实现一次吊装两个20 ft集装箱的吊具,即双箱吊具。双箱吊具根据中间锁销是否可移动,还可分为固定式双20 ft箱吊具和可移动式双20 ft箱吊具。下面以上海振华重工(集团)股份有限公司(ZPMC)生产的以上4种伸缩式吊具为例,对吊具的基本结构和主要功能进行介绍。

(1)标准吊具

标准吊具由钢结构、旋锁机构、伸缩驱动机构和减摩装置、导板机构、前后倾斜机构(可选择是否装在吊具上)等组成。

1)钢结构。标准吊具的钢结构是吊具的承载构件,由主梁和伸缩梁两部分构成。伸缩梁结构嵌套在主梁的两根Ⅲ形梁中,在伸缩驱动力的作用下,它可以在Ⅲ形梁中滑动。伸缩梁与端部横梁用焊接方式替代传统的螺栓连接方式,这样就可避免因螺栓松动而引起的螺栓断裂。Ⅲ形梁和端部横梁采用薄板冷弯成两个[形后再对接拼焊,这种结构能大大减少焊缝。由于结构件被固定在工装胎架上焊接成型,因此,焊后无须校正就能保证几何公差的要求。另外,为了提高起重质量和减小吊具的质量,吊具的结构件广泛使用国际先进的特高强度钢板制造。

2)旋锁机构。吊具的4个旋锁采用悬挂方式支承,通过旋锁螺母支承在推力关节轴承上。该轴承由轴承钢制造,能承受较大的轴向冲击力,可完全适应集装箱吊具大载荷、高冲击、露天作业的恶劣工况。轴承座上开有润滑油槽,以保证支承面能得到良好的润滑。推力关节轴承的上半部球形支承面作用在凹球面上,允许在较大范围内摆动,从而使吊具旋锁在空间上实现全方位的"浮动"。这样,吊具旋锁在吊集装箱时仅承受纯拉力,而且使旋锁更容易插入集装箱上的角配件孔中。这种"浮动"旋锁也能装卸略有变形的集装箱。位于吊具四角的顶销用来检测吊具是否完全着箱,或吊具在空中是否吊着集装箱。

为了确保作业安全,吊具旋锁除电气联锁外,还装有机械联锁装置(见图4-6-5)。当吊具将集装箱吊至空中时,若电气联锁失灵或司机误操作,则机械联锁装置可保证旋锁机构绝对不发生转动。其原理如下:在旋锁机构的转柄上开有两个半圆形缺口,当吊具与集装箱脱离或吊着集装箱时,顶销上部的顶销撞块正好卡在转柄的缺口处,阻止转柄转动,防止吊具的旋锁在吊着集装箱时误转动;当吊具落在集装箱上时,顶销上的顶销撞块在高度方向上会离开转柄的缺口,转柄即可转动,实现开、闭锁动作。

吊具两端的端梁内各有一套由液压油缸推动的曲柄连杆机构,每套机构驱动两个旋锁动作。它们安装在箱形端部横梁内,不会受到外力破坏,具有很高的可靠性。

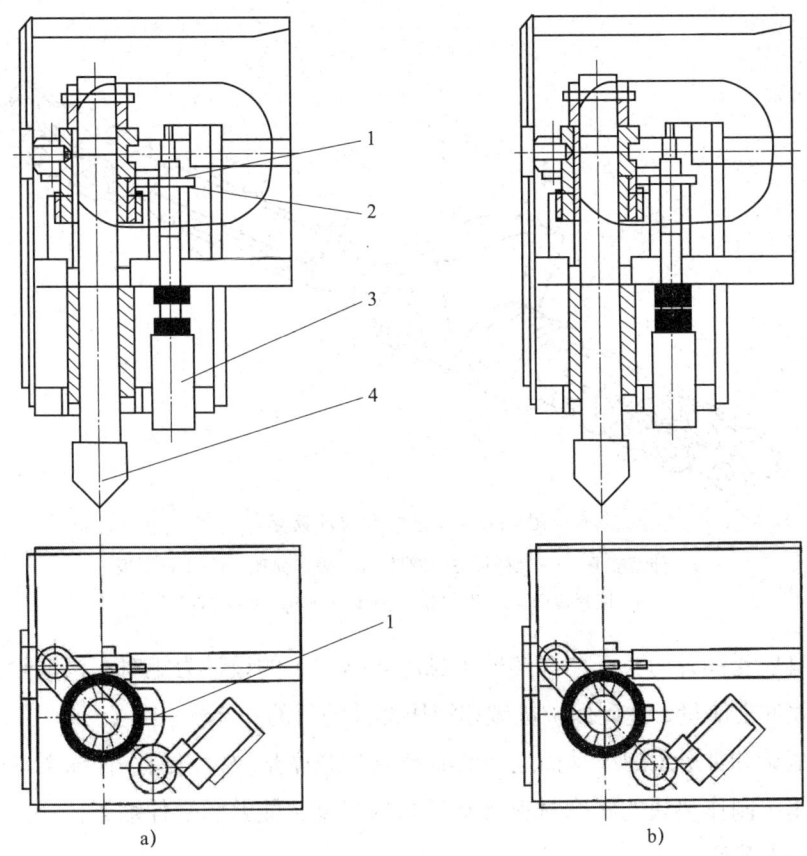

图 4-6-5 机械联锁装置
a) 吊具吊着集装箱 b) 吊具完全落在集装箱上
1—转柄 2—顶销撞块 3—顶销 4—旋锁

开（闭）锁限位开关也安装在端部横梁里面，通过检测连杆感应块的两个位置来检测开（闭）锁状态。箱形端梁的内侧开有安装检修孔，并用耐油橡胶板遮盖，以防水、防尘。另外，利用装在旋锁系统液压回路中的减压阀减小工作压力，可以减小液压油缸的推力。

在正常工作状况下，吊具下的空载集装箱产生的摩擦阻力应大于液压油缸的驱动力，从而保证空中吊箱时不会出现开锁现象。

3）伸缩驱动机构和减摩装置。吊具伸缩动作靠液压马达和减速器驱动链轮链条传动实现。当伸缩梁在伸缩运动过程中接触到限位开关时，吊具立即发出信号并切断伸（缩）电磁阀电源，使液压马达停止转动。吊具定位于设定的 20 ft、40 ft 或 45 ft 位置，并在司机室的显示屏上显示吊具的伸（缩）长度。在伸缩链条的两边各有一套张紧和缓冲装置（见图 4-6-6），该装置中装有专用碟形弹簧，用于吸收一部分来自伸（缩）方向的冲击能量。除在液压系统中有过压卸荷保护外，还可采用摩擦式驱动链轮来保护吊具的伸缩机构。

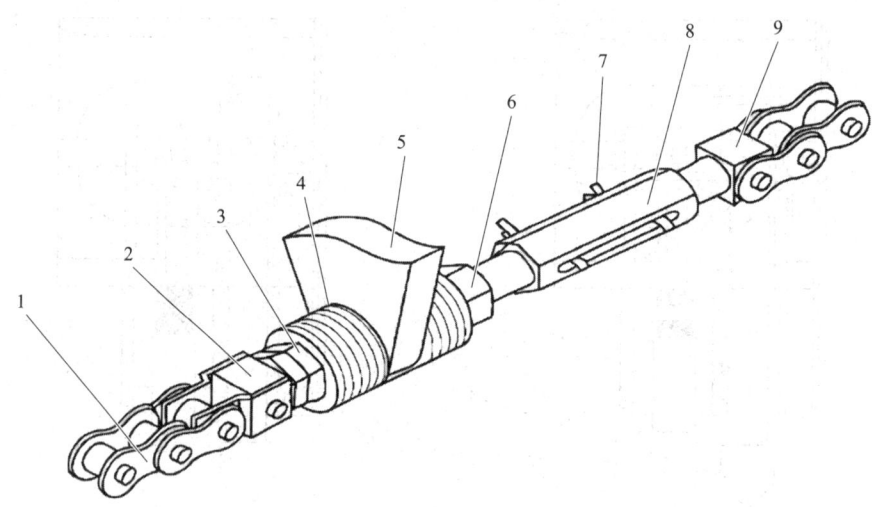

图 4-6-6 张紧和缓冲装置

1—伸缩链条 2—螺杆Ⅰ 3—螺母 4—碟形弹簧 5—推杆耳板
6—锁紧螺母 7—开口销 8—调节螺母 9—螺杆Ⅱ

当吊具所受的外力大于摩擦链轮（见图4-6-7）的设计力矩时，该链轮会产生滑转，以吸收冲击能量，达到保护机械和液压部件的目的。

在伸缩梁和Ⅲ形梁的滑动面之间装有特制的减摩垫块，以减小伸缩梁动作时的摩擦阻力。用于制作垫块的减摩材料具有较高的强度，能够承受伸缩梁传递到Ⅲ形梁的挤压力和冲击载荷。

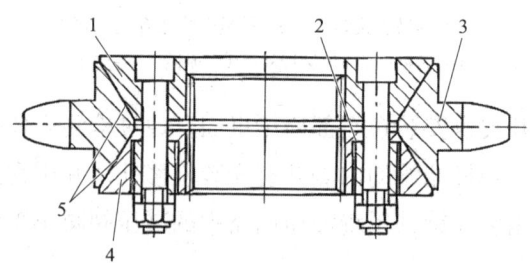

图 4-6-7 摩擦链轮

1—右花键锥形导向体 2—碟形弹簧 3—链轮 4—左花键锥形导向体 5—摩擦面

4）导板机构。导板分别安装于吊具的4个角上。导板工作可靠，能帮助司机快速对位集装箱，以提高装卸效率。导板分活动导板和固定导板两大类，活动导板主要用于与岸桥相配的吊具，固定导板则多用于与轮胎式龙门起重机或轨道式龙门集装箱起重机相配的吊具。活动导板有3种驱动形式，如图4-6-8所示。导板的摆动幅度为180°，导板下压时的转矩不小于1 200 N·m，导板抬起后其外形尺寸不得超出转销箱的边界尺寸。由于4个角的导板分别具有独立的驱动装置，因此，可按司机的操纵指令随意组合导板的动作。

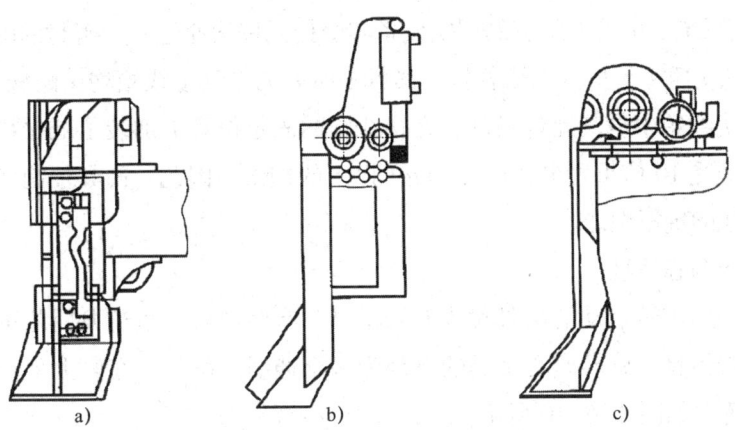

图 4-6-8 活动导板的 3 种驱动形式

a）用摆动液压油缸实现导板的摆动　b）往复式液压油缸推动扇形齿轮　c）液压马达驱动扇形齿轮

5) 前后倾斜机构。前后倾斜机构可通过安装在集装箱吊具上的 4 个前后倾液压油缸，或通过安装在起重机起升钢丝绳一端的倾转机构实现吊具前后倾斜，范围为 ±5°。

6) 伸缩定位装置（见图 4-6-9）。伸缩定位装置在以前的 Stinis 吊具中最早出现，现在 ZPMC 吊具中改进使用。当吊具受到较大外力冲击时，吊具伸缩位置会发生微动而影响正常装卸作业，此时，可在吊具底梁主结构上安装一套伸缩定位装置。该定位装置由液压油缸、定位销、限位开关等组成。其工作原理如下。当吊具伸缩至 20 ft、40 ft、45 ft 位置时，定位液压油缸推动定位销插入焊于伸缩推杆相应位置上的定位孔中，并由限位开关提供其动作信号。伸缩动作开始前，首先将定位销退出并使限位开关作用，发出定位销退出到位信号，然后才开始伸缩动作；伸缩到位后，伸缩位置限位开关发出到位信号，再延时若干秒，定位销才插入推杆定位孔中，以锁定吊具伸缩梁，从而确保 4 个旋锁吊点处于正确位置。

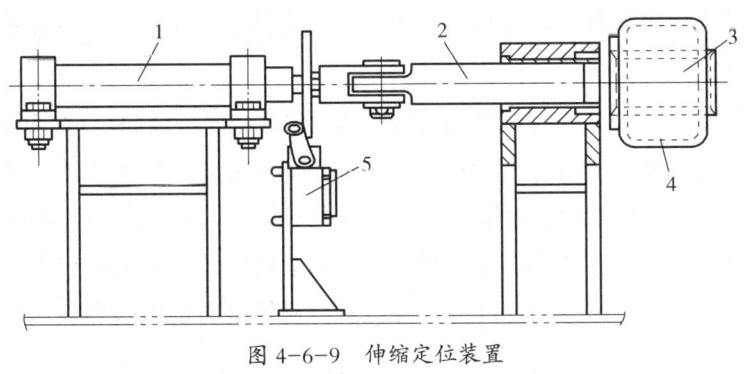

图 4-6-9 伸缩定位装置

1—定位销液压油缸　2—定位销　3—定位孔　4—伸缩推杆　5—限位开关

7) 液压系统。吊具的伸缩、旋锁和导板等运动是通过吊具上的液压动力站、各类液压控制阀控制各类液压油缸和液压马达实现的。

8)电气系统。吊具上所有的用电设备和受控元件均通过一个密封的电控箱,采用专用多芯插头/插座与吊具电缆相接。吊具上所有的电气接线箱均由耐酸不锈钢制成。为防止电气接线箱中电气元件松动,在接线箱的固定位置上加装了减振垫。由于吊具在作业时要经受10倍重力加速度(10 g)以上的冲击,因此,吊具控制使用的器件必须具有非常强的抗振性能。

(2)旋转调心吊具

可实现平面旋转运动的吊具称为旋转吊具。有些岸桥、轨道龙门起重机和多用途门机需用旋转吊具。旋转调心吊具的下部为一个伸缩式吊具,在其上部安装有调心装置和旋转装置,如图4-6-10所示。

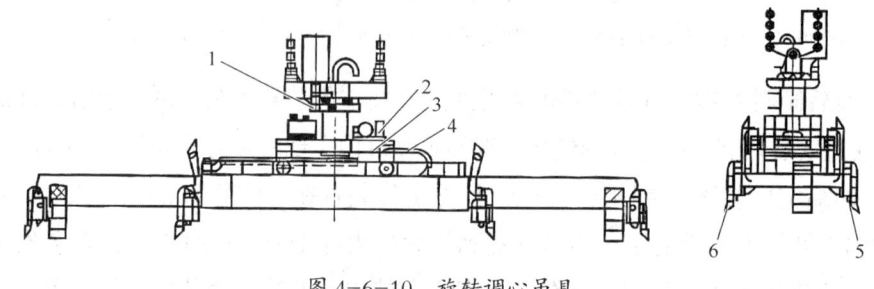

图4-6-10 旋转调心吊具
1—旋转装置 2—液压系统 3—调心装置 4—输缆(管)装置 5—旋锁机构 6—导板装置

1)旋转装置。旋转装置由旋转支承和驱动机构组成。在旋转装置上装有均力平衡梁,以保证起重机的4根钢丝绳均衡受力。吊具的旋转部分与非旋转部分通过一个回转支承相连。电动机或液压马达驱动减速器和主动小齿轮,带动吊具做旋转运动。采用起重机上的PLC控制吊具的旋转角度(如采用编码器测速及变频调速等技术),能够使吊具的旋转角度严格跟随起重机的旋转角度,从而保证集装箱始终做平行移动,以提高装卸效率。限位开关可发出左右零位、左右终点位置信号,以提示司机吊具的旋转方向和位置。

2)调心装置。当吊具由于旋转运动而发生重心偏移时,调心装置能够自动或按司机操纵指令进行行程±800 mm的调心运动,以保持吊具的水平状态。这个运动由一个液压油缸驱动调心小车的移动来实现。调心小车上的4个车轮(也可用4块抗摩板)支承住吊具底梁结构,承受来自吊具的拉力。4个限位开关发出左右零位和左右终点位置信号,以提示司机吊具的移动方向和位置。旋转部分的电缆和液压软管通过输缆链与吊具相连。

3)导板机构。旋转调心吊具用摆动液压油缸驱动导板摆动,其摆动幅度为180°。6个导板中,2个位于海侧,2个位于陆侧,左右端梁中部各1个。导板下压时的转矩不小于1 200 N·m。由于6个导板具有独立的驱动装置,因此,它们可按司机的操纵指令同时动作、成对动作或单独动作。同时，加长型的导板结构及 6 个导板的布置方式能帮助司机尽快稳定吊具的扭摆，快速将旋锁插入集装箱角孔中，以提高装卸效率。

（3）固定式双 20 ft 箱吊具

固定式双 20 ft 箱吊具（见图 4-6-11）一次能同时装卸两个 20 ft 集装箱，是双箱吊点装置不可水平移动的伸缩式吊具。与单箱吊具相比，它大大提高了装卸效率。固定式双 20 ft 箱吊具以标准吊具为基础，在主框架的中部增加 4 套独立的旋锁机构及其相应的结构件，从而在保留标准吊具原有全部功能的基础上，增加了同时装卸两个 20 ft 集装箱的功能。

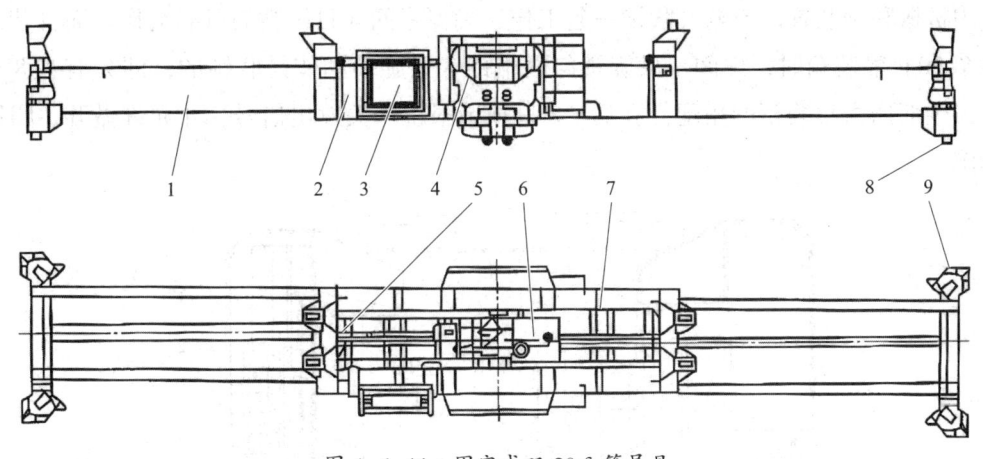

图 4-6-11　固定式双 20 ft 箱吊具

1—伸缩梁结构　2—底梁主结构　3—电气系统　4—双箱吊点装置　5—输缆（管）装置
6—液压系统　7—伸缩驱动　8—转销驱动　9—导板装置

1）固定式双 20 ft 箱吊具中部吊点装置（见图 4-6-12）。固定式双 20 ft 箱吊具中部吊点装置也称中间旋锁装置，由 4 只旋锁箱、4 套独立的旋锁机构和 2 套垂直提升装置组成。在每套提升装置上装有 4 块减摩块，起导向和减摩作用。由于中间 4 只旋锁箱分别由液压油缸驱动做垂直升降运动，因此，4 个中间旋锁吊点能始终保持准确的位置尺寸。在中间旋锁箱的销轴连接处有 60 mm 的垂直浮动间隙，从而能在两个 20 ft 集装箱的吊点高度落差多达 60 mm 的情况下，同时起吊两个 20 ft 集装箱。中间旋锁箱的支点处采用关节轴承，从而为其提供了自由浮动的条件。即使这两个 20 ft 集装箱中间 4 个角配件相对平面位置有偏差，也能有效地保证中间 4 只旋锁可准确地插入集装箱的角配件孔中。另外，中间旋锁箱的垂直提升高度达 420 mm，当提升至最高处时，可以使中间旋锁装置处于底梁主结构的上部，保证吊具在吊单只超高箱时避免与中间旋锁装置发生干涉，从而更好地保护中部旋锁机构和集装箱。只有当中间 4 只旋锁箱全部下降到位时，吊具才能同时装卸两个 20 ft 集装箱；只有当中间 4 只旋锁箱全部被提起到位时，才能装卸一个 20 ft 或 40 ft 集装箱。为了正确区分吊具下是两个 20 ft 集装箱还是一个 40 ft 集装箱，吊具上还装有一套由红外线光电感应开关组成的双 20 ft 箱检测装置（称为误吊感应装置）。该装置发出的信号除使司机能正确判断即将起吊的集装箱是两个 20 ft 集装箱还是一个集装箱外，还与起重机的控制系统一起组成一套电气安全联锁保护程序：当吊具下是一个 40 ft 集装箱，且吊具的中间 4 只旋锁箱全部处于下降位置（吊两个 20 ft 集装箱状态）时，若吊具起升到安全高度，则会自动停止下降，以防止损坏集装箱和旋锁；反之，当吊具下是两个 20 ft 集装箱，且中间的 4 只旋锁未下降到位（吊一个 40 ft 集装箱状态）时，除停机外，吊具还发出信号告知司机发生了误动作，从而能有效避免事故的发生。还可根据用户要求，采用机械联锁装置，与电气联锁一起工作，确保中间 4 只旋锁的可靠动作。而且装卸两个 20 ft 集装箱时，中间 4 只旋锁与两端的 4 只旋锁动作是联锁的，即只有当 8 只旋锁全部插入集装箱的角配件孔后，8 只顶销限位开关发出信号，才允许做开、闭锁动作。

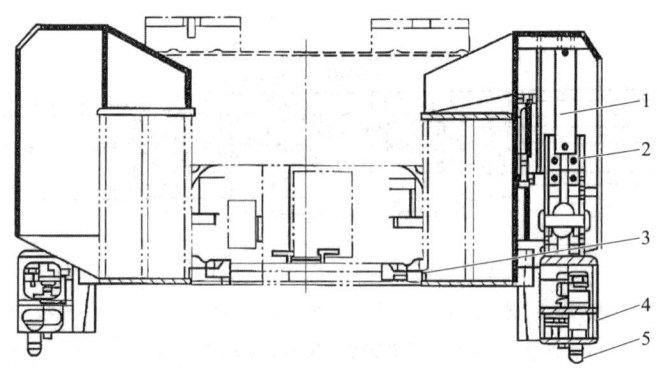

图 4-6-12 中部吊点装置

1—中间提升机构　2—减摩块　3—误吊感应装置　4—中间旋锁箱　5—旋锁机构

2）液压系统。固定式双 20 ft 箱吊具上的液压系统在原有标准吊具的基础上，增加了操作中间旋锁装置和中间旋锁箱的功能，能控制吊具的伸缩、旋锁、导板动作和中间旋锁箱的升降动作。

3）电气控制系统。在标准吊具的基础上，固定式双 20 ft 箱吊具增加了用于中间旋锁开锁/闭锁检测、中间顶销着箱检测和中间旋锁箱升降位置检测的限位开关，以及误吊感应装置（该装置只有在两个 20 ft 集装箱之间有间隙时才起作用）。

除标准吊具的限位开关外，固定式双 20 ft 箱吊具上的专用限位开关分别用于检测中间旋锁箱升降位置，以及中间 4 只旋锁箱及旋锁机构是否处于上升/下降位置。它们与伸缩位置信号及起升机构联锁，确保只有在 40 ft 位置时才能吊载两个 20 ft 集装箱。

(4) 可移动式双 20 ft 箱吊具

可移动式双 20 ft 箱吊具的结构形式与固定式双 20 ft 箱吊具基本相同,只是在其基础上增加了一套中间吊点装置的平移机构(该平移机构简称中锁平移机构),使吊具在吊箱或不吊箱的情况下均可平移中锁间的距离;同时对液压系统进行了相应的改进,电气上增加了中锁平移机构的控制系统等。它既能装卸单个集装箱(20 ft、40 ft、45 ft 集装箱),又能装卸两个在一定范围内不同间距的 20 ft 集装箱。

1) 机械部分。可移动式双 20 ft 箱吊具是一个全焊接的结构装配件,一对伸缩梁嵌套在中部底梁内,并可在特制的抗摩块上滑动。为了减小带载伸缩摩擦力,在伸缩梁的尾端上部装有支承滚轮,在吊具的主梁滑道上装有 4 个中间移动架,且每个中间移动架内装有一套可上下运动的中间旋锁箱,每个中间旋锁箱均与一个液压升降液压油缸相连。当中间旋锁箱处于上升位置时,可进行单箱作业;当中间旋锁箱处于下降位置时,可进行双 20 ft 箱作业。为了使中间旋锁箱与一侧边锁位置保持一致,设计了一对用于中间旋锁移动的液压油缸,分别与左右两个下推杆相连,而这两个下推杆分别通过连接板与左右两对中间移动架连接。在中间旋锁移动液压油缸的推动下,中间移动架同中间旋锁箱做向外和向内的平移运动,并保证外伸梁进行同步伸缩,这样吊具就能装卸在设计范围内任意位置的两个 20 ft 集装箱,同时也实现了吊下两个 20 ft 集装箱的平移运动。

可移动式双 20 ft 箱吊具与固定式双 20 ft 箱吊具的主要区别在于可移动式双 20 ft 箱吊具有特殊的伸缩驱动机构,该伸缩驱动机构由双中锁移动和常规伸缩驱动两套机构组成,常规伸缩驱动机构与标准吊具基本相同,中锁移动机构由中锁移动液压油缸、下推杆、连接板、减摩块、40 ft 零位置及标准位置限位开关、45 ft 极限位置限位开关等组成。

当吊具做正常的伸缩运动时,上下推杆处于脱钩状态,液压马达驱动减速器及链轮链条,与上推杆相连接的链条推动伸缩梁做伸缩运动(这时的伸缩运动相当于普通吊具的伸缩运动)。当吊具做带载的双 20 ft 箱伸缩运动时,其运动步骤如下。

①司机将吊具转至双 20 ft 箱作业状态,双 20 ft 箱控制程序自动将伸缩梁定位至 40 ft 位置。

②自动将液压系统由正常压力转至高压。

③控制两个伸缩液压油缸,将下部的移动架置于 40 ft 标准位置。

④上下推杆对位正确,限位发出信号,挂钩液压油缸动作。

⑤锁定上下推杆,允许中锁升降液压油缸动作,中锁放下。

⑥双箱指示灯点亮,司机可进行双 20 ft 箱作业。

⑦司机发出中锁分离或合拢指令,吊具中锁可按指令实现中锁分离或合拢动作。

当吊具做带载的双 20 ft 箱伸缩运动时，可移动式双 20 ft 箱吊具控制程序自动将液压系统由正常压力转至高压。

⑧当司机将吊具转至单箱作业状态时，吊具做相反顺序的动作。

2）电气部分。可移动式双 20 ft 箱吊具的电气控制部分一般情况下是在吊具上建立一个 PLC 控制器，或与岸桥的 PLC 建立通信。在吊具上配置 PLC 远程模块，主要是为了正确实现吊具中锁的定位、联锁和移动等功能。

二、供电系统

1. 岸桥供电方式

岸桥采用电力驱动，供电方式有两种：一种是使用外接电源，即直接从电网获得动力；另一种是采用配置在起重机上的柴油发电机组供电。

（1）外接电源供电

外接电源供电具有经济、简单、清洁、维修量小、环境噪声污染少等优点，是广泛应用的一种供电方式。按照受电形式不同，外接电源供电有滑触线供电和电缆供电两种形式。

1）滑触线供电。滑触线供电是指沿着岸桥大车运行轨道的全程敷设裸导线（滑触线），同时在岸桥上安装集电器（滑接器），集电器沿裸导线滑动或滚动，将电流引上岸桥的供电方式。这种市电供电方式在岸桥上无须安装价格昂贵的电缆卷筒装置和几百米长的电缆。滑触线有硬滑线（如角钢、圆钢）、软滑线（如铜葫芦线）等。滑触线可架空，也可敷设在沿轨道并与轨道平行的地沟内（地沟必须加盖）。滑触线可架在海侧轨道边，也可架于陆侧轨道的陆侧边，具体应根据码头布置而定。

上述滑触线供电方式，由受电器与滑触线的接触受电，往往会因使用磨损而导致受电故障，又占用码头空间，因此已很少采用。

2）电缆供电。电缆供电方式是目前使用外接电源供电的岸桥中最为普遍的。它弥补了滑触线中接触不良的缺点，占用码头空间小，并能与通信光电缆组合在一起，虽价格较高，但具有无可比拟的优点，因而得到广泛应用。其最为典型的形式是电缆卷筒式供电。

电缆卷筒式供电是在岸桥相应的海侧门框或陆侧门框处配置一个电缆卷筒装置。电缆长度根据码头需要配置，一端与电缆卷筒的集电滑环（受电器）连接，另一端盘绕在卷筒上，并从卷筒拉出，经导缆器与码头电缆接线箱连接，将外接电源送到起重机。

岸桥向着接线箱方向运行时，岸桥上的电缆卷筒装置能有效地将电缆卷起；岸桥向离开接线箱方向运行时，电缆卷筒装置能有效地将电缆放出。电缆卷筒始终使电缆保持着必要的张力，保证电缆被拉直，平放在码头的槽内（或码头面上），以免电缆在码头上搁放混乱或被过往的车辆压断。

电缆在卷筒上的盘绕有两种方式：一种是"单排多层"卷盘式（这是目前最常用的一种盘绕方式）；另一种是"单层多排"卷筒式。

采用"单排多层"卷盘式盘绕方式，电缆在盘入盘出的过程中没有受到扭曲，有利于延长电缆的使用寿命，但在一定电缆拉力下，电缆卷筒的阻力矩发生变化，因此，要求配置的驱动功率较大。采用"单层多排"卷筒式盘绕方式，电缆在盘入盘出的过程中受扭曲，但电缆卷筒的阻力矩不变，因此，配置驱动的功率可小些。

（2）柴油发电机组供电

岸桥由柴油发电机组供电有两种形式：一种形式是柴油发电机组装在岸桥上；另一种形式是柴油发电机组装在码头上，与外接电源组合使用，一旦外接电源中断，可由柴油发电机组供电。

1）柴油发电机组装在岸桥上，不需要配置电缆卷筒装置、高压柜、变压器等。由于柴油发电机组和燃油供给系统直接配置在岸桥上，其机械成本要比电缆卷筒供电高。这种供电方式的岸桥在国外和一些外接电源供应困难的地区有一定市场。

柴油发电机组可以设置在海、陆侧门框横梁处，也可设在后大梁上。

燃油供给系统（油泵、各种阀、管路）从地面供油车向主油箱供油，辅助泵和阀从主油箱到辅助油箱向柴油机供油。因此，向主油箱供油的油泵设置在离码头面不高的门框处。主油箱有的设在海、陆侧门框横梁上，也有的设在后大梁上；辅助油箱设在柴油机旁。

2）柴油发电机组装在码头上，有固定式和流动式两种。使用这种动力的岸桥与使用外接电源的岸桥类似，也可以将外接电源和柴油发电机组组合使用。

2. 供电系统无功功率补偿

在港口供电系统中，岸桥是主要用电设备，属于感性负载，具有感性特性（其他如感应电动机、电力变压器和电焊机等）。它除了从供电系统吸收有功功率，还要吸收相当数量的无功功率以产生这些设备正常工作所必需的交变磁场，特别是有的设备生产过程中还经常出现无功冲击负载，这种冲击负载可能比正常设备采用的无功功率高5～6倍。从电路理论可知，无功功率的增大会使供电系统的功率因数降低。

（1）功率因数的计算

岸桥用电负载的功率因数一般是随着负载性质的变化及电压的波动而变动的，在讨论改善功率因数的措施之前，首先要对几种功率因数的计算方法进行简要说明。

1）瞬时功率因数。瞬时功率因数是指在任何瞬时平均功率（有功功率）与视在功率之比，它可随时由功率因数表（又叫相位计）直接读出，或者根据电流表、电压表及有功功率表在同一瞬时的指示数进行计算求得，即

$$\cos\phi = \frac{P}{\sqrt{3}UI} \quad (4\text{-}6\text{-}1)$$

式中　　P——有功功率表指示数，kW；

　　　　U——电压表指示数，kV；

　　　　I——电流表指示数，A。

2）自然功率因数。凡未装设任何补偿装置时的功率因数称为自然功率因数。自然功率因数分为瞬时功率因数和均权平均功率因数两种。

3）总功率因数。港口企业装设人工补偿装置后的功率因数称为总功率因数。它也分为瞬时功率因数和均权平均功率因数两种。

（2）功率因数的补偿和谐波滤波装置

早期的一些岸桥采用晶闸管进行调速，在功率因数的动态补偿与谐波的滤波方面做得不够完善，会影响整个电网的用电安全。因此，ZPMC研制出岸桥的谐波吸收和功率因数补偿装置，下面对该装置进行简单介绍。

1）装置的设计原则和特点。

①岸桥的谐波吸收和功率因数补偿装置分成两个部分，即系统要具有谐波吸收功能，同时兼顾功率因数补偿，这样可以做到两个功能在一套装置上实现，以照顾到岸桥上安装空间有限的问题。

②在岸桥的供电系统中，起主要干扰作用的是5、7、11次谐波，因此，谐波吸收装置重点针对这几次谐波。

③考虑到岸桥上的散热条件及需要良好的谐波吸收功能，可采用空心电抗器来替代实心电抗器。根据用户需要，岸桥的谐波吸收和功率因数补偿装置可以按照动态补偿（晶闸管自动投切方式）和静态补偿（真空接触器自动切换方式）来设计制造。前者在性能上优于后者，但在价格上高于后者。

④在元件选择上，由于岸桥上的驱动器电源通常有460 V AC、525 V AC、575 V AC、725 V AC等，远高于普通电站中的400 V AC，因此，分析尖峰电压的来源，制订元件的保护措施和选用大功率电力元件时，都要考虑这些岸桥电控系统的特点。

⑤对于电容器，应全部采用油浸式电容器，并按不同电压要求特殊制造。因为一般的干式功率补偿电容器耐压不高，所以不适合用于岸桥的电控系统。

2）电气原理图简介。

图4-6-13和图4-6-14所示为动态补偿装置的原理简图。可看出，晶闸管元件及电容器部分都采用了完善的过电压吸收装置。

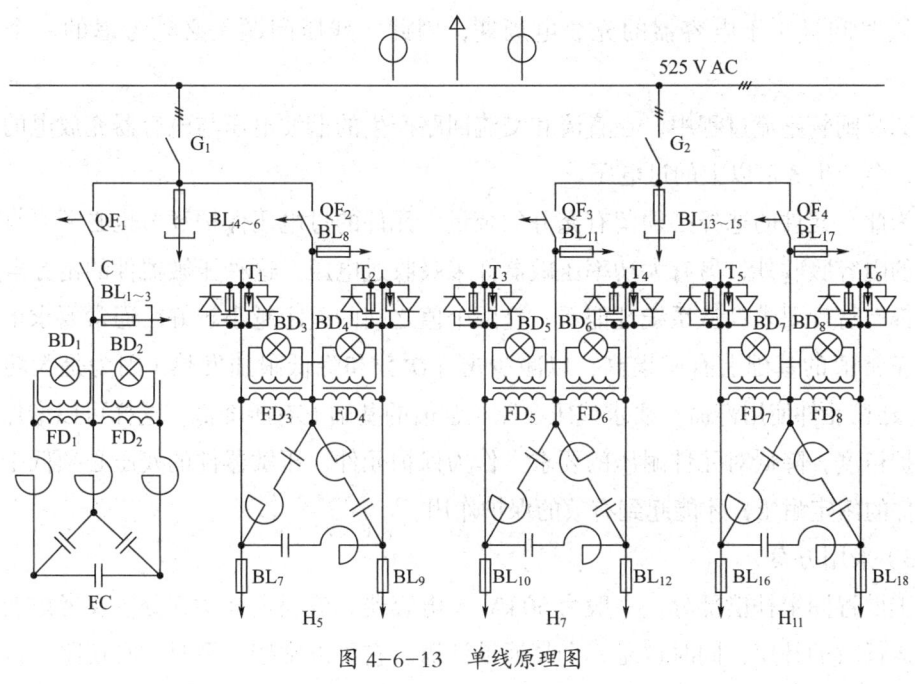

图 4-6-13 单线原理图

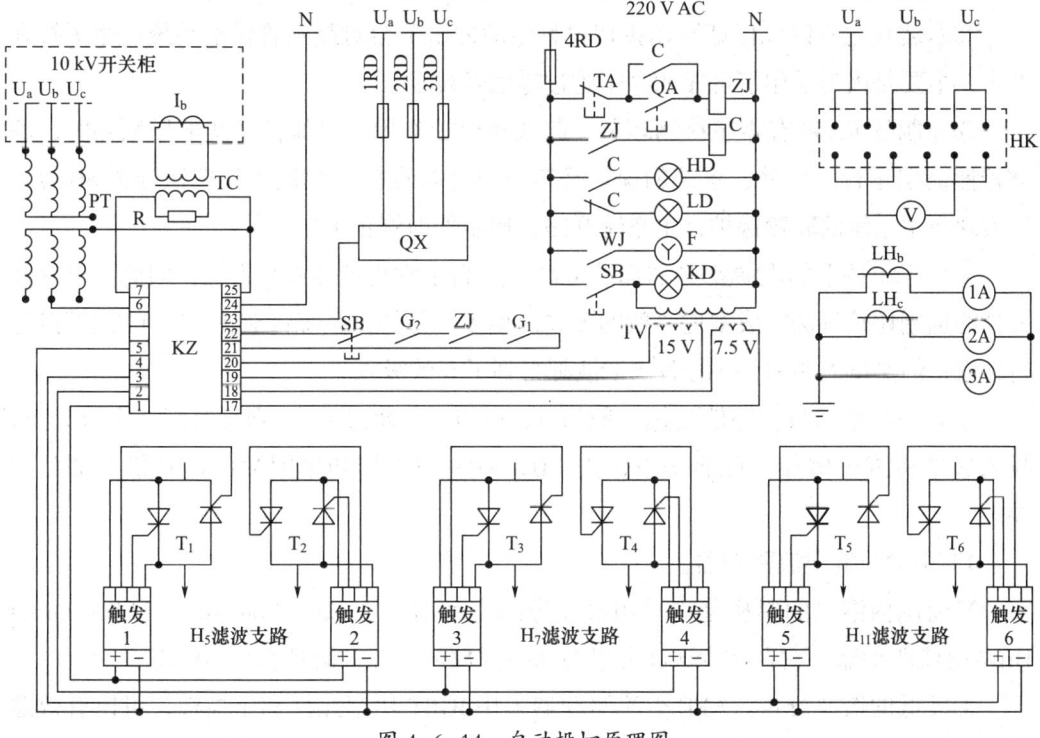

图 4-6-14 自动投切原理图

岸桥上谐波吸收和功率因数补偿装置的尖峰电压来自以下方面。

①电容器充放电过程中形成的瞬变电压及电容器本身的残压。由于岸桥频繁工

作间隔时间远小于电容器的充放电周期，因此，残压问题是必须考虑的一个主要问题。

②晶闸管整流过程中，在直流和交流回路产生的谐波电压与电容器充放电的峰压叠加，会产生3倍以上的过电压。

为此，元件的选择必须留有充分的余量。元件的过电压保护环节也必须可靠，除通常的阻容吸收外，另有大功率压敏器件来吸收过电压。这种压敏器件的击穿电压及残压都有特殊要求。从系统性能看，这两个值之间的差距越小越好。通常要求击穿电压在正常值的基础上有所提高，以减少击穿次数和降低附加发热（因为是大功率元件），延长元件使用寿命；要求残压在原正常值的基础上有所降低，这样可以增加元件的保护裕度，降低对元件耐压的要求。作为保护元件，压敏器件的残压必须低于晶闸管元件的额定耐压，才能起到有效的保护作用。

3）采用方案。

①设置固定补偿部分，一般为 50 kV·A 电容器。该固定补偿部分主要考虑变压器空载运行时的补偿，同时也是一个高通谐波器。它可以常接，平时不必切除。自动投切部分由控制器 KZ 根据电网功率数值来确定补偿投入的组别，以实现自动投切。

②本装置之所以能保证自动投切过程中的冲击不会对晶闸管供电系统产生干扰和冲击，主要是因为采用了可靠的晶闸管过零触发技术。

③控制器 KZ 带有零序检测环节，起缺相保护作用，以保证系统电压缺相时，滤波器能退出运行。另外，系统的保护环节也可有接点输入控制（如按钮开关 SB 等），以实现与主系统的联锁保护，主系统开路，控制器即停止工作。

④由于岸桥上的电源都是非标准电源，并高于常规的 400 V 系统，因此，电容器元件的选用比较特殊，成本比一般的要高出很多。另外，系统针对 5、7、11 次谐波进行补偿，但测试表明 $H_2 \sim H_{19}$ 各次谐波都得到了有效吸收。

⑤关于功率因数，补偿目标一般为 0.8～0.9。若超过 0.9，则每提高一个百分点，投入成本将成倍增加，反而得不偿失。0.8～0.9 的平均功率因数已达到供电部门的要求。

4）主动前端交流驱动器。

当前国内港口的岸桥基本采用最先进的主动前端（active front end，AFE）Master Drive 交流驱动器，它在减少谐波分量与功率因数可调等方面具有很多优点。

①极低的谐波分量。AFE 交流驱动器采用 IGBT 功率元件和主控板，可以有效避免谐波和换向缺口。在电子调节方面，有源部分（AFE 交流驱动器）和无源部分（电网净化滤波器）之间的调节效果最佳，可使输往电源方向的电压和电流接近于正弦波，这样对电网的扰动很小，甚至几乎不存在。

②可调的功率因数（最大可达 cosϕ=1）。AFE 交流驱动器的功率因数 cosϕ 可以根据不同应用场合来调整，超前和滞后调节范围为

$$\cos\phi \geqslant 0.8$$

在实际的应用中，这个功能能够对整个供电系统起到很大的帮助作用，甚至可以预设 AFE 交流驱动器的功率因数来调节局部电网的功率因数，使整个系统可以工作在非常有效和干净的环境中。

功率因数可以通过参数设置预设，也可以通过通信协议在工作过程中直接实时地进行更改，以实现更好的动态响应。

③稳定的直流电压控制，以保证在不稳定电网中的高可用性。在内部主控板高性能矢量调节器的保证下，岸桥 AFE 交流驱动器的直流母线电压在电网电压的波动中保持恒定。在小于 1 min 的情况下，若有 30% 的电压跌落，AFE 交流驱动器可以不加任何限制继续工作，并且不会对电动机和逆变器有任何影响，保证了电动机最大转矩的稳定输出，从而保证岸桥的作业效率。

3. 岸桥供电系统保护装置

岸桥供电系统的保护装置有熔断器保护、自动开关保护和继电保护。

熔断器保护和自动开关保护都能在过载和短路时动作，断开电路以切除过载和短路部分，使系统的其他部分恢复正常运行。自动开关保护适用于岸桥的低压供电系统。

继电保护装置在供电系统中用于对系统进行监视、测量、控制和保护，它是由继电器组成的一套专门的自动装置，适用于可靠性高、操作灵活方便、自动化程度较高的供电系统。继电保护装置在过载时动作，一般只发出报警信号，引起维修人员的注意，以便及时处理；继电保护装置在短路时动作，会使相应的高压断路器跳闸，将故障部分切除。

岸桥供电 10 kV 系统包含一次系统和二次系统。一次系统比较简单，更为直观，在考虑和设置上较为容易；而二次系统相对复杂，并且包括大量的继电保护装置、自动装置和二次回路。为了确保岸桥供电系统的正常运行，必须正确设置继电保护装置。

（1）带时限的过电流保护

带时限的过电流保护按照其动作时间特性可分为定时限过电流保护和反时限过电流保护两种。

1）定时限过电流保护的接线和原理。图 4-6-15 所示为定时限过电流保护的接线图。它采用两相两继电器式接线方式，其中两个电流继电器 3 为启动元件，时间继电器 4 为时限元件。当线路发生相间短路时，电流继电器 3 瞬时动作，闭合其触点，接

通时间继电器 4 的线圈回路。经过预先整定的时限后，时间继电器 4 的延时触点闭合，使中间继电器 5 动作。中间继电器 5 的触点闭合后，接通断路器的跳闸线圈 1，使断路器跳闸，切除短路故障部分。信号继电器 6 串联在跳闸回路中。中间继电器 5 的触点接通跳闸线圈 1 的同时，信号继电器 6 动作，指示牌掉下，或同时给出灯光和音响信号，通知维修人员保护装置已经动作。断路器跳闸时，其辅助触头 2 随之断开，以减轻中间继电器 5 触点的工作负载。在短路故障被切除后，除信号继电器 6 外，保护装置中的其他元件（3，4，5）均自动复位至起始状态，而信号继电器 6 的常开触点闭合后，它本身不能自动恢复到断开位置，需人工手动复位。

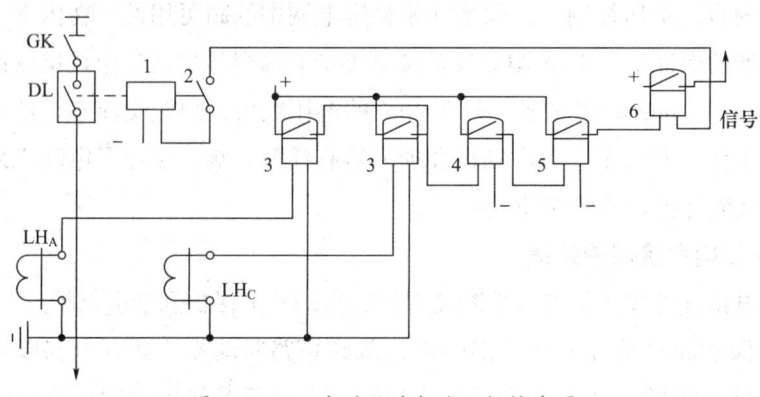

图 4-6-15　定时限过电流保护接线图

1—跳闸线圈　2—辅助触头　3—电流继电器　4—时间继电器　5—中间继电器　6—信号继电器

2）反时限过电流保护的接线和原理。图 4-6-16 所示为反时限过电流保护的接线图和展开式原理图（简称展开图）。从这两种图的绘制方式可知，接线图上的二次设备如继电器 1LJ、2LJ 是以整体的形式（包括其线圈和触点）绘出的，而展开图中二次设备的各个部件（如线圈、触点等）则分别绘在所属的各个电流（或电压）回路中。为了便于分析复杂的继电保护装置工作过程，一般将接线图画成展开图。

当供电线路发生相间短路时，电流继电器根据过电流的程度，按反时限特性动作，其常开触点闭合，紧接着常闭触点断开。这时断路器的跳闸线圈因去掉了短接分流支路而通电动作，使断路器跳闸，切除短路故障部分。在继电器分流跳闸的同时，其信号牌自动掉下，指示保护装置已经动作。在切除短路故障部分后，继电器自动复位，信号牌可手动复位。

（2）电流速断保护

上述带时限的过电流保护有一个明显的缺点，就是越靠近电源的线路过电流保护，其动作时限越长；而短路电流则是越靠近电源，其值越大，危害也更加严重。因此，一般规定当过电流保护的动作时限超过 1 s 时，应该装设电流速断保护。

1）电流速断保护的动作电流整定。电流速断保护是一种瞬时动作的过电流保护。

对于采用 DL 系列电流继电器的电流速断保护来说，相当于从定时限过电流保护中去掉时间继电器；而当采用 GI 系列电流继电器时，则是利用该继电器的电磁元件进行电流速断保护。

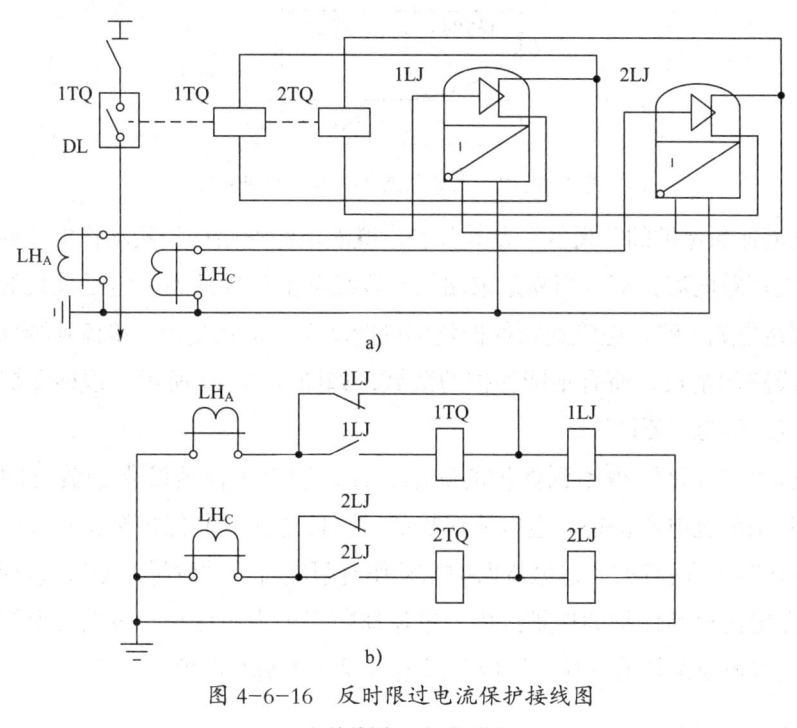

图 4-6-16　反时限过电流保护接线图
a) 接线图　b) 展开图

电流速断保护是瞬时动作，需要保证前后级保护之间的选择性动作。电流速断保护的选择性是靠其动作电流的特殊整定要求来保证的，即电流速断的动作电流 I_{sd} 应躲过它所保护线路末端的最大短路电流（即末端三相短路电流）I_{dmax}。只有这样整定，才能避免在后一级速断保护的线路首端发生严重短路时，前一级速断保护出现误动作。

如图 4-6-17 所示，1-1 末端 d-1 点的三相短路电流，实际上与 1-2 首端 d-2 点的三相短路电流差不多是相等的，因为两者距离很短。由此可得电流速断保护动作电流的整定公式为

$$I_{sd}=K_K K_{JX} I_{dmax}/K_i \tag{4-6-2}$$

式中　K_K——可靠系数，对脱扣器取 1.8～2.0，对 DL 型电流继电器取 1.2～1.3，对 GL 型电流继电器取 1.4～1.5；

K_{JX}——接线系数；

K_i——电流互感器变化。

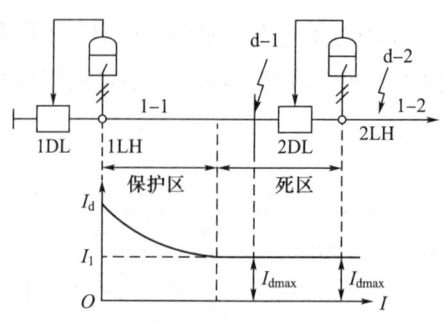

图 4-6-17　线路电流速断保护的保护区

2）电流速断保护的"死区"及其弥补。既然电流速断保护的动作电流躲过了线路末端的最大短路电流,那么当靠近末端的一段线路上产生的不一定是最大的短路电流(如两相短路电流)时,电流速断保护就不可能动作。也就是说,电流速断保护装置不可能保护线路的全长,而有不能保护的区域,如图 4-6-17 所示。这种保护装置不能保护的区域,称为"死区"。

为了弥补"死区"得不到保护的缺陷,凡是装有电流速断保护装置的线路,必须配备带时限的过电流保护。过电流保护的时限比电流速断保护至少延长一个时间差 ($\Delta t=0.5\sim 0.7\mathrm{~s}$),而且前后过电流保护的动作时限应符合"阶梯原则",以保证动作的选择性。在电流速断保护的保护区内,电流速断保护为主保护,过电流保护为后备保护;而在电流速断保护的"死区"内,过电流保护为基本保护。

三、驱动系统

近年来,随着我国经济的迅速发展,港口码头的运输作业越来越繁忙。为适应新的形势,大型电动装卸机械也开始向大型化、专业化方向发展。特别是集装箱机械的迅猛发展,使起重机的高度越来越高,载重量越来越大,速度越来越快。港口码头上的起重机要求在不同的场合用不同的速度进行工作,其目的在于使起重机在各种合理的速度下均可有效工作,以提高生产效率和确保安全生产。这种调速过程需要在运行过程中进行,且变换次数较多,因此,机械变速一般不合适,绝大多数情况下需采用电气调速。为应对起重机向高、重、快方向发展,要求大型电动装卸机械的电气驱动系统具有非常高的性能,即必须具有较宽的调速范围、较高的稳速精度、快速的动态响应和较大的功率等,以保证在进行起重作业时平稳、可靠,且具有良好的低速就位性能。

大型电动装卸机械的电气驱动系统必须根据起重机负载的特点设计,因此,应先了解起重机负载的特点。

1. 实现恒转矩调速和恒功率调速

起重机起升机构所带负载有两个特点。一个特点是负载是位能性负载,当负载一定时，在任何转速下负载转矩总是保持恒定，而且负载转速方向也不随电动机转速方向的改变而改变。另一个特点是起重机的负载有效率是 50%，即有一半是空载运行；即使在带负载时，也不都是达到起吊额定负载的满载工况。为了提高生产效率，希望起重机在空载或轻载时能提高速度。负载转矩与转速成反比，即形成恒功率控制。负载的恒功率性质是就一定的速度范围而言的，即使当负载很低时，受机械强度和电气系统特殊性的限制，转速也不可能无限增大，一般恒功率调速范围为额定速度的 2.0～2.5 倍。而在重载下，起重机工作在额定转速下，即恒转矩控制。

基频以下实现恒转矩调速；空载或轻载时可运行在基频以上，速度提高 1 倍以上，实现恒功率调速。若调速系统采用 PLC 与变频器通信控制，则起升速度可随负载自动升速或降速。PLC 通过检测吊重物启动时的电流值进行控制，也可通过超负荷限制器的质量信号来控制恒功率升速，提高生产效率。

为避免低频时满载工况下发生带不动负载的现象，应采用闭环控制方式。闭环控制的速度反馈采用增量式脉冲编码器，使系统具有足够的调速硬度和良好的低频转矩特性，即使在 0 Hz 下，电动机也能以 150% 额定转矩输出，不会发生带不动负载的现象。

2. 防下坠功能

起重机负载属于位能性负载，当起升上升时必须克服地球引力，当起升下降时又有重力加速度加快下降速度。当货物吊在半空中时，若需要向上，则首先须打开制动器，同时电动机输出向上转矩。若这个输出转矩小于重物产生的转矩，那么重物就会因制动器的释放而下坠一点，随后电动机输出转矩逐渐加大，超过重物产生的转矩后，重物才会被向上提升。在装卸过程中出现这种下坠现象是很危险的。比如，当岸桥吊着重箱对准集装箱卡车时，这种下坠现象会把集装箱卡车砸坏，必须绝对避免。所以大型电动装卸机械电控系统都应具有起升防下坠功能。其基本原理是，在每次制动器抱闸时，记录下此时的电动机输出转矩；当下一次制动器再打开时，电动机就会输出上一次记忆的转矩值。即若上一次是空吊具质量，则提供空吊具的输出转矩；若上一次是额定质量，则提供额定质量电动机转矩，这样就能避免出现重箱下坠现象。此外，起升机构有机械制动器，当变频器作为调速手段时，在起升机构上升或下降及在空中停止的瞬间，机械制动回路与变频器加、减速时间的匹配是一个非常关键的问题。在工作过程中，既要防止重物下坠现象的产生，又必须防止由于时间匹配不当引起松闸太慢或抱闸太快的现象。若匹配不当，则可能引起电动机堵转，导致变频器保护跳闸，致使工作中断。在启动时控制起升制动器延时松闸，在停止时控制变频器零速信号进行抱闸，能较好地控制下坠现象。

3. 防摇系统

随着起重机的起升高度越来越高，速度越来越快，所吊货物晃动也会越来越剧烈，这就造成司机跟钩对位操作越来越困难，因此对防摇系统的要求也越来越高。岸桥一般用电子防摇系统来克服吊具随小车运行引起的摇摆。电子防摇的方法有两种。一种是在小车架下安装一个发射装置（有的用激光发射器，有的用摄像头）和一个接收装置，同时在吊具上架安装一个反射器。当吊具前后摆动时，接收装置检测到吊具前后摆动的角度，从而控制小车的运行方向和速度，并将这个摆动角度限制到最小，以达到防摇的目的。另一种是全电子防摇，它把小车的加速分成两个阶段，第一阶段加速到一半速度后，保持这个速度运行一段时间，其目的是等吊具的摆动跟上这个速度，然后再进行第二阶段加速，并达到最高速度，此时吊具也能跟上这个速度；停止也分两个阶段，先减到一半速度，保持一段时间，让吊具的速度也慢下来，然后再进行第二阶段减速，跟着吊具的摆动直到速度为零。这种方法的突出优点是不需要任何附加硬件设备就能防止小车摇摆，故障率很低。

4. 制动能量的释放

电动机减速或重载下放是一个能量转换的过程，此时电动机处于发电状态。如何吸收这部分机械能量，是大型电动装卸机械电气驱动系统必须解决的问题。

对再生制动能量的处理方式有两种：一种是采用能耗电阻的方式，用制动单元和制动电阻器来吸收；另一种是在直流侧设置公共母线的逆变桥使再生制动能量回馈到电网。

采用能耗电阻的方式，在制动单元和制动电阻器的选择上，考虑到起升机构属于位能性负载，因此，电阻制动的电阻值决定着制动电流，也就是决定着制动时间的长短。而在起重机电气驱动系统中，长时间制动的转矩特性决定了需要考虑的并不是它的电阻值，而是它的功率，这样才能保证再生制动能量迅速释放。

采用公共直流母线的多逆变器驱动方式，使系统电路形式更加简洁、紧凑。当起升机构重载下放时，长时间制动的转矩必须由大量制动电阻器吸收，此时使用再生制动能量回馈到电网的方式更为适宜。另外，当任意两个以上的机构同时运行时，若某一个机构传动电动机处于再生制动状态，其再生制动能量可经公共直流母线直接供给处于电动状态的电动机，可大大提高能量的再生利用率。系统由一个整流/回馈单元加多个逆变器组成，逆变器的数量取决于整个电气传动系统所需的逆变器个数。整流/回馈单元为各逆变器提供公共直流母线，它除设有整流桥外，还设有逆变桥，当电动机处于减速或重载下放工况使公共直流母线电压升高时，其逆变桥开始工作，并将再生制动能量回馈至电网，使系统实现四象限可逆运行。

四、控制系统

1. 运行控制线路

（1）大车主拖动系统电气原理分析

大车主拖动系统电气原理图如图 4-6-18 所示。该系统为发电机电动机组系统，当高压电动机启动以后，发电机 $4G_1$ 与高压电动机同轴旋转，采用主令控制器与自整角机相配合的控制方式，用手柄操纵实现平滑无级调速。控制岸桥行走的左行或右行控制器具有 6 个挡位，用来控制行走速度，当手柄置于第 6 挡时，电动机对应的转速应为额定转速 1 750 r/min，与其对应的大车行走速度为 45 m/min。

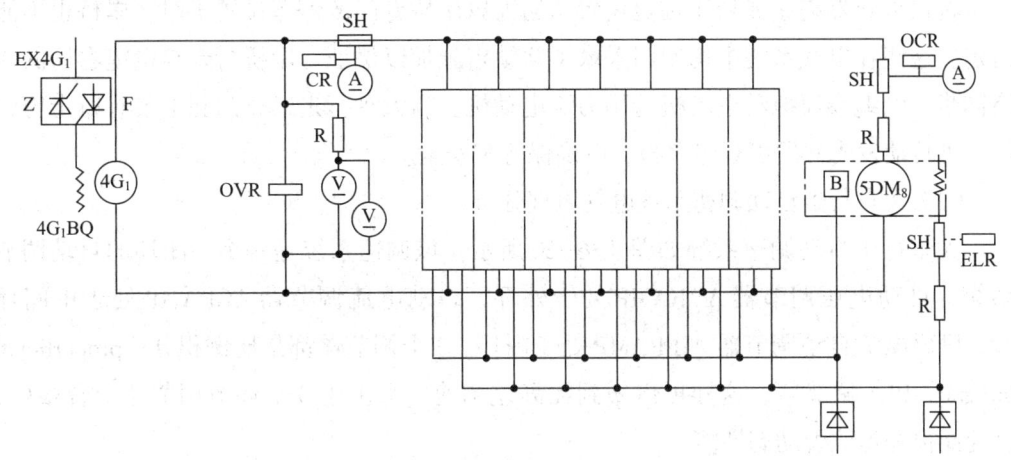

图 4-6-18　大车主拖动系统电气原理图

当岸桥正常运行时，控制器手柄回零位驱动电动机再生制动。当电动机速度降至额定转速 1 750 r/min 的 1/6 时，电磁刹车自动抱闸，电动机停车。为了保持 8 台电动机在大车行走时负载与转速平衡，在电气上实现同步，在每台电动机的电枢电路中都串有软化级电阻器。

大车行走速度靠操纵手柄控制，手柄控制挡位为 0～6 挡，其转速范围为 0～1 750 r/min。为了避免岸桥之间相互碰撞或行走时被障碍物阻塞，也为了控制大车的行程，在岸桥门腿上装有各种限位开关。大车行走限位开关布置如图 4-6-19 所示。

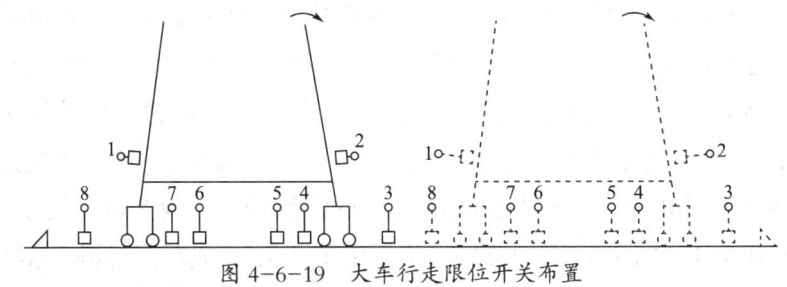

图 4-6-19　大车行走限位开关布置

1，2—避碰限位开关　3—停车限位开关（右侧）　4—减速限位开关（右侧）
5，6—锚定位置限位开关　7—减速限位开关（左侧）　8—停车限位开关（左侧）

大车行走与主起升拖动电动机由同一台发电机供电，为实现它们的互锁，设置了转换开关，在操纵时必须将操纵室内操纵台上的转换开关置于大车行走位置，然后操纵行走控制器手柄，实现左行或右行。

为了实现行走机构定位或试车，在岸桥门腿上装了两个点动（步进）按钮，按点动按钮时，大车行走速度缓慢，只有额定速度的10%左右。

为了实现安全可靠地行走，当悬臂架俯仰机构动作时，岸桥不能行走；当岸桥行走机构被夹轨器夹紧或处于锚定位置（遇大风岸桥专门的停车位置）时，岸桥也不能行走。这些在电气系统中均专门采取了联锁措施加以保证。岸桥行走与电缆卷筒的卷绕同步，电缆卷筒拖动电动机选用力矩电动机。当大车行走时，门腿上装有行走警告灯，可转动发光并发出行走警报，以确保行车安全。

（2）大车行走自动调速系统电气原理分析

大车行走自动调速系统如图4-6-20所示。该调速系统是一个三闭环的自动调节系统，自动电压调节器AVRAMP处于外环，自动电流调节器ACRAMP处于中间环节，励磁电流自动调节器AIFRAMP处于内环。3个调节器都是比例积分（proportional integral，PI）调节器，这样可以做到无静差调速；又由于3个环节调节器配合很好，因此能很好地改善动态性能。

大车行走自动调速系统由与控制手柄相连的自整角机DA发出给定信号。其中，控制手柄可在±36°范围内转动，共6个挡位，每个挡位大约可转动6°，对应输出电压为46 V/36°（第6挡）。也就是说，控制手柄每转动6°电压升高7.67 V，因此，可用改变自整角机输出电压的方式来控制发电机$4G_1$，即励磁线圈$4G_1BQ$上电流的大小，以达到调速的目的。发电机$4G_1$的励磁电流由380 V、220 V、50 Hz交流电源经反并联晶闸管整流系统$EX4G_1$提供，该系统正组晶闸管Z或反组晶闸管F的导通及移相范围由控制器操作手柄控制。改变移相触发器导通角的大小，就可改变发电机的励磁电流，从而改变发电机的输出电压，实现恒转矩调压调速。大车行走自动调速原理与小车横行基本相同，只是所取的相关参数不同。

以下根据图4-6-20所示控制原理，对逻辑选速无环流系统的工作情况进行必要说明。逻辑选速无环流系统只有一套触发器，在逻辑装置的指挥下利用电子开关进行脉冲切换。$EX4G_1$共用一套触发器CF，利用电子开关K_1、K_2进行脉冲切换。当需要正组晶闸管工作时，电子开关K_1接通、K_2关断，这样把触发器CF所产生的触发脉冲送到正组晶闸管SCR-Z（图4-6-20中的Z）的控制极上，使$EX4G_1$处于正向导通；反组晶闸管SCR-F（图4-6-20中的F）由于电子开关K_2关断而封锁，这样电动机就处于正转状态。当电动机需要反转时，K_2接通、K_1关断，SCR-F导通，SCR-Z封锁，使$EX4G_1$处于反向导通，这样电动机就处于反转状态。采用逻辑选速无环流系统，保证了在任何时候只可能有一组晶闸管触发，而另一组晶闸管关断，实现了无环流控制。电子开关K_1、K_2的切换动作由无环流电路指挥，在控制系统中，K_{11}配合K_1动作，

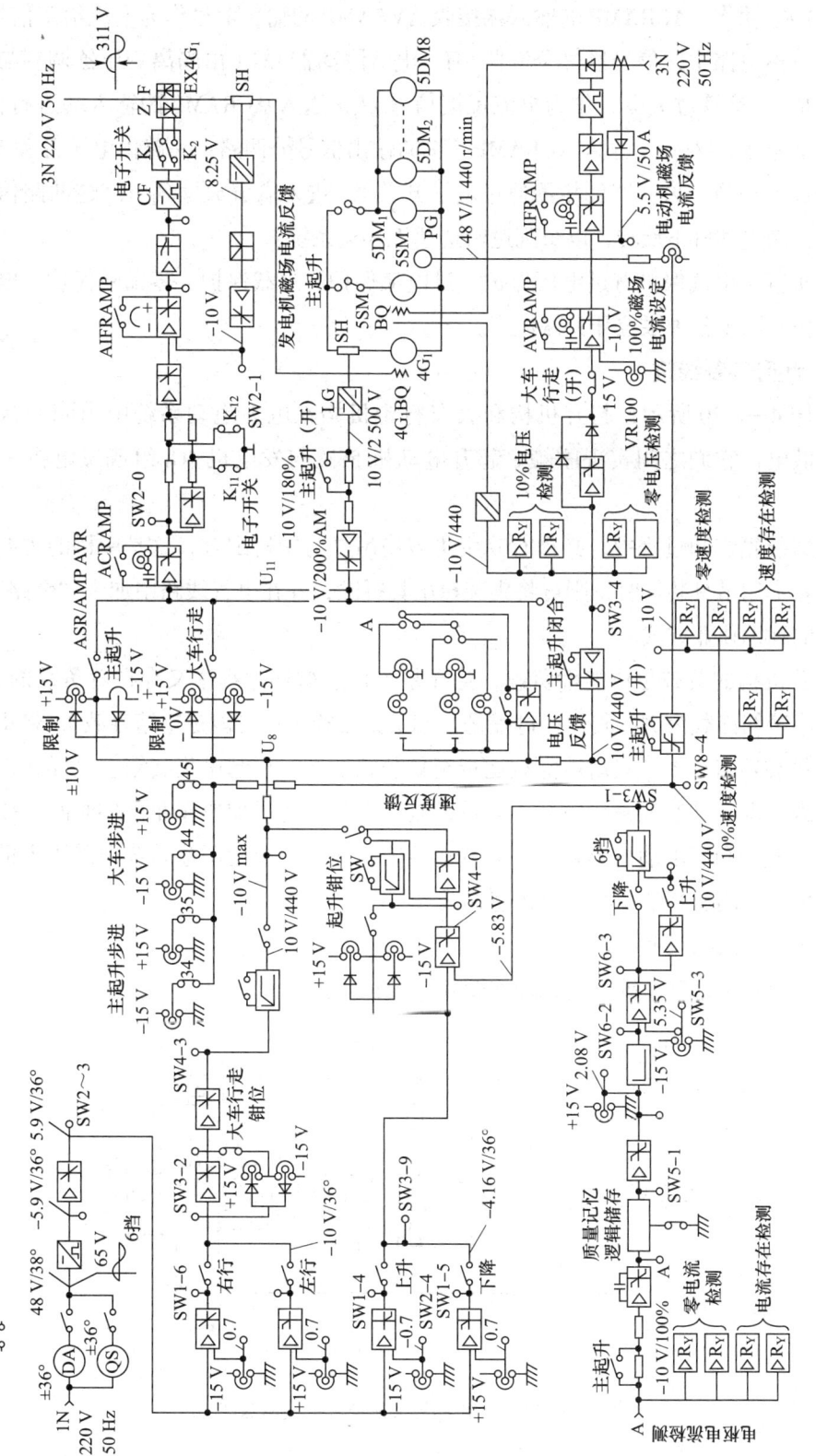

图 4-6-20 大车行走自动调速系统

K_{12} 配合 K_2 动作。ACRAMP 的输入端接收 AVRAMP 的输出信号作为电流给定信号 U_i；另外在电枢电路中，信号经过分流器 SH、电流隔离器 LG（由隔离变压器调制与解调装置组成）、运算放大器，作为电流反馈信号 U_{fi}，送入 ACRAMP 的输入端进行比较，将比较信号 $\Delta U_i=U_i-U_{fi}$ 送入 ACRAMP。它的输出信号分两路：一路由电子开关 K_{12} 进入微分放大环节，另一路倒相器通过电子开关 K_{11} 进入微分放大环节。这两路信号分别用来控制电动机正反转，以得到逻辑选速无环流系统。

大车行走电气保护有过电压保护、过电流保护、过载保护、零励磁保护、电动机温度保护，以及各种限位开关保护等。

2. 起升控制线路

如图 4-6-20 所示，起升机构和大车行走机构在电力拖动系统中由同一台发电机 $4G_1$ 供电，它们之间实现联锁。起升电动机 5SM 与发电机 $4G_1$ 组成发电机－电动机组。

在集装箱装卸过程中，必须有专用集装箱吊具与岸桥配合，这是岸桥的主要作业方式。若不用吊具装卸时，则可将集装箱吊具拆除，并在电气线路中加入"旁路"，这是岸桥的辅助作业方式。

起升机构的负载是位能性负载，且在整个作业循环过程中又存在着负载的变化。以船舶集装箱卸载为例，其作业过程是，起吊集装箱（也可能是空箱轻载），将集装箱安放在集装箱卡车上，然后以空载运行至集装箱船上，再起吊集装箱。这样在作业中既有满载工况，又有轻载或空载（只带吊具）工况。为了加快作业循环时间，提高生产效率，充分利用电动机容量，扩大调速范围，在电力拖动调速系统中采用了恒转矩调速与恒功率调速相结合的混合调速方式。

（1）起升机构调速原理

起升机构主拖动系统线路原理如图 4-6-21 所示。

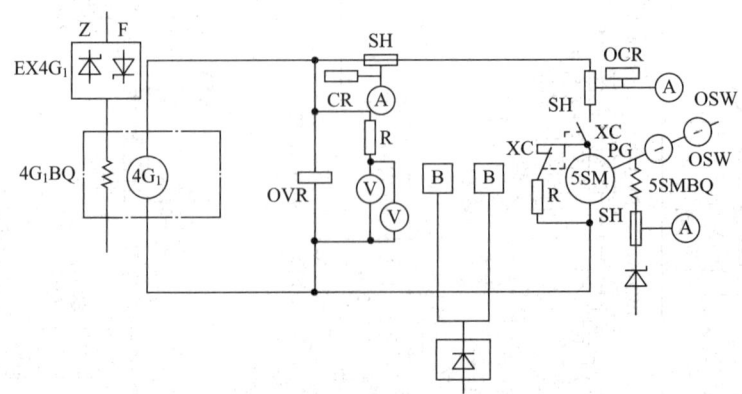

图 4-6-21 起升机构主拖动系统线路原理

通过调节发电机 $4G_1$ 励磁线圈 $4G_1BQ$ 上的电流，来调节发电机的输出电压，得到恒转矩调压调速；通过调节电动机 5SM 励磁线圈 5SMBQ 上的电流（使其减小），达到恒功率弱磁调速目的，这样就实现了混合调速。

在混合调速系统中，调节发电机的励磁电流由三相反并联晶闸管整流装置 $EX4G_1$ 来实现，而调节电动机的励磁电流由单相晶闸管桥式整流装置来实现。在自动调速系统中，往往将调压调速称为基速以下调速，弱磁调速称为基速以上调速。电动机 5SM 铭牌上标有转速 0～600～1 440 r/min，说明 0～600 r/min 范围的调速为调压调速，对应电动机的起升速度为 0～50 m/min；600～1 440 r/min 范围的调速为弱磁调速，对应电动机的起升速度为 50～120 m/min。为了制动可靠，在电气上采用双制动刹车。为方便操作，主令控制器操作手柄 1～5 挡位置控制电动机调压调速，6 挡控制电动机弱磁调速。在调速过程中，通常按照先升压（1～5 挡），后弱磁（6 挡）的原则进行。基速以下调速时，保持电动机 5SM 电枢电压不变，通过减弱电动机 5SM 励磁线圈上的电流来进行弱磁升速。

起升机构采用逐级控制进行恒转矩调速。控制手柄在 0～5 挡扳动时，电动机转速在 0～600 r/min 变化。6 挡处于恒功率调速，电动机转速在 600～1 440 r/min 自动变化，在这个转速范围内依据负载质量来决定起升速度，负载质量大，转速低；负载质量小，转速高。当负载质量超过一定值时，即使控制手柄在 6 挡也不存在恒功率弱磁升速，这是由其逻辑电路来实现的。

当正常操纵控制手柄回"零"位时，驱使拖动电动机再生制动。当速度减至额定转速（600 r/min）的 1/6 时，电磁刹车抱闸，电动机停车。

恒转矩调压调速与恒功率弱磁调速特性如图 4-6-22 所示。

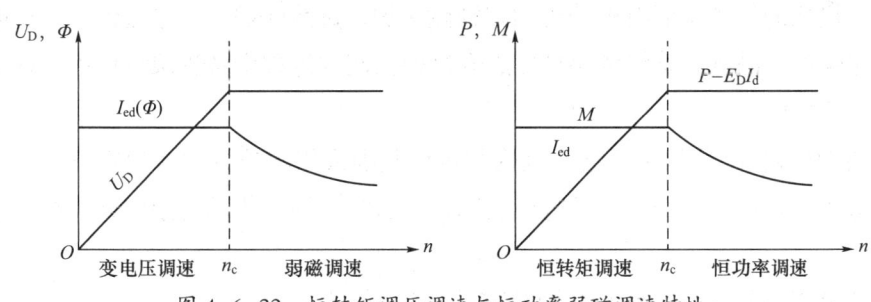

图 4-6-22　恒转矩调压调速与恒功率弱磁调速特性
注：n_c 为基本速度

图 4-6-22 中，基速以下调压调速时，电动机的电磁转矩为

$$M=C_m\Phi I_d \tag{4-6-3}$$

式中　M——电动机的电磁转矩；

　　　C_m——电动机转矩系数；

Φ——磁通量；

I_d——直轴电流。

基速以下保持励磁为额定值不变，并设调速过程中电流为额定值不变，则电磁转矩为

$$M=C_m\Phi I_d = 常数$$

电动机输出功率为

$$P=E_D I_d=Mn/975=Kn \qquad (4\text{-}6\text{-}4)$$

式中　E_D——电动机反电动势；

　　　M——电动机额定转矩；

　　　n——电动机转速；

　　　K——简化的电动机功率系数。

从这里可以看出，电动机输出功率 P 与转速变化成正比，转速高，输出功率大；转速低，输出功率小。在变压调速过程中电动机转矩不变，所以又称恒转矩调速。

基速以上调速，是保持电动机电枢电压恒定，减弱电动机磁场进行调速。若电动机的电枢电流为额定值，忽略电枢电路的电阻压降（$I_{ed}R_\Sigma$），则 $E_D \approx U_D \approx U_{ed}=$ 常数，因此，电动机输出功率 $P=E_D I_{ed}=$ 常数，所以弱磁调速又称恒功率调速。从图4-6-22可以看出，电动机在启动时，不宜采用弱磁方式。为了得到大的启动力矩，必须采用电动机满励磁 $\Phi=\Phi_{ed}$ 升压启动；当电压达到额定值以后，才能进行弱磁升速。

起升机构弱磁升速用于轻载或空载，调压调速用于启动或带负载调速。考虑到操作简便和自动控制系统的可靠性，该系统采用非独立控制励磁调速系统。

（2）起升机构的保护

起升机构的保护主要有电动机的零励磁保护、过热保护、过电流保护、过电压保护、超速保护、晶闸管系统的保护、起升机构在起升过程中各种限位保护、各机构之间的联锁保护等。

1）起升行程限位保护。起升机构的行程范围采用限位开关实现定位、自动控制及限位保护，限位开关箱与拖动电动机同轴，由蜗轮蜗杆传动的限位开关箱实现定位控制。

起升限位开关布置如图4-6-23所示。

2）起升机构及吊具联锁保护。操纵起升机构运行时，由于起升机构与大车行走机构共用一台发电机供电，它们在电气上实现动作联锁，因此，需要将操纵室内转换开关扳至"起升"侧，才能操纵主令控制器手柄，按操作人员意愿使起升机构运行在不同转速。悬臂架处于水平位置，吊具与起升机构实现必要的动作配合联锁，起升机构才能动作。负载传感器用于检测起吊货物的质量。当负载超过110%的额

定负载时，起升停车。当上升或下降速度超过 120% 的最高速度时，速度继电器发出信号，紧急停车并报警。

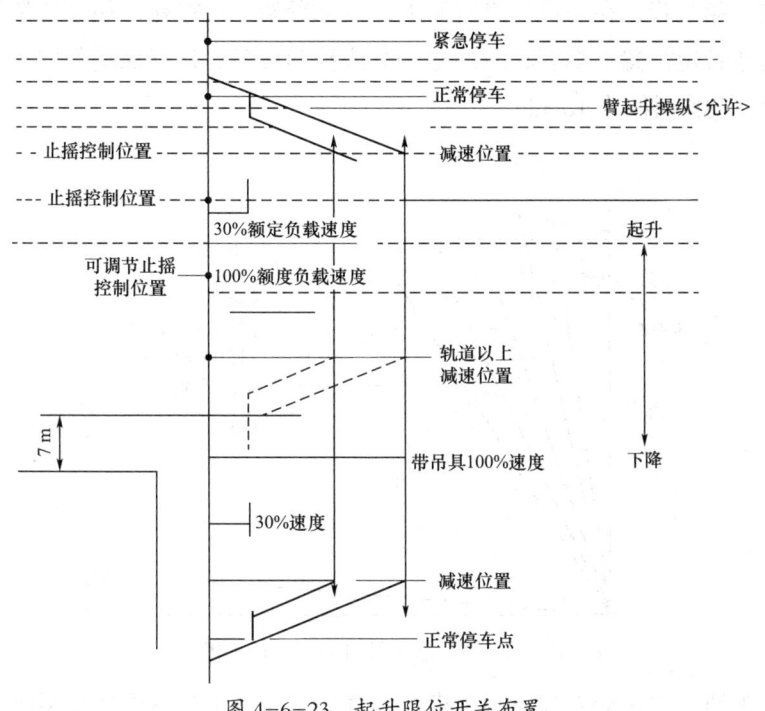

图 4-6-23　起升限位开关布置

吊具是岸桥的专用工具。吊具可通过以下动作来配合集装箱装卸：导向板翻起与放下；扭锁锁紧与松开；为配合不同型号集装箱装卸，可将吊具伸缩为 20 ft、40 ft 状态。上述动作都由液压电动机带动液压泵进行液压操纵。吊具为配合装卸可以旋转 ±5°，并可以前后、左右倾斜，在每个方向都有限位开关与其配合。

3. 俯仰控制线路

悬臂架俯仰系统是岸桥一种特殊的操作系统。岸桥在进行集装箱装卸作业过程中，悬臂架是不工作的。在装卸作业前将悬臂架放下，使它处于水平位置，岸桥才能进行作业；当岸桥装卸作业结束时，再将悬臂架收起，并且用攀钩钩住固定，这样可避免与大船高层建筑相碰。有时为了移动舱位进行作业，也需要将悬臂架收起，进行定位，然后再放下悬臂架方可作业。

悬臂架俯仰动作示意图如图 4-6-24 所示。

悬臂架操作就是将悬臂架从水平位置上升至一定高度后用攀钩钩住固定，或将钩住的悬臂架脱扣放下至水平位置的动作过程。

悬臂架俯仰操作一般分两步进行。收悬臂架时：第一步，悬臂架从水平位置上升至上限自动停车位置，该动作在司机操纵室进行；第二步，从上限自动停车位置下降至正常停车位置，再从正常停车位置至攀钩将悬臂架钩住固定，此动作在悬臂架操纵室进行控制,这样做是为了使整个过程安全可靠。放悬臂架时:第一步,在悬臂架操纵室操纵,按点动上升按钮使悬臂架上升至正常停车位置,再按出钩按钮将悬臂架从攀钩上脱钩;第二步,在司机操纵室操纵,按悬臂架下放按钮,使悬臂架下降至水平位置。在这些特定位置上都有相应的指示灯或控制设备,以确保动作安全。完成这样一次全过程,动作时间为 10 min。

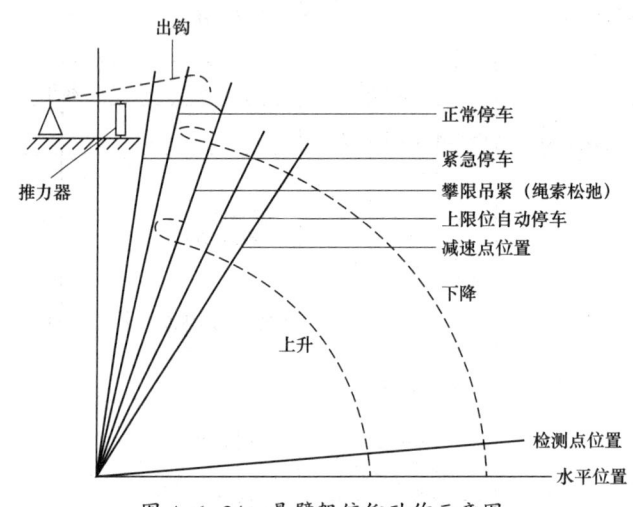

图 4-6-24 悬臂架俯仰动作示意图

悬臂架俯仰电力拖动方式与小车横行一样,都是发电机—电动机系统,这两个机构由同一台发电机供电,动作相互联锁。在电气控制系统中,悬臂架俯仰与小车横行有许多环节采用了共同的调节系统,为了方便起见,这里主要介绍它们的不同部分。

悬臂架俯仰主拖动系统线路原理如图 4-6-25 所示。

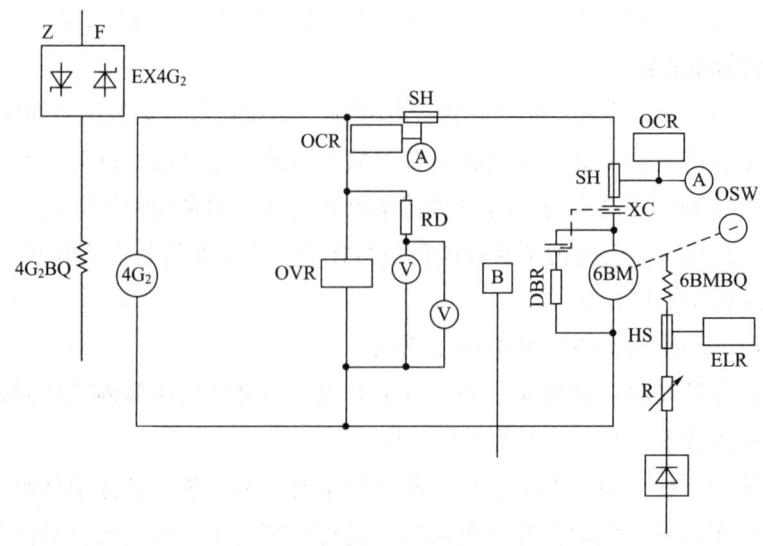

图 4-6-25 悬臂架俯仰主拖动系统线路原理

悬臂架俯仰主拖动系统为可逆运行，但悬臂架俯仰的负载属于位能性负载，上升时电动机处于电动状态，下降时电动机处于再生制动状态。直流发电机 $4G_2$ 与悬臂架俯仰电动机 6BM 组成发电机—电动机系统，其正反转控制方式与小车横行的控制方式一样采用了反并联晶闸管系统。

悬臂架俯仰控制系统的控制方式，不同于小车横行机构的主令控制器手柄操纵方式，而是采用按钮操纵方式，所以在悬臂架起升与下降过程中不存在手操纵调速过程。按钮操纵只有两种方式，即正常正反转运行与点动（步进）正反转运行，所以电动机只有正常的正反转启动与点动（步进）的正反转启动。

（1）悬臂架俯仰主电路工作过程

当主起升、大车行走、小车横行的主令控制器手柄都置于"零"位，转换开关置于悬臂架操纵方式时，悬臂架俯仰电动机 6BM 的励磁线圈 6BMBQ 得到额定励磁电流，主电路接触器 XC 通电闭合，$4G_2$ 与 6BM 主电路接通。由于没有动作信号，发电机 $4G_2$ 没有建立励磁，因此发电机的输出电压为零，刹车制动电动机停车。当按下上升或下降按钮时，就给出了一个定值的给定信号，使发电机在一定的励磁电流下发电，刹车松闸，电动机运转。

当需要紧急停车时，按一下紧急停车按钮，主电路接触器 XC 迅速断开，而 XC 的常闭触头迅速将电动机电枢与能耗制动电阻器 DBR 接通，这时悬臂架俯仰电动机 6BM 处于能耗制动状态，可迅速平稳停车。

点动（步进）按钮可给出慢速（步进）的信号，使悬臂架俯仰动作非常缓慢，主要用于定位或试车。

（2）悬臂架俯仰自动调速系统

小车横行与悬臂架俯仰采用同一套自动调速系统，但是悬臂架俯仰系统动作缓慢，所以没有设置电枢电流补偿环节。

悬臂架俯仰自动调速系统由一套调节器分别控制悬臂架俯仰或小车横行的自动调速，所不同的是两者的操作方式。悬臂架俯仰的给定信号由按钮控制，因此是一个定值，它的速度不能随意调节。而在自动调速系统中，各个自动调节器参数的选择不同，主要包括给定积分器的参数不同、AVRAMP 的给定参数不同、电流反馈信号的调节量不同。

（3）悬臂架俯仰系统的保护环节

悬臂架俯仰系统具有一套较完善的电气保护装置，除上述的位置检测保护外，还有电动机的零励磁保护、过热保护、过电流保护、过电压保护、超速保护、能耗制动紧急停车保护、电气联锁保护等。

第五章
可编程逻辑控制器（PLC）及工业通信技术

第一节 PLC 的构成与软件

一、PLC 的构成

PLC 的实质是一台用于工业控制的专用计算机，它与一般计算机的结构及组成类似，为了便于接线和扩充功能，提高系统操作与维护的便利性及其抗干扰能力，PLC 的结构及组成又与一般计算机有所不同。

PLC 的基本组成包括中央处理器（CPU）、存储器模块、I/O 模块、电源模块及外部设备（如编程器），如图 5-1-1 所示。

主机内的各部分通过电源总线、控制总线、地址总线和数据总线连接，再根据实际控制对象的需要配备一定的外部设备，即可构成不同的 PLC 控制系统。常用的外部设备有编程器、打印机、可擦可编程只读存储器（erasable programmable read-only memory，EPROM）写入器等。PLC 还可以配置通信模块和上位机，并与其他 PLC 进行通信，构成 PLC 的分布式控制系统。

1. CPU

CPU 一般由控制器、运算器和寄存器组成，这些电路都集成在一个芯片内。CPU 通过数据总线、地址总线和控制总线与存储单元、I/O 接口电路相连接。

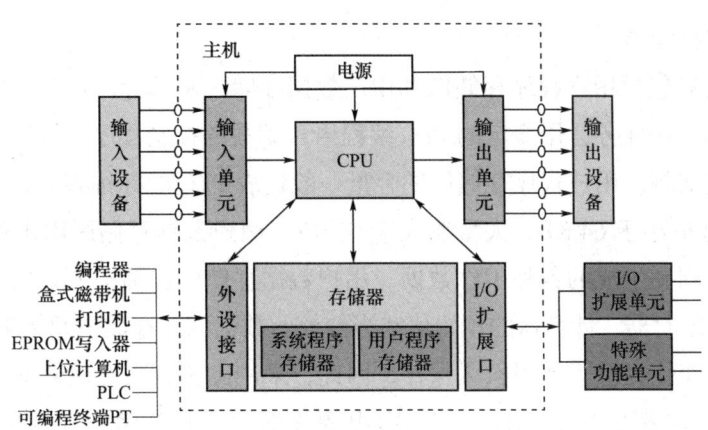

图 5-1-1 PLC 的基本组成

PLC 中所采用的 CPU 随机型不同而异，通常有三种：通用微处理器（如 8086、80286、80386 等）、单片机和位片式微处理器。小型 PLC 大多采用 8 位、16 位微处理器或单片机作为 CPU，具有价格低、通用性好等优点。中型 PLC 大多采用 16 位、32 位微处理器或单片机作为 CPU，如 8086、96 系列单片机，具有集成度高、运算速度快、可靠性高等优点。大型 PLC 大多数采用高速位片式微处理器，具有灵活性强、速度快、效率高等优点。

与通用计算机一样，CPU 是 PLC 的核心部件，它完成 PLC 所需的逻辑运算、数值计算及信号变换等任务，并发出管理、协调 PLC 各部分工作的控制信号。CPU 的主要作用如下。

（1）接收从编程器输入的用户程序和数据，并送入存储器存储。

（2）用扫描方式接收输入设备的状态信号，并存入相应的数据区（输入映像寄存器）。

（3）监测和诊断电源、PLC 内部电路的工作状态和用户编程过程中的语法错误等。

（4）执行用户程序。从存储器中逐条读取用户指令，实现各种数据的运算、传输和存储等功能。

（5）根据数据处理的结果，刷新有关标志位的状态，输出映像寄存器表的内容，再经输出部件实现输出控制、制表打印或数据通信等功能。

2. 存储器模块

PLC 的存储器用于存放程序及数据。PLC 运行所需的程序分为系统程序及用户程序，存储器也分为系统存储器（EPROM）和用户存储器（RAM）两部分。

（1）系统存储器

系统存储器用于存放 PLC 生产厂家编写的系统程序，并固化在只读存储器 ROM 内，用户不能更改。

（2）用户存储器

用户存储器包括用户程序存储区和用户数据存储区两部分。用户程序存储区用于存放针对具体控制任务，用规定的 PLC 编程语言编写的控制程序，该部分内容可由用户任意修改或增删。用户程序存储区的容量一般代表 PLC 的标称容量，通常小型机小于 8 KB，中型机小于 64 KB，大型机大于 64 KB。用户数据存储区用于存放 PLC 在运行过程中所用到和生成的各种工作数据。用户数据存储区包括输入数据映像区，输出数据映像区，定时器、计算器的预置值和当前值的数据区，存放中间结果的缓冲区等。这些数据不断变化，但不需要长久保存，因此，采用随机读写存储器 RAM 进行存储。由于 RAM 是一种挥发性的元件，即供电电源关断后，其存储的内容会丢失，因此，在实际使用中通常为其配备掉电保护电路。当正常电源关断后，由备用电池为其供电，保护其存储内容不丢失。

3. I/O 模块

I/O 模块是 PLC 与工业控制现场各类信号连接的部分，在 PLC 与被控对象间起传递 I/O 信息的作用。由于实际生产过程中产生的输入信号多种多样，信号电平各不相同，而 PLC 所能处理的信号只能是标准电平，因此，必须通过输入模块将这些信号转换成 PLC 能够接收和处理的标准电平信号。同样，外部执行元件如电磁阀、接触器、继电器等所需的控制信号电平也有差别，此时必须通过输出模块将 PLC 输出的标准电平信号转换成这些执行元件所能接收的控制信号。

PLC 的 I/O 模块电路结构框图如图 5-1-2 所示。为了提高抗干扰能力，一般的 I/O 模块都配备有光电隔离装置。在数字量 I/O 模块中广泛采用由发光二极管和光电三极管组成的光电耦合器，而在模拟量 I/O 模块中通常采用隔离放大器。

来自工业生产现场的输入信号经输入模块进入 PLC。这些信号可能是数字量信号、模拟量信号、直流信号、交流信号等，使用时要根据输入信号的类型选择合适的输入模块。

由 PLC 产生的输出控制信号经过输出模块驱动负载，实现电动机的起停和正反转、阀门的开闭、设备的移动和升降等。和输入模块相同，与输出模块相接的负载所需的控制信号也可能是数字量信号、模拟量信号、直流信号、交流信号等，因此，同样需要根据负载性质选择合适的输出模块。

PLC 具有多种 I/O 模块，常见的有数字量 I/O 模块、模拟量 I/O 模块、快速响应模块、高速计数模块、通信接口模块、温度控制模块、中断控制模块、比例－积分－微分（proportional-integral-derivative，PID）控制模块和位置控制模块，以及其他各类种类繁多、功能各异的专用 I/O 模块和智能 I/O 模块。I/O 模块的类型、品种与规格越多，PLC 系统的灵活性就越好；I/O 模块的 I/O 容量越大，PLC 系统的适应性就越强。

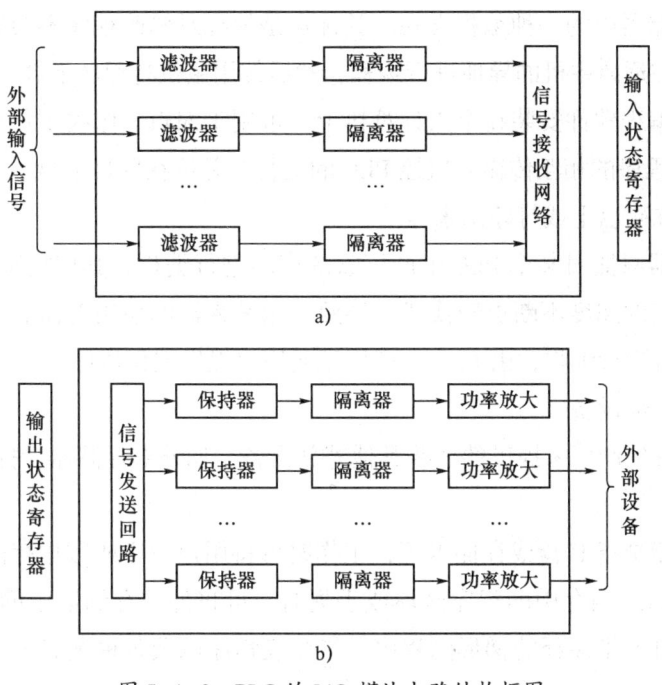

图 5-1-2　PLC 的 I/O 模块电路结构框图
a）输入接口　b）输出接口

4. 电源模块

PLC 的电源模块可将交流电转换成 CPU、存储器等电子电路元件工作所需的直流电，保证 PLC 正常工作。PLC 的电源部件有很好的稳压措施，因此对外部电源的稳定性要求不高，一般允许外部电源电压的额定值在 −15%～+10% 的范围内波动。有些 PLC 的电源模块还能向外提供 24 V DC 稳压电源，用于对外部传感器供电。在外部电源发生故障的情况下，为了防止 PLC 内部程序和数据等重要信息的丢失，PLC 使用锂电池作为后备电源。

5. 外部设备

（1）编程器

PLC 的特点是其程序可以更改，可方便地加载和修改程序。编程器是 PLC 不可缺少的设备，除了可编程外，一般还具有一定的调试及监视功能，可以通过键盘实现 PLC 状态、内部元器件及系统参数的调入和显示。编程器经过 I/O 接口与 CPU 连接，可用于完成人机对话操作。PLC 的编程器一般分为专用编程器和个人计算机（内装编程软件）两类。

专用编程器有手持式和台式两种。手持式编程器携带方便，适合工业控制现场使用。按功能强弱，手持式编程器又可分为简易型及智能型两类，前者只能用于联机编程，后者既可用于联机编程又可用于脱机编程。脱机编程是指在编程时，将程序存储在编程器内存储器中的一种编程方式。其优点是编程及修改程序不会影响原有程序的执行,且可以在远离主机的异地进行编程,然后使用主机将程序下载。

也可以将编程软件安装在个人计算机上,可用于编辑、修改用户程序,实现计算机和 PLC 之间程序的相互传输,监控 PLC 的运行,并可在屏幕上显示其运行状况,还可将程序储存在磁盘上或打印出来等。

专用编程器只能对某个 PLC 生产厂家的产品进行编程,其使用范围有限。目前,PLC 以几年一代的速度不断更新换代,导致专用编程器的使用寿命有限。因此,目前大多采用计算机进行编程,由 PLC 生产厂家向用户提供编程软件。

(2)其他外部设备

PLC 还配有生产厂家提供的一些其他外部设备,如外部存储器、打印机和 EPROM 写入器等。

外部存储器是指 U 盘或存储卡等,工作时可将用户程序或数据存储在其中,保存备份程序。当 PLC 内存中的程序破坏或丢失时,可将外部存储器中的程序重新装入。打印机可用来打印带注释的梯形图程序、指令表程序以及各种报表等。在系统运行过程中,打印机可用于提供运行过程中发生事件的记录,如记录 PLC 运行过程中故障报警的时间等,对于事故分析和系统改进有重要价值。使用 EPROM 写入器可将用户程序写入 EPROM 中。同一 PLC、不同应用场合的用户程序可分别写入不同的 EPROM 中,当系统的应用场合发生改变时,只需更换相应的 EPROM 芯片即可。

二、PLC 的软件

1. 软件的分类

PLC 的软件可分为系统软件及应用软件两部分。

(1)系统软件

系统软件是指系统的管理程序、用户指令的解释程序及一些供系统调用的专用标准程序块等。系统的管理程序用于完成 PLC 运行相关的时间分配管理、存储空间分配管理和系统自检等工作。用户指令的解释程序用于完成将用户指令变换为机器码的工作。系统软件在用户使用 PLC 之前就已装入机内,并永久保存,在各种控制工作中均不能更改。

(2)应用软件

应用软件又称用户软件或用户程序,是由用户根据控制要求,采用 PLC 专用编程语言编制的应用程序。

2. 应用软件常用的编程语言

目前 PLC 常用的编程语言有梯形图、指令表、顺序功能图、功能块图等。

(1)梯形图

梯形图是一种使用图形符号及其相互关系表示控制关系的编程语言,从继电器电路图演变而来。图 5-1-3 所示为继电器控制电路图与 PLC 梯形图的比较，它们的控制功能相同，都能实现三相交流异步电动机的自锁正转控制。从图 5-1-3 中可见，PLC 梯形图和继电器控制电路图中的符号和结构十分相似，其相似的原因在于，PLC 梯形图是熟悉继电器控制电路图的工程技术人员设计的，且两种图所表达的逻辑含义一样。因而，在绘制 PLC 梯形图时，首先可将 PLC 中参与逻辑组合的元件视为继电器，同样具有常开触点、常闭触点及线圈，且线圈的得电、失电将导致触点的相应动作；再用母线代替电源线，用能量流概念代替继电器电路中的电流概念；最后使用绘制继电器控制电路图类似的思路即可绘制出 PLC 梯形图。

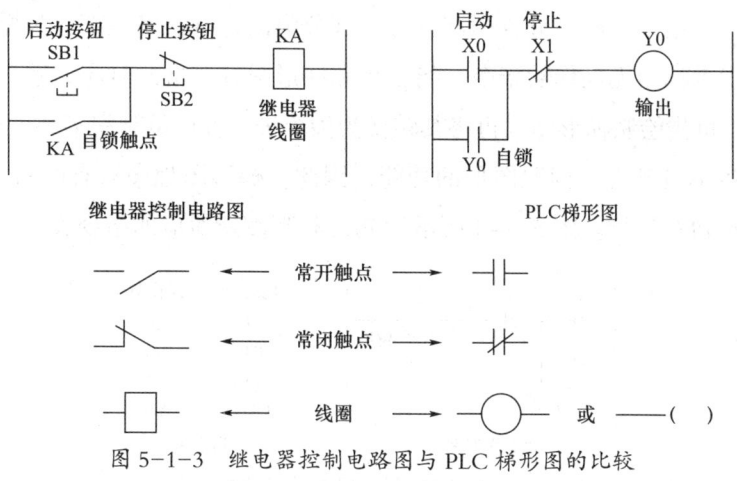

图 5-1-3 继电器控制电路图与 PLC 梯形图的比较

PLC 梯形图与继电器控制电路图之间仍存在许多差异。

1）PLC 采用梯形图编程，是模拟继电器控制电路的表示方法，因而梯形图内各种元件也沿用了继电器的叫法，称为软继电器，如图 5-1-3 中的 X0、X1（输入继电器）、Y0（输出继电器）。梯形图中的软继电器不是物理继电器，它是存储器中的一位，相应值为"1"，表示该继电器线圈得电，因此称为软继电器。利用软继电器就可以按继电器控制电路的形式来设计梯形图。

2）梯形图中流过的"电流"不是物理电流，而是"能量流"，它只能从左到右、自上而下流动，不允许倒流。"能量流"抵达即表示线圈接通。"能量流"流向的规定表示 PLC 的扫描是自左向右、自上而下顺序进行，而继电器控制电路中的电流是不受方向限制的，导线连接到哪里，电流就可以流到哪里。

3）梯形图中的常开、常闭触点不是现场物理开关的触点，它们对应的是输入映像寄存器、输出映像寄存器或数据寄存器中相应位的状态，而不是现场物理开关的触点状态。常开触点可理解为取位操作，常闭触点可理解为位取反操作。因此，在梯形图中同一元件的一对常开、常闭触点的切换没有时间延迟，常开、常闭触点只是互为相反状态；而在继电器控制电路中，大多数的电器属于先断后合型。

4）梯形图中的输出线圈不是物理线圈，不能用其直接驱动现场执行机构。输出线圈的状态对应输出映像寄存器的相应状态，而不是现场电磁开关的实际状态。

5）编制程序时，PLC 梯形图内部继电器的触点原则上可无限次反复使用，因为存储单元中的位状态可取用任意次；而继电器控制电路中的继电器触点数是有限的。但 PLC 梯形图内部的线圈通常只引用一次，因此，应慎重对待重复使用同一地址编号的线圈。

（2）指令表

指令表又称语句表。指令表和汇编语言有些类似，是由语句指令依一定的顺序排列而成的。一条指令一般可分为两部分，一部分为助记符，另一部分为操作数。而只有助记符的指令称为无操作数指令。指令表和梯形图有严格的对应关系。对指令表运用不熟悉时，可先绘制梯形图，再将其转换为指令表。程序编制完毕装入机内运行时，简易编程设备不具备直接读取图形的功能，因此，梯形图程序只有改写为指令表后，才有可能送入 PLC 运行。图 5-1-4 所示为 PLC 梯形图所对应的指令表。

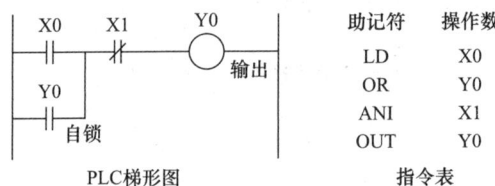

图 5-1-4　PLC 梯形图所对应的指令表

（3）顺序功能图

顺序功能图常用于编制顺序控制类程序，它包含步骤、动作、转换三个要素。顺序功能图编程法可将一个复杂的顺序控制过程分解为一些小的工作状态，对这些工作状态的功能分别进行处理，再将它们依顺序连接组合成整体的控制程序。顺序功能图体现了一种编程思维，对程序的编制有重要意义。顺序功能图的示意图如图 5-1-5 所示。

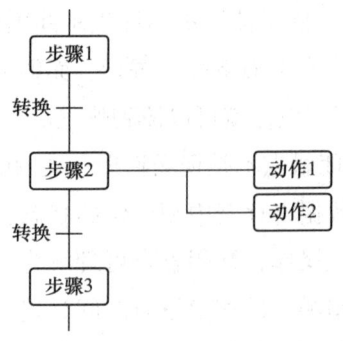

图 5-1-5　顺序功能图的示意图

（4）功能块图

功能块图是一种类似于数字逻辑门电路的编程语言，易于被有数字电路基础的专业人员掌握。该编程语言用类似于门或门的方框来表示逻辑运算关系，方框的左侧为逻辑运算的输入变量，右侧为逻辑运算的输出变量，输入、输出端的小圆圈表示"非"运算，方框被"导线"连接在一起，信号从左向右流动。功能块图的实例如图 5-1-6 所示。只有个别微型 PLC 模块（如西门子公司的 LOGO！逻辑模块）使用功能块图编程语言。

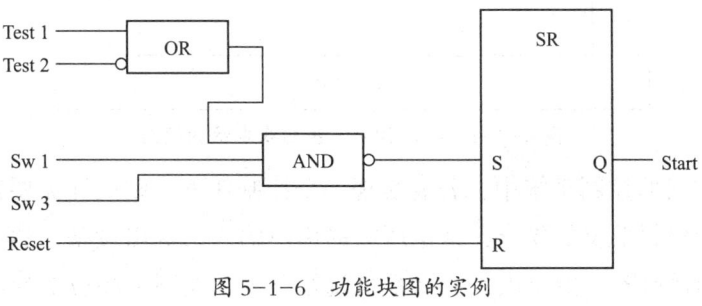

图 5-1-6 功能块图的实例

第二节 PLC 的工作原理

一、PLC 的等效电路

1. PLC 控制系统的基本结构

传统的继电-接触器控制系统是由继电器、接触器等电气元件用导线连接在一起，以达到满足控制对象动作要求的目的，这样的控制系统称为接线逻辑。一旦控制任务发生变化（如生产工艺流程变化），则必须改变相应接线才能实现，因此，这种接线逻辑的控制灵活性和通用性较低，故障率较高，维修也不方便。

PLC 是一种存储程序控制器。存储程序控制可将控制逻辑以程序语言的形式存放在存储器中，并通过执行存储器中的程序实现系统的控制要求，这样的控制系统称为存储程序控制系统。在存储程序控制系统中，修改控制程序不需要改变控制器内部的接线（硬件），只需通过编程器改变程序存储器中某些程序语言的内容即可。PLC 输入设备和输出设备与继电－接触器控制系统相同，但它们可直接与 PLC 的输入端子和输出端子连接（PLC 的输入接口和输出接口已经做好，接线简单方便）。PLC 控制系统的基本结构框图如图 5-2-1 所示。

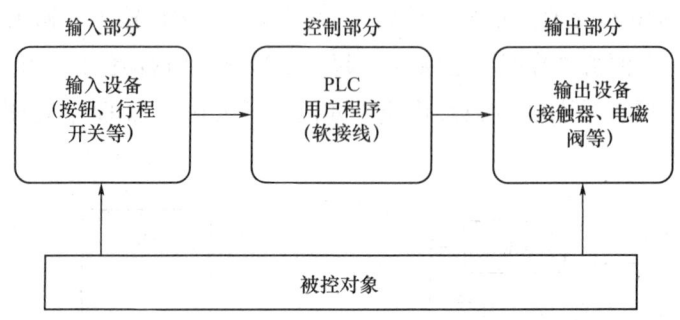

图 5-2-1　PLC 控制系统的基本结构框图

在 PLC 构成的控制系统中，若要实现一个控制任务，则同样需要针对具体的控制对象，分析控制系统的要求，确定所需的用户输入、输出设备，然后运用相应的编程语言（如梯形图、指令表、控制系统流程图等）编制出相应的控制程序，再利用编程器或其他设备（如 EPROM 写入器、与 PLC 相连的计算机等）写入 PLC 的程序存储器中。程序语句的顺序确定了系统的工作顺序，运行时 CPU 依次读取存储器中的程序语句，对它们的内容解释并加以执行；执行结果用于驱动输出设备，控制被控对象工作。可见，PLC 是通过软件实现控制，能够适应不同控制任务的需要，其通用性强，使用灵活，可靠性高。

输入部分的作用是将输入控制信号送入 PLC。常用的输入设备包括控制开关和传感器。控制开关可以是按钮开关、限位开关、行程开关、光电开关、继电器和接触器的触点等。传感器包括各种数字式传感器和模拟式传感器，如光栅位移式传感器、热电偶等。另外，输入设备还有触点状态编程器、通信接口以及其他计算机等。

输出部分的作用是将 PLC 的输出控制信号转换为能够驱动被控对象工作的信号。常用的输出设备包括电磁开关、直流电动机、功率步进电动机、交流电动机、电磁阀、电磁继电器、电磁离合器和加热器等，如有需要也可连接显示器和打印机等。

内部控制电路是采用大规模集成电路制作的微处理器和存储器，用于执行按照被控对象的实际要求所编制并存入程序存储器中的程序，产生并输出控制信号，驱动输出设备工作，最终完成控制任务。

2. PLC 的等效电路

PLC 的输入部分采集输入信号，输出部分就是系统的执行部分，这两部分与继电－接触器控制系统相同。PLC 内部控制电路是通过编程实现的逻辑电路，用软件编程代替继电器的功能。对于使用人员来说，在编制程序时，可把 PLC 视为由内部许多软继电器组成的控制器，用近似继电器控制电路的编程语言进行编程。从功能上讲，可以把 PLC 的控制部分看作是由许多软继电器组成的等效电路。PLC 的等效电路如图 5-2-2 所示。

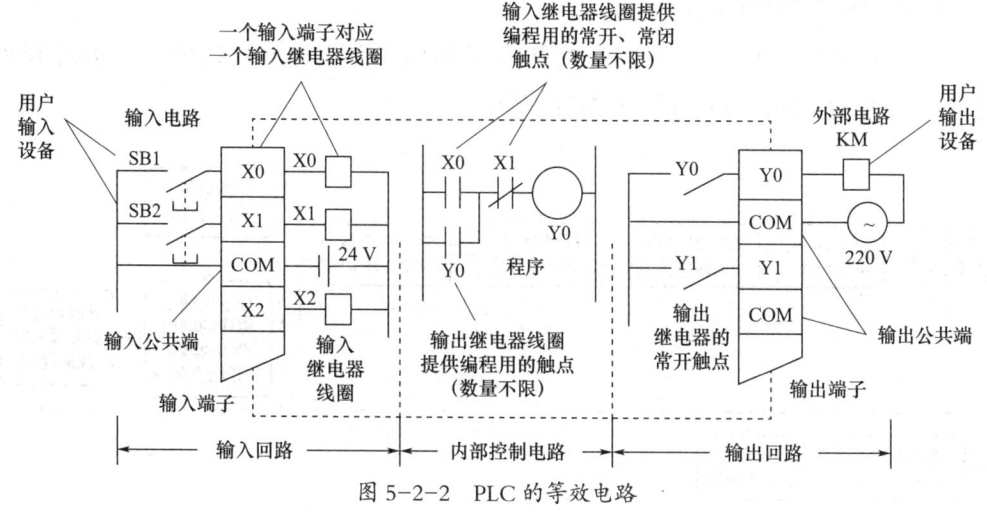

图 5-2-2 PLC 的等效电路

（1）输入回路

输入回路由外部输入电路、PLC 输入接线端子（COM 是输入公共端）和输入继电器组成。外部输入信号经 PLC 输入接线端子驱动输入继电器。一个输入端子对应一个等效电路中的输入继电器线圈，它可提供任意个常开或常闭触点，供 PLC 内部控制电路编程使用。由于输入继电器反映输入信号的状态，如输入继电器接通表示传输给 PLC 一个接通的输入信号，因此习惯上经常将两者等价使用。输入回路的电源可使用 PLC 电源模块提供的直流电源。

（2）内部控制电路

内部控制电路由用户程序形成，它的作用是按照程序规定的逻辑关系，对输入信号和输出信号的状态进行运算、处理和判断，然后得到相应的输出。用户程序常采用梯形图编写。

（3）输出回路

输出回路由与内部电路隔离的输出继电器的常开触点、输出接线端子（COM 是输出公共端）和外部电路组成，用于驱动外部负载。

PLC 内部控制电路中有许多输出继电器。每个输出继电器中，除了有为内部控制电路提供编程用的常开、常闭触点外，还为输出电路提供一个常开触点，并与输出接线端连接。驱动外部负载的电源由用户提供。

注意：PLC 等效电路中的继电器并不是实际的物理继电器（硬件继电器），它是存储器中的位触发器。相应位为"1"时相当于继电器接通,相应位为"0"时相当于继电器断开。

在图 5-2-2 所示的 PLC 等效电路中,使用内部控制电路(即用户程序)就可以实现异步电动机的单向运行。PLC 的等效电路使用 PLC 替代继电器控制电路图中的控制电路部分,而主电路基本保持不变。

异步电动机单向运行的 PLC 控制方案如图 5-2-3 所示,其中,启动过程如图 5-2-3a 所示,停止过程如图 5-2-3b 所示。

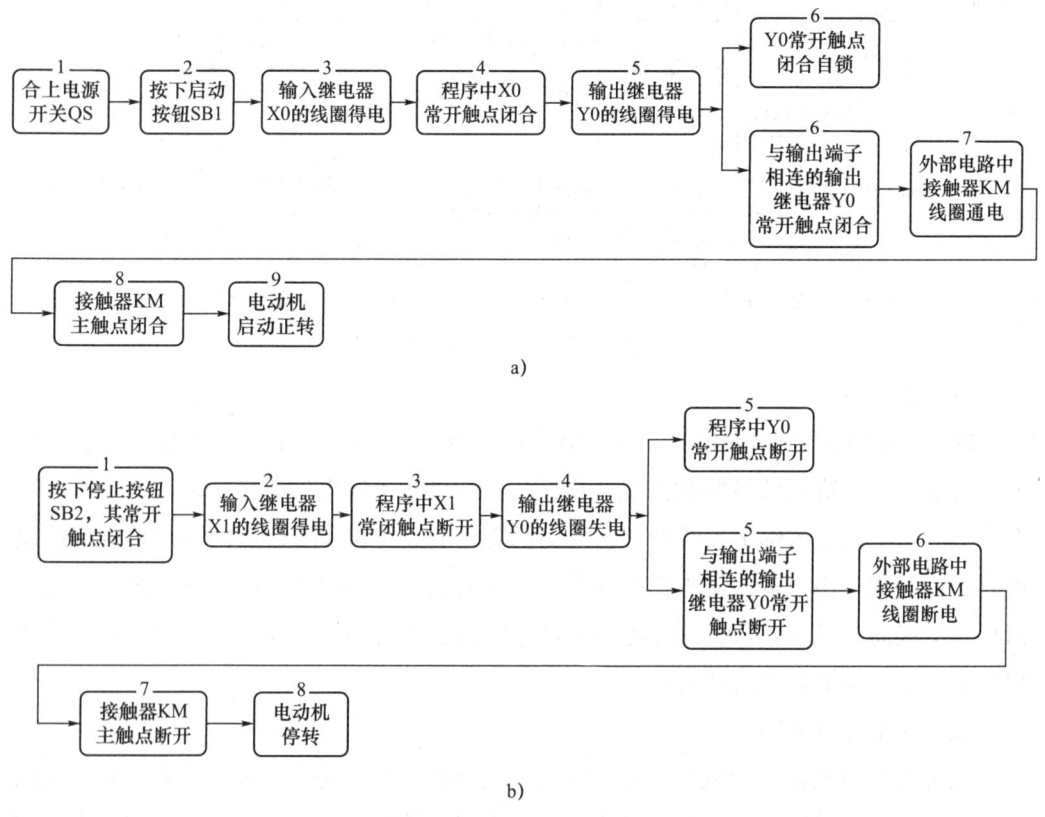

图 5-2-3 异步电动机单向运行的 PLC 控制方案
a)启动过程 b)停止过程

二、PLC 循环扫描的工作方式

PLC 通过执行用户程序来实现控制要求,在存储器中设置输入映像寄存器区和输出映像寄存器区(统称 I/O 映像区),分别存放执行程序前的各输入状态和执行过程中各结果的状态。PLC 以循环扫描方式执行用户程序,而这种方式与计算机相比有较大不同。计算机执行程序时,一旦执行到 END 指令,程序即结束运行;而 PLC 从 0000 号存储地址所存放的第一条用户程序开始,在无中断或跳转的情况下,按存储地址号递增的方向顺序逐条执行用户程序，直到 END 指令结束，然后再从头开始执行，此过程周而复始，直到停机或从运行（RUN）切换到停止（STOP）工作状态。PLC 每扫描完一次程序就构成一个扫描周期。

　　PLC 的循环扫描工作方式与传统的继电器控制系统也有明显不同。继电器控制装置采用硬逻辑并行运行的方式，即在执行过程中，如果一个继电器的线圈通电，则该继电器的所有常开和常闭触点无论处在控制线路的什么位置，都会立即动作，即常开触点闭合，常闭触点断开。而 PLC 则采用循环扫描控制程序的工作方式（串行工作方式），即在 PLC 的工作过程中，如果某一个软继电器的线圈接通，则该线圈的所有常开和常闭触点并不一定都会立即动作，只有 CPU 扫描到该触点时才会动作（常开触点闭合，常闭触点断开）。以下具体介绍 PLC 的循环扫描工作过程。

　　PLC 有两种工作状态，即 RUN 状态与 STOP 状态。RUN 状态是指执行应用程序，STOP 状态一般用于程序的编制与修改。图 5-2-4 给出了 RUN 和 STOP 两种状态 PLC 不同的扫描过程。在这两种不同的工作状态中，扫描过程所要完成的任务是不同的。

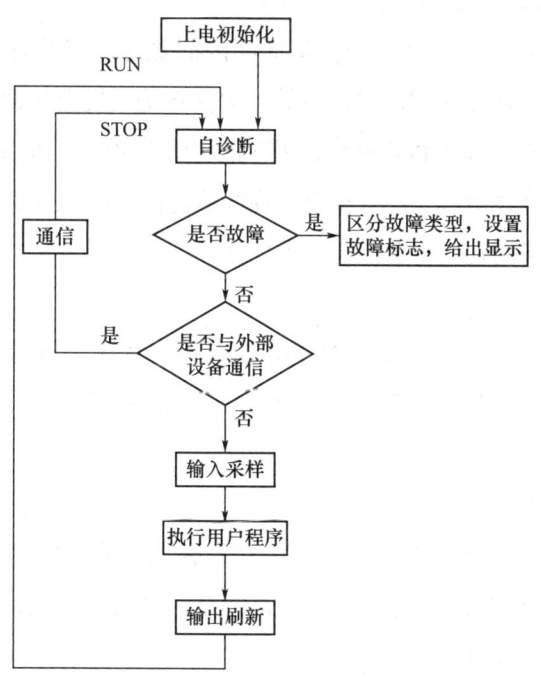

图 5-2-4　PLC 的扫描过程

　　PLC 在 RUN 状态时，执行一次图 5-2-4 所示扫描过程所需的时间称为扫描周期，其典型值为 1~100 ms。指令执行所需的时间与用户程序的长短、指令的种类和 CPU 执行速度有很大关系，PLC 生产厂家一般给出每执行 1 K（1 K=1 024）条基本逻辑指令所需的时间（以 ms 为单位）。某些生产厂家还会在说明书中给出执行各种指令所需的时间。一般来说，一个扫描过程中执行指令的时间占了绝大部分。

1. PLC 的工作过程

PLC 通电后，在系统程序的监控下，会周而复始地按一定顺序对系统内部的各种任务进行查询、判断和执行，这个过程实质上是按顺序循环扫描的过程。

（1）初始化

PLC 上电后，先进行系统初始化，清除内部继电器区，复位定时器等。

（2）CPU 自诊断

每个扫描周期都要进入自诊断阶段，此阶段会对电源、PLC 内部电路、用户程序的语法进行检查，并定期复位监控定时器等，以确保系统可靠运行。

（3）通信信息处理

在每个通信信息处理扫描阶段，会进行 PLC 之间、PLC 与计算机之间及 PLC 与其他带微处理器的智能装置之间的通信；在多处理器系统中，CPU 还要与其他数字处理器交换信息。

（4）PLC 与外部设备交换信息

PLC 与外部设备连接时，在每个扫描周期内都要与外部设备交换信息，包括编程器、终端设备、彩色图形显示器、打印机等。编程器是人机交互设备，用户可以使用其进行程序的编制、编辑、调试和监视等。用户把应用程序输入到 PLC 中，PLC 与编程器进行信息交换；使用在线编程、在线修改、在线运行监控时，也要求 PLC 与编程器进行信息交换。在每个扫描周期内都要执行此项任务。

（5）执行用户程序

PLC 在运行状态下，每个扫描周期都要执行用户程序。执行用户程序是以扫描的方式按顺序逐条扫描处理，扫描一条执行一条，并将运算结果存入输出映像区对应位中。

（6）输入、输出信息处理

PLC 在运行状态下，每个扫描周期都要进行输入、输出信息处理，即以扫描的方式把外部输入信号的状态存入输入映像区，并将运算处理后的结果存入输出映像区，直到输出信号传输到外部被控设备。

PLC 周而复始地循环扫描，执行上述整个过程，直至停机。

2. 用户程序的循环扫描过程

PLC 的工作过程与 CPU 的操作方式有关。CPU 有 STOP 和 RUN 两种操作方式。在扫描周期内，STOP 方式和 RUN 方式的主要差别在于：RUN 方式下执行用户程序，而在 STOP 方式下不执行用户程序。

PLC 对用户程序进行循环扫描的工作方式，每个扫描周期可分为三个阶段：输入采样刷新阶段、用户程序执行阶段和输出刷新阶段，如图 5-2-5 所示。

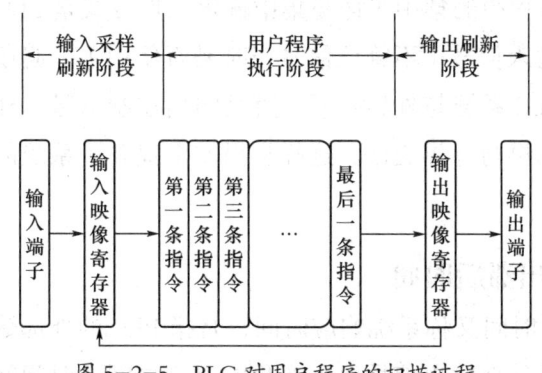

图 5-2-5　PLC 对用户程序的扫描过程

（1）输入采样刷新阶段

PLC 的 CPU 不能直接与外部接线端子连接。送至 PLC 输入端子上的输入信号，会经电平转换、光电隔离、滤波处理等一系列电路进入缓冲器等待采样，没有 CPU 采样的"允许"，外部信号不能进入输入映像寄存器。

在输入采样刷新阶段，PLC 会以扫描方式，按顺序扫描输入端子，把所有外部输入电路的接通或者分断状态读入到输入映像寄存器，此时输入映像寄存器被刷新。在用户程序执行阶段和输出刷新阶段中，输入映像寄存器与外界隔离，其内容保持不变，直至下一个扫描周期的输入采样刷新阶段，才被重新读入的输入信号刷新。可见，PLC 在执行程序和处理数据时，不直接使用现场即时的输入信号，而使用本次采样时输入映像寄存器中的数据。

（2）用户程序执行阶段

用户程序由若干条指令组成，指令在存储器中按照序号顺序排列。PLC 在用户程序执行阶段，在无中断和无跳转指令的情况下，会根据梯形图从首地址开始按自上而下、从左至右的顺序逐条扫描执行，即按指令表的顺序从 0000# 地址开始，将程序逐条扫描执行，并分别从输入映像寄存器、输出映像寄存器以及辅助继电器中，将有关编程元件"0"或"1"的状态读出，根据指令要求执行相应的逻辑运算，再将运算结果写入对应的元件映像寄存器中保存，并将输出继电器的状态写入对应的输出映像寄存器中保存。因此，每个编程元件的映像寄存器（输入映像寄存器除外）的内容都会随着程序的执行而变化。

（3）输出刷新阶段

当所有指令执行完毕后，进入输出刷新阶段，CPU 将输出映像寄存器中的内容集中转存到输出锁存器,然后再传输到各相应的输出端子,最后再驱动实际输出负载,此时输出的负载才是 PLC 的实际输出,这是一种集中输出的方式。输出设备的状态要保持一个扫描周期。

用户程序扫描过程中的集中采样与集中输出工作方式是 PLC 的一个特点,在采样期间,将所有的输入信号(不管该信号当时是否使用)一起读入,此后在整个程序的处理过程中,PLC 系统与外界隔开,直至输出控制信号。外界信号状态的变化要到下一个扫描周期再与外界交涉。这样从根本上提高了系统的抗干扰能力与工作的可靠性。

三、输入、输出滞后时间

输入、输出滞后时间又称系统响应时间,是指 PLC 的外部输入信号发生变化的时刻与它控制的有关外部输出信号发生变化的时刻之间的时间间隔。该时间间隔由输入电路滤波时间、输出电路的滞后时间和因扫描工作方式产生的滞后时间这三部分组成。

输入模块的 RC 滤波电路用于滤除从输入端引入的干扰噪声,消除因外接的输入触点动作产生抖动而引起的不良影响。滤波电路的时间常数决定了输入滤波时间的长短,其典型值为 10 ms 左右。

输出模块的滞后时间与该模块的类型有关:继电器型输出电路的滞后时间一般在 10 ms 左右;双向晶闸管型输出电路在负载通电时的滞后时间约为 1 ms,负载由通电到断电时的最大滞后时间为 10 ms;晶体管型输出电路的滞后时间一般在 1 ms 以下。

由扫描工作方式引起的滞后时间最长可大于两个扫描周期。PLC 总的响应延迟时间一般只有数十毫秒,对于一般的控制系统是无关紧要的。但也有少数系统对响应时间有特别的要求,这时就需要选用扫描时间短的 PLC,或采取输出与扫描周期脱离的控制方式来解决。

如图 5-2-6 所示,X0 是输入继电器,用来接收外部输入信号。波形图中最上一行是 X0 对应的经滤波后的外部输入信号波形。Y0、Y1、Y2 是输出继电器,用于将输出信号传输给外部负载。X0 和 Y0、Y1、Y2 的波形表示对应的输入、输出映像寄存器的状态,高电平表示"1"状态,低电平表示"0"状态。

如图 5-2-6a 所示,输入信号在第一个扫描周期的输入采样刷新阶段之后才出现,故在第一个扫描周期内各映像寄存器均为"0"状态,此时 Y0、Y1、Y2 输出端的状态为 OFF("0")状态。

如图 5-2-6b 所示,在第二个扫描周期的输入采样刷新阶段,输入继电器 X0 的状态为 ON（"1"）状态，在用户程序执行阶段，由梯形图可知，Y1、Y2 依次接通，它们的映像寄存器都变为 ON（"1"）状态。

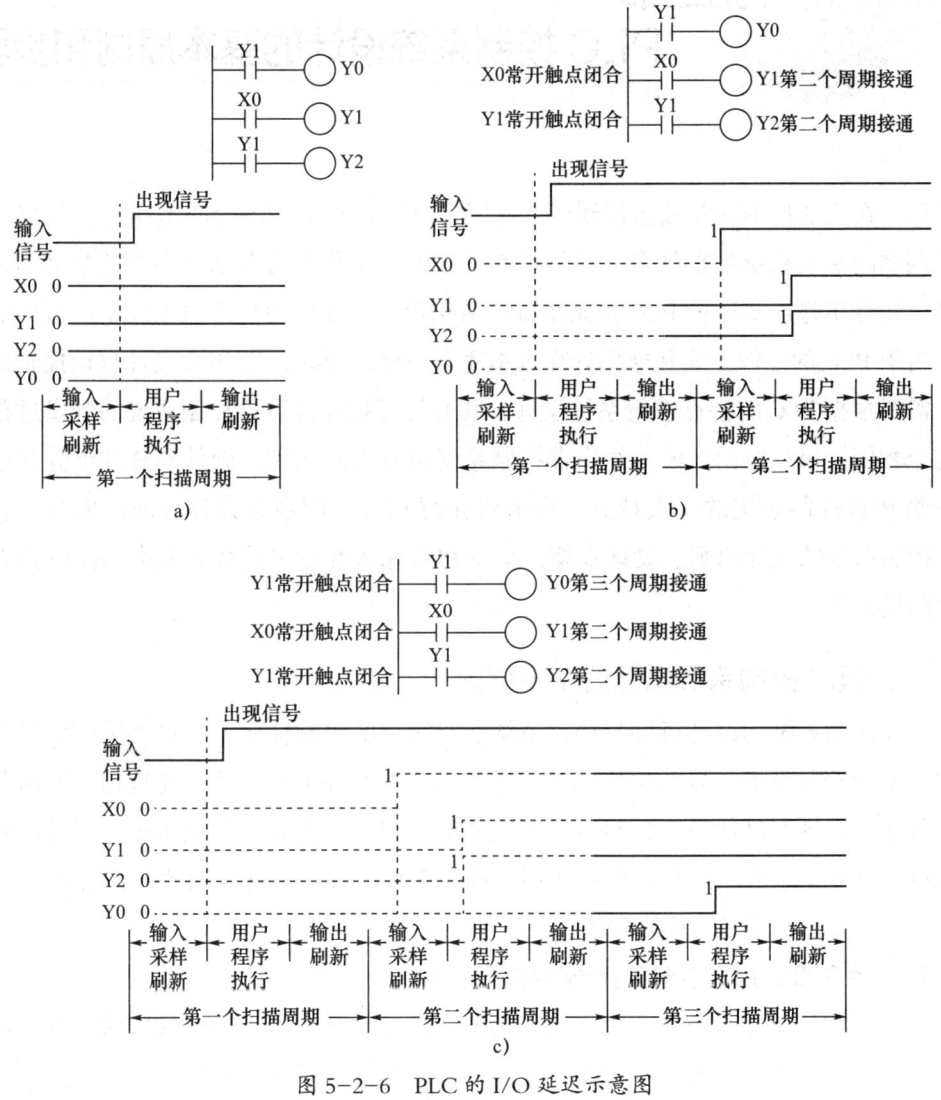

图 5-2-6　PLC 的 I/O 延迟示意图

a）第一个扫描周期情况　b）前两个扫描周期情况　c）前三个扫描周期情况

如图 5-2-6c 所示，在第三个扫描周期的用户程序执行阶段，由于 Y1 接通使 Y0 接通，因此，Y0 的输出映像寄存器变为"1"状态；在输出刷新阶段，Y0 驱动的外部负载被接通。可见从外部输入触点接通到 Y0 驱动的外部负载接通，响应延迟大于两个扫描周期。

若交换梯形图中第一行和第二行的位置，则 Y0 的延迟时间会减少一个扫描周期，可见这种延迟时间可以使用程序优化的方法来减少。

第三节 PLC 控制系统设计的基本原则和步骤

PLC 在工业控制各领域已得到广泛应用，由于 PLC 应用场合的多样性，以 PLC 为主控制器的控制系统越来越多。在熟悉 PLC 的基本工作原理和指令系统的基础上，可以结合实际工作需要进行 PLC 控制系统的应用设计，实现对生产机械或生产过程的控制。由于 PLC 的工作方式和通用计算机不完全一样，因此，用 PLC 设计自动控制系统时，需要根据 PLC 的特点进行系统设计，其开发过程与计算机控制系统的开发过程也不完全相同。PLC 控制系统与继电器控制系统也有本质区别，硬件和软件可分开进行设计是 PLC 控制系统的一大特点。本节将介绍 PLC 控制系统设计方面的内容，包括 PLC 控制系统的设计原则、设计步骤，减少 PLC 输入和输出点数的方法和提高 PLC 抗干扰的措施等。

一、PLC 控制系统设计的基本原则

PLC 控制系统的设计目标是使该系统所要完成的控制任务可以最大限度满足被控对象（生产控制设备、自动化生产线、生产工艺过程等）的各项性能指标，提高劳动生产效率，保证产品质量，减轻劳动强度和危害程度，提升自动化水平，同时还要求该系统运行稳定、安全可靠、经济实用、操作简单、维护方便。因此，在设计 PLC 控制系统时，应遵循的基本原则如下。

1. 最大限度满足被控对象提出的控制要求

为明确控制任务和控制系统应有的功能，设计人员在设计前，就应深入现场进行调查研究，搜集资料，与设计和操作控制对象的相关人员（如机械部分的设计人员和实际操作人员）密切配合，共同拟定电气控制方案，以便协同解决在设计过程中出现的各种问题。

2. 确保控制系统的安全可靠

电气控制的可靠性就是生命线，不能安全可靠工作的电气控制系统是不可能长期投入生产运行的。尤其是在以提高产品数量和质量为目标、以保证生产安全为前提的应用场合，控制系统必须将可靠性放在首位，并且具有足够长的使用寿命。

3. 力求控制系统结构简单，维护方便

在能够满足控制要求和保证可靠工作的前提下，应力求控制系统结构简单。只有

结构简单的控制系统才具有经济性和实用性，才能做到使用和维护方便。

4. 留有适当的余量

考虑到生产规模的不断扩大，生产工艺的进一步改进，控制任务的增加需求，在选择 PLC 的容量（包括存储器的容量、机架插槽数、I/O 点的数量等）时，应留有适当的余量。

5. 软件设计科学合理

软件设计主要是指程序的编写，要求程序结构清楚，可读性强，程序简短，占用内存少，扫描周期短。

二、PLC 控制系统的设计步骤

与继电-接触器控制系统设计不同，在进行 PLC 控制系统的设计时，软件设计和硬件设计可同时进行，以下就各个步骤分别加以说明。

1. 确定控制对象及控制范围

工业控制系统往往是一个综合的控制系统，其中包括机械和电气等多方面内容。在进行系统设计之前，设计人员首先应对被控对象进行深入的调查，详细分析被控对象、控制过程、工艺流程及设备性能，以确定系统所要完成的任务。然后拟定设计任务书，明确各项设计要求、约束条件、功能指标及控制方式，并绘制控制流程图或功能流程图。PLC 控制系统设计流程如图 5-3-1 所示。

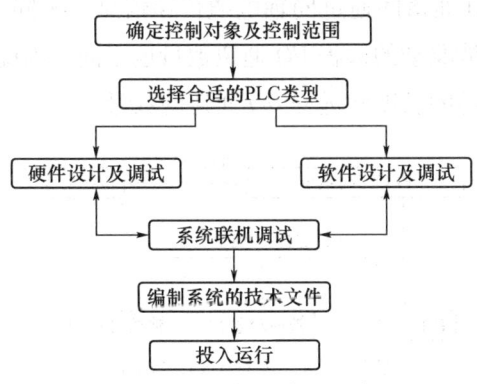

图 5-3-1　PLC 控制系统设计流程

2. PLC 的选择

（1）PLC 控制类型的确定

根据控制对象的要求，确定 PLC 控制系统的类型。以 PLC 为主控制器的控制系统有 4 种控制类型。

1）单机控制系统。单机控制系统是指用 1 台 PLC 控制 1 台设备或 1 条简易生产线，如图 5-3-2 所示。单机控制系统构成简单，所需要的 I/O 点数较少，存储容

图 5-3-2　典型的单机控制系统

量较小，可任意选择 PLC 的型号。注意：无论目前是否有通信联网的要求，都应当选择有通信功能的 PLC，以适应将来系统功能扩充的需要。

2) 集中控制系统。集中控制系统是指由 1 台 PLC 控制多台设备或数条简易生产线，每个被控对象与 PLC 的指定 I/O 点相连，如图 5-3-3 所示。这种控制系统的特点是多个被控对象的位置比较接近，且相互之间的动作有一定的关联。由于多个被控对象通过同一台 PLC 控制，因此，各个被控对象之间数据、状态的变化不需要另设专门的通信线路。这种控制系统的最大缺点是当某个被控对象的控制程序需要改变，或 PLC 出现故障时，整个系统都要停止工作。因此，大型的集中控制系统可以采用冗余系统来克服这个缺点，此时要求 PLC 的 I/O 点数和存储器容量有较大的余量。

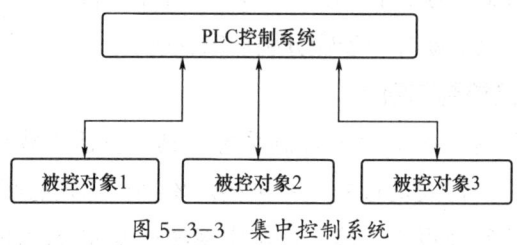

图 5-3-3　集中控制系统

3) 远程 I/O 控制系统。远程 I/O 控制系统是一种特殊的集中控制系统。该系统也使用 1 台 PLC 控制多个被控对象，但是有部分 I/O 通道远离 PLC 主机，如图 5-3-4 所示。PLC 主机与远程 I/O 通道间通过同轴电缆传递信息，不同型号的 PLC 所能驱动的同轴电缆长度不同，所能驱动的远程 I/O 通道数量也不同。因此，在选择 PLC 型号时，要重点考察驱动同轴电缆的长度和远程 I/O 通道的数量。

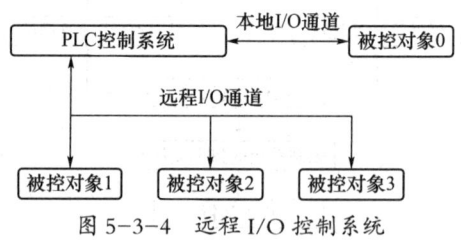

图 5-3-4　远程 I/O 控制系统

4) 分布式控制系统。分布式控制系统有多个被控对象，每个被控对象由 1 台具有通信功能的 PLC 控制，由上位机通过数据总线与多台 PLC 进行通信，每个 PLC 之间也有数据交换，如图 5-3-5 所示。分布式控制系统的特点是多个被控对象分布的区域较大，相互之间的距离较远，每台 PLC 可以通过数据总线与上位机通信，也可以通过通信线与其他 PLC 交换信息。分布式控制系统最大的优点是当某个被控对象或 PLC 出现故障时，不会影响其他 PLC 的正常运行。

PLC 控制系统的发展非常迅速，从简单的单机控制系统到集中控制系统，再到分布式控制系统，目前又提出了 PLC 的 EIC 综合化控制系统，即将电气（electric）控制、仪表（instrument）控制和计算机（computer）控制集成一体，形成先进的 EIC 控制系统。基于这种控制思想，在进行 PLC 控制系统的设计时，要考虑当前系统如何与先进模式相适应，如何设计有利于系统功能的进一步扩展。

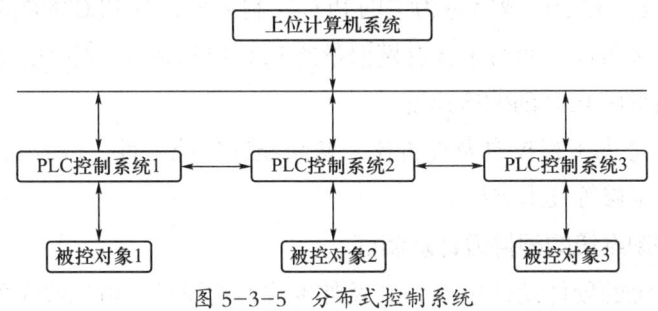

图 5-3-5　分布式控制系统

（2）PLC 机型的选择

目前，国内外 PLC 生产厂家生产的 PLC 品种已达数百个，其性能各有特点，价格也不尽相同。要选择最适宜的 PLC 机型，一般应考虑下列因素。

1）PLC 的功能选择。CPU 的能力是 PLC 最重要的性能指标，在选择机型时，首先要考虑如何配置 CPU，可以主要从处理器的个数及位数、存储器的容量及可扩展性，以及编程元件的能力等方面考虑。其次，要注意特殊功能模块的使用，以便提高 PLC 的控制能力，如 I/O 扩展模块、模拟量的 I/O 模块、高速计数模块、通信模块和人机界面模块等。

2）I/O 点数的确定。PLC 控制系统的 I/O 点数，是进行系统设计时必须确定的参数。由于各 PLC 生产厂家在产品手册上给出的最大 I/O 点数所表示的确切含义有差异，有的表示 I/O 点数之和，有的则分别表示最大输入点数和最大输出点数，因此，要根据实际控制系统所需要的 I/O 点数，在充分考虑余量的基础上配置 I/O 点。再根据控制要求，将各输入设备和被控设备详细列表，准确地统计出被控设备对 I/O 点数的需求数量后，在实际统计的 I/O 点数基础上增加 15%～20% 的备用数量，以便后续的调整和扩充。在确定好 I/O 点数后，还要注意它们的性质、类型和参数。例如，是开关量还是模拟量，是交流还是直流以及电压大小等级等，同时还要注意输出端的负载特点，并依此选择和配置相应的机型和模块。分配 PLC 的 I/O 点后，需编写 I/O 分配表或绘制 I/O 端子接线图。

3）指令系统。PLC 的种类很多，其对应的指令系统并不完全相同。在机型选择时，可根据实际应用场合对指令系统提出的要求选择适合的 PLC。PLC 的控制功能是通过执行指令来实现的，指令的数量越多，PLC 的功能就越强。同时，应用软件的程序结构，以及 PLC 生产厂家为方便用户可通过计算机编程及模拟调试而开发的专用软件的能力也是应该考虑的问题。

4）内存的估算。用户程序所需的内存容量主要与系统的 I/O 点数、控制要求、程序结构的长短等因素有关。一般估算方法是：存储容量 = 开关量输入点数 × 10 + 开关量输出点数 × 8 + 模拟通道数 × 100 + 定时器/计数器数量 × 2 + 通信接口个数 × 300 + 备用量。

5）响应速度。对于以数字量为主的 PLC 控制系统，其 PLC 的响应速度都可以满足要求，不必过多考虑。而对于含有模拟量的 PLC 控制系统，特别是含有较多闭环控制的系统，必须考虑 PLC 的响应速度。

此外，还需考虑工程投资及性价比、备品配件的统一性，以及相关的技术培训、设计指导、系统维修等技术支持。

3．PLC 控制系统的硬件设计及调试

PLC 控制系统的硬件设计包括 PLC 及外围线路的设计、电气线路的设计和抗干扰措施的设计等。

选定 PLC 的机型并分配 I/O 点后，硬件设计的主要内容就是电气控制系统原理图的设计、电气控制元器件的选择和控制柜的设计。电气控制系统原理图包括主电路和控制电路。其中控制电路包括 PLC 的 I/O 接线和自动、手动部分的详细连接等。电气控制元器件的选择主要是根据控制要求选择按钮、开关、传感器、保护电器、接触器、指示灯、电磁阀等。

通过对用户输入、输出设备的分析、分类和整理，进行相应的 I/O 地址分配，在 I/O 设备列表中，应包含 I/O 地址、设备代号、设备名称及控制功能，尽量将相同类型的信号、相同电压等级的信号地址安排在一起，以便进行施工和布线，并依此绘制出 I/O 端子接线图。对于较大的控制系统，为便于软件设计，可根据工艺流程为所需要的定时器、计数器及内部辅助继电器、变量寄存器进行相应的地址分配。

硬件部分的模拟调试主要是验证控制柜或操作台的接线是否正确。可在操作台的接线端子上模拟 PLC 外部的开关量输入信号，或操作按钮的开关指令，观察对应 PLC 输入点的状态。用编程软件将输出点强制 ON/OFF，观察对应控制柜内 PLC 负载（指示灯、接触器等）的动作是否正常，或对应接线端子上输出信号的状态变化是否正确。

4．PLC 控制系统的软件设计及模拟调试

用户程序的设计是 PLC 应用中最关键的问题。对于电气技术人员来说，控制系统软件的设计就是用梯形图编写控制程序。对于控制规模比较大的系统，可根据工艺流程图，将整个流程分解为若干个步骤，并确定每个步骤的转换条件，再配合分支、循环、跳转及某些特殊功能，最后将其转换为梯形图。传统继电器控制电路的改造，就可根据原系统的控制电路，将某些桥式电路按照梯形图的编程规则进行改造，直接将其转换为梯形图。这种方法设计周期短，修改、调试程序简单方便。软件设计可以与现场施工同步进行，以缩短设计周期。

在掌握 PLC 的指令以及操作方法的同时，还要掌握正确的程序设计方法，才能有效地利用 PLC，使其在工业控制中发挥巨大作用。PLC 程序设计常用的方法主要有经验设计法、继电器控制电路转换为梯形图法、逻辑设计法、顺序控制设计法等。

（1）经验设计法

经验设计法沿用了继电器控制电路来设计梯形图。它是在基本控制单元和典型控制环节的基础上，根据被控对象对控制系统的具体要求，进行选择组合，并经过多次反复调试和修改，甚至还需要增加一些辅助触点和中间编程环节，使最终完成的梯形图达到所需的控制要求。这种方法没有规律可循，设计所需时间和设计质量与设计人员的经验有很大关系，因此，称为经验设计法。经验设计法适用于较简单的梯形图设计。应用经验设计法时必须熟记一些典型的控制电路，如起—保—停电路、脉冲发生电路等。

经验设计法的步骤如下。

1）在准确了解控制要求后，为控制系统中的事件合理分配 I/O 口；选择必要的软元件，如定时器、计数器、辅助继电器等。

2）对于一些控制要求较简单的输出，可直接写出它们的工作条件，以起—保—停电路模式完成相关的梯形图支路；工作条件稍复杂时，可借助辅助继电器。对于控制更复杂的系统，应正确分析控制要求，并确定组成控制要求的关键点。在以逻辑为主的控制系统中（如抢答器），关键点为影响控制状态的点；在以时序为主的控制系统中（如交通灯），关键点为控制状态转化的时间。

3）将关键点用梯形图表达出来。关键点要用软元件来代表，因此，在安排软元件时需考虑并安排好布局。绘制关键点的梯形图时，可使用常见的基本环节，如定时器计时环节、振荡环节、分频环节等。在完成关键点梯形图的基础上，再针对系统最终的输出进行梯形图的绘制，使用关键点综合绘制出最终满足输出控制要求的梯形图。

4）审查以上草绘图样，补充遗漏的功能，更正错误，进行最后的完善。依靠经验直接设计控制系统时，有时需要多次反复地调整和修改梯形图，才能达到一个较为满意的结果。经验设计法具有很大的随意性，最终结果也不唯一。由于过多依赖经验设计，因此要求设计人员具有丰富的经验，要能熟悉掌握控制系统的大量实例和典型环节。

（2）继电器控制电路转换为梯形图法

继电—接触器控制系统经过长期使用，已有一套能够完成系统要求的控制功能，且经过验证的控制电路，而 PLC 梯形图和继电—接触器控制电路很相似，因此可以直接将经过验证的继电—接触器控制电路转换成梯形图。其主要步骤如下。

1）熟悉现有的继电—接触器控制电路。

2）对照 PLC 的 I/O 端子接线图，将继电—接触器控制电路上的被控器件（如接触器线圈、指示灯、电磁阀等）换成接线图上对应的输出点编号，将电路上的输入装置（如传感器、按钮、行程开关等）触点更换成对应的输入点编号。

3）将继电—接触器控制电路中的中间继电器、定时器用 PLC 的辅助继电器、定时器代替。

4）绘制全部梯形图，并予以简化和修改。

这种方法对简单的控制系统是可行的，且比较方便，但不适用于较复杂的控制电路。

（3）逻辑设计法

逻辑设计法是一种从控制系统中各种物理量的逻辑关系出发的设计方法。该方法以布尔代数为理论基础，根据生产过程中各工步之间各检测元件（如行程开关、传感器等）状态的变化，列出检测元件的状态表，确定所需的中间记忆元件，然后列出各执行元件的工序表，最后写出检测元件、中间记忆元件和执行元件的逻辑表达式，并转换成梯形图。这种方法不仅具有严密的规律性和可行的设计步骤，还具有简便、直观、规范的特点。在单一的条件控制系统中，这种方法非常好用，相当于组合逻辑电路；然而在和时间相关的控制系统中，这种方法会变得相当复杂。其主要步骤如下。

1）结合控制要求进行具体分析，绘制控制系统循环图和检测元件分布图，编制电气执行元件功能表。

2）编制控制系统状态转换表，它通常由输出信号状态表、输入信号状态表、状态转换指令表和中间记忆状态表四部分组成。根据该状态转换表，可进行控制系统的逻辑设计，包括写出中间记忆元件的逻辑表达式和执行元件的表达式。

3）将逻辑函数转化为梯形图或指令表形式。由于指令表的结构和形式与逻辑函数非常相似，可以很容易地直接转化。而梯形图可以通过指令表作为过渡，或直接由逻辑函数转化而来。

4）程序的完善和补充。程序的完善和补充主要包括手动工作方式的设计、手动与自动工作方式的选择、自动工作循环、保护措施等。

（4）顺序控制设计法

顺序控制设计法是指根据功能流程图，以步为核心，从起始步开始逐步设计，直至完成。此方法的关键在于绘制功能流程图（又称功能表图、状态转移图或状态图）。功能流程图是一种完整描述控制系统控制过程、功能和状态的图形，是分析和设计电气控制系统顺序控制程序的重要工具。首先将被控对象的工作过程按输出状态的变化分为若干步，然后指出工步之间的转换条件以及每个工步的控制对象。这种功能流程图集中了工作的全部信息。在程序设计的过程中，可以使用中间继电器来储存工步，逐步顺序进行，也可以使用顺序控制指令来实现。功能流程图是一种通用的技术语言，能够为不同专业的工程技术人员提供技术交流服务。

软件设计完成后一般先进行模拟调试。模拟调试可以利用仿真软件来代替 PLC 硬件，使用计算机进行程序调试。如果有可使用的 PLC 硬件，则可使用小型开关和按钮来模拟实际输入信号（如启动、停止信号）或反馈信号（如限位开关的闭合或断开），通过观察输出模块上各输出位对应的指示灯，验证输出信号是否满足设计要求。在需要模拟量 I/O 信号时，可使用电位器和万用表进行配合验证。在编程软件中，可以使用功能流程图或状态图表来监视程序的运行或强制某些编程元件运行。

在模拟调试过程中，应充分考虑各种可能出现的情况。对各种不同的工作方式和运行条件都应逐一进行试验，不能遗漏。发现问题后，应及时进行修改。对于指令较多的程序，需采用设置断点的方法，加快程序故障的查找速度，直到在各种可能的情况下，控制系统均完全符合系统控制要求。

5. 联机调试

完成软件和硬件的设计后，将 PLC 安装到控制现场，或将调试好的程序传输到现场使用的 PLC 存储器中，并连接好 PLC 与输入信号以及驱动负载的接线。确认连接无误后，即可进行现场调试。调试时必须先断开主电路，然后才能对控制电路进行联机调试。通过现场联机调试，还可能会发现新的问题或需要对某些控制功能进行改进，应及时解决调试时发现的软件和硬件问题，直到满足工艺流程和系统控制要求。

6. 编制系统的技术文件

根据联机调试的最终结果，整理出完整的技术文件，包括电气接线图、功能流程图、带有注释的梯形图以及必要的文字说明等，一并随系统交付使用。在说明书中，通常需对程序的控制要求、结构及流程图等进行必要的说明，并且提供程序的安装操作和使用步骤等。

三、提高 PLC 控制系统可靠性的措施

PLC 是专为工业环境设计的控制装置，通常可以直接在工业环境中使用而无须采取特殊措施。然而，当环境过于恶劣时，如电磁干扰特别强烈或安装使用不当，可能会影响系统的正常安全运行。各种干扰可能导致 PLC 接收到错误信号，引发误动作，或导致 PLC 内部数据丢失，严重时甚至会导致系统失控。因此，在系统设计阶段，应采取相应的可靠性措施，以消除或减少干扰的影响，保障系统的正常运行。以下以西

门子 S7-200 系列 PLC 为例介绍安装、配线等注意事项及方法。

1. PLC 的安装

（1）安装方式

S7-200 的安装方法有两种：底板安装和 DIN 导轨安装。底板安装是利用 PLC 机体外壳四个角上的安装孔，用螺钉将其固定在底板上。DIN 导轨安装是利用模块上的 DIN 夹子，把模块固定在一个标准的 DIN 导轨上，导轨可以水平或垂直安装。图 5-3-6 所示为标准 DIN 导轨的外形尺寸。

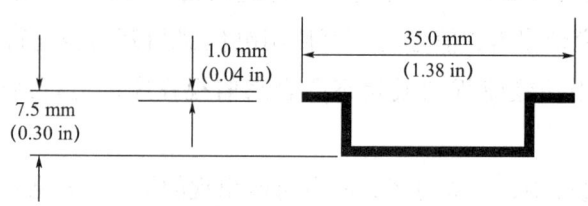

图 5-3-6 标准 DIN 导轨的外形尺寸

注：1 in=25.4 mm。

（2）安装环境

PLC 适用于工业现场，为了确保其工作的可靠性，延长其使用寿命，安装时需要注意周围环境是否满足以下几个条件。

1）温度。PLC 要求环境温度保持在 0～55℃。安装时不能将发热量大的元件放置在 PLC 下方，应确保 PLC 周围有足够大的通风散热空间，其开关柜上下侧应配有通风的百叶窗。

2）湿度。为保证 PLC 的绝缘性能，空气的相对湿度通常应小于 85%（无凝露）。

3）振动。应将 PLC 远离强烈的振动源，同时可以用减振橡胶来减轻柜内外的振动。

4）空气。若空气中有较浓的粉尘、腐蚀性气体或盐雾，则在温度允许时应将 PLC 封闭，或将其安装在密闭性较好的控制室内，并安装空气交换装置，以确保其正常运行。

（3）安装注意事项

除环境因素外，安装时还应注意：PLC 的所有单元都应在断电状态下安装和拆卸；切勿将导线头、金属屑等杂物掉落入机体内；模块周围应预留一定的空间，以确保机体周围有足够的通风和散热。此外，为防止高电子噪声对模块的干扰，应尽可能将 S7-200 模块与产生高电子噪声的设备（如变频器）分隔开。

2. PLC 的配线

PLC 的配线主要包括电源接线、接地、I/O 接线及对扩展单元的接线等。

（1）电源接线与接地

PLC 的工作电源有 120/230 V 单相交流电源和 24 V 直流电源两种。系统中大多数干扰往往是通过电源进入 PLC 内部的，因此，在干扰强或可靠性要求高的场合，动力部分、控制部分、PLC 自身电源及 I/O 回路的电源应分开配线，并使用带屏蔽层的隔离变压器为 PLC 供电。最好将隔离变压器的一次侧接 380 V，这样可以避免接地电流的干扰。用于输入的外接直流电源最好采用稳压电源，因为整流滤波电源存在较大的波动，容易引起误动作。

1）采用 120/230 V 单相交流电源 PLC 接线如图 5-3-7 所示。使用一个单极开关 a 隔离电源与 CPU 所有的输入和输出（负载）电路。使用一台过电流保护设备 b 保护 CPU 的电源输出点和输入点，或在每个输出点加上熔丝进行过电流保护。当使用 Micro PLC 24 V DC 传感器电源 c 时，可以取消输入点的外部过电流保护，因为该传感器电源具有短路保护功能。将 S7-200 的所有地线端子同最近接地点 d 相连，以提高抗干扰能力。所有接地端子都应使用 14 AWG[①] 或 1.5 mm^2 的电线连接到独立接地点（即一点接地）。本机单元的直流传感器电源可用于为本机单元的直流输入 e、扩展模块 f 以及输出扩展模块 g 供电。传感器电源具有短路保护功能，若将传感器的供电 M 端子接地，则可起到抑制噪声的作用。

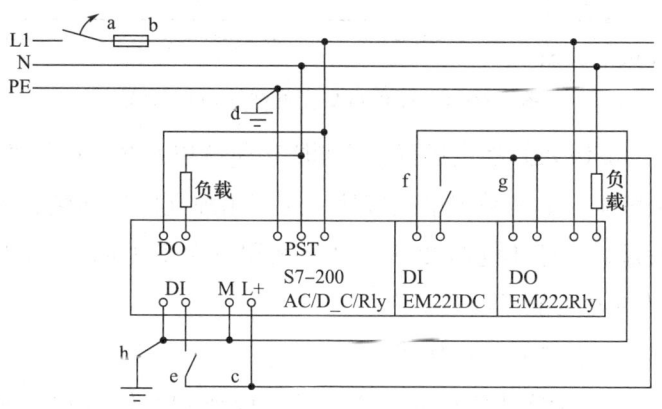

图 5-3-7　采用 120/230 V 单相交流电源 PLC 接线

2）采用 24 V 直流电源 PLC 接线如图 5-3-8 所示。使用一个单极开关 a 隔离电源与 CPU 所有的输入和输出（负载）电路。使用过电流保护设备 b、c、d 保护 CPU 的电源输出点和输入点，或在每个输出点加上熔丝进行过电流保护。当使用 Micro PLC 24 V DC 传感器电源时，不需要对输入点进行外部过电流保护，因为该传感器电源内部具有短路保护功能。使用外部电容器 e 来保证在负载突变时获得稳定的直流电压。在实际应用中，将所有的 DC 电源接地或浮地 f（即将全机浮空，确保整个

---

① AWG 是指美国线规（American wire gauge）。14AWG 表示线径约为 1.63 mm，截面积约为 2.08 mm^2。

系统与大地间的绝缘电阻不小于 50 MΩ）以抑制噪声。对于未接地的 DC 电源，可在公共端与保护线 PE 之间串联一个电阻器与电容器并联的回路 g，电阻器提供静电释放通路，电容器提供高频噪声通路。常取 $R=1\ \text{M}\Omega$，$C=4\ 700\ \text{pF}$。将 S7-200 所有的接地端子同最近接地点 h 相连，采用一点接地，以提高抗干扰能力。对于 24 V 直流电源回路与设备之间，以及 120/230 V 交流电源与危险环境之间，必须进行电气隔离。

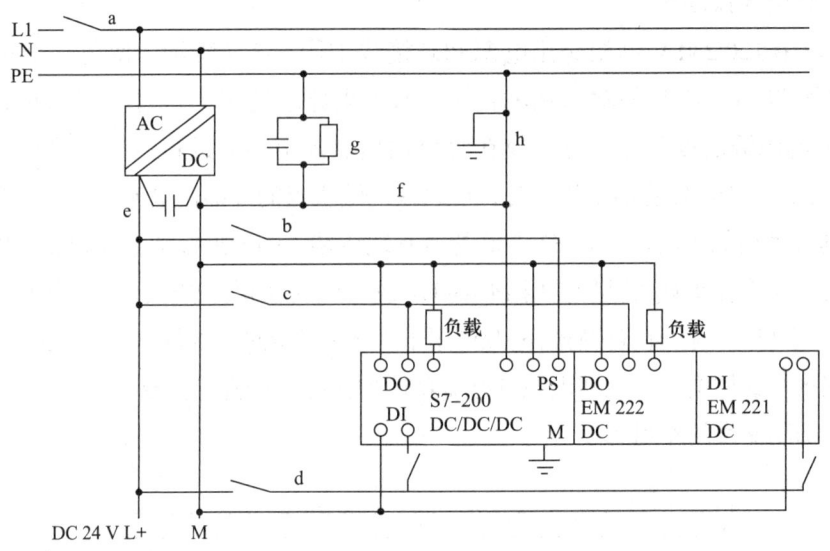

图 5-3-8　采用 24 V 直流电源 PLC 接线

良好的接地是确保 PLC 稳定运行、抑制噪声干扰以及减小电压冲击的重要条件。PLC 系统接地的基本原则是采用单点接地，通常用独立的接地装置单独接地，接地线的长度应尽量短，一般不超过 20 m，其截面积应大于 $2\ \text{mm}^2$，接地电阻值应小于 100 Ω，且接地点应尽可能靠近 PLC。

（2）I/O 接线及对扩展单元的接线

在 PLC 中，输入接线是指外部开关设备连接到 PLC 输入端口的连接线，输出接线是指将输出信号通过输出端子传输到受控负载外部的连接线。在进行 I/O 接线时应注意以下几点：I/O 接线与动力线、电源线应分开布置，并保持一定的距离，若需在一个线槽中布线，则必须使用屏蔽电缆；I/O 接线的距离一般不超过 300 m；交流接线与直流接线、输入接线与输出接线应分别使用不同的电缆；数字量和模拟量 I/O 应分开布线，传输模拟量 I/O 信号时，应使用屏蔽线，且屏蔽层的一端应接地。

1）输入接线。

①输入接线一般不超过 30 m。但如果环境干扰较小，且电压下降不大，则可适当

延长。

②输入接线与输出接线不能使用同一根电缆,且应分开布线。

③应尽可能采用常开触点的形式连接到输入端,从而使编制的梯形图与继电器原理图一致,以便阅读。

2)输出接线。

①输出接线分为独立输出和公共输出两种。在不同组中可采用不同类型和电压等级的输出电压。但在同一组中,输出只能使用同一类型和电压等级的电源。

②由于 PLC 的输出元件被封装在印制电路板上,且连接至端子板,如果连接输出元件的负载发生短路,则会烧毁印制电路板,因此,应使用熔丝保护输出元件。

③采用继电器输出时,所承受的电感性负载大小会影响继电器的使用寿命,因此应选择使用寿命长的继电器。

④ PLC 的输出负载可能产生干扰,因此要采取相应措施加以控制,如使用直流输出的续流二极管保护、交流输出的阻容吸收电路、晶体管及双向晶闸管输出的旁路电阻器保护。

3)PLC 的基本单元与各扩展单元的连接比较简单,接线时应先断开电源,将扁平电缆的一端插入对应的插口即可。由于 PLC 的基本单元与各扩展单元之间传输的信号较小且频率较高,易受干扰,因此,不能与其他连线敷设在同一线槽内。

3. 外部保护电路

为确保系统在安全状态下可靠工作,避免由于外部电源故障、PLC 异常、误操作或误输出造成重大经济损失和人身伤亡,应在 PLC 外部安装必要的保护电路。

(1)急停及保护电路

除了在控制程序中考虑可能对用户造成伤害的危险负载外,还应设计外部紧急停车电路,确保 PLC 发生故障时能可靠切断引起伤害的负载电源。对于正反向运转等可逆操作的控制系统,应设置外部电路互锁;对于往复运行及升降移动的控制系统,应设置外部限位保护电路等。

(2)电源过载防护

若 PLC 电源发生故障且中断时间少于 10 ms,则 PLC 工作不受影响;若电源中断时间超过 10 ms,或电源电压下降超过允许值,则 PLC 停止工作,所有的输出点均会同时断开。当电源恢复时,若 RUN 状态输入接通,则操作自动进行。因此,对于容易发生过载的输入设备,应设置必要的限流保护电路。

(3)对于重大事故的报警和防护

在易发生重大事故的场所,应确保控制系统在重大事故发生时能够可靠地报警及防护，应通过外部电路输出与重大事故相关的信号，以使控制系统在安全状态下运行。

第四节　PLC 控制系统抗干扰

自动化系统中所使用的各类型 PLC，有的集中安装在控制室，有的安装在生产现场和各电气设备上，它们大多处于强电电路和强电设备所形成的恶劣电磁环境中。为了提高 PLC 控制系统的可靠性，设计人员只有预先了解各种干扰，才能有效保证系统的可靠运行。

一、PLC 控制系统中电磁干扰的主要来源

1. 来自空间的电磁干扰

来自空间的电磁干扰（electromagnetic interference，EMI）主要由电力网络、电气设备的暂态过程、雷电、无线电广播、电视、雷达、高频感应加热设备等产生，通常称为辐射干扰，其分布极为复杂。

2. 来自系统外引线的干扰

来自系统外引线的干扰主要通过电源和信号线引入，通常称为传导干扰。这种干扰在我国工业现场较为严重。

3. 来自电源的干扰

PLC 控制系统的供电电源均由电网供电。由于电网覆盖范围广，因此会受到大范围的空间电磁干扰，从而在线路上产生感应电压和电流。尤其是电网内部的变化，如开关操作浪涌、大型电力设备起停、交直流转动装置引起的谐波、电网短路暂态冲击等，都会通过输电线路到达电源侧。

4. 来自信号线引入的干扰

与 PLC 控制系统连接的各类信号传输线除了传输各类有效信号外，还会受到外部干扰信号侵入。此类干扰侵入主要有两种途径：一是通过变送器或共用信号仪表的供电电源串入的电网干扰；二是信号线受空间电磁辐射感应的干扰，即信号线上的外部

感应干扰。

5. 来自接地系统混乱时的干扰

来自接地系统混乱时的干扰主要是指各个接地点电位分布不均，不同接地点间存在的电位差引起地环路电流，影响系统正常工作。例如，电缆屏蔽层必须一端接地，如果两端都接地，则会存在地电位差，即有电流流过电缆屏蔽层，当发生异常状态时，地环路电流将更大。

此外，电缆屏蔽层、接地线和大地有可能构成闭合环路，在变化磁场的作用下，电缆屏蔽层内就会出现感应电流，通过电缆屏蔽层与芯线之间的耦合干扰信号回路。若系统地与其他接地处理混乱，所产生的地环路电流可能在地线上产生不等电位分布，则会影响 PLC 内逻辑电路和模拟电路的正常工作。

6. 来自 PLC 控制系统内部的干扰

来自 PLC 控制系统内部的干扰主要是指系统内部元器件及电路间相互电磁辐射产生的干扰，如逻辑电路相互辐射及其对模拟电路的影响、模拟地与逻辑地的相互影响及元器件间的相互不匹配使用等。这些属于 PLC 生产厂家对系统内部进行电磁兼容设计的内容，比较复杂，应用单位无法改变，无须过多考虑。

二、解决 PLC 控制系统干扰的方法

1. 选用隔离性能优良的设备和高质量的电源，合理布置动力线和信号线的走向等可以解决干扰，但是比较烦琐、不易操作而且成本较高。

2. 利用信号隔离器解决干扰问题。有干扰发生时，在输入端和输出端中间安装信号隔离器，就可有效解决干扰问题。

第五节 串行通信技术

一、串行通信基础

在计算机系统中，CPU 和外部有两种通信方式：并行通信和串行通信。并行通信

是指数据的各位同时传输；串行通信是指数据一位一位顺序传输。图 5-5-1 所示为两种通信方式的示意图。

两种基本通信方式相比较，串行通信可节省传输线，特别是在数据位数很多、传输距离较远的情况下，这个优点更为突出，串行通信的主要缺点是传输速率较低。

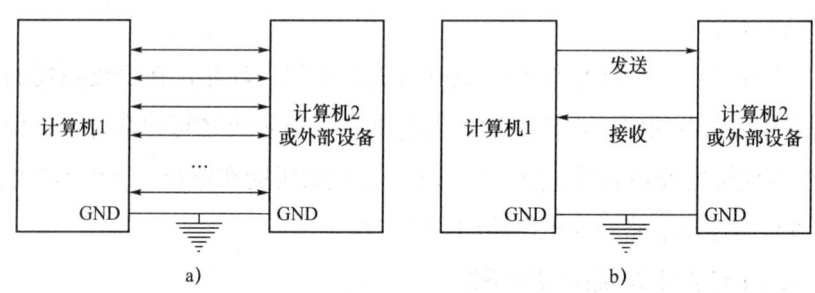

图 5-5-1 计算机两种通信方式的示意图

a）并行通信 b）串行通信

1. 串行通信的分类

按照串行数据的时钟控制方式，串行通信可分为异步通信和同步通信两类。

（1）异步通信

在异步通信中，数据通常以字符为单位组成字符帧进行传输。字符帧由发送端逐帧发送，每帧数据低位在前，高位在后，通过传输线被接收端逐帧接收。发送端和接收端可以由各自独立的时钟来控制数据的发送和接收，这两个时钟彼此独立，互不同步。

在异步通信中，接收端可通过字符帧的格式来判断发送端何时开始发送数据以及何时结束发送数据。字符帧格式是异步通信的一个重要指标。

异步通信的优点是无须传输同步时钟，字符帧长度不受限制，因此设备简单；但其缺点在于字符帧中包含起始位和停止位，这导致有效数据的传输速率降低。

（2）同步通信

同步通信是一种连续串行传输数据的通信方式，每次通信只传输一帧信息。这里的信息帧和异步通信的字符帧不同，通常包含若干个数据字符。在同步通信中，同步字符可以采用统一的标准格式，也可以由用户约定。

同步通信的数据传输速率较高，其缺点是要求发送时钟和接收时钟必须保持严格同步。

2. 串行通信的制式

在串行通信中数据是在两个站之间进行传输的，按照数据的传输方向，串行通信可分为单工、半双工和全双工三种制式。图 5-5-2 所示为三种制式的示意图。

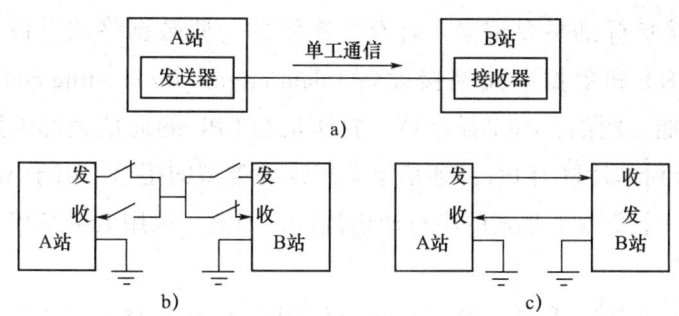

图 5-5-2 单工、半双工和全双工三种制式的示意图
a) 单工制式 b) 双半工制式 c) 全双工制式

在单工制式下，通信线的一端连接发送器，另一端连接接收器，数据只能沿一个固定的方向传输，如图 5-5-2a 所示。

在半双工制式下，系统的每个通信设备都由一个发送器和一个接收器组成，如图 5-5-2b 所示。在这种制式下，数据能从 A 站传输到 B 站，也可以从 B 站传输到 A 站，但是不能在两个方向上同时传输，即只能一端发送，一端接收。其收/发开关通常是由软件控制的电子开关。

全双工制式的每端都配备有发送器和接收器，可以同时进行发送和接收，即数据可以在两个方向上同时传输，如图 5-5-2c 所示。

在实际应用中，尽管多数串行通信接口电路具有全双工功能，但一般情况下，它们仅工作于半双工制式下，因为这种制式更加简单实用。

二、串行通信总线标准及其接口

在单片机应用系统中，数据通信主要采用异步通信。在设计通信接口时，必须根据需要选择合适的接口标准，并需考虑传输介质、电平转换等问题。采用接口标准后，就能够方便地将单片机与外部设备、测量仪器等有机连接，从而构成一个完整的测控系统。例如，当需要单片机和 PC 机进行通信时，通常采用 RS-232C 接口进行电平转换。

异步通信接口主要有三类：RS-232C 接口，RS-449、RS-422A 和 RS-423A 接口以及 20 mA 电流环串行接口。下面简单介绍这三种接口标准。

1. RS-232C 接口标准

RS-232C 接口标准是使用最早且应用最多的一种异步通信总线标准，它由美国电子工业协会（Electronic Industries Association，EIA）于 1962 年发布，并于 1969 年最后修订完成。该标准中，RS 表示 recommended standard，即推荐标准；232 表示该标准的标识号；C 表示最后一次修订。

RS-232C 接口标准主要定义了计算机系统的一些数据终端设备（data terminal equipment，DTE）和数据电路端接设备（data circuit-terminating equipment，DCE）之间的电气性能。例如，CRT 显示器、打印机与 CPU 的通信大都采用 RS-232C 接口，MCS-51 系列单片机与 PC 的通信也采用这种类型的接口。由于 MCS-51 系列单片机自身具有一个全双工制式的串行通信接口，因此，采用 RS-232C 接口总线非常方便。

RS-232C 接口总线适用于设备之间通信距离不大于 15 m，且最高传输速率为 20 Kb/s 的场景。

RS-232C 接口标准总线为 25 根，采用标准的 D 型 25 芯插头座，各引脚的排列如图 5-5-3 所示。

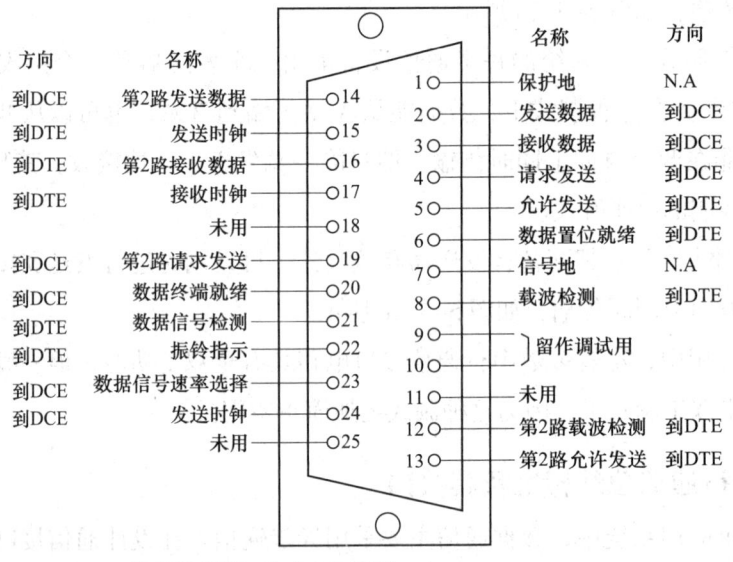

图 5-5-3 RS-232C 接口标准总线引脚排列

在最简单的全双工制式串行通信系统中，仅使用发送数据、接收数据和信号地三根线即可。对于 MCS-51 系列单片机，利用其串行数据接收端（receive external data，RXD）线、串行数据发送端（transmit external data，TXD）线和一根地线，就可以构成符合 RS-232C 接口标准的全双工制式串行通信接口。

2. RS-449、RS-422A、RS-423A 接口标准

虽然 RS-232C 接口应用广泛，但因为其推出时间较早，导致其在现代通信系统应用时存在以下缺点：数据传输速率低，传输距离短，且由于未规定标准的连接器，因此接口处各信号间易产生串扰。鉴于此，EIA 制定了新的接口标准，即 RS-449。该标

准不仅与 RS-232C 接口兼容，还在提高传输速率、增加传输距离、改善电气性能等方面有了很大改进。

（1）RS-449 接口标准

RS-449 是 1977 年公布的接口标准，在很多方面都可以代替 RS-232C 接口标准使用。两者的主要差别在于信号在导线上的传输方法不同：RS-232C 接口利用传输信号与公共地的电压差，而 RS-449 接口则利用信号导线之间的信号电压差，在 1 219.2 m 的 24AWG[①] 双绞线上进行数字通信。RS-449 接口标准规定了两种接口标准连接器，一种为 37 脚，另一种为 9 脚。

RS-449 接口无须使用调制解调器，它比 RS-232C 接口传输速率更高，通信距离更远，且由于 RS-449 接口串行通信系统利用平衡信号差传输高速信号，因此其噪声更低。同时它还支持多点通信或使用公共线通信，故 RS-449 接口通信电缆可与多个设备并联。

（2）RS-422A、RS-423A 接口标准

RS-422A 接口标准给出了 RS-449 接口中对于通信电缆、驱动器和接收器的要求，规定双端电气接口形式，其标准是双端线传输信号。它通过传输线驱动器，将逻辑电平转换成电位差，完成发送端的信息传输；再通过传输线接收器，将电位差变换成逻辑电平，完成接收端的信息接收。RS-422A 接口比 RS-232C 接口传输距离更长、传输速度更快，其传输速率最高可达 10 Mb/s。在此速率下，电缆的允许长度为 12 m。若采用低速率传输，则最大距离可达 1 200 m。

RS-423A 接口标准和 RS-422A 接口标准一样，也规定了 RS-449 中对于通信电缆、驱动器和接收器的要求，但它给出的是不平衡信号差的规定，而 RS-422A 接口标准给出的是平衡信号差的规定。RS-423A 接口的最高传输速率为 100 Kb/s，电缆的允许长度为 90 m。

3. 20 mA 电流环串行接口标准

20 mA 电流环串行接口是目前广泛使用的串行通信接口之一。20 mA 电流环串行接口的最大优点是采用了低阻传输线，对电气噪声不敏感，而且易于实现光电隔离，因此，在长距离通信时，20 mA 电流环串行接口要比 RS-232C 接口更加优越。

综上所述，在对计算机进行串行通信选择接口标准时，必须注意以下两点。

（1）通信速度和通信距离

通常，标准串行通信接口都要满足可靠传输的最大通信速度和传输距离指标，但这两个指标具有相关性。通过适当降低传输速率，可以提高通信距离，反之亦然。例

---

① 24AWG 表示线径约为 0.51 mm，截面积约为 0.205 mm^2。

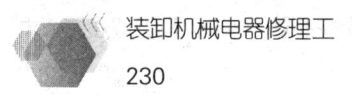

如，采用 RS-232C 接口标准进行单向数据传输时，最高传输速率为 20 Kb/s，最大传输距离为 15 m。而采用 RS-422A 接口标准时，最高传输速率可达 10 Mb/s，最大传输距离为 300 m，若适当降低传输速率，则传输距离可达 1 200 m。

（2）抗干扰能力

通常选择的接口标准在保证不超过其使用范围时都具有一定的抗干扰能力，可以保证信号传输的可靠性。但在一些通信环境十分恶劣的工业测控系统中，对抗干扰性的要求更为严格，因此在选择传输介质和接口标准时，要充分考虑其抗干扰能力，并采取必要的抗干扰措施。例如，在长距离传输时，使用 RS-422A 接口标准可以有效抑制共模信号干扰；使用 20 mA 电流环串行接口技术可以大幅降低对噪声的敏感度；在高噪声污染的环境中，采用光纤介质可减少噪声的干扰；同时，通过光电隔离也可以提高通信系统的安全性。

第六节 网络通信技术

一、计算机网络技术

1. 计算机网络的定义

计算机网络是将分布在不同地理位置上、具有独立功能的多台计算机、终端及其附属设备，在物理上互连，并按照网络协议进行相互通信的系统，其目标是共享硬件、软件和数据资源。

2. 计算机网络的功能

（1）数据通信

数据通信即数据传输，是计算机网络最基本的功能之一。从通信角度看，计算机网络其实是一种计算机通信系统，能够实现文件传输、电子邮件（email）等重要功能。

（2）资源共享

资源共享包括硬件、软件和数据资源的共享，它是计算机网络最具吸引力的功能。资源共享是指用户在网络上能够部分或全部地使用计算机网络资源，实现计算机网络中资源的互通和分工协作,从而极大地提高各种硬件、软件和数据资源的利用率。

(3)提高计算机系统的可靠性和可用性

计算机系统可靠性和可用性的提高,主要表现在计算机网络中每台计算机都可以依赖计算机网络相互为后备机,一旦某台计算机发生故障,其他计算机可以立即承担起原先由故障机所担负的任务,避免了系统的瘫痪,从而大幅提高了计算机系统的可靠性。

计算机系统可用性的提高是指当计算机网络中某台计算机负载过大时,计算机网络能够进行智能判断,并将新的任务分配给该网络中较空闲的计算机完成,这样就能均衡每台计算机的负载,提高每台计算机系统的可用性。

(4)易于进行分布处理

在计算机网络中,每个用户都可根据情况合理选择计算机网络内的资源,根据就近原则快速进行处理。对于较大型的综合问题,可以通过一定的算法将任务分配给不同的计算机,从而达到均衡网络资源,实现分布处理的目的。

3. 计算机网络的类型

(1)按地域来分,计算机网络可分为局域网和广域网。

(2)按建设的属性来分,计算机网络可分为公用网和专用网。

(3)按其拓扑结构来分,计算机网络可分为星形拓扑结构、总线拓扑结构、环形拓扑结构、树状拓扑结构、混合型拓扑结构等。

(4)按信息的交换方式来分,计算机网络可分为电路交换、报文交换和报文分组交换。

4. 计算机网络的模式

计算机网络的模式主要有两种,分别为对等网络模式和客户机/服务器网络模式。

(1)对等网络模式

在对等网络模式中,相连的计算机彼此处于同等地位,没有主从之分,因此,又称对等网络。它们能够相互共享资源,每台计算机都能以同样的方式与其他计算机进行交互。

(2)客户机/服务器网络模式

客户机/服务器网络模式是一种基于服务器的网络模式,与对等网络相比,它提供了更好的运行性能和更高的可靠性。在此类网络模式中,工作站计算机的硬盘不必与他人共享。在实际使用中,若想与其他用户共享一份文件,则必须先将文件复制到服务器的硬盘上(或一开始就在服务器上生成该文件),这样其他用户才能对其进行访问。客户机/服务器网络模式的一个典型应用是数据库的应用。

5. 计算机网络基础知识

（1）数据通信的基本概念

1）数据。数据是有意义的实体，是表征事物的形式，如文字、声音和图像等。数据可分为模拟数据和数字数据两类。

2）信号。信号是数据的电磁或电子编码。信号在通信系统中可分为模拟信号和数字信号。

3）信道。信道是用来表示向某一个方向传输信息的媒体。通常一条通信线路至少包含两条信道，一条用于发送，另一条用于接收。

（2）模拟数据与数字数据的传输形式

1）模拟数据在模拟信道上传输。

2）数字数据在模拟信道上传输。

3）模拟数据在数字信道上传输。

4）数字数据在数字信道上传输。

（3）多路复用

1）频分多路复用（frequency division multiplexing，FDM）。FDM是利用传输介质可用带宽超过给定信号所需带宽这一优点，将每个要传输的信号以不同的载波频率进行调制，而且每个载波频率完全独立，即信号的带宽不会相互重叠，然后将这些信号在传输介质上进行传输，从而达到在传输介质上同时传输多路信号的目的。

2）时分多路复用（time division multiplexing，TDM）。TDM利用每个信号在时间上交叉，在一个传输通路上传输多个数字信号。这种交叉可以是位一级，也可以是由字节组成的块或更大量的信息。与FDM类似，专门用于一个信号源的时间片序列称为一条通道时间片的一个周期（每个信号源一个），即一帧。TDM不仅用于传输数字信号，也可以同时交叉传输模拟信号。另外，对于模拟信号，可将TDM和FDM结合起来使用，即一个传输系统可以频分成多条通道，每条通道再用TDM进行细分。

6. 计算机网络的体系结构

（1）开放系统互连（open system interconnection，OSI）网络协议体系结构（参考模型见图5-6-1）

1）物理层。物理层传输数据的单位是比特（b）。物理层不是指连接计算机的具体物理设备或具体传输媒体，它主要关心的是在各种计算机间传输数据的比特流。

2）数据链路层。在数据链路层，传输数据的单位是帧。数据帧的帧格式中包含的信息有地址信息部分、控制信息部分、数据部分、校验信息部分。数据链路层的主要作用是通过数据链路层协议（即链路控制规程），在不太可靠的物理链路上实现可靠的数据传输。

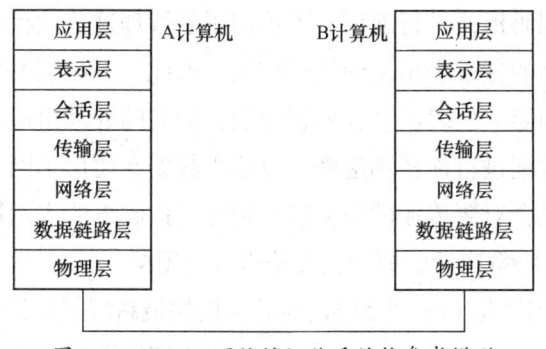

图 5-6-1 OSI 网络协议体系结构参考模型

3)网络层。在网络层,传输数据的单位是报文分组或包。在计算机网络中,进行通信的两台计算机之间可能要经过许多个节点和链路,也可能经过多个路由器所连接的通信子网。网络层的任务是要选择最佳的路由,以确保发送站的传输层传输下来的报文能够按照目的地址正确无误地找到目的站,并交付给目的站的传输层。这就是网络层的路由选择功能。

4)传输层。传输层传输数据的单位是报文,其基本功能是接收来自会话层的数据报文,并且在当所发送的报文较长时,将其分割成若干个报文分组,然后交给它的下一层(即网络层)进行传输。此外,传输层还负责报文的错误确认和恢复,以确保信息的可靠传递。

通常情况下,互联网所采用的 TCP[①]/IP 协议中的 TCP 就属于传输层。

5)会话层。会话层允许不同计算机上的用户建立会话关系,其目的是完成正常的数据交换。会话层提供了对某些应用的增强服务会话,也可用于远程登录到分时系统,或在两台计算机间传递文件。会话层对高层提供的服务主要是"管理会话"。一般情况下,两个用户要进行会话,首先双方必须相互接受,以保证双方有权参加会话;其次会话双方要确定通信方式,即会话允许信息同时双向传输还是任一时刻仅能单向传输,若为后者,则会话层将记录此刻由哪一个用户进程发送数据。为了保证单向传输的正确性,即在某一个时刻仅能由一方发送信息,会话层提供令牌管理,令牌可以在双方之间交换,只有持有令牌的一方才可以执行发送报文的操作。会话层提供的另一种服务是"同步服务"。综上所述,会话层的主要功能可归结为允许在不同主机上的各种进程间进行会话。

6)表示层。计算机与用户之间进行数据交换时,并非随机交换数据比特流,而是交换一些有具体意义的数据信息。这些数据信息按照一定的格式表示。例如,表示人名时使用字符型数据,表示货币数量时使用浮点型数据等。不同的计算机可能采用不同的编码方法来表示这些数据类型和数据结构,为了让采用不同编码方法的计算机能够进行交互通信,能相互理解所交换数据的值,可以采用抽象的标准法来定义数据结

---

① TCP 是指传输控制协议(transmission control protocol)。

构,并采用标准的编码形式进行通信。表示层用于管理这些抽象数据结构,并且在计算机内部表示和网络的标准表示之间进行转换。因此,表示层关心的是数据传输的语义和语法两方面的内容。但表示层仅处理语法,语义的处理由应用层来完成。表示层的另一个功能是对数据进行加密和解密,以防止数据在通信子网中传输时被窃听和篡改。发送方的表示层会对要传输的报文进行加密,接收方的表示层在收到密文后,要对密文进行解密,并将解密后的原始报文输送给应用层。

7)应用层。应用层是 OSI 网络协议体系结构的最高层,是计算机网络与最终用户的界面,为网络用户之间的通信提供专用程序。应用层负责实现特定网络功能服务所需要的各种应用协议,其解决的是虚拟终端问题。应用层的另一个功能是文件传输协议(file transfer protocol,FTP)。计算机网络中,各台计算机都有自己的文件管理系统,由于各台计算机的字长、字符集、编码等存在差异,导致文件的组织和数据表示方式各不相同,这就给数据、文件在计算机之间的传输带来了不便,因此,有必要在全网范围内建立一个公用的文件传输规则,即文件传输协议。应用层还具有电子邮件的功能,电子邮件系统是用电子方式代替邮局进行信件传递的系统。

(2)TCP/IP 网络协议体系结构

TCP/IP 体系共分为 4 个层次(见图 5-6-2),分别为网络接口层、网络层、传输层和应用层。

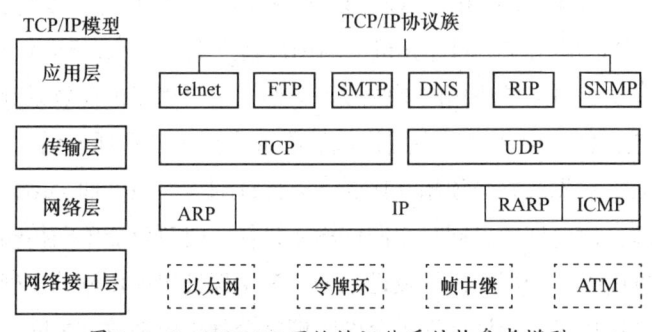

图 5-6-2 TCP/IP 网络协议体系结构参考模型

1)网络接口层。网络接口层与 OSI 网络协议体系结构参考模型的物理层和数据链路层相对应,它不是 TCP/IP 的一部分,但它是 TCP/IP 赖以存在的与各种通信网之间的接口,因此,TCP/IP 对网络接口层并没有给出具体的规定。

2)网络层。网络层有 4 个主要协议:互联网协议(IP)、互联网控制报文协议(internet control message protocol,ICMP)、地址解析协议(address resolution protocol,ARP)和反向地址解析协议(reverse address resolution protocol,RARP)。网络层的主要功能是使主机可以把分组发往任何网络,并使分组独立地传向目标(可能经由不同的网络)。这些分组到达的顺序和发送的顺序可能不同,因此,如果需要按顺序发送及接收，则高层必须对其进行分组排序。另外，网络层 IP 的基本功能是实现无连接的数据报传输和数据报路由选择，即 IP 可提供主机间不可靠的、无连接的数据报传输。ICMP 提供的服务有：测试目的地的可达性和状态、报文不可达的目的地、数据报的流量控制、路由器路由改变请求等。ARP 的任务是查找与给定 IP 地址相对应的主机网络物理地址。RARP 主要解决物理网络地址到 IP 地址的转换。

3）传输层。TCP/IP 的传输层提供了两个主要协议，即传输控制协议（TCP）和用户数据报协议（user datagram protocol，UDP），它的功能是实现源主机和目的主机这两个对等实体之间的会话。TCP 是面向连接的协议，连接是指两个对等实体为进行数据通信而进行的一种结合。在面向连接服务中，必须先建立连接，再进行数据交换。当数据交换结束后，应终止该连接。面向连接服务具有连接建立、数据传输和连接释放这三个阶段。在传输数据过程中，数据按顺序传输。UDP 是无连接服务，即两个实体之间的通信不需要事先建立连接，因此，其下层的有关资源不需要进行预留，这些资源会在数据传输时进行动态分配。无连接服务的另一特征是通信的两个实体不需要同时处于活跃状态（即处于激活态），只有当发送端的实体正在进行发送时，才必须是活跃的。无连接服务的优点是灵活方便、传输比较迅速，但它不能防止报文的丢失、重复或失序问题。因此，无连接服务特别适合于传输少量零星的报文。

4）应用层。在 TCP/IP 网络协议体系结构中，并没有 OSI 的会话层和表示层，TCP/IP 把它们都归结到了应用层。因此，应用层包含所有的高层协议，如远程上机（telnet）、文件传输协议、简单邮件传送协议（simple mail transfer protocol，SMTP）和域名系统（domain name system，DNS）等。

7. 数据的传输媒体

（1）双绞线

组建局域网络所用的双绞线是由 4 对线（即 8 根线）组成，其中每根线的材质有铜线和铜包的钢线两种。一般来说，双绞线电缆中的 8 根线应成对使用，而且每对线会相互绞合在一起，绞合的目的是减少相邻线间的电磁干扰。双绞线分为屏蔽双绞线（shielded twisted pair，STP）和非屏蔽双绞线（unshielded twisted pair，UTP）两类。

目前，在局域网中常用到的双绞线是非屏蔽双绞线，它又可分为 3 类、4 类、5 类、超 5 类、6 类和 7 类。双绞线中 8 根线的引脚定义见表 5-6-1。

表 5-6-1 双绞线的引脚定义

线路线号	1	2	3	4	5	6	7	8
线路色标	白橙	橙	白绿	蓝	白蓝	绿	白棕	棕
引脚定义	Tx+	Tx-	Rx+			Rx-		

在局域网中，双绞线主要用于连接计算机网络适配器（又称网卡）与集线器（hub），或集线器级联口的级联，有时也可直接用于两个网络适配器之间的连接，或不通过集线器级联口之间的级联。这些连接的接线方式各有不同。

（2）同轴电缆

同轴电缆中央是铜质芯线（单股实心线或多股绞合线），铜质芯线外包裹一层绝缘层，绝缘层外使用一层网状编织的金属丝作为外导体屏蔽层（可以是单股的），屏蔽层把电线很好地包裹起来，其外部是外表皮的塑料保护层。

（3）光纤

光纤是一种细小、柔韧并能传输光信号的介质，一根光缆中包含多条光纤。光纤通信系统由光端机、光纤（光缆）和光纤中继器组成。光端机可分为光发送机和光接收机；光纤中继器用于延伸光纤或光缆的长度，防止光信号衰减。光发送机将电信号调制成光信号，利用光发送机内的光源将调制好的光波导入光纤，最终经光纤传输到光接收机。光接收机将接收的光信号变换为电信号，经放大、均衡判决等处理后传输给接收方。

8. 网络的拓扑结构

（1）星形拓扑结构（见图 5-6-3）

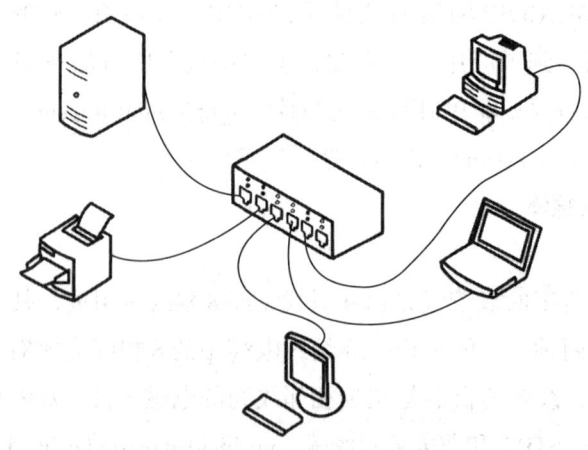

图 5-6-3　星形拓扑结构

星形拓扑结构由中心节点和连接到中心节点的各站点组成，它们之间的连接是通过点对点链路实现的。星形拓扑结构的中心节点是主节点，它接收各分散站点的信息，并转发给相应站点。目前，星形拓扑结构基本已成为以太网（ethernet）双绞线网络专用结构。这种星形拓扑结构的中心节点通常是集线器或变换机来承担的。

星形拓扑结构具有以下优点。

1）在星形拓扑结构中，由于每个设备都用一根线路和中心节点相连，当这根线路损坏，或与其相连的工作站出现故障时，不会对整个网络造成大的影响，而仅会影响到该工作站。

2）容易实现网络的扩展。

3）方便控制和诊断。

4）访问协议简单。

星形拓扑结构也存在着一定的缺点，即过分依赖中心节点，且成本较高。

（2）总线拓扑结构（见图 5-6-4）

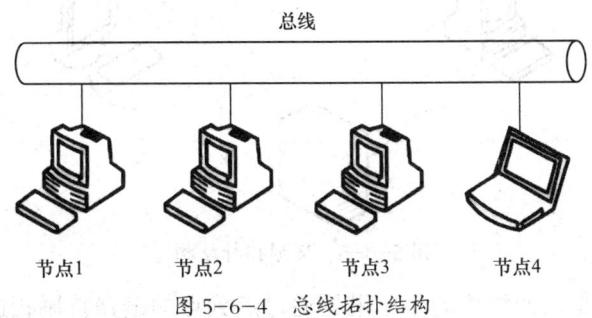

图 5-6-4　总线拓扑结构

总线拓扑结构采用单根传输线作为传输介质，所有的站点（包括工作站和文件服务器）均通过相应的硬件接口直接连接到传输介质（又称总线）上，各工作站地位平等，无中心节点控制。

总线拓扑结构的总线大多采用同轴电缆。总线上的信息多以基带信号形式进行串行传输。当某个站点发送报文时，其传输的方向总是从发送站点开始向两端扩散，如同广播电台发射的信息一样，因此，其又称广播式计算机网络。在总线网络上，所有站点都能接收到这个报文，但并不是所有站点都会接收。每个站点都会将自己的地址与这个报文的目的地址进行比较，只有与这个报文的目的地址相同的工作站才会接收报文。

在总线拓扑结构中，各站点通过总线来传输信息，且各站点对于总线的使用权是平等的，因此就需要解决如何合理分配信道的问题。这种合理解决信道分配问题的控制方法称为介质访问控制方式。在总线拓扑结构中，介质访问控制方式称为带冲突检测的载波监听多路访问（carrier sense multiple access with collision detection，CSMA/CD）。

总线拓扑结构具有以下优点。

1）从硬件观点来看，总线拓扑结构的可靠性高，这是因为总线拓扑结构简单，而且使用的是无源元件。

2）易于扩充，便于增加新的站点，增加新站点时仅需将工作站连接到总线的相应接入点即可。

3）使用电缆较少，且安装容易。

4）使用的设备相对简单，可靠性高。

（3）环形拓扑结构（见图5-6-5）

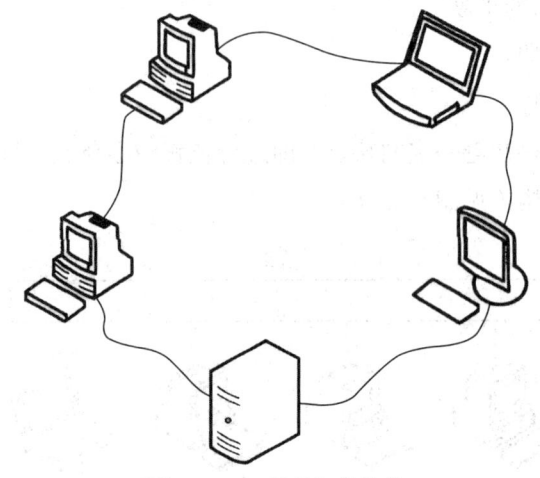

图5-6-5 环形拓扑结构

环形拓扑结构是由网络中若干中继器通过点到点的链路首尾相连，形成的一个闭合环。

环形拓扑结构通过使用公共电缆形成环形连接。每个中继器与两条链路相连，数据在环路上沿着一个方向在各节点间传输。这样，中继器能够接收一条链路上传输的数据，并以同样的速度串行地将数据发送到另一条链路上，而不在中继器中缓冲。每个站对环的使用权是平等的，因此，它也存在着一个对于环形线路的"争用"和"冲突"问题。在环路上发送和接收数据的过程大致如下。

发送报文的工作站（简称发送站）将报文分成报文分组，每个报文分组包括一段数据和某些控制信息，在控制信息中含有目的地址。发送站依次将每个报文分组送入环路，然后通过其他中继器进行循环。每个中继器都对报文分组的目的地址进行判断，只有当目的地址与工作站的地址相同时，工作站才接收该报文分组，同时将报文分组进行复制。当该报文分组在环路上绕行一周返回发送站时，由发送站将其从环路上移除。由此可看出，当环路上某一节点发生故障时，该工作站将无法正常地传输信息。

1）环形拓扑结构具有以下优点。

①路由选择控制简单。由于信息流沿着固定一个方向流动，因此，两个站点间仅有一条通路。

②电缆长度短。环形拓扑所需电缆长度和总线拓扑结构相似，但比星形拓扑结构要短。

③适用于光纤。环形拓扑结构是单方向传输，十分适用于光纤这种高速传输介质。

2）环形拓扑结构具有以下缺点。

①节点故障会引起整个网络瘫痪。在环形拓扑结构中，数据的传输通过环上的每

个站点进行转发,如果环路上的一个站点出现故障,则该站点的中继器将不能进行转发,相当于环在故障节点处断开,会导致整个网络都不能工作。

②诊断故障困难。某一节点故障会使整个网络都不能工作,但具体确定是哪一个节点出现故障非常困难,需要对每个节点进行检测。

(4)树状拓扑结构(见图5-6-6)

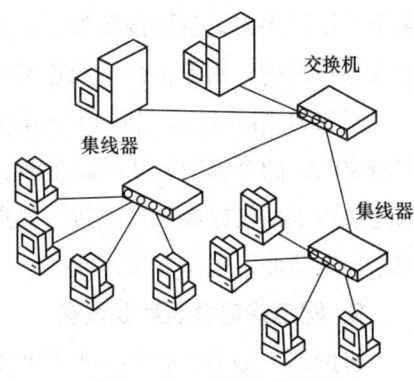

图 5-6-6　树状拓扑结构

树状拓扑结构由总线拓扑结构演变而来,形状像一棵倒置的树,其顶端有一个带有分支的根,每个分支还可延伸出若干子分支。

树状拓扑结构是一种分层结构,适用于分级管理和控制系统。这种拓扑结构与其他拓扑结构的主要区别在于其根节点的存在。当分支节点发送数据时,根节点先接收该信号,然后重新广播发送到全网。这种结构不需要中继器。与星形拓扑结构相比,树状拓扑结构的通信线路总长度较短,因此,成本低易推广,但其结构较星形拓扑结构更复杂。

树状拓扑结构具有以下优点。

1)易于扩展。从本质上看这种结构可以延伸出很多分支和子分支,因此新的节点和新的分支易于加入网络。

2)故障隔离容易。如果某个分支的节点或线路发生故障,则很容易将这条分支和整个系统隔离开来。

树状拓扑结构的缺点是对根节点的依赖性太大,如果根节点发生故障,则全网不能正常工作。

(5)混合型拓扑结构(见图5-6-7)

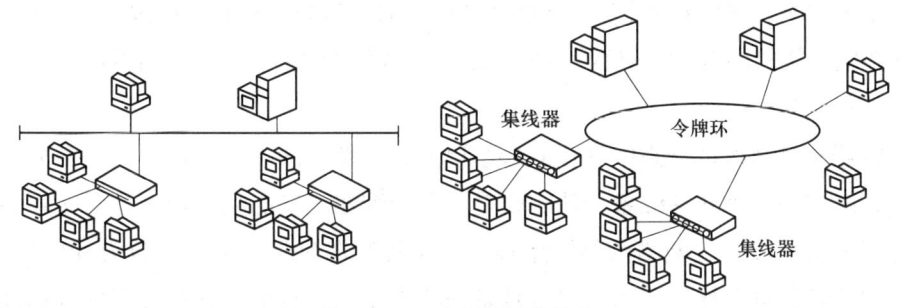

图 5-6-7　混合型拓扑结构

混合型拓扑结构比较常见的有星形/总线拓扑结构和星形环拓扑结构。

星形/总线拓扑结构综合了星形拓扑结构和总线拓扑结构的优点。它使用一条或多条总线将多组设备连接起来，而这些相连的每组设备自身又呈星形分布。对于星形/总线拓扑结构，用户很容易配置网络设备。

星形环拓扑结构集星形与环形两种拓扑结构的优点于一体。该结构主要用于 IEEE802.5[①]的令牌网。从电路上看，星形环拓扑结构和一般的环形拓扑结构完全相同，只是物理走线安排成星形连接。星形环拓扑结构的优点是故障诊断方便而且隔离容易，网络扩展简便，电缆安装方便。

9. 网络传输介质互联设备

将网络互联需要使用一些中间设备（或中间系统），在 ISO 术语中称为中继系统。根据中继系统所在的层次，可以分为以下 4 种中继系统类型：物理层中继系统，如中继器、集线器；数据链路层中继系统，如网桥、交换机；网络层中继系统，如路由器；在网络层以上的中继系统，如网关。

（1）中继器（见图 5-6-8）

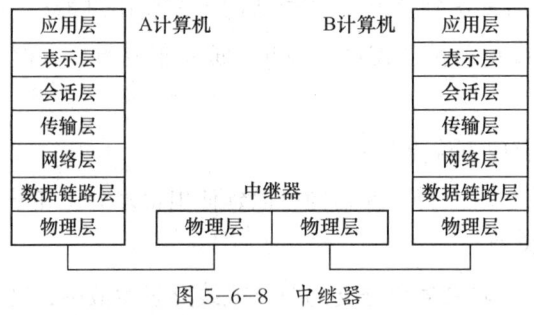

图 5-6-8　中继器

中继器是一种连接网络线路的装置，常用于在两个网络节点之间进行物理信号的双向转发。中继器是最简单的网络互联设备，主要用于完成物理层的功能，负责在两个节点的物理层上按位传递信息，完成信号的复制、调整和放大，以此来延长网络的长度。由于信号在线路上传输过程中，其功率会逐渐衰减，当信号衰减到一定程度时会造成信号失真，导致接收错误。设计中继器的目的就是解决这一问题。中继器在完成物理线路连接的同时，可对衰减的信号进行放大，保持其与原数据相同。

（2）集线器

集线器是对网络进行集中管理的最小单元，就像树的主干一样，它是各分支的汇集点。集线器是一个共享设备，其实质是一个中继器。它的主要功能是对接收到的信号进行再放大，以扩大网络的传输距离。由于集线器只是一个信号放大和中转设备，因此，它不具备自动寻址能力，即不具备交换作用。所有传输到集线器的数据都会被广播到与其相连的各个端口，容易导致数据堵塞。

---

① IEEE802.5 是指国际电气与电子工程师协会制定的令牌环 Token King 协议。

(3)网桥(见图 5-6-9)

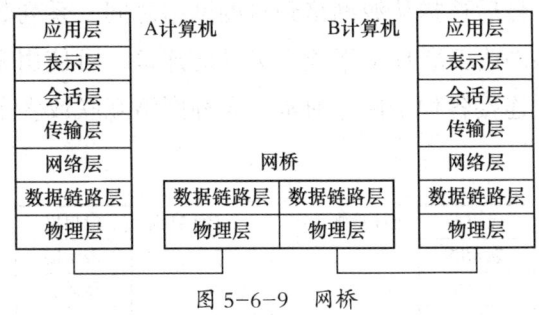

图 5-6-9 网桥

网桥是用于两个局域网之间建立连接的桥梁,其作用是扩展网络和通信手段,在各种传输介质中转发数据信号,延长网络距离,同时有选择地将有地址的信号从一个传输介质发送到另一个传输介质,从而有效限制两个介质系统中无关紧要的通信。例如,将分布在两层楼上的网络分成每层一个网络段,并用网桥连接。网桥还具有隔离作用,一个网络段上的故障不会影响另一个网络段,从而提高了网络的可靠性。

(4)交换机

交换机是一种具有简化、低价、高性能和高端口密集特点的交换产品,体现了桥接技术这种复杂交换技术在 OSI 网络协议体系结构参考模型第二层的操作。与网桥类似,交换机按每个包中的介质访问控制(medium access control,MAC)地址相对简单地做出信息转发决策,而这种信息转发决策一般不考虑包中是否隐藏更深层的其他信息。与网桥不同的是,交换机转发延迟很小,其操作性能接近单个局域网,远远超过了网桥之间的转发性能。交换机允许在共享型和专用型的局域网段间进行带宽调整,以减轻局域网之间信息流通的瓶颈问题。现在已有以太网、快速以太网、光纤分布式数据接口(fiber distributed data interface,FDDI)和异步传输模式(asynchronous transfer mode,ATM)技术的交换产品。与传统网桥类似,交换机提供了许多网络互联功能,能经济地将网络分成小的冲突网域,为每个工作站提供更高的带宽。协议的透明性使交换机在软件配置简单的情况下可直接安装在多协议网络中;交换机能使用现有的电缆、中继器、集线器和工作站的网络适配器,不必进行高层的硬件升级;交换机对工作站是透明的,因此,管理成本低,简化了网络节点的增加、移动和网络变化的操作。利用专门设计的集成电路,交换机能够以线路速率在所有端口并行转发信息,从而提供了比传统网桥高得多的操作性能。

交换机常用的 3 种交换技术是端口交换技术、帧交换技术和信元交换技术。

(5)路由器(见图 5-6-10)

路由器是工作在 OSI 网络协议体系结构参考模型的网络层设备,它用于连接多个逻辑上分开的网络。逻辑网络是指一个单独的网络或一个子网,当数据从一个子网传输到另一个子网时,路由器会检查网络地址,并决定数据是应在本网络中传输还是应传输至其他网络,最后选择从源网络到目的网络之间一系列数据链路中的最佳路由。路由器还能在多网络互联环境下建立灵活的连接,可使用完全不同的数据分组和传输介质访问方法连接各种子网。通常,异种网络互联或多个网络互联都需要采用路由器。

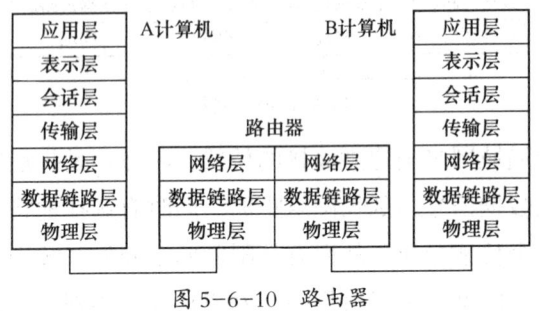

图 5-6-10 路由器

（6）网关

在计算机网络中,当连接不同类型且协议差别比较大的网络时,需要使用网关设备。网关又称协议转换器,可以支持不同协议之间的转换,实现不同协议网络之间的互联。网关的功能体现在 OSI 网络协议体系结构参考模型的高层,它将协议进行转换,将数据重新分组,以实现在两个不同类型的网络系统之间进行通信。由于协议转换比较复杂,网关通常只进行一对一转换或少数几种特定应用协议的转换,很难实现通用的协议转换。网关主要有三类：协议网关、应用网关和安全网关。

10. 构成局域网的组件

一个局域网（local area network，LAN）通常由四部分组成,分别是服务器、客户机、网络适配器和通信协议。在局域网中,所有的通信处理功能都由网络适配器来实现,这一点在物理上并不明显。有时为了扩展局域网的范围,还要引入路由器、网桥、网关和通信服务器等网络设备。

（1）服务器

服务器是网络系统的核心,为网络用户提供服务并管理整个网络。其上运行的操作系统是网络操作系统。随着局域网功能的不断增强,根据服务器在网络中所承担的任务和提供功能的不同,把服务器分为文件服务器、打印服务器和通信服务器。其中,文件服务器可将大量的磁盘存储区划分给网络上的合法用户,并接收客户端提出的数据处理和文件存取请求；打印服务器可接收客户机提出的打印要求,并及时完成相应的打印服务；通信服务器负责局域网与局域网之间的通信连接功能。在局域网中最常用的是文件服务器。在整个网络中,服务器的工作量通常是普通工作站的几倍甚至是几十倍。

（2）客户机

客户机又称工作站。当一台计算机连接到局域网上时，这台计算机就成为局域网的一个客户机。客户机与服务器不同，服务器旨在为网络上许多网络用户提供服务，共享资源，而客户机仅对操作该客户机的用户提供服务。客户机是用户和网络的接口设备，用户可以通过它与网络交换信息，共享网络资源。客户机通过网络适配器、传输介质以及通信设备连接到网络服务器。例如，有些称为无盘工作站的计算机，没有磁盘驱动器，这样的客户机必须依赖局域网来获得文件。客户机只是一个接入网络的设备，它的接入和离开对网络影响不大。与服务器不同，客户机的失效不会造成网络功能无法使用，也不会对正在使用这个功能的网络造成影响。现在的客户机多为具有一定处理能力的个人计算机。

（3）网络适配器

网络适配器是构成计算机局域网系统的最基本、最重要和必不可少的连接设备，计算机主要通过它接入局域网。网络适配器除了起到物理接口作用外，还有控制数据传输的功能。网络适配器一方面负责接收网络上传输来的数据包，解包后将数据通过主板上的总线再传输给本地计算机；另一方面它也将本地计算机上的数据打包后送入网络。

（4）通信协议

通信协议是指为了完成两个计算机系统之间的数据交换而必须遵守的一系列规则和约定。在局域网中，常用的通信协议有：NetBEUI（扩展用户接口）协议、互联网分组交换（internetwork packet exchange，IPX）/序列分组交换（sequenced packet exchange，SPX）协议和TCP/IP。

在当今Internet环境中，TCP/IP已经得到了广泛应用，计算机要连接互联网，或局域网要使用Internet技术，就必须安装TCP/IP。TCP/IP已经成为目前网络协议的代名词。

11. 网络IP地址

每个TCP/IP主机通过一个合理的IP地址进行识别。这个地址对于使用TCP/IP通信的每台主机来说是唯一的，如同使用路牌号定位某幢房子，在网络上使用IP地址来定位某台主机。

二、现场总线技术

现场总线技术是一种工业现场层网络通信技术，用于实现现场级控制设备数字化通信。现场总线技术可使用一条通信电缆连接现场设备（智能化、带有通信接口），并用数字化通信代替DC 24 V/4～20 mA信号，从而实现现场设备的控制、监测、远程参数化等功能。

目前，公认的现场总线技术概念如下：现场总线是安装在生产过程区域的现场设备/仪表与控制室内的自动控制装置/系统之间的一种串行、数字式、多点通信的数据总线，用于实现相互交换信息，共同完成自动控制功能的网络与控制系统。

1. 基金会现场总线

基金会现场总线（foundation fieldbus，FF）是在过程自动化领域得到广泛支持并具有良好发展前景的技术。它以 OSI 网络协议体系结构参考模型为基础，取其物理层、数据链路层、应用层作为 FF 通信模型的相应层次，并在应用层上增加了用户层。

FF 有低速 H1 和高速 H2 两种传输速率。H1 的传输速率为 3 125 Kb/s，通信距离可达 1 900 m（可加中继器延长），支持总线供电，适用于本质安全防爆环境。H2 的传输速率为 1 Mb/s 和 2.5 Mb/s 两种，其通信距离为 750 m 和 500 m。物理传输介质可采用双绞线、光缆和无线发射，其协议符合 IEC1158-2 标准。其物理介质的传输信号采用曼彻斯特编码，每位发送数据的中心位置均有正跳变或负跳变。正跳变代表"0"，负跳变代表"1"，从而使串行数据位流中具有足够的定位信息，以保持发送双方的时间同步。接收方既可根据跳变的极性来判断数据的"1""0"状态，也可根据数据的中心位置进行精确定位。

2. LonWorks 现场总线

LonWorks 是一种具有强劲实力的现场总线技术，它采用了 OSI 网络协议体系结构参考模型的全部七层通信协议，并运用面向对象的设计方法，通过网络变量将网络通信设计简化为参数设置。其传输速率为 300 b/s～15 Mb/s，直接通信距离可达 2 700 m（通信速率为 78 Kb/s，使用双绞线）。此外，它也支持多种传输介质，包括双绞线、同轴电缆、光纤、射频、红外线、电源线等。

LonWorks 技术所采用的 LonTalk 协议封装在一个称为 Neuron 的集成芯片中。该集成芯片中有 3 个 8 位 CPU：第一个用于完成 OSI 网络协议体系结构参考模型中第 1 层和第 2 层的功能，称为媒体访问控制处理器，可实现介质访问的控制与处理；第二个用于完成第 3～第 6 层的功能，称为网络处理器，可进行网络变量的寻址、处理、背景诊断、函数路径选择、软件计量、网络管理，并负责网络通信的控制和收发数据包等；第三个是应用处理器，执行操作系统服务和用户代码。集成芯片中还具有存储信息缓冲区，以实现 CPU 之间的信息传递，同时可作为网络缓冲区和应用缓冲区。

3. PROFIBUS 现场总线

PROFIBUS 是作为德国国家标准 DIN 19245 和欧洲标准 EN 50170 的现场总线，其设计也参考了 OSI 网络协议体系结构参考模型。PROFIBUS 系列由 PROFIBUS-DP、

PROFIBUS-FMS、PROFIBUS-PA 组成。它采用了 OSI 网络协议体系结构参考模型的物理层和数据链路层，这两部分形成了其标准第一部分的子集，DP 型隐去了第 3 到第 7 层，而增加了直接数据连接拟合作为用户接口，FMS 型只隐去了第 3 到第 6 层，采用了应用层作为标准的第二部分。

PROFIBUS 支持主-从系统、纯主站系统、多主多从混合系统等多种传输方式。主站具有对总线的控制权，可主动发送信息。在多主站系统中，主站之间采用令牌方式传递信息，得到令牌的站点可在一个事先规定的时间内拥有总线控制权，因此，应事先规定好令牌在各主站中循环一周的最长时间。按 PROFIBUS 的通信规范，令牌在主站之间应按地址编号顺序，沿上行方向进行传递。主站在得到控制权时，可以按主-从方式，向从站发送或索取信息，实现点对点通信。主站可选择对所有站点广播（不要求应答），或有选择地向一组站点广播。PROFIBUS 的传输速率为 9.6～12 Mb/s，最大传输距离在传输速率为 9.6～187.5 Kb/s 时为 1 000 m，500 Kb/s 时为 400 m，1 500 Kb/s 时为 200 m，3 000～12 000 Kb/s 时为 100 m，可用中继器延长至 10 km。其传输介质可以是双绞线，也可以是光缆，最多可挂接 127 个站点。

4. CAN 现场总线

控制器局域网（controller area network，CAN）最早由德国 BOSCH 公司推出，用于汽车内部测量与执行部件之间的数据通信。其总线规范现已被 ISO 制定为国际标准，得到了 MOTOROLA、INTEL、PHILIPS、SIEMENS、NEC 等公司的支持，已广泛应用于离散控制领域。CAN 协议建立在 OSI 网络协议体系结构参考模型基础上，但其模型结构只有 3 层，只取 OSI 底层的物理层、数据链路层和顶层的应用层。其信号传输介质为双绞线，传输速率最高可达 1 Mb/s（此时距离最长为 40 m），直接传输距离最远可达 10 km（速率为 5 Kb/s 以下），可连接设备最多可达 110 个。

5. HART 现场总线

可寻址远程传感高速通道（highway addressable remote transducer，HART）最初由美国 Rosemount 公司开发，并得到 80 多家著名仪表公司的支持。1993 年，HART 通信基金会成立。HART 现场总线可在现有模拟信号传输线上实现数字通信，是模拟系统向数字系统转变过程中工业过程控制的过渡性产品。

HART 通信模型由 3 层组成，即物理层、数据链路层和应用层。物理层采用频移键控（frequency-shift keying，FSK）技术在 4～20 mA 的模拟信号上叠加一个频率信号，该频率信号采用 Bell202 国际标准，数据传输速率为 1 200 b/s，逻辑"0"的信号频率为 2 200 Hz，逻辑"1"的信号频率为 1 200 Hz。数据链路层按照 HART 通信协议规则建立 HART 信息格式。其信息构成包括开头码、显示终端与现场设备地址、字节数、现场设备状态与通信状态、数据以及奇偶校验位等；其数据字节结构为 1 个起始位、8个数据位、1个奇偶校验位和1个终止位。应用层用于实现HART指令，即将通信状态转换成相应的信息。

6. RS-485

尽管RS-485不能称为现场总线，但是作为现场总线的"鼻祖"，仍有许多设备继续沿用这种通信协议。采用RS-485通信协议的设备具有结构简单、成本低等优势，仍有一定的生命力。以RS-485为基础的OPTO-22命令集等也在许多系统中得到了广泛应用。

第六章 变频调速系统

第一节 变频器简介

一、概述

电力电子器件的自关断化、模块化，变流电路开关模式的高频化和控制手段的全数字化共同促进了变频电源装置的小型化、多功能化、高性能化。特别是控制手段的全数字化，随着计算机信息处理功能的不断强大，相应软件功能也在不断强化，这使变频装置的灵活性和适应性得到持续提升。目前中小容量（600 kV·A 以下）的一般用途变频器已经实现了通用化。采用大功率自关断开关器件（GTO[①]、BJT[②]、IGBT）作为主开关器件的正弦脉冲宽度调制（sinusoidal pulse width modulation，SPWM）变频器已经成为通用变频器的主流。

1. 变频器的发展

20 世纪 80 年代初，变频器开始实现商品化，并在接下来近 20 年的时间内，经历了由模拟控制到全数字控制，从采用 BJT 到采用 IGBT 两个重大进展过程。其发展情况可粗略地从以下几个方面来说明。

（1）容量不断扩大

20 世纪 80 年代初，使用 BJT 的 PWM 变频器开始实现通用化。20 世纪 90 年代

[①] GTO 是指门极关断晶闸管（gate turn-off thyristor）。

[②] BJT 是指双极性结型晶体管（bipolar junction transistor）。

初，BJT 通用变频器的容量已达到 600 kV·A，400 kV·A 以下的产品已经实现了系列化。20 世纪 90 年代中期主开关器件开始使用 IGBT，仅三四年的时间，IGBT 变频器的单机容量已达 1 800 kV·A。随着 IGBT 容量的扩大，通用变频器的容量也随之增加。

（2）结构的小型化

变频器主电路中功率电路的模块化，控制电路采用大规模集成电路和全数字控制技术，结构设计上采用"平面安装技术"，这一系列措施促进了变频电源装置的小型化。

（3）多功能化和高性能化

电力电子器件和控制技术的不断进步，促使变频器向多功能化和高性能化发展。特别是计算机的应用，其精练的硬件结构和丰富的软件功能，为变频器的多功能化和高性能化提供了可靠保证。

（4）应用领域不断扩大

通用变频器经历了从模拟控制、数模混合控制到全数字控制的演变，逐步实现了多功能化和高性能化，促使其对各类生产机械、各类生产工艺的适应性不断增强。

2. 变频器的技术动向

近年来采用变频器的调速传动技术取得了显著进步，从其发展动向看，大致有如下几个方面。

（1）IGBT 的应用

近几年 IGBT 的应用正在迅速推进，其显著特点是开关频率高，驱动电路简单。IGBT 用于通用变频器时有以下明显的效果。

1）由于载波频率的提高，负载电动机的噪声明显减小，实现了低噪声传动。

2）载波频率的提高使电动机的电流波形更加趋近于正弦波，从而减少了电动机的转矩脉动和损耗。

3）由于 IGBT 为电压驱动型，因而简化了驱动回路，整个装置更加紧凑，提高了可靠性，降低了成本。

（2）网侧变流器的 PWM 控制

目前市场中绝大多数通用变频器的网侧变流器都采用不可控的二极管整流器。虽然这种设计控制简单且成本较低，但也存在一些缺点，例如，网侧电流波形严重畸变，影响电网的功率因数；谐波损耗大；电动机制动时的再生能量无法回馈电网等。

现已开发出一种新型的采用 PWM 控制方式的自换相变流器，并已成功地作为变频器中的网侧变流器投入使用。其特点是直流输出电压连续可调，电流波形基本上为正弦，功率因数可保持为 1，并且能量可以双向流动。

（3）矢量控制变频器的通用化

在造纸、轧钢等需要高精度、快响应的应用领域中，一般的通用变频器已经无法胜任，通常要采用矢量控制方案。但是矢量控制往往需要速度传感器，其运算复杂，调整麻烦，对电动机的参数依赖性较大。目前，国外正在努力使矢量控制变频器实现通用性。因此，对无速度传感器矢量控制系统的理论研究和实用化的开发，代表着一个新的技术发展方向。

二、变频器的简单原理

在交流异步电动机的诸多调速方法中，变频调速方法具有性能最佳，调速范围大，静态稳定性好，运行效率高的优点。采用通用变频器对笼型异步电动机进行调速控制，由于其使用方便、可靠性高且经济效益显著，因此，正在得到逐步推广。

1. 变频调速的基本控制方式

对交流异步电动机进行调速控制时，希望电动机的主磁通量保持额定值不变。磁通太弱会导致铁芯利用不充分，在同样的转子电流和电磁转矩下，电动机的负载能力会下降；磁通太强则会使电动机处于过励磁状态，导致励磁电流过大，从而限制定子电流的负载分量，此时为防止电动机过热，负载能力也会下降。异步电动机的每极磁通量是由定子和转子的合成磁动势产生的。下面说明如何使每极磁通量保持恒定。

由电动机理论可知，三相交流异步电动机定子每相电动势的有效值为

$$E_1 = 4.44 f_1 N_1 \Phi_m \quad (6-1-1)$$

式中 E_1——定子每相由每极磁通量所产生的感应电动势的方均根值，V；

f_1——定子频率，Hz；

N_1——定子相绕组有效匝数；

Φ_m——每极磁通量，Wb。

由上式可见，Φ_m 的值是由 E_1 和 f_1 共同决定的，对 E_1 和 f_1 进行适当的控制，就可以使每极磁通量 Φ_m 保持额定值不变。下面分两种情况进行说明。

（1）基频以下的恒磁通量变频调速

从基频向下调速时，为了保持电动机的负载能力，应保持每极磁通量 Φ_m 不变，这就要求在降低供电频率的同时降低感应电动势，保持 E_1/f_1 为常数，即控制电动势与频率之比为常数。这种控制又称恒磁通量变频调速，属于恒转矩调速方式。

但是，E_1 的直接检测和直接控制较为困难。当 E_1 和 f_1 的值较高时，定子的漏阻抗压降相对较小，若忽略不计，则可以近似保持定子相电压 U_1 和定子频率 f_1 的比值为常数，即认为 $U_1 = E_1$，此时保持 U_1/f_1 为常数即可。这就是恒压频比控制方式，是一种近似的恒磁通量控制方式。

当频率较低时，U_1 和 E_1 都变小，定子漏阻抗压降不能再忽略。这种情况下，可以人为地适当提高定子电压以补偿定子电阻器压降的影响，使每极磁通量基本保持不变。

（2）基频以上的弱磁变频调速

从基频向上调速时，频率从额定值 f_{1N} 开始上升，但电压 U_1 受额定电压 U_{1N} 的限

制不能再升高，只能保持 $U_1=U_{1N}$ 不变。这必然会导致每极磁通量 Φ_m 随着 f_1 的上升而减小，相当于直流电动机弱磁调速，属于近似的恒功率调速方式。

由上面的分析可知，异步电动机的变频调速必须遵循一定的规律，同时改变其电压和频率，即必须通过变频装置获得电压、频率均可调节的供电电源，实现变频调速（variable voltage and variable frequency，VVVF）控制。

2. 变频器的基本构成

变频器分为交—交和交—直—交两种形式。交—交变频器可将工频交流电直接转换成频率和电压均可控制的交流电，又称直接式变频器。而交—直—交变频器则是先通过整流器将工频交流电变成直流电，再将直流电转换成频率和电压均可控制的交流电，又称间接式变频器。本节的目的是研究通用变频器，因此主要研究交—直—交变频器（以下简称变频器）。

变频器的基本构成如图 6-1-1 所示，它由主电路（包括整流器、中间直流环节、逆变器）和控制电路组成。

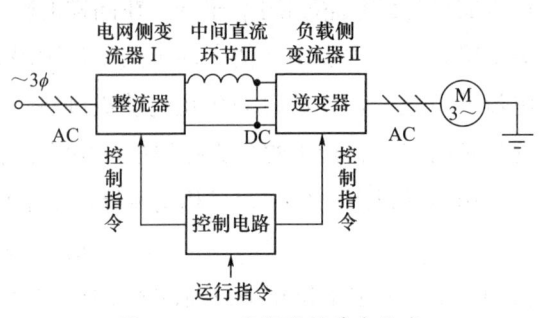

图 6-1-1 变频器的基本构成

（1）整流器

电网侧变流器Ⅰ为整流器，其作用是将三相交流电整流成直流电。

（2）逆变器

负载侧变流器Ⅱ为逆变器，其最常见的结构型式是由 6 个半导体主开关器件组成的三相桥式逆变电路。通过有规律地控制逆变器中主开关器件的通与断，可以得到任意频率的三相交流电输出。

（3）中间直流环节Ⅲ

由于逆变器的负载为异步电动机，属于感性负载，因此，无论电动机处于电动状态还是发电制动状态，其功率因数都不会为 1。所以，在中间直流环节和电动机之间总会有无功功率的交换。这种无功能量需要中间直流环节的储能元件（电容器或电抗器）来缓冲，因此中间直流环节Ⅲ又称中间直流储能环节。

（4）控制电路

控制电路通常由运算电路、检测电路、控制信号的输入输出电路和驱动电路等构成，其主要任务是实现对逆变器的开关控制、对整流器的电压控制以及完成各种保护功能等。控制电路的控制方法可以采用模拟控制或数字控制。高性能的变频器目前已经采用计算机进行全数字控制，尽可能采用简单的硬件电路，主要依靠软件来完成各种功能。由于软件的灵活性，数字控制方式通常可以完成模拟控制方式难以实现的功能。

（5）关于变流器名称的说明

对于交—直—交变频器，在不涉及能量传递方向的改变时，通常简明地将变流器Ⅰ

称为整流器，将变流器Ⅱ称为逆变器，而把图 6-1-1 中的Ⅰ、Ⅱ、Ⅲ合称为变频器。实际上，对于再生能量回馈型变频器，Ⅰ和Ⅱ两个变流器均可能有两种工作状态，即整流状态和逆变状态。当讨论中涉及变流器工作状态转变时，变频器Ⅰ和Ⅱ不再简称整流器和逆变器，而称为电网侧变流器和负载侧变流器。

三、变频器的分类

这里主要将变频器按不同角度进行如下分类。

1. 按直流电源的性质分类

当逆变器输出侧的负载为交流电动机时，在负载和直流电源之间将有无功功率的交换。用于缓冲无功功率的中间直流环节的储能元件可以是电容器或者电感器，据此，变频器可分成电流型变频器和电压型变频器两大类。

（1）电流型变频器

电流型变频器主电路的典型结构如图 6-1-2 所示。其特点是中间直流环节采用具有大电感的电感器作为储能环节，无功功率由该电感器来缓冲。由于电感器的作用，直流电流 I_d 趋于平稳，电动机的电流波形为方波或阶梯波，电压波形接近于正弦波。直流电源的内阻较大，近似于电流源，故称为电流源型变频器或电流型变频器。在这种电流型变频器的逆变器中，晶闸管每周期内工作 120°，属 120° 导电型。

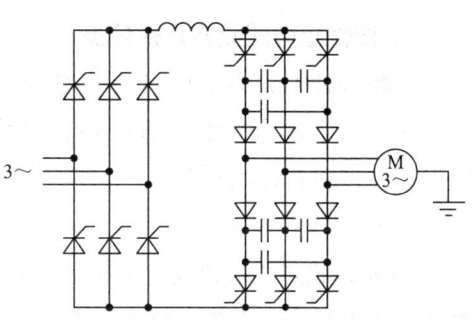

图 6-1-2 电流型变频器主电路的典型结构

电流型变频器的一个较突出的优点是当电动机处于再生发电状态时，回馈到直流侧的再生电能可以方便地回馈到交流电网，而不需要在主电路内附加任何设备，只需利用电网侧的不可逆变流器改变其输出电压极性（控制角 $\alpha>90°$）即可。

（2）电压型变频器

电压型变频器一种典型的主电路结构型式如图 6-1-3 所示，其中用于逆变器晶闸管的换相电路未画出。逆变器的每个导电臂均由一个可控开关器件和一个不可控器件（二极管）反并联组成。晶闸管 $VT_1 \sim VT_6$ 称为主开关器件，$VD_1 \sim VD_6$ 称为回馈二极管。

这种变频器大多数情况下采用 6 脉波运行方式，晶闸管在一个周期内导通 180°，属于 180° 导电型。该电路的特点是中间直流环节的储能元件采用具有大电容的电容器，用于缓冲负载的无功功率。由于大电容的作用，主电路直流电压 E_d 比较稳定，电动机端的电压为方波或阶梯波，直流电源内阻较小，相当于电压源，故称为电压源变频器或电压型变频器。

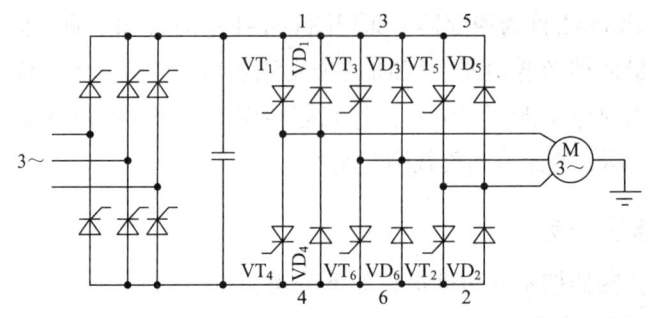

图 6-1-3 电压型变频器主电路的典型结构

对负载电动机而言,变频器是一个交流电压源,在不超过容量限度的情况下,可以驱动多台电动机并联运行,具有不需选择负载的通用性。

电压型变频器的缺点是当电动机处于再生发电状态时,回馈到直流侧的无功功率难以回馈给交流电网。要实现这部分能量向电网的回馈,必须采用可逆变流器。

2. 按输出电压调节方式分类

变频调速时,需要同时调节逆变器的输出电压和频率,以确保电动机主磁通量的恒定。对输出电压的调节主要有两种方式:脉幅调制(pulse amplitude modulation,PAM)方式和PWM方式。

(1) PAM 方式

PAM 方式是通过改变直流电压的幅值进行调压的方式。在变频器中,逆变器只负责调节输出频率,而输出电压的调节则由相控整流器或直流斩波器通过调节直流电压 E_d 去实现。

(2) PWM 方式

PWM 方式是在变频器中采用不可控的二极管整流电路作为整流器的方式,变频器的输出频率和输出电压的调节均由逆变器按 PWM 方式来完成。

3. 按控制方式分类

(1) U/f 控制

U/f 控制方式又称 VVVF 控制方式,其简化的原理如图 6-1-4 所示。

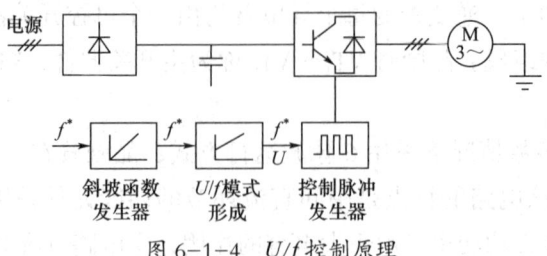

图 6-1-4 U/f 控制原理

主电路中的逆变器采用 BJT,用 PWM 方式进行控制。逆变器的控制脉冲发生器同时受控于频率指令 f^* 和电压指令 U,而 f^* 与 U 之间的关系是由 U/f 曲线发生器决定的。这样经 PWM 控制之后,变频器的输出频率 f、输出电压 U 之间的关系即为 U/f 曲线发生器所确定的关系。

U/f 控制是转速开环控制方式,不需要速度传感器,因此控制电路简单。其负载可以是通用标准异步电动机,因此通用性强,经济性好,是目前通用变频器产品中使用较多的一种控制方式。

（2）转差频率控制

在没有任何附加措施,并使用 U/f 控制方式的情况下,负载的变化会导致转速的变化,且转速的变化量与转差率成正比。由于 U/f 控制的静态调整精度较差,为提高调速精度,可采用转差频率控制方式。

根据速度传感器的检测,可以计算出转差频率 Δf,再将其与速度设定值 f^* 相叠加,以该叠加值作为逆变器的频率设定值 f_1^*,从而实现转差补偿。这种实现转差补偿的闭环控制方式称为转差频率控制方式。与 U/f 控制方式相比,其调速精度大为提高。但是,使用速度传感器求取转差频率时,需要针对具体电动机的机械特性调整控制参数,这就导致这种控制方式的通用性较差。

转差频率控制方式的原理如图 6-1-5 所示。假设转速的频率设定值为 f^*,则经转差补偿后定子频率的实际设定值为 $f_1^*=f^*+\Delta f$。

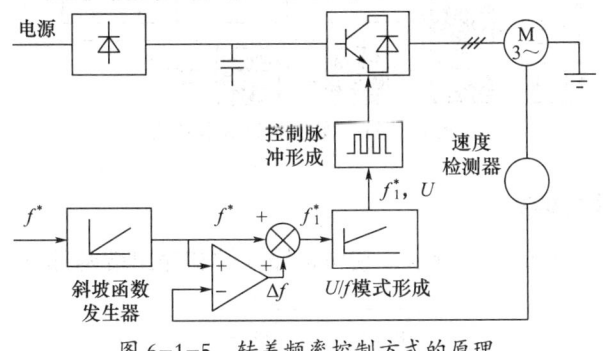

图 6-1-5 转差频率控制方式的原理

（3）矢量控制

上述 U/f 控制方式和转差频率控制方式的控制思想都建立在异步电动机的静态数学模型基础上,因此动态性能指标不高。

采用矢量控制方式的主要目的是提高变频调速的动态性能。根据交流电动机的动态数学模型,利用坐标变换的手段,将交流电动机的定子电流分解成磁场分量电流和转矩分量电流,并分别加以控制。这种方法模仿了自然解耦的直流电动机控制方式,对电动机的磁场和转矩分别进行控制,从而获得类似于直流调速系统的动态性能。

4. 按主开关器件分类

逆变器主开关器件的性能往往对变频器装置的性能有较关键的影响。按主开关器件分,变频器主要分为 IGBT 变频器、SCR 变频器、GTO 变频器和 BJT 变频器四类。

第二节 通用变频器的基本结构

一、通用变频器的外形结构

变频器是一种把电压和频率固定的交流电转换为电压和频率可调的交流电的变换器,变频器的基本结构如图 6-2-1 所示。

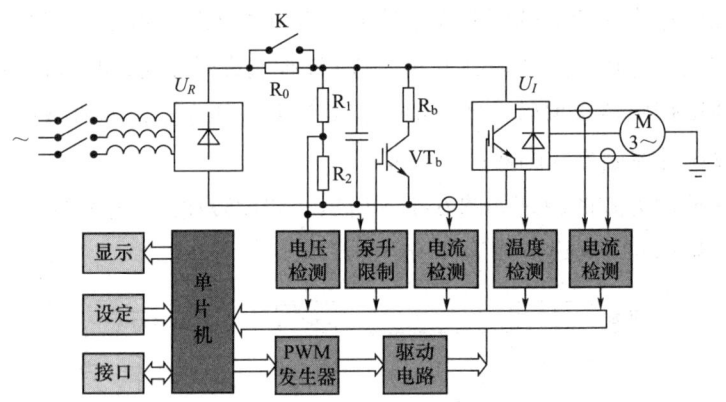

图 6-2-1 变频器的基本结构

二、主电路接线端

主电路接线端如图 6-2-2 所示,它包括输入端和输出端两部分。

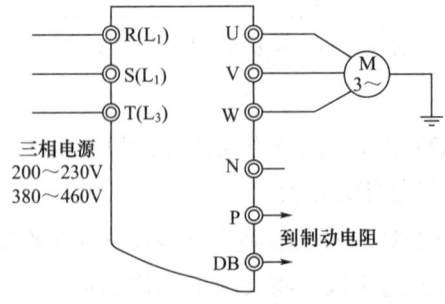

图 6-2-2 主电路接线端

1. 输入端

工频电网的输入端为 R、S、T,有的标志为 L_1、L_2、L_3。

2. 输出端

输出端为 U、V、W,即变频器用于连接电动机的端点。

三、控制端子

控制端子包括外部信号控制变频器的端子、变频器工作状态指示端子以及变频器与计算机或其他变频器的通信接口，如图 6-2-3 所示。

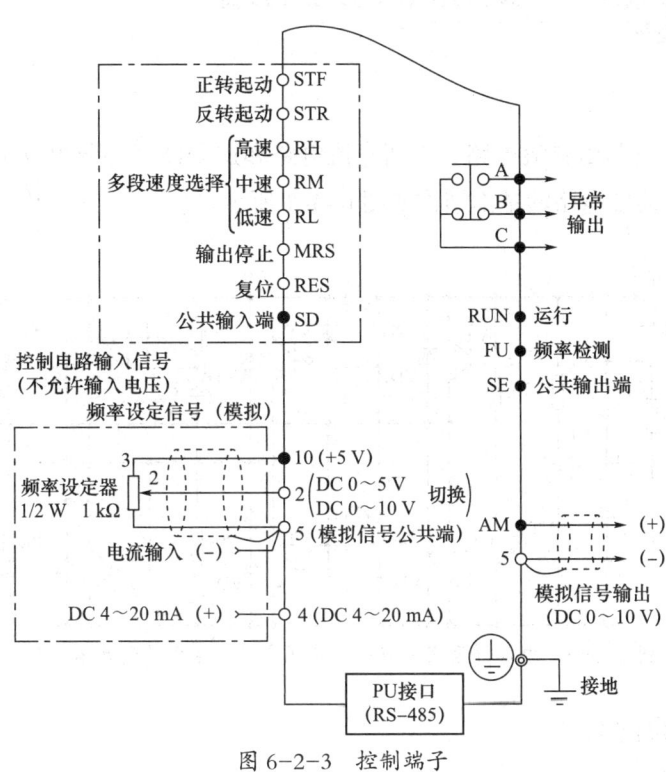

图 6-2-3 控制端子

四、操作面板

操作面板包括液晶显示屏和键盘，如图 6-2-4 所示。

图 6-2-4 控制面板

第三节 变频器的主电路

变频器的主电路由整流电路、中间直流电路和逆变器三部分组成。电压源型交—直—交变压变频器主电路的基本结构如图 6-3-1 所示。

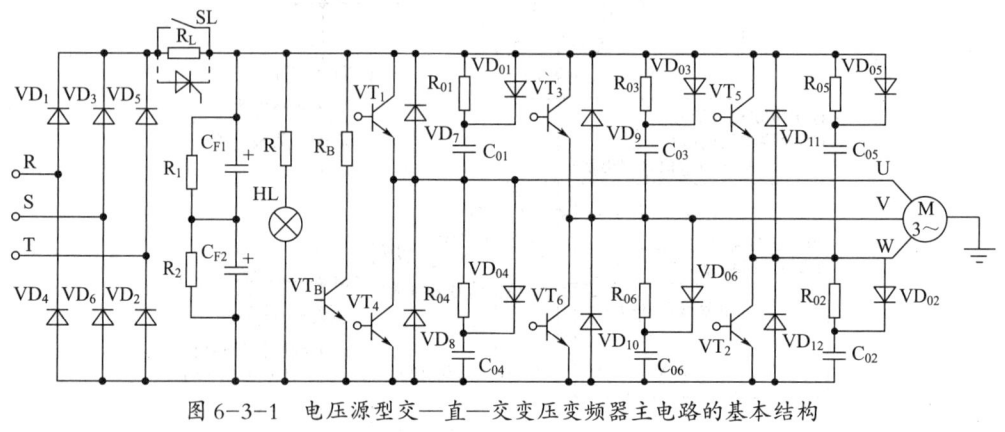

图 6-3-1 电压源型交—直—交变压变频器主电路的基本结构

一、交—直部分

1. 整流电路

整流电路是由 $VD_1 \sim VD_6$ 组成三相不可控整流桥,再将电源的三相交流电全波整流成直流电。整流电路因变频器输出功率大小的不同而不同。对于小功率变频器多用单相 220 V 输入电源,整流电路为单相全波整流电桥;对于大功率变频器一般采用三相 380 V 输入电源,整流电路为三相桥式全波整流电路。设电源的线电压为 U_L,那么三相全波整流后平均直流电压 U_D 的大小为 $1.35U_L$。当三相电源为 380 V 时,整流后的平均直流电压是 513 V。

2. 滤波电容器 C_F

整流电路输出的整流电压是脉动的直流电压,必须经过滤波处理。滤波电容器 C_F(如图 6-3-1 中的 C_{F1} 和 C_{F2})的作用不仅是滤除整流后的电压波纹,还在整流电路与逆变器之间起去耦作用,以消除相互干扰,这就给作为感性负载的电动机提供了必要的无功功率。此外,滤波电容器还可以起到储能作用,所以又称储能电容器。

3. 限流电阻器 R_L 与开关 SL

由于储能电容器的电容量较大,加之在接入电源时电容器两端的电压为零,因此当变频器接通电源的瞬间，滤波电容器 C_F 的充电电流会很大。过大的冲击电流可能损坏三相整流桥。为了保护整流桥，在变频器刚接通电源的一段时间内，可在电路中串入限流电阻器 R_L 以限制电容器的充电电流。当滤波电容器 C_F 充电到一定程度时，令 SL 接通，将 R_L 短接。在某些变频器中，SL 用晶闸管代替，如图 6-3-1 中虚线所示。

4. 电源指示 HL

HL 除了指示电源是否接通外，还有一个功能，即变频器切断电源后，显示滤波电容器 C_F 上的电荷是否已经释放完毕。

二、直—交部分

1. 逆变管 $VT_1 \sim VT_6$

$VT_1 \sim VT_6$ 组成逆变桥，将 $VD_1 \sim VD_6$ 整流后的直流电"逆变"成频率和幅值都可调的交流电。这是变频器实现变频的执行环节，也是变频器的核心环节。常用的逆变管有 IGBT、电力晶体管（giant transistor，GTR）、GTO、MOSFET、集成门极换流晶闸管（integrated gate-commutated thyristor，IGCT）等。

2. 续流二极管 $VD_7 \sim VD_{12}$

续流二极管 $VD_7 \sim VD_{12}$ 的主要功能如下。

（1）电动机的绕组是感性的，其电流具有无功分量。续流二极管 $VD_7 \sim VD_{12}$ 为无功分量返回直流电源提供"通道"。

（2）当频率下降、电动机处于再生制动状态时，再生电流将通过续流二极管 $VD_7 \sim VD_{12}$ 返回直流电源。

（3）$VT_1 \sim VT_6$ 进行逆变时同一桥臂的两个逆变管处于不停交替导通和截止的状态，在交替导通和截止的换相过程中，需要续流二极管 $VD_7 \sim VD_{12}$ 提供通道。

3. 缓冲电路

变频器的型号不同，其缓冲电路的结构也不尽相同。图 6-3-1 是比较典型的一种，其功能如下。

逆变管 $VT_1 \sim VT_6$ 由导通状态切换成截止状态的关断瞬间，集电极和发射极间的电压 U_{CE} 由近似为 0 V 迅速上升至直流电压值 U_D。这种过高的电压增长率会损坏逆变管，因此，$C_{01} \sim C_{06}$ 的功能就是降低 $VT_1 \sim VT_6$ 在关断时的电压增长率。$VT_1 \sim VT_6$ 由截止状态切换成导通状态的接通瞬间，$C_{01} \sim C_{06}$ 上所充的电压会向 $VT_1 \sim VT_6$ 放电。此放电电流的初始值很大，并且会叠加到负载电流上，导致 $VT_1 \sim VT_6$ 的损坏。因此，$R_{01} \sim R_{06}$ 的功能是限制逆变管在接通 $C_{01} \sim C_{06}$ 瞬间的放电电流。

而 $R_{01} \sim R_{06}$ 的接入，又会影响 $C_{01} \sim C_{06}$ 在 $VT_1 \sim VT_6$ 关断时降低电压增长率的效果。$VD_{01} \sim VD_{06}$ 接入后，在 $VT_1 \sim VT_6$ 的关断过程中，使 $R_{01} \sim R_{06}$ 不起作用；而在

$VT_1 \sim VT_6$ 的接通过程中，又迫使 $C_{01} \sim C_{06}$ 的放电电流流经 $R_{01} \sim R_{06}$。

三、制动电阻器和制动单元

1. 制动电阻器 R_B

电动机在工作频率下降过程中，异步电动机的转子转速将超过此时的同步转速，处于再生制动状态，拖动系统的动能会反馈到直流电路中，使直流电压 U_D 不断上升。如果电压太高，则会对变频器的元器件造成危害。因此，必须将再生到直流电路的能量消耗掉，使 U_L 保持在允许范围内。制动电阻器 R_B 就是用于消耗这部分能量的。

2. 制动单元 VT_B

制动单元 VT_B 由 GTR 及驱动电路构成，其功能是控制流经 R_B 的放电电流 I_B。

第四节 通用变频器的控制电路原理

一、U/f 控制通用变频器

1. 普通型 U/f 控制通用变频器

（1）主要特点

普通型 U/f 控制通用变频器的优点包括转速开环控制、无速度传感器、控制电路简单、使用通用标准异步电动机、通用性强、性价比高。

普通型 U/f 控制通用变频器的缺点如下。

1）不能准确地调整电动机的转矩补偿和适应转矩的变化。

2）不能准确地控制电动机的实际转速。

3）转速极低时，由于转矩不足，电动机无法克服较大的静摩擦力。

（2）接线原理

日本三垦公司生产的 SANKENSVF 系列变频器是一种典型的普通型 U/f 控制通用变频器，它的控制电路与外围电路的接线如图 6-4-1 所示。

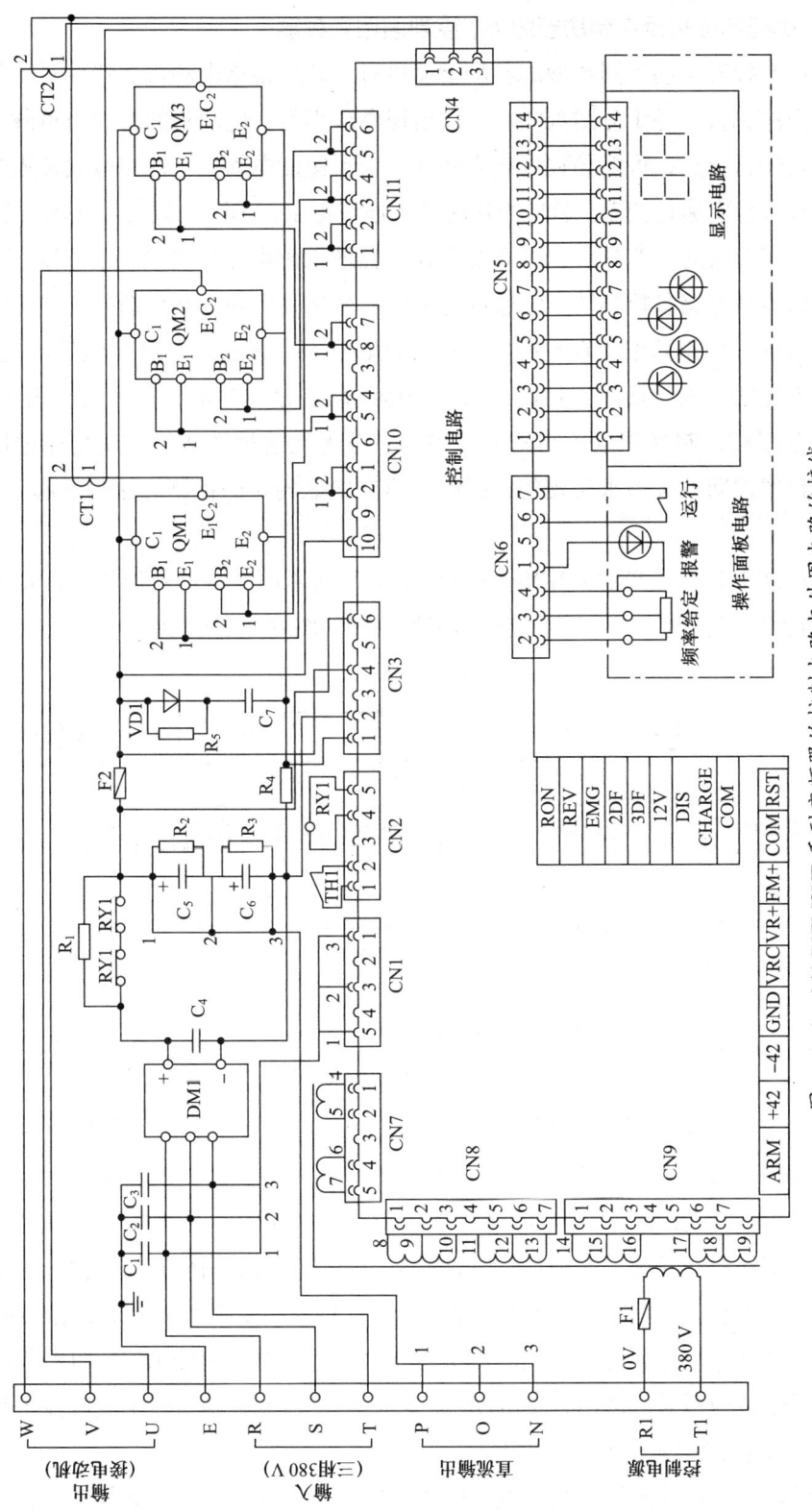

图 6-4-1 SANKEN SVF 系列变频器的控制电路与外围电路的接线

2. 具有电磁转矩控制功能的 U/f 控制通用变频器

通用变频器驱动不同类型的异步电动机时，若想根据电动机的特性对压频比的值进行恰当的调整，是十分困难的。一旦出现电压不足，电动机的特性与负载特性就会失去稳定运行交点，可能导致过载或跳闸。为了保证电动机特性在最大转矩范围与负载特性都有稳定运行交点，就应当让转子磁通量恒定，不随负载发生变化。普通型 U/f 控制通用变频器的 SPWM 控制主要是使逆变器的输出电压尽量接近正弦波，在控制上没有考虑负载电路参数对转子磁通量的影响。如果采用磁通量反馈控制，让异步电动机所输入的三相正弦电流在空间产生圆形旋转磁场，那么就会产生恒定的电磁转矩。这种控制方法称为磁链跟踪控制。由于磁链的轨迹是通过电压空间矢量相加得到的，所以磁链跟踪控制又称电压空间矢量控制。考虑到这种功能的实现是通过控制定子电压和频率之间的关系来实现的，因此，恒定电磁转矩的控制方法仍然属于 U/f 控制方式。

日本富士公司生产的 FRENIC 5000G7/P7 系列通用变频器就使用了恒定电磁转矩控制功能的 U/f 控制方式，其控制电路工作原理如图 6-4-2 所示。

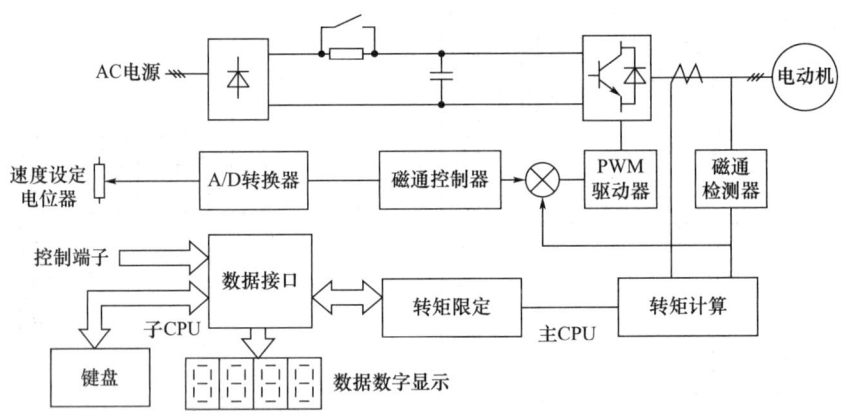

图 6-4-2 FRENIC 5000G7/P7 系列通用变频器的控制电路工作原理

采用这种控制方式，可以使电动机在极低的速度下转矩过载能力达到或超过 150%；频率设定范围可达到 1:30；电动机静态机械特性的硬度高于在工频电网上运行时自然机械特性的硬度。在动态性能要求不高的情况下，这种通用变频器甚至可以替代某些闭环控制系统。这种具有电磁转矩控制功能的通用变频器，由于其限流功能比较好，一般不会出现过电流跳闸现象，因此这种通用变频器又称无跳闸变频器。

这种控制方式除需要定子电流传感器外，不再需要任何传感器，具有较强的通用性，适用于各种型号的通用异步电动机。转矩限定器能够确保转矩或电流不超出允许值，从而避免变频器出现跳闸现象。

这种通用变频器的特点是：电动机机械特性硬度高；低速过载能力大；可实现挖

上机特性,即具有过电流抑制功能。通常这类变频器需要在 EPROM 中存入电动机的参数,以便根据电动机的功率和极对数去选择适当的参数。

当生产工艺要求较高的静态、动态性能指标时,可以采用转速闭环控制构成转差频率控制系统,来满足工业应用中的要求。但是,当生产工艺提出更高的静态、动态性能指标要求时,转差频率控制系统依然不及转速、电流双闭环直流调速系统。为了解决这个问题,需要采用矢量控制通用变频器。

二、矢量控制通用变频器

矢量控制方法的出现,使异步电动机变频调速后的机械特性及动态性能达到了足以和直流电动机调压时的调速性能相媲美的程度,从而使异步电动机变频调速在电动机的调速领域里处于优势地位。矢量控制系统的基本思想如下。

交流异步电动机的转子能够旋转的原因是交流电动机的定子能够产生旋转磁动势,而旋转磁动势是交流电动机三相对称静止绕组 A、B、C 通过三相平衡的正弦电流所产生的。但是,旋转磁动势并不一定要求三相平衡或在空间位置上互相"垂直",在时间上相差 120° 电角度的两相绕组上通以平衡的电流,也能产生旋转磁动势。

直流电动机的转子能够旋转,是因为定子与转子之间磁场的相互作用。由于直流电动机的电刷位置固定不变,因此,尽管电枢绕组在旋转,但电枢绕组所产生的磁场与定子所产生的磁场在空间位置上永远互相"垂直"。如果以直流电动机转子为参考点,那么定子所产生的磁场就是旋转磁动势。

由此可见,以产生同样的旋转磁动势为准则,三相交流绕组与两相直流绕组可以彼此等效。设等效两相交流电流绕组分别为 α 和 β,直流励磁绕组和电枢绕组分别为 m 和 t,则它们之间的关系如图 6-4-3 所示。

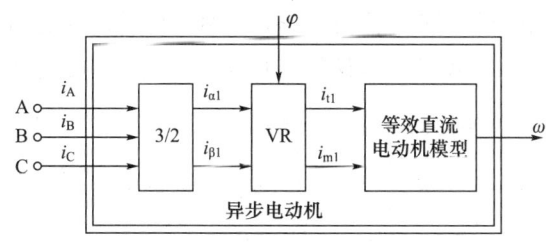

图 6-4-3 异步电动机的坐标变换

从整体上看,图 6-4-3 所示是一台输入为 A、B、C 三相电压,输出为转速 ω 的三相交流异步电动机。从内部看,该电动机经过 3/2 变换和 VR 同步旋转变换,变成了一台输入为 i_{m1} 和 i_{t1}、输出为 ω 的直流电动机。其中 φ 是等效两相交流电流与直流电动机磁通量轴的瞬时夹角。

既然异步电动机经过坐标变换可以等效成直流电动机,那么,模仿直流电动机的控制方法,可以求得直流电动机的控制量,再经过相应的坐标反变换,就可以控制异步电动机。由于进行坐标变换的是电流(代表磁动势)的空间矢量,因此通过坐标变换实现的控制系统就称为矢量变换控制系统,又称矢量控制系统,其结构如图6-4-4所示。

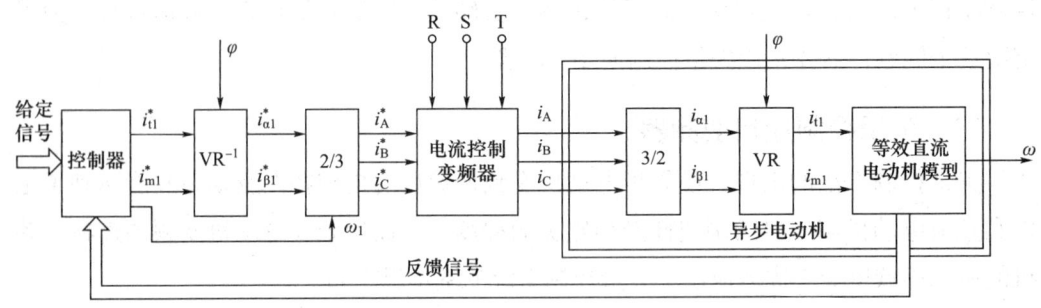

图 6-4-4 矢量控制系统的结构

其中给定信号和反馈信号经过类似直流调速系统所用的控制器产生励磁电流的给定信号 i_{m1}^* 和电枢电流的给定信号 i_{t1}^*,再经过反旋转变换 VR^{-1} 得到 $i_{\alpha 1}^*$ 和 $i_{\beta 1}^*$,最后经过 2/3 变换后得到 i_A^*、i_B^* 和 i_C^*。将这三个电流控制信号和由控制器直接得到的频率控制信号 ω_1 施加到带电流控制器的变频器上,就可以输出异步电动机调速所需的三相变频电流,实现了用模仿直流电动机的控制方法去控制异步电动机,使异步电动机达到了直流电动机的控制效果。

一般的矢量控制系统均需速度传感器,但速度传感器是整个传动系统中最不可靠的环节,其安装操作也比较麻烦。鉴于此,许多新系列变频器设置了无速度反馈矢量控制功能,在一些对动态性能无严格要求的场合,可以不使用速度反馈。

三、直接转矩控制

直接转矩控制是继矢量控制变频调速技术之后发展起来的一种新型交流变频调速技术,它是利用电压空间矢量脉宽调制(SVPWM)技术,通过直接控制磁链和转矩,确定逆变器的开关状态来实现的。直接转矩控制系统的结构如图6-4-5所示。

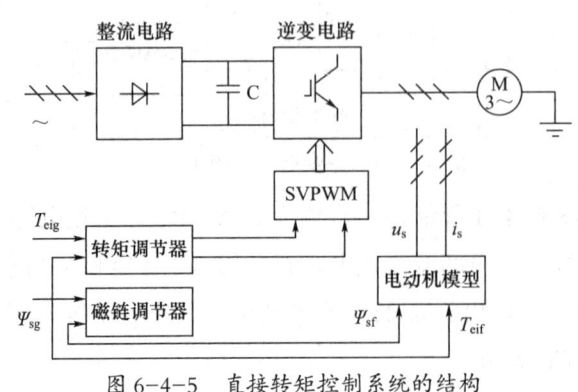

图 6-4-5 直接转矩控制系统的结构

1. 直接转矩控制的基本思想

根据生产工艺要求,电动机的转速是控制和调节的最终目标。其中转速通过转矩来控制,因此,电动机转速的变化与电动机的转矩有直接关系,转矩的积分就是电动机的转速。因此,控制和调节电动机转速的关键是对电动机转矩的有效控制和调节。

2. 直接转矩控制的主要特点

(1)直接转矩控制技术是直接在定子坐标系下分析交流电动机的数学模型,并控制电动机的磁链和转矩。它不需要模仿直流电动机的控制,也不需要为解耦而简化交流电动机的数学模型,省去了矢量旋转变换等复杂的变换与计算工作,因此,它需要的信号处理工作特别简单。

(2)直接转矩控制磁场定向所用的是定子磁链,只要知道定子电阻就可以观测到定子磁链。而矢量控制磁场定向所用的是转子磁链,观测转子磁链需要了解电动机转子的电阻和电感。因此,直接转矩控制大幅减少了矢量控制技术中控制性能易受参数变化影响的问题。

(3)直接转矩控制利用空间矢量的概念来分析三相交流电动机的数学模型,并控制其各物理量,使问题变得非常简单明了。

(4)直接转矩控制强调的是转矩的直接控制与效果。

直接转矩控制技术采用空间矢量的分析方法,直接在定子坐标系下计算和控制交流电动机的转矩。通过定子磁场定向,利用离散的两点式调节产生 PWM 信号,直接对逆变器的开关状态进行最佳控制,以获得转矩的高动态性能。这种控制思想新颖,控制结构简单,控制手段直接,信号处理的物理概念明确。该控制系统的转矩响应迅速,限制在 拍以内,且无超调现象,是一种具有高静态和动态性能的交流调速方法。

第五节 变频器参数的设定和功能选择

一、变频器运行频率的设定方法

1. 给定频率的设定方法

(1)面板给定

可利用操作面板上的数字增加键(∧或△)和数字减小键(∨或▽)进行频率的

数字量给定或调整。

（2）预置给定

可通过程序预置的方法预置给定频率。启动时，按运行键（RUN、FWD或REV键），变频器即自动升速到预置的给定频率。

（3）外接给定

可从控制接线端上引入外部模拟信号，如电压或电流信号，进行频率给定。这种方法常用于远程控制。

（4）通信给定

可从变频器的通信接口端上引入外部通信信号，进行频率给定。这种方法常用于计算机控制或远程控制。

2. 变频器的外接给定配置

所有的变频器都提供了外接给定的控制信号输入端。外接给定的控制信号分为数字给定和模拟给定两大类，模拟给定又分为电压控制和电流控制两种。

（1）外接电压给定信号控制端

外接电压给定信号又有两种给定方式。第一种为直接输入电压信号，通常用于计算机、PLC、PID调节器或其他控制装置。第二种为利用变频器内部提供的给定信号控制电压，由外部电位器取出电压给定信号，送入变频器的相应控制端子，如图6-5-1所示。

（2）外接电流给定信号的控制

当外接给定信号为电流时，将外接信号线接到外接电流给定信号端，如图6-5-1所示。

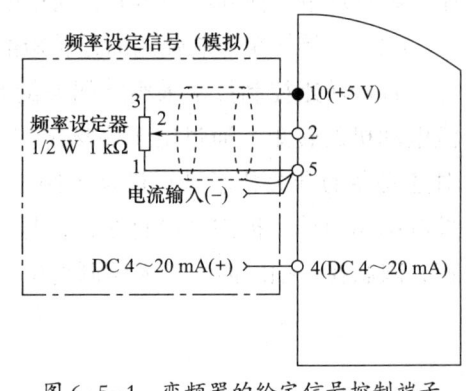

图6-5-1 变频器的给定信号控制端子

这种控制方法一般用于远程控制或PID调节器输出控制变频器，变频器对外接电流给定信号的取值范围一般为4～20 mA。

（3）辅助给定

有些变频器在给定信号的输入端配置有辅助给定信号输入，使辅助给定信号与主给定信号叠加。在变频器网络控制中，常用辅助给定信号作为终端变频器的给定修正。

二、变频器运行频率范围的设定

1. 基本频率和最高频率

（1）基本频率：电动机的额定频率称为变频器的基本频率。

（2）最高频率：频率给定信号为最大值时，变频器的给定频率称为最高频率。

2. 上限频率和下限频率

上限频率和下限频率是调速控制系统要求变频器的工作范围，其大小应根据实际工作情况确定。上限频率和下限频率与最高输出频率、偏置频率和启动频率的关系如图 6-5-2 所示。

3. 回避频率

任何机械都有一个固有的谐振频率，它取决于机械的基本结构。在对机械进行无级调速的过程中，机械的实际振荡频率不断变化，当机械振荡频率与其固有频率相同时，机械会发生谐振，可能导致机械损坏。

消除机械谐振的途径有两种，第一种为改变机械的固有频率，第二种为避开导致谐振的速度。

在变频调速系统中，预置回避频率可以有效回避可能引起的谐振转速。通过设置回避频率区域（简称回避区），即可消除机械谐振。回避区的下限频率是指在频率上升过程中开始进入回避区的频率，回避区的上限频率是指在频率上升过程中退出回避区的频率。回避区如图 6-5-3 所示。

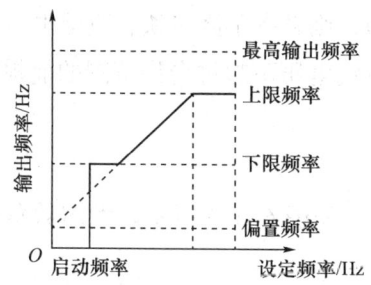

图 6-5-2 上限频率和下限频率与其他相关频率的关系

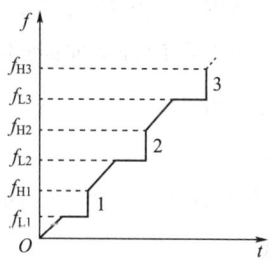

图 6-5-3 回避区

4. 载波频率设定

当变频器运行时，如果电动机有噪声或对同一控制柜内的其他控制设备产生干扰，则可在一定范围内调整载波频率，以降低噪声或干扰。通常该参数按照出厂设定来设置。

5. 瞬停再启动

瞬停再启动功能允许变频器启动一个正在旋转的电动机。通常情况下，变频器会从 0 Hz 开始运行电动机，当电动机正在自转或被负载带动时，会在回到给定值之前进行制动，这可能导致过电流现象。通过采用瞬停再启动功能，变频器可以"诊断"电动机的速度，并且从当前速度运转电动机直至到达给定速度。

三、变频器的启动

1. 变频器的启动相关参数

（1）启动频率

对于静摩擦因数较大的负载，启动时需要较大的启动力矩，可根据需要预置启动频率，使电动机在该频率下直接启动，如图 6-5-4 所示。

（2）启动前直流制动

变频调速系统通常是从最低频率开始启动，如果在开始启动时，电动机已经具有一定的转速，则可能引起过电流或过电压问题。启动前的直流制动功能可以保证电动机在完全停转的状态下开始启动。

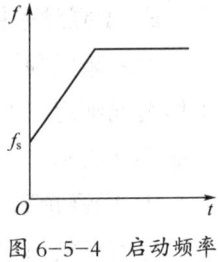

图 6-5-4　启动频率

2. 变频器控制升降速

（1）升速时间

在机械工作过程中，升速过程是一个过渡过程，此过程通常不能进行生产活动。从工作效率出发，升速时间应越短越好，但若时间过短，则频率上升过快，容易出现过电流问题。另外，对于电梯、带式输送机、纺织类机械，其启动过程要求较长，因此，预置的升速时间应根据实际情况而定。

（2）降速时间

电动机在降速过程中，有时会处于再生制动状态，将电能反馈到直流电路，产生泵升电压，导致直流电压升高。若降速时间太短，则频率下降过快，直流电压可能超过上限值。所以在预置降速时间时，应在确保直流电压不超过允许范围的前提下，尽量减少降速时间。

（3）升速方式

1）线性升速方式：频率与时间呈线性关系，如图 6-5-5 所示。大多数负载预置为线性方式。

2）S形升速方式：对于带式输送机、纺织机一类的负载，如果加速度过大，会导致被输送的物体产生倾倒或棉纱被拉断。因此，在启动的初始阶段，需要加速过程比较缓慢，中间阶段应为线性升速，保持加速度不变，在加速快结束时需将加速度逐渐下降为 0。在整个升速过程中，速度与时间的关系呈 S 形，如图 6-5-6 所示。

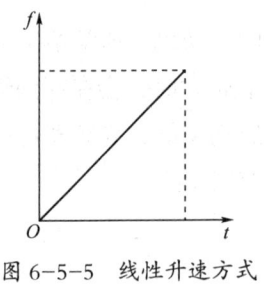

图 6-5-5　线性升速方式

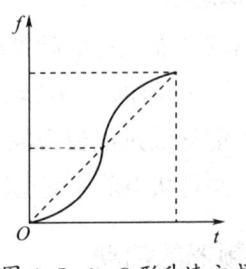

图 6-5-6　S 形升速方式

四、变频器的制动

通用变频器的电气制动方法通常有三种：直流制动、制动单元和制动电阻器制动、整流回馈制动。这三种制动方式各有特点，使用条件和场合也不相同。通用变频器三种制动方法比较见表 6-5-1。

表 6-5-1　通用变频器三种制动方法比较

制动方式	直流制动	制动单元和制动电阻器制动	整流回馈制动
使用限制条件	不能用于电动机频繁启动、制动的场合	不能用于中、大功率频繁启动、制动的场合	不能用于稳压质量不高的电网，电网的短路功率不足时不能用
能量消耗方式	动能转换成电能，以热损耗的形式消耗于电动机的转子回路中	动能转换成电能，以热损耗的形式消耗于制动电阻器上	动能转换成电能，回馈给电网
附加选件	不需要	是否需要附件由功率大小而定	需要
使用场合	用于准确停车控制，用于制止在启动前电动机由于外因引起的不规则自由旋转	用于小功率频繁启动、制动的控制系统，用于动态性能指标要求较高的控制系统	用于大中型控制系统的制动，用于回馈能量较多的控制方式

1. 直流制动

当变频器的输出频率为零，异步电动机的定子不再有旋转磁场时，变频器会向异步电动机的定子绕组通入直流电流，这样，异步电动机便处于能耗制动状态，此时转动的转子会切割静止磁场而产生制动力矩，使电动机迅速停止，这种制动方法即为直流制动。直流制动将动能转换成电能，并以热损耗的形式消耗于电动机的转子回路中。然而，如果持续时间过长，会导致电动机发热，所以不适用于经常制动的场合。这种变频器输出直流的制动方式称为 DC 制动。设定直流制动的要求如图 6-5-7 所示。

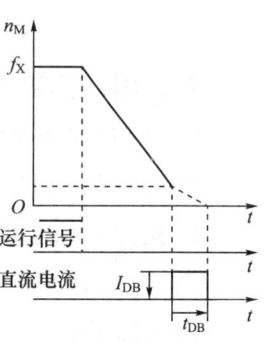

图 6-5-7　设定直流制动的要求

2. 制动单元和制动电阻器制动

当设备需要进行频繁制动或高转矩制动时，如果制动单元内部电阻器的制动功率不足，就应当选择外接制动电阻器和制动单元。各种变频器的使用说明书上都提供了适用于该变频器制动电阻器的规格和型号，其外接方法如图 6-5-8 所示。

3. 整流回馈制动

当给定频率下降时，如果电动机的同步转速低于转子的转速，则电动机会处于再生制动状态。如果此时变频器配备了回馈制动单元，则可以将电动机的再生电能反馈到电网中，使整个调速系统处于回馈制动状态。其工作原理如图 6-5-9 所示。

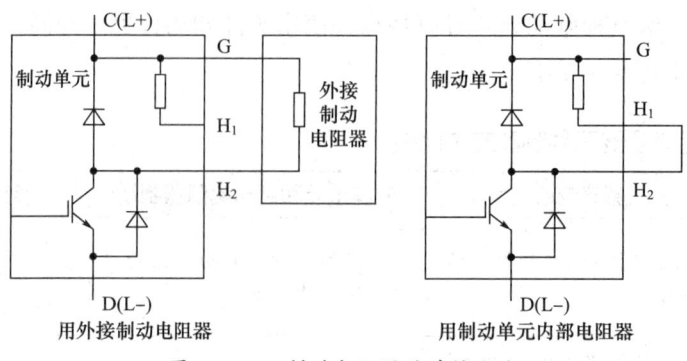

图 6-5-8　制动电阻器的外接方法

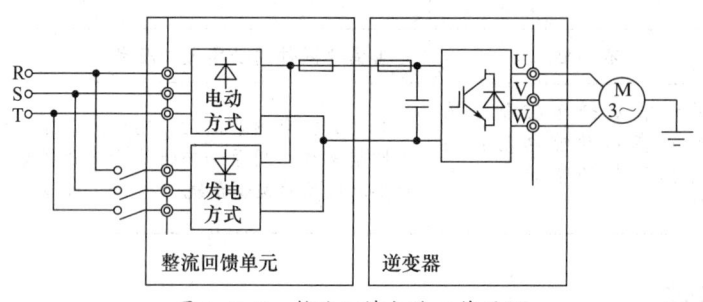

图 6-5-9　整流回馈电路工作原理

五、用计算机设置变频器的参数和功能

用计算机控制变频器网络时，可以利用计算机与联网的任意变频器之间的通信实现远距离控制，也可对各处电动机的运行情况进行监测、显示、存储和打印。

1. 接口与标准转换

要实现变频器网络的计算机控制，首先要有完善的计算机监控系统，实现计算机与变频器之间的串行通信。

串行通信是采用 RS-232 接口进行数据通信的，即使用了 RS-232C 标准，这种接口标准不能用来进行长距离通信。在一般的传输速率下，应采用通信电缆，若要保持传输码元畸变不超过 4%，则最长传输距离为 127 m。然而，如果在串口上使用光耦合器，则可以使通信距离延长至几百米。

对于一般计算机，机器上只配有 RS-232C 接口，因此应配置 RS-232C/RS-485 转换器。这种转换器内部采用光电隔离技术，可以实现计算机各个串口之间的隔离，从而提高了系统的安全性。采用 RS-485 接口后，1 台计算机可控制 31 台变频器，通信技术为半双工制式，传输距离可达 10 km 以上。RS-232C/RS-485 转换器接于计算机的 COM1 通信端口。

接口加载电压为 +5 V，电流不低于 0.15 A。在 RS-485P 和 RS-485N 的数据信号线之间必须接一个 150 Ω 的电阻器，硬件连接线应采用双绞线或屏蔽双绞线。

2. 系统硬件连接

（1）RS-485 通信

用通信电缆将变频器的 PU 接口、计算机、分配器等连接起来，即可进行通信操作。通信电缆的连接方法如下。

1）带有 RS-485 接口的计算机与多台变频器的连接如图 6-5-10 所示。

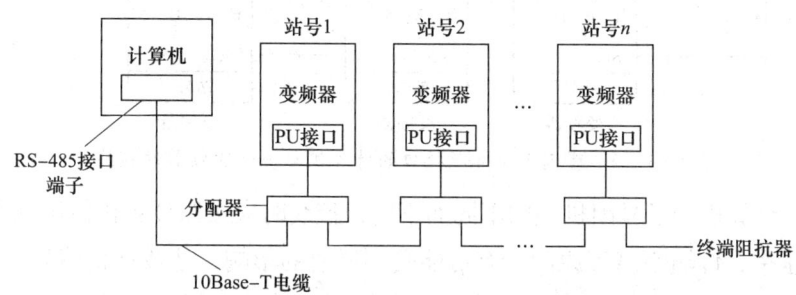

图 6-5-10　带有 RS-485 接口的计算机与多台变频器的连接

2）带有 RS-232C 接口的计算机与多台变频器的连接如图 6-5-11 所示。

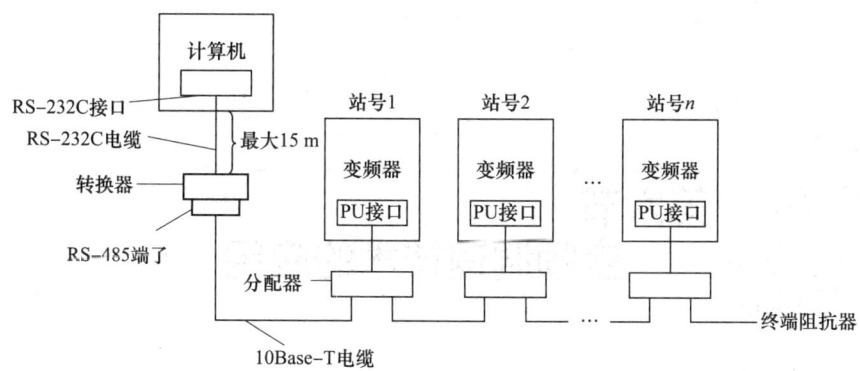

图 6-5-11　带有 RS-232C 接口的计算机与多台变频器的连接

（2）端子接线方法

1）带有 RS-485 接口的计算机与单台变频器的接线如图 6-5-12 所示。

计算机侧端子		连接电缆和信号方向	PU接口
信号名	说明	10Base-T电缆	
RDA	接收数据	←	SDA
RDB	接收数据	←	SDB
SDA	发送数据	→	RDA
SDB	发送数据	→	RDB
RSA	请求发送		
RSB	请求发送		
CSA	可发送		
CSB	可发送		
SG	信号地		SG
FG	外壳地		

图 6-5-12　带有 RS-485 接口的计算机与单台变频器的接线

2）带有 RS-485 接口的计算机与多台变频器的接线如图 6-5-13 所示。

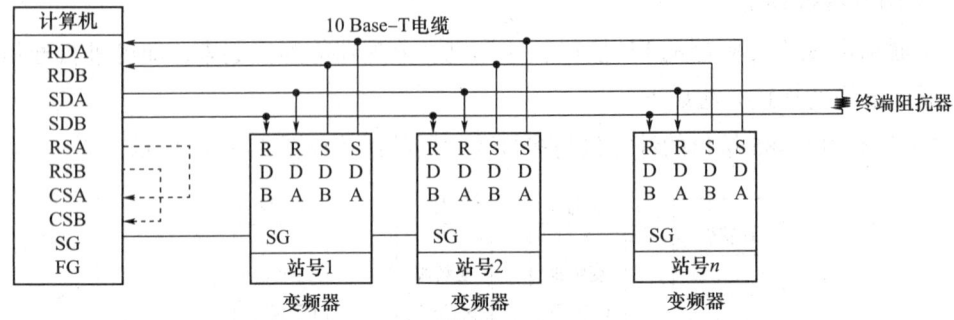

图 6-5-13　带有 RS-485 接口的计算机与多台变频器的接线

注意：计算机端子号因机型的不同而不同，接线时应按照计算机使用说明书连接。由于传输速率、传输距离等原因，有可能受到反射的影响，造成通信障碍，需要时应安装终端阻抗器。使用 PU 接口时，由于无法安装终端阻抗器，应使用分配器。终端阻抗器要安装在离计算机最远的变频器上（终端阻抗器阻抗为 100 Ω）。

第六节　变频调速技术的应用

一、变频器的选择

1. 变频器容量的选择

选择变频器容量的基本原则是确保最大负载电流不超过变频器的额定电流。通常情况下，可按照变频器使用说明书所规定的配用电动机功率进行选择，但当电动机不是四极电动机时（通用变频器一般以四极电动机为模型设计），就不能仅以电动机的功率来选择变频器的容量，还需要考虑变频器的额定电流是否大于电动机的额定电流。

2. 变频器类型的选择

根据变频器的控制功能，可将通用变频器分为两大类，每类又分别有两种类型。对于 U/f 控制方式，有普通型和恒定电磁转矩控制功能型；对于矢量控制方式，有带速度传感器和不带速度传感器两种类型。变频器类型选择的基本原则是根据负载的要求进行选择，选择方法如下。

（1）风机和泵类负载在过载能力方面要求很低。由于负载转矩与速度的平方成正比，因此在低速运行时，其负载较轻（罗茨风机除外）。此外，这类负载对转速精度没有严格要求，故选型时通常以廉价为主要原则，选择普通型 U/f 控制通用变频器即可。

（2）多数负载都具有恒转矩特性，但在转速精度及动态性能方面要求不高，如挤压机、搅拌机、传动带、厂内运输电车、起重机的平移机构、提升机构和提升机等，选型时最好采用具有恒转矩控制功能的变频器。如果要使用变频器实现恒转矩调速，则必须加大电动机的功率和变频器的容量，以提高低速转矩。

（3）当被控对象具有一定的动态、静态性能指标要求时，这类负载一般要求低速时应具有较硬的机械特性，才能满足生产工艺对控制系统的动态、静态性能指标要求。如果系统采用开环控制，则可选用具有无速度反馈矢量控制功能的变频器。

（4）当被控对象具有较高的动态、静态性能指标要求时，对于调速精度和动态性能指标都有较高要求，以及要求高精度同步运行，可以选用带速度反馈矢量控制方式的变频器。如果控制系统采用闭环控制，则可选用能够四象限运行、U/f 控制方式以及具有恒转矩功能型变频器。

二、变频器在起升机构的应用

1. 起升机构概述

（1）起升机构的组成（见图 6-6-1）

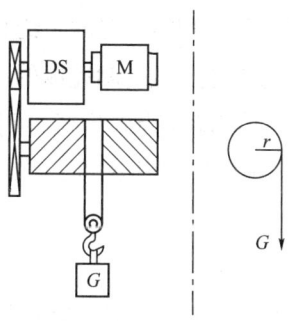

图 6-6-1 起升机构的组成

（2）起升机构的转矩分析

在起升机构中，主要有三种转矩：电动机的转矩 T_M、重力转矩 T_G 和摩擦转矩 T_0。

1）电动机的转矩 T_M 是由电动机产生的转矩，是主动转矩，其方向可正可负。

2）重力转矩 T_G 是由重物及吊钩等作用于卷筒的转矩，其大小等于重物及吊钩等的重力 G 与卷筒半径 r 的乘积，即 $T_G=Gr$，其方向向下。

3）摩擦转矩 T_0。由于减速机构的传动比大，最大可达 50，因此，减速机构的摩擦转矩（包括其他损失转矩）不可忽略。摩擦转矩的特点是转矩方向与运动方向相反。

2. 起升机构对拖动系统的要求

起升机构的主要部件是吊钩，容量较大的桥式起重机通常配有主钩和副钩，这里以主钩为例说明其对拖动系统的要求。

（1）速度调节范围

通常情况下，调速比为3，调速范围较宽时可以达到10以上。吊钩空载或轻载时，速度会快一些，重载时则较慢。

（2）上升时的预备级速度

吊钩从"床面"（地面或某一放置物体的平面）上升时，须先消除传动间隙，从而将钢丝绳拉紧。在原拖动系统中，其第一挡速度称为预备级，预备级的速度不宜过大，以免机械冲击过强。

（3）重力势能的处理

吊钩重载下降时，电动机处于再生制动状态，对于再生的电能，必须能够妥善处理。

（4）制动方法

起升机构中，由于重物受重力影响，如没有专门的制动装置，则重物无法长时间在空中悬停。因此，电动机轴上必须加装机械制动装置，常用的有电磁铁制动器和液压电磁制动器等。多数制动装置都采用断电制动方式，即线圈断电时，制动器依靠弹簧的力量将轴抱紧，而在线圈通电时再松开，以免电路故障或突然断电导致制动失效。

（5）溜钩问题的解决

在重物开始升降或悬停时，制动器和电动机的动作必须紧密配合。由于制动器从抱紧到松开，以及从松开到抱紧的动作过程需要时间（约0.6 s，根据电动机的功率而定），而电动机转矩的产生与消失是在通电或断电瞬间完成的。因此，两者在动作配合上极易出现问题。如电动机已经断电，而制动器尚未抱紧，则重物将下滑，从而出现溜钩现象。溜钩现象不仅降低了重物在空中定位的准确性，有时还会引发严重的安全事故。

3. 起升机构的变频调速改造

（1）电动机的选择

1）如果原电动机已经年久失修，需要更换，则最好选用变频专用电动机。

2）如果原电动机是较新的笼型转子异步电动机，则可以直接配用变频器。

3）如果原电动机是较新的绕线式转子异步电动机，则应先将转子绕组短接，并把电刷抬起，如图6-6-2所示。

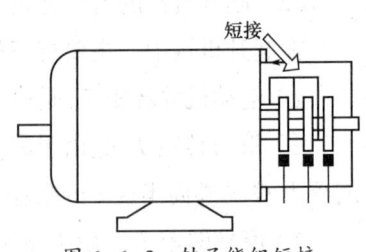

图6-6-2 转子绕组短接

（2）变频器容量的选择

在起重机械中，因为升、降速时电流较大，故需要计算出对应于最大启动转矩和升、降速转矩的电动

机电流。通常变频器的额定电流 I_N 可由下式求出，即

$$I_N > I_{MN} \frac{k_1 k_3}{k_2} \quad (6\text{-}6\text{-}1)$$

式中　I_{MN}——电动机额定电流，A；

　　　k_1——所需最大转矩与电动机额定转矩之比；

　　　k_2——1.5（变频器的过载能力）；

　　　k_3——1.1（余量）。

此外，主钩与副钩电动机必须分别配备变频器，不能共用。

位能的最大释放功率等于起重机构在装载额定载荷情况下，以最高速度下降时电动机的功率，其实际上就是电动机的额定功率。

（3）耗能电阻器的容量

电动机在再生制动状态下发出的电能全部消耗在耗能电阻器上，因此，耗能电阻器的容量 P_{R_B} 应与电动机的额定功率 P_{MN} 相等，即

$$P_{R_B} = P_{MN} \quad (6\text{-}6\text{-}2)$$

由于耗能电阻器 R_B 接在直流回路（电压为 U_D）中，故电阻器的阻值 R_B 的计算方法为

$$R_B \leqslant \frac{U_D^2}{P_{MN}} \quad (6\text{-}6\text{-}3)$$

制动单元的允许电流 I_{VB} 可按工作电流的 2 倍考虑，即

$$I_{VB} \geqslant \frac{2U_D}{R_B} \quad (6\text{-}6\text{-}4)$$

（4）电能的反馈

近年来，不少变频器生产厂家都推出了将直流电路中过高的泵升电压反馈给电源的新产品或新附件，其基本形式有以下两种。

1）电源反馈器件。电源反馈器件的接法如图 6-6-3 所示，接线端 P 和 N 分别是直流母线的"+"极和"-"极。当直流电压超过极限值时，电源反馈器件将直流电逆变成三相交流电反馈回电源。这样，就能将直流母线上过多的再生电能又送回给电源。

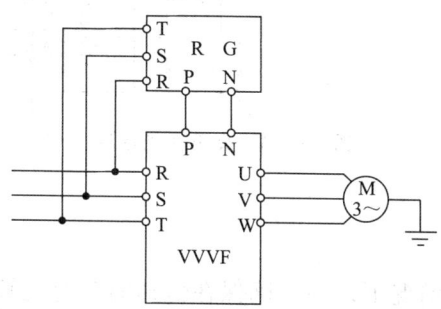

图 6-6-3　电源反馈器件的接法

2）具有电源反馈功能的变频器。该变频器整流部分的电路如图6-6-4所示，其中，$VD_1 \sim VD_6$是三相桥式整流用的二极管，与普通的变频器相同；$VT_1 \sim VT_6$是三相逆变管，用于将过高的直流电压逆变成三相交流电源。这种方式不但进一步节约了电能，而且具有抑制谐波电流的作用。

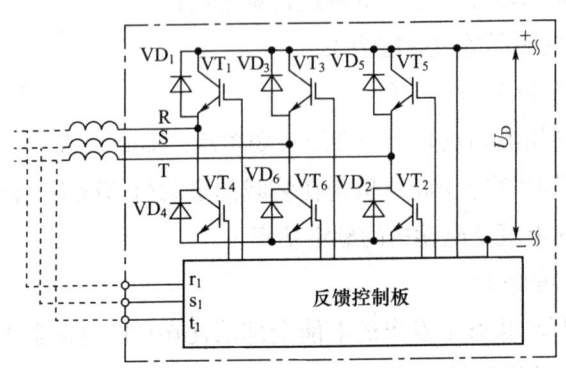

图6-6-4　具有电源反馈功能变频器整流部分的电路

（5）公用直流母线

在起重机械中，由于变频器的数量较多，常采用公用直流母线的方式，即所有变频器的整流部分是公用的，如图6-6-5所示。由于各台变频器不可能同时处于再生制动状态，因此它们可以相互补偿。公用直流母线方式与电源反馈相结合，结构简单，并可保证起重机械各台变频器的电压稳定，不受电源电压波动的影响。

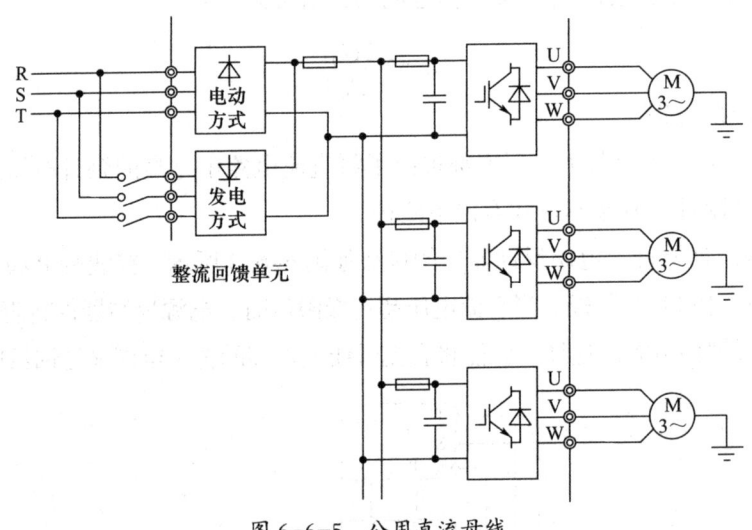

图6-6-5　公用直流母线

4．变频调速方案

（1）控制要点

1）控制模式。一般情况下，为了确保在低速时具有足够大的转矩，最好选用带有速度反馈的矢量控制方式。但近年来，无反馈矢量控制的技术已经取得了显著进展，在定位要求不高的场合，也可以采用这种方式。

2）启动方式。为了确保吊钩从"床面"上升时能够消除传动间隙并将钢丝绳拉紧，可采用S形升速方式。

3）制动方法。通常采用再生制动、直流制动和电磁机械制动相结合的方法。

4）点动制动。点动制动用于调整被吊物体的空间位置，应能单独控制，且点动的频率不宜过高。

（2）调速方案

1）变频器的选型。考虑到起升机构对运行的可靠性要求较高，故应选用具有带速度反馈矢量控制功能的变频器。

2）机构的调整。虽然变频器调速是无级的，完全可以使用外接电位器来进行调速，但为了让操作人员迅速掌握操作方法并保持其习惯性操作，变频调速时的基本操作方法与原拖动系统的操作方法相同，采用左右各若干挡转速的控制方式。

（3）控制电路

这里以日本安川公司生产的安川G7系列变频器为例，并结合PLC控制，简述吊钩的变频调速控制电路，如图6-6-6所示。

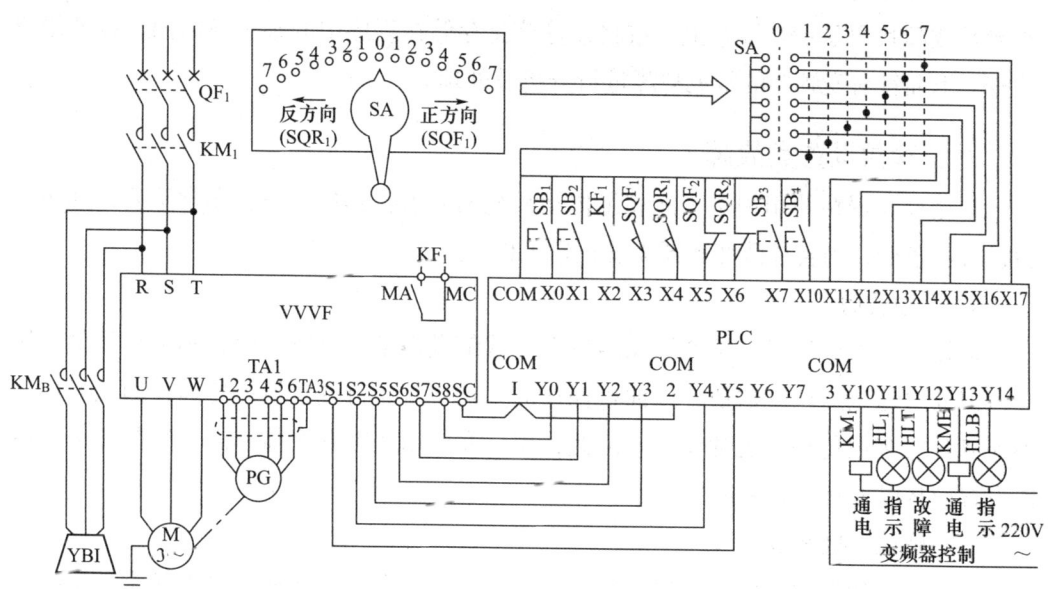

图 6-6-6　吊钩的变频调速控制电路

该控制电路的特点如下。

1）变频器的通电由按钮开关 SB_1 和 SB_2 通过接触器 KM_1 进行控制。

2）电动机的正反转及停止由PLC控制变频器的输入端子S1和S2来实现。

3）YBI是制动电磁铁，由接触器 KM_B 控制其是否通电，KM_B 的动作则根据在起升或停止过程中的需要来控制。

4）SA 是操作手柄，正反两个方向各有 7 个挡位。正转时接近开关 SQF_1 动作，反转时接近开关 SQR_1 动作。

5）SQF_2 是吊钩上升时的限位开关。按钮开关 SB_3 和 SB_4 是正反两个方向的点动按钮。

6）PG 是速度反馈用的旋转编码器，是速度反馈矢量控制系统所必需的元件。

第七节 变频器常见故障的排除

变频器本身具有相当丰富的异常故障显示和保护功能。当故障发生时，变频器会将异常故障代码显示在屏幕上，或将故障信息存储在程序中的某个参数内，以便维修检查。下面针对变频器的常见故障进行分析及处理。

一、参数设置类故障

常用变频器在使用中是否能满足传动系统的要求，其参数设置非常重要，如果参数设置不正确，则会导致变频器无法正常工作。

1. 参数设置

常用变频器出厂时，生产厂家为每个参数都设定了一个默认值，称为出厂值。用户可以通过这些默认参数值，以面板操作的方式正常运行变频器。然而，面板操作并不能满足大多数传动系统的要求。因此，用户在使用变频器之前，需设置其参数。参数设置应从以下几个方面进行。

（1）确认电机参数

在变频器参数设定中设定电动机的功率、电流、电压、转速、最大频率，这些参数可以从电动机的铭牌上直接获取。

（2）选择变频器采取的控制方式

变频器采取的控制方式包括速度控制、转矩控制、PID 控制或其他控制方式。选择控制方式后，一般要根据精度需要进行静态或动态辨识。

（3）设定变频器的启动方式

一般情况下，变频器在出厂时会设定为从面板启动，用户可以根据实际情况选择启动方式，包括使用面板启动、外部端子启动、通信方式启动等。

（4）选择给定信号

一般变频器的频率给定也可以有多种方式，如面板给定、外部给定、外部电压或电流给定、通信方式给定。可以选择这些方式中的一种或几种进行频率给定。

正确设置以上参数后，变频器能够正常工作，如需要获得更好的控制效果，则只能根据实际情况修改相关参数。

2. 处理方法

变频器一旦发生参数设置类故障，通常无法正常运行，一般可根据说明书进行参数修改。如果以上方法均无效，应将所有参数恢复到出厂值，然后按前述步骤重新设置。各品牌变频器的参数恢复方式也不相同，具体需参考其说明书。

二、主要电路故障

变频器的整体结构主要由主回路、驱动电路、开关电源电路、保护检测电路、通信接口电路、控制电路等组成。主回路主要由整流电路、限流电路、滤波电路、制动电路、逆变电路和检测电路的传感器部分组成，如图 6-7-1 所示。下面对主要电路故障的分析和处理进行详细介绍。

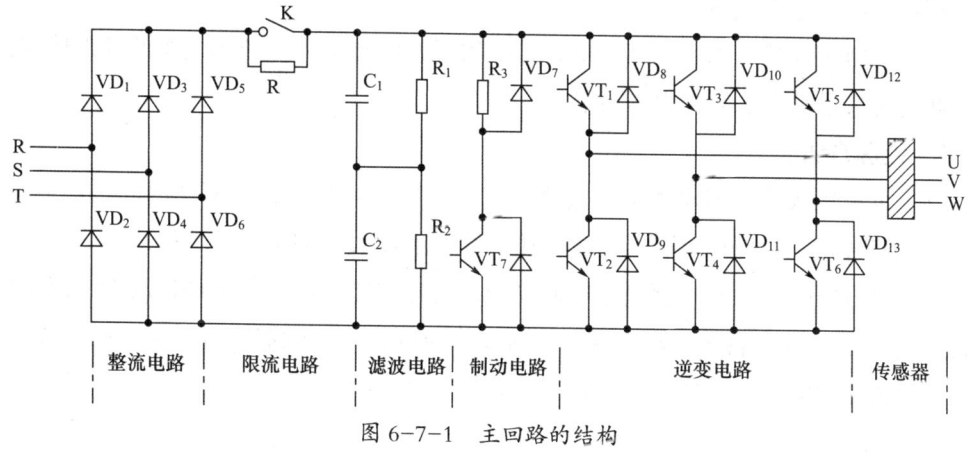

图 6-7-1 主回路的结构

1. 故障分析

（1）整流模块中的一个或多个整流二极管开路损坏，导致主回路 PN 电压值下降或无电压值。

（2）整流模块中的一个或多个整流二极管短路损坏，导致变频器输入电源短路，供电电源跳闸，变频器无法连接电源。

（3）当变频器无显示，PN 之间无直流电压，高压指示灯不亮，主回路无输出直流电压时，其原因可能是限流电阻器损坏造成开路，使滤波电路无脉动直流电压输入，或整流模块损坏，导致整流电路无脉动直流电压输出。

2. 处理方法

（1）整流二极管开路损坏，应更换。

（2）整流二极管短路损坏，应更换，更换后检查电路是否过载，进行彻底维修。

（3）排查限流电阻器是否损坏或开路，若开路，则应更换；排查整流模块是否损坏。拆下整流模块，用万用表检测主回路，若主回路无短路现象，则说明整流模块是自然损坏，更换新元件即可；若有短路现象，则需更换新元件，并进一步排查主回路短路原因，进行彻底维修。

三、电压类故障

过电压报警一般是发生在停机时，其主要原因是减速时间太短或制动电阻器及制动单元存在问题。变频器的过电压问题集中表现在直流母线的直流电压上。正常情况下，变频器直流电为三相全波整流后的平均值。若以 380 V 线电压计算，则平均直流电压 $U_D=1.35U_L=513$ V。在发生过电压时，直流母线的储能电容器将被充电，若电压升至 760 V 左右，则变频器启动过电压保护动作。

1. 故障分析

（1）过电压故障：电源电压过高，降速时间过短，制动电阻器接线处接触的电阻过大都会引起过电压故障。

（2）欠电压故障：电源电压过低，接触器反馈触点不良，控制电源的外部控制器、接触器吸合过早都会引起欠电压故障。

2. 处理方法

（1）过电压故障：若电源电压过高，则调低电源电压值；若降速时间过短，则适当调整减速时间；若制动电阻器接线处接触的电阻过大，则重新处理接线点。

（2）欠电压故障：若电源电压过低，则调高电源电压值；若接触器反馈触点不良，则更换相同型号的接触器；若控制电源的外部控制器、接触器吸合过早，则要先送主电源，后送控制电源，合理设定时间继电器的延时时间。

四、过电流故障

过电流故障通常表现为变频器在重新启动时一旦升速就跳闸，上电就跳闸，或运行过程中突然停止工作等，此时在显示屏上可能会显示过电流的错误代码。

1. 故障分析

（1）重新启动时一旦升速就跳闸，这是过电流十分严重的现象。主要原因有负载短路或机械部位有卡堵；逆变模块损坏；电动机负载突变引起的冲击过大；电动机的转矩过小等。

（2）上电就跳闸，这种现象一般不能复位，主要原因有模块损坏、驱动电路损坏、电流检测电路损坏。

（3）重新启动时并不立即跳闸而是在加速过程中跳闸，主要原因有加速时间设置太短、电流上限设置太小、转矩补偿（U/f）设定较高。

（4）当电动机和电动机电缆相间或每相对地的绝缘被破坏时，可能造成匝间或相间对地短路，从而导致过电流故障。

（5）系统装有测速编码器且当速度反馈信号丢失或非正常时，会引起过电流故障。

2. 处理方法

（1）发生重新启动一旦升速就跳闸故障时，需测试机械部分是否存在转动卡堵现象；更换损坏的逆变模块；排查负载突变情况；复核电动机转矩是否符合负载要求。

（2）发生上电就跳闸故障时，需排查模块情况，更换损坏的模块；排查电流检测电路情况，并予以解决。

（3）若重新启动时并不立即跳闸而是在加速过程中跳闸，则需适当调高加速时间设定值；调大电流上限值；调低转矩补偿（U/f）设定值。

（4）发生过电流故障时，应对电动机或电动机电缆相间及每相对地测量绝缘情况，维修电动机或更换电动机供电电缆。

（5）发生过电流故障时，还应检查测速编码器和其电缆情况，排查并更换故障设备或其线缆。

五、过载故障

过载故障可能是加速时间太短、直流制动量过大、负载过大等原因引起的，一般可通过延长加速时间、延长启动时间等加以解决。

1. 故障分析

（1）变频过载，可能是由于加速时间太短、直流制动量过大或控制板故障。

（2）机械负载过大，其主要特征是电动机发热，并可通过从显示屏上读取运行电流来发现。

（3）三相电压不平衡可能导致某相的运行电流过大，引发过载跳闸，其特点是电动机发热不均衡。

2. 处理方法

（1）调整变频器相关参数；更换损坏的控制板。

（2）检查电动机是否发热。如果电动机的温升不高，则应先检查变频器的电子热保护功能预置值是否合理。若变频器尚有余量，则应放宽预置值；若变频器的允许电流已经没有余量，不能再放宽，且根据生产工艺，所出现的过载属于正常过载，则说明变频器的选择不当,应加大变频器的容量,更换变频器。如果电动机的温升过高,而出现的过载又属于正常过载,则说明是电动机的负载过大。此时,应考虑能否适当增加传动比,以减轻电动机轴上的负载。如果能够增加传动比,则应进行调整;如果传动比无法增加,则应加大电动机的容量。

(3) 检查电动机侧三相电压是否平衡。若电动机侧的三相电压不平衡,则应再检查变频器输出端的三相电压是否平衡;如仍不平衡,则问题在变频器内部,应检查变频器的逆变模块及其驱动电路。若变频器输出端的三相电压平衡,则说明问题出现在从变频器到电动机之间的线路上,应检查所有接线端的螺钉是否都已拧紧。若在变频器和电动机之间存在接触器或其他电器,则还应检查有关电器的接线端是否都已拧紧,以及触点的接触状况是否良好等。

六、逆变功率模块的损坏

1. 故障分析

(1) 器件质量差。

(2) 外部负载存在严重过电流或不平衡;电动机某相绕组对地短路,或某相绕组内部短路;负载机械卡住;相间击穿;输出电线短路或对地短路。

(3) 负载上接入了电容器,或因布线不当导致对地电容太大,引发功率管冲击电流。

(4) 用户电网电压太高,或存在较强的瞬间过电压,造成过电压损坏。

(5) 机内功率开关管中的过电压吸收电路有损坏,不能有效吸收过电压,导致IGBT损坏,如图6-7-2所示。

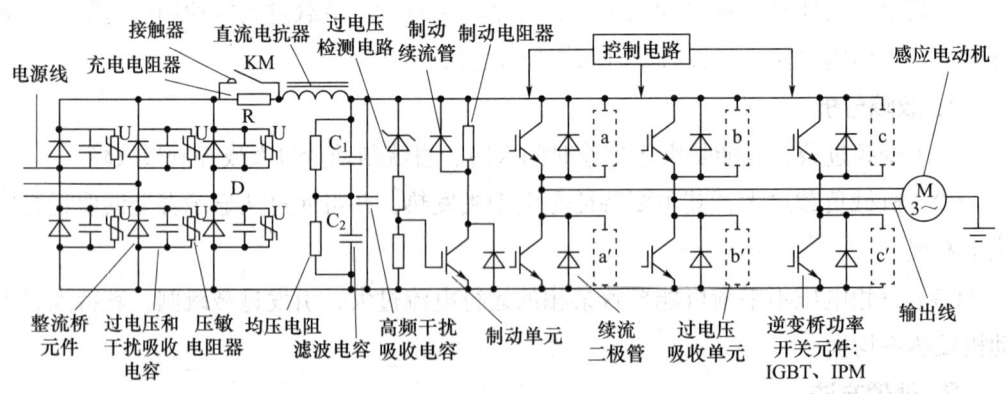

图 6-7-2 变频器主回路易损坏元器件的位置

(6) 滤波电容器 C_1、C_2(见图 6-7-2)因长时间使用而老化,引起电容减少或内部电感增加,导致对母线的过电压吸收能力下降,造成母线过电压太高而损坏IGBT。正常运行时,母线上的过电压是由逆变开关元件脉冲关断时,母线回路的电感储能转变而来的。

（7）因 IGBT 或 IPM 功率器件的前级光电隔离器件被击穿导致功率器件也被击穿，或印制电路板在隔离器件部位因尘埃、潮湿造成打火发生击穿，导致 IGBT、IPM 损坏。

（8）操作不当，或产品设计中有缺陷，在受干扰、开机、关机等不稳定情况下引起上下两功率开关元件瞬间同时导通。

（9）雷击，房屋漏水，异物进入，人员误触等意外发生。

（10）经维修更换了滤波电容器，但该电容器质量差，或连接电容器的线比原来长，引起电感增加，造成母线过电压幅度明显升高。

（11）前级整流桥损坏，在主电源前级有交流电进入，造成 IGBT、IPM 损坏。

（12）经修理更换了功率模块，但缺少静电防护措施，在焊接操作时损坏了 IGBT；或因修理中散热、紧固、绝缘等处理不好，导致短时使用后就损坏。

（13）并联使用 IGBT 时，在更换时没有考虑型号、批号的一致性，导致各并联元件电流不均而损坏。

（14）变频器内部保护电路（过电压、过电流保护）的某元件损坏，失去保护功能。

（15）变频器内部某组电源，特别是 IGBT 驱动级 "+" "-" 电源损坏，改变了输出值或两组电源间的绝缘被击穿。

2. 处理方法

只有找到损坏的根本原因，并排除再次损坏的可能，才能更换逆变模块，否则换上去的新模块可能会再次损坏。

（1）IGBT 同绝缘栅型场效应管（insulated gate field effect transistor，IGFET）一样要避免静电损坏。在装配焊接中防止损坏的根本措施是将要修理的机器、IGBT 模块、电烙铁、操作人员、操作工作台垫板等全部用导线连接起来，保证在同一电场同电位下进行操作，最好将全部连接的公共点接地。特别是电烙铁头上不能带有市电高电位，示波器电源应通过隔离良好的变压器进行隔离。IGBT 模块在未使用前要保持控制极 G 与发射极 E 接通，不得随意去除该器件出厂前的防静电保护 G—E 连通措施。

（2）功率模块与散热器之间应涂导热硅脂，保证涂层厚度为 0.1～0.25 mm，接触面积应在 80% 以上，紧固力矩依据紧固螺钉大小施加，以确保模块散热良好。

（3）机器拆开时，应对被拆件、线头、零件做好记录。再装配时应处理好原装配上的各类技术措施，不得简化或省略。例如，输入端的双绞线、各电极连接的电阻器电阻值、绝缘件、吸收板或吸收电容器都要维持原样；要对已进行修焊的驱动印制电路板进行清洁处理和防止爬电的涂漆处理,以及保证其绝缘可靠,更不能少装和错装零部件。

(4)并联模块要求型号、编号一致,在编号无法一致时,要确保并联的全部模块性能相同。

(5)若炸机造成铜件的缺损,则要将毛刺修圆抛光,避免因过电压发生尖端放电而造成二次损坏。

(6)为防止更换的模块烧毁,一般会在变频器的直流主回路里串入一个电阻值为 $1\sim 2\,k\Omega$ 且功率在 50 W 以上的电阻器,由于该电阻器的限流作用,因此,即使出现故障开机也不会损坏模块。空载时流过电阻器的电流小,压降也小,因此可进行空载检查。一般情况下,只要空载运行正常,去掉电阻器后也应正常。

七、整流桥的损坏

使用万用表的电阻挡进行判断,对并联的整流桥要松开连接件,以判断整流桥是否损坏。

1. 故障分析

(1)器件质量差。

(2)后级电路、逆变功率开关元件损坏,导致整流桥短路而损坏。

(3)电网电压太高,电网遇雷击和过电压浪涌。电网内阻小,若过电压保护的压敏电阻器已经烧毁不起作用,则会导致全部过电压都施加到整流桥上。

(4)变频器与电网的电源变压器距离太近,中间的线路阻抗很小,同时,变频器没有安装直流电抗器和输入侧交流电抗器,使整流桥处于电容器滤波的高幅度尖脉冲电流冲击状态下,导致整流桥过早损坏。

(5)三相输入电源缺相,导致整流桥负担加重而损坏。

2. 处理方法

(1)确定引起整流桥损坏的根本原因,采取措施予以消除,防止新整流桥再次发生损坏。

(2)更换新整流桥时,需确保其焊接可靠;确保其与周边元件间有足够的电气安全间距,要拧紧连接的螺钉,防止接触电阻增大而发热。若与散热器有热量传导,则要求涂好硅脂以降低热阻。

(3)对于并联整流桥,要选用同一型号、同一生产厂家的产品,以避免其因电流不均匀而发生损坏。

八、滤波电解电容器损坏

出现外观裂开、铝壳鼓包、塑料外套管裂开、电解液流出、保险阀开启或被压出,小型电容器顶部分瓣开裂，接线柱严重锈蚀，盖板变形或脱落等现象，说明该滤波电解电容器损坏。用万用表测量其开路或短路，若容量明显减小，则说明漏电严重（用万用表测量最终稳定后的电阻值较小）。

1. 故障分析

（1）器件质量差（漏电流大、损耗大、耐压不足、含有氯离子等杂质、结构不好、寿命短）。

（2）滤波前级整流桥损坏，有交流电直接进入电容器。

（3）分压电阻器损坏，导致分压不均，造成某电容器被击穿，随后其他相关电容器也被击穿。

（4）电容器安装不当。例如，外包绝缘损坏，外壳连接到不应连接的电位上；电气连接和焊接不良，造成接触不良、发热而损坏。

（5）散热环境不佳，导致电容器温升太高，长时间使用后损坏。

2. 处理方法

（1）更换滤波电解电容器时，最好选择与原来相同型号的电容器，若无法获得相同型号的电容器，则必须注意：耐压、漏电流、容量、外形尺寸、极性、安装方式应相同，并应选用能承受较大纹波电流，具有较长使用寿命的型号。

（2）在更换拆装过程中，应注意电气连接（螺钉连接和焊接）必须牢固可靠，正极、负极不得接错，固定用卡箍要能牢固固定，并且不得损坏电容器外绝缘包皮。分压电阻器要照原样接好，并测量电阻值，应保证分压均匀。

（3）对已放置一年以上的电解电容器，应测量其漏电流值，不得过大。安装前应先进行加直流电老化。直流电压应先加得低一些，待漏电流减小时，再升高电压，最后到达额定电压时，其漏电流值不得超过标准值。

（4）当电容器的尺寸不合适，而修理替换的电容器只能装在其他位置时，必须注意从逆变模块到电容器的母线长度不能超过原母线长度，两根"+""−"母线包围的面积必须尽量小，且最好使用双绞线方式。这是因为电容器连接母线延长或"+""−"母线包围面积过大会造成母线电感增加，从而引起功率模块上的脉冲过电压上升，可能会损坏功率模块或过电压吸收器件。在不得已的情况下，可将高频高压的浪涌吸收电容器用短线加装到逆变模块上，帮助吸收母线的过电压，以弥补因电容器连接母线延长带来的危害。

九、风机的损坏

首先测量风机电源电压是否正常，如风机电源电压不正常，则需维修风机电源。确认风机电源正常后，若风机不转或慢转，则风机故障，需更换。

1. 故障分析

（1）风机质量差，其表现包括线包烧毁，局部短路，直至风机的电子线路损坏；或风机引线断路，机械卡死，含油轴承干涸，塑料老化变形卡死。

（2）环境不良，如有水汽、结露、腐蚀性气体、脏物堵塞、温度太高等使塑料变形。

2. 处理方法

（1）更换新风机时，最好选择原型号或比原型号性能优越的风机。同样尺寸的风机包括很多种风量和风压规格。

（2）在拆卸风机时，有很多情况要牵动变频器内部机芯，因此，在拆卸时要做好记录和标识，防止回装时发生错误。有些设计已充分考虑到更换的方便性，此时要看清楚，不要盲目大拆、大动。

（3）在安装风机螺钉时，力矩要适当，不要因过紧而导致塑料件变形和断裂，也不能太松而引发振动松脱。风机的风叶不得触碰风罩，更不得装反风机。

（4）选用风机时，风机轴承应优先选择滚珠轴承。单纯就轴承使用寿命而言，相比含油轴承，使用滚珠轴承时风机使用寿命会高5～10倍。

（5）若风机出风口承受高温气流，则其风叶应采用金属或耐温塑料制作，不得使用劣质塑料，以免变形。

（6）电源要正确连接，转子风叶不得与导线摩擦，装好后需进行通电测试。

（7）清理风道和散热片内的堵塞物十分重要，不少变频器因风道堵塞而发生过热保护或损坏。

十、开关电源的损坏

开关电源故障现象主要有以下几种：开关电源有输入电压，而无输出电压，或输出电压明显不对；开关电源的开关管、变压器印制电路板周边元件，特别是过电压吸收元件有外观可见的烧黄、烧焦痕迹，用万用表检测开关管等元件发现已损坏；开关变压器漆包线长期在高温下使用，出现发黄、焦臭现象，变压器绕组间有击穿，变压器绕组特别是高压线包有断线，骨架有变形和跳弧痕迹。

1. 故障分析

（1）开关电源变压器本身漏感太大。运行时一次绕组的漏感会造成大能量的过电压，该能量被元件（阻容元件、稳压管、瞬时电压抑制二极管）吸收时发生严重过载，长时间作用导致该元件损坏。此种情况还会导致开关电源效率下降，开关管和开关变压器发热严重，开关管上会出现高的反峰电压，致使开关管及变压器损坏。特别是在密闭机箱内的变压器、开关管、吸收用电阻器、稳压管或瞬时电压抑制二极管的温度也会很高。

（2）变压器导线因长时间使用后出现氧化、助焊剂腐蚀而断裂。

（3）元器件本身存在使用寿命问题，特别是开关管和（或）开关集成电路因其电流电压负担大，更易损坏。

（4）环境恶劣，由于灰尘、水汽等造成绝缘损坏。

2. 处理方法

（1）当开关电源因局部高温导致印制电路板深度发黄、炭化、印制线损坏，或印制电路板的绝缘和覆铜箔、导线已不能使用时，应整体更换该印制电路板。

（2）找到损坏的元件后应更换为新元件，新元件型号应与原型号一致；当无法一致时，要确认元件的功率、开关频率、耐压以及尺寸能否安装，并要与周边元件保持绝缘间距。

（3）开关电源修好后应进行通电检查。通电时应仅对带有开关变压器的部分进行测试，即在开关变压器的电源侧通电，检查工作是否正常，二次电压是否正确。在 $-20\% \sim +15\%$ 变动范围内改变电源侧的电压，输出电压应基本不变。

十一、接触器的损坏

对于发生逆变桥模块炸毁、滤波电解电容器爆炸等变频器后级严重过电流短路的情况，都需要检查是否影响了接触器。常见的损坏有触头烧蚀、烧结以及接触器塑料件烧变形，少数接触器会发生控制线包断线或完全不动作的情况。

1. 故障分析

（1）后级有短路，导致过电流故障造成触头烧蚀。

（2）线包质量差，导致线包烧毁、烧断线而无法吸合。

（3）对有电子线路的接触器，会因电子线路损坏而不能动作，因此最好避免使用有电子线路的接触器。

（4）因变频器起火损坏。

2. 处理方法

（1）选取同型号、同尺寸、线包电压相同的产品进行更换；如型号不同，则性能、尺寸、电压应相同。

（2）不要使用带电子线路的接触器，因为其故障率较高。

（3）对于旧的接触器，可以通过更换其内部零件进行修复，但必须严格按照原内部装配方法正确安装。

（4）对烧蚀不严重的触头，可以用细砂布仔细抛光后继续使用。

（5）由于触头要承受大电流，因此，应确保螺钉连接的铜条和导线拧紧以减少发热。

十二、印制电路板的损坏

在排除了主回路器件的故障后，若变频器仍无法正常工作，则最为简单有效的方法是拆下印制电路板，检查其正反面有无明显的元件变色，以及印制线变色或局部烧毁情况。一般来说，变频器的印制电路板主要包括驱动板、主控板和显示板。根据变频器故障表现特征，可以使用换板的方式来判断故障板。对其他印制电路板，如吸收板、GE板、风机电源板等，因其电路简单，可用万用表迅速检测出故障位置。

1. 故障分析

（1）元器件因本身质量和使用寿命问题导致损坏，特别是功率较大的元器件，其损坏的概率更大。

（2）元器件因过热或过电压损坏，如变压器断线，电解电容器干枯、漏电，电阻器长期高温损坏。

（3）因环境温度、湿度、水露、灰尘引起印制电路板腐蚀、击穿或绝缘漏电等损坏。

（4）因模块损坏导致驱动印制电路板上的元件和印制线损坏。

（5）因接插件接触不良，单片机、存储器受干扰导致晶振失效。

（6）原有程序因用户自行调乱，导致系统无法工作。

2. 处理方法

（1）对印制电路板进行检查维修，需有电路图、电源、万用表、示波器、全套焊接拆装工具，以及丰富的经验，才可以比较迅速地找到损坏之处。

（2）印制电路板表面有防护漆等涂层，检测时要用针状测笔仔细接触被测金属，防止误判。由于元件过热和过电压容易造成元件损坏，因此，对于下列部位要高度注意：开关电源的开关管、开关变压器、过电压吸收元件、功率器件、脉冲变压器、高压隔离用的光耦合器、过电压吸收或缓冲吸收板及所属元件、充电电阻器、场效晶体管或IGBT、稳压管或稳压集成电路。

（3）若更换的印制电路板版本不同，则会产生问题。因此，若确定需更换电路板，则要检查版本号标识是否一致，如不一致，则要向生产厂家详细了解情况。

（4）单片机编号不一样时，其内部的程序就不一样，在使用中某些项目表现就可能会不一样。因此，若使用中确认程序有问题，则应向生产厂家询问。

（5）由于干扰会导致变频器工作不正常或触发保护机制，因此应采取抗干扰措施。除了需要整体考虑变频器抗干扰外（如加装输入输出交流电抗器、无线电干扰抑制电抗器，输出线加磁环等），还可以在印制电路板的电源端加装由磁环和几匝同相串绕的导线构成的共模抑制电抗器，对印制电路板上下位置作静电隔离屏蔽，以及对外部控制线用屏蔽线或双绞线等措施。

（6）印制电路板维修完成后要进行通电检查，此过程中不要直接给变频器的主回路通电，而应使用辅助电源对印制电路板通电，并用万用表检查各电压，用示波器观察波形，确认完全无误后才可接到主回路进行联调。